TOURISM & MANAGEMENT VALUE CHAIN

관광과 경영가치모델

박중환 저

기문사
www.kimoonsa.co.kr

머리말
Preface

학문 연구에 있어서 주목해야 할 이슈는 “이상현상(anomaly)의 축적”, 즉 휴리스틱(heuristic)과 편의(bias)에 대한 연구를 통해 기존의 확립된 이론체계를 뛰어 넘어 새로운 패러다임이나 이론을 만드는 것이라고 할 수 있다. 이러한 맥락에서 본서는 시장지향적 관점에서 관광주체, 관광객체, 그리고 관광매체의 가치개발에 초점을 두고 관광현상 내지 관광경영현상에 대한 새로운 시각과 포스트모더니즘 내지 사회과학적 사고를 바탕으로 새로운 담론(discourse)과 패러다임(paradigm)을 개발하고자 하였다. 이때 관광현상의 구성요소로써 관광주체는 개인 혹은 단체로서 관광객 혹은 관광자를 의미한다. 이들은 관광주체로서 관광기업의 관점에서 보면, 하나의 구매시장 내지 소비시장으로서 오늘날 기업에 요구되는 시장지향적 경영의 핵심 대상이 된다. 또한 관광객체는 광의 개념의 관광자원으로서 자연관광자원과 인문관광자원을 의미한다. 그리고 관광매체는 On-Line과 Off-Line, 영리 및 비영리 개념의 관광사업을 의미한다. 이러한 관광사업에는 정부 및 공공기관이 주체인 비영리관광사업과 영리관광사업인 관광진흥법상의 관광사업(여행업, 관광숙박업, 관광객이용시설업, 국제회의업, 카지노업, 유원시설업, 관광편의시설업)과 기타 관광관련사업으로서 항공사, 크루즈, 외식업, 의료관광병원 등이 있다. 특히 이들 영리관광사업은 개인사업자를 제외하고는 통상 조직적 생산체로서 기업이라 할 수 있다. 또한 비영리관광사업과 영리관광사업의 장점을 활용한 제3섹터 관광사업도 있다.

한편 이들 구성요소들 간의 관계(relationship) 및 환경(사회) 변화 역시 관광현상 및 그 가치개발에 영향을 미치는 중요한 변인이다. 특히 관광현상이 항상 변화무상한 하나의 현상인 것은 이들 구성요소의 내·외부환경의 지속적인 변화 때문이다. 즉 개인의 여가관, 구매력 등과 같은 관광주체의 변화, 대규모 관광자원 개발, 개발창조형 축제이벤트와 같은 관광객체의 변화, 그리고 규모의 경제화 및 세계화와 같은 관광매체의 변화이다. 또한 외부환경으로서 구성요소들 간의 지속적인 관계변화와 경제적 환경, 자연 환경, 정치 및 법적 환경, 사회문화적 환경 등의 변화이다.

결국 이러한 변화무상한 관광현상 내지 관광경영현상의 규명 목적은 관광현상의 구성요소인 관광객의 가치 개발, 관광자원의 가치 개발, 그리고 관광매체로서 관광사업의 가치 개발의 방향을 진단 · 예측하기 위함이라 하겠다. 이러한 관광현상의 구성요소들의 각각의 가치창출 활동 및 이들 구성요소들 전체의 가치창출 활동이 경영가치모델(management value chain)이며, 이러한 관광현상 내지 관광경영현상의 경영가치모델을 통해 결국 창조관광(creative tourism) 및 창조경제(creative economy)가 실현될 수 있다.

결국 본서는 관광현상 내지 관광경영현상에 대한 새로운 담론과 패러다임을 개발함으로써 관광현상의 구성요소들의 각각의 가치창출 및 관광현상 전체의 가치창출을 위한 경영가치모델을 새롭게 제시하고자 하였다.

결론적으로 본서의 특징은 첫째, 기존의 일반화된 『관광학』의 이론적 체계 위에서 다양한 새로운 접근 모색을 통해 새로운 담론과 패러다임을 개발 · 제시한다는 점이다. 둘째, 이러한 관점에서 관광현상과 경영학적 접근을 통해 융합적인 경영가치모델을 개발 · 제시한다는 점이다. 셋째, 관광산업의 산업요구에 맞는 인재 양성을 위한 이론적 체계화를 도모하고 있다는 점이다. 넷째, 관광현상에 대한 경영가치 개발 모델을 제시함으로써 학문 간의 융합은 물론 관광경영학의 고유성을 확보할 수 있다는 점이다. 나아가 관광산업 및 독자의 가치 개발을 위한 최적해 및 새로운 담론을 개발 · 제시하고 있다는 점이다.

본서가 출간되기까지 도움을 준 한국연구재단과 주위의 모든 분들께 깊이 감사를 드리며, 또한 관광학계 선 · 후배님들의 선행연구들 덕분에 완성도를 다소나마 높일 수 있었던 것에 대해서는 진심으로 고마운 마음을 전한다. 끝으로 본서의 출간에 쾌히 응락해 주신 도서출판 기문사에 감사를 드린다.

용마산 자락에서

저자 씀

차례

Contents

제1부 관광현상과 관광경영학

제1부

관광현상과 관광경영학

제1장

관광현상과 경영가치모델

제1절 | 21세기 여가사회의 도래와 관광의 중요성

유엔 세계관광기구(UNWTO : World Tourism Organization)의 통계에 의하면, 2014년 국제관광객 수는 전년 대비 4.3% 포인트 증가한 11억 3300만 명으로 나타났다. 그리고 국제관광 수입은 전년 대비 4.1% 포인트 증가한 1조 2,460억 달러를 기록하였다(KTO, 2015). 또한 UNWTO 등 여러 보고서에 의하면, 2020년에는 국제관광객 수가 16억 명에 이를 것으로 예측하고 있다. 이처럼 관광객의 계속적인 증가는 거시환경으로서 경제적 환경, 자연적 환경, 정치적 및 법적 환경, 그리고 사회문화적 환경의 변화 및 미시환경요인으로서 개인의 삶의 질(quality of life)과 행복(happiness) 추구에서 비롯된다고 할 수 있다. 혹자는 행복에 이르는 최고의 비법은 여행이라고 하였다. 또한 이 현상은 세계적인 현상이며, 우리나라도 마찬가지다. 특히 개인 소비자 환경으로서 레저시간의 증대는 21세기 여가사회의 도래를 더욱 촉진하고 있다.

〈그림 1-1〉 레저시간의 증대 요인

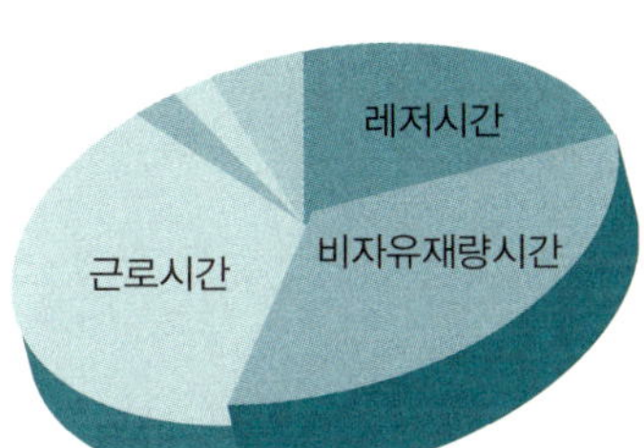

◎ 노동조합의 발달
◎ 기계화
◎ 생산성 문제 등

◎ Time Saving Products
◎ Simultaneous Consumption(One stop shopping)
◎ 합리적인 시간안배 등

자료 : Douglass K. Hawes(1979)의 내용을 보완함.

〈그림 1-1〉에서와 같이 개인에게 주어진 시간은 첫째, 비자유재량시간(non discretionary time)으로 개인의 신체 유지를 위한 필수시간이 있다. 둘째, 경제활동시간인 근로시간(work time)이 있다. 셋째, 자유재량시간(discretionary time)인 레저시간이 있다. 특히 개인의 비자유재량시간의 단축은 ① 문명의 발달로 시간절약재(time saving product)의 대중화, ② 원스톱 쇼핑(one stop shopping), 즉 동시소비(simultaneous consumption), ③ 개인의 합리적인 시간안배 등에 기인한다고 할 수 있다. 한편 개인의 근로시간의 단축의 주된 요인은 ① 세계적인 추세인 민주화 등에 의한 노동조합의 발달과 교섭력(bargaining power) 확대, ② 기계화 및 자동화, ③ 생산성 문제에 대한 인식의 전환 등이 있다. 결과적으로 이러한 사회현상(거시환경)의 변화로 레저시간이 확대되어 오늘날 현대사회가 대중여가사회로 진화하게 되었다.

아울러 현대 대중여가사회에서 레저시간에 이룩된 활동으로 여가활동의 양과 질이 현대인의 삶의 질과 행복을 결정한다고 할 수 있다. 현대인들의 여가 인식 또한 빠르게 변화하여 20세기 초반에 나타난 자본주의의 핵심 가치인 근로윤리(work ethic) 중심에서 21세기에는 여가윤리(leisure ethic) 중심으로 이동하고 있다는 점이다. 즉 현대인들은 비자유재량시간에 이룩된 활동이나 근로시간에 이룩된 근로활동만으로 삶의 질이 좋아진다고 인식하지 않고 있다는 점이다. 따라서 현대인에게는 24시간 중 레저시간의 중요성이 더욱 증대되고 있다는 것이다. 또한 뉴밀레니엄을 맞은 『2000 소비자 의식조사』에 의하면, 21세기 소비자의 핵심 아이콘은 재미(fun), 효용성(utility), 안정성(stability), 정체성(identity), 온라인(on-line)인 것으로 나타났다는 점(제일기획, 1999)에서 레저시간에 이룩된 여가활동은 무엇보다 재미(fun)가 있어야 함을 시사하고 있다. 관광주체(관광객)의 관점에서 보면, 레저시간 내에서 이룩된 관광활동의 재미가 삶의 질을 결정한다고 할 수 있다. 한편 관광매체(관광사업) 관점에서 보면, 미래의 관광상품 내지 서비스는 무엇보다 재미에 초점을 두고 개발되어야 함을 함축하고 있다.

제2절 | 관광현상 및 관광 개념

현대인의 일상생활 가운데서 행해지는 여가활동은 여러 가지가 있으나 주류 활동들을 범주화해 보면, 여가(leisure), 놀이(play), 게임(game), 스포츠(sports), 레크리에이션(recreation), 그리고 관광(tourism) 등이 있다.

여기서 관광활동에는 휴식 활동, 취미 활동, 스포츠, 옥외 활동, 사교 활동, 여행 등 여러 가지 의미가 있다. 즉 관광의 개념적 모호성이 존재한다는 점에서 일상용어로써 관광 개념과 학자들의 견해를 살펴보기로 한다.

1 일상용어로써 관광 개념

일상용어로써 관광의 개념은 국어사전적 의미로 "① 다른 나라의 문물, 제도를 시찰하는 것, ② 다른 지방이나 나라의 아름다운 풍경 · 풍습을 구경하는 것"으로 서술하고 있다. 외국의 백과사전에는 "즐거움을 위한 여행"(travelling for pleasure)으로 기술하고 있다(한국관광학회편, 2009).

한편 동양에서 관광이라는 용어의 사용은 『주역』의 역경 중에 "관국지광이용빈우왕(觀國之光利用賓于王)이라는 글귀에서 시작되었다고 보는 것이 일반적인 견해이다. 이때 관국지광, 즉 관광은 다른 나라의 발전된 문물(光)을 살펴보러 오는 사람들에게 나라의 왕을 모시듯 환대한다는 의미를 갖고 있다. 서양에서는 앞서 논의된 바와 같이 'TRAVEL' (travail : 産苦)로 표현되기도 하며, 일반적으로는 관광을 'TOURISM' 으로 사용하고 있다. 이러한 'TOURISM' 은 라틴어 'TORNUS(돌다, 순회하다)' 에서 유래된 것으로 보고 있으며, 최초의 사용 시기는 1811년 The Sporting Magazine 잡지에서 최초로 사용된 것으로 문헌사적으로 파악되고 있다. 그리고 포괄적 개념으로서 관광(tourism)의 유사 개념으로는 Travel(이동 개념의 여행), Tour(협의의 관광), Trip(왕복여행), Journey(한 지역에서 다른 지역으로 이동하는 장시간의 여행), Sightseeing(구경 여행), Vacation(휴가여행), Excursion(야유회 등 당일여행), Odyssey(유학 등 수년의 여행), Voyage(항해여행), Exploration(탐사여행), Junket(공무여행), Hiking(장거리 자전거여행), Tramp(장거리 도보여행), Pilgrimage(성지순례여행), Traverse(횡단여행) 등이 있다.

2 대표적인 학자 및 기관의 정의

관광의 정의는 학자나 특정 기관(UNWTO, KTO 등)에 따라 다양하게 정의되고 있으나 대표적인 정의들을 요약하면 다음과 같다. 첫째, 관광 정의 관련 대표적인 학자라 할 수 있는 독일의 Schulern(1911)의 정의를 요약하면, 관광이란 “일정한 지역 또는 나라를 방문하여 체재하고, 다시 돌아가는 외래객의 유입 · 체재 · 유출 현상으로 경제적 사상(events)”이다. 특히 Schulern의 정의는 관광시스템적 관점과 경제적 사상, 즉 소비에 초점을 두고 있다는 특징을 갖고 있다. 둘째, 프랑스 사회학자인 Médecin(1966)의 정의에 의하면, 관광은 “여가활동의 하나”라는 것이다. 즉 레저시간(leisure time)에 이룩된 활동의 하나로 여가활동 관점의 정의라 할 수 있다. 셋째, UNWTO(World Tourism Organization : 1975년 설립)에서는 1984년 12월 스페인 마드리드 회의에서는 U.N. 국제여행관광위원회(1963)의 국제관광 통계 수집을 위한 국제관광객 기준으로서 24시간을 기준으로 국제관광객(tourist)과 당일여행객(excursionist)을 구분하는 기존의 기준을 없애고, 기존의 국제관광객(tourist)에 추가하여 기존의 당일여행객을 포함한 사람의 이동까지 관광객의 범위를 확대하였다. 이와 관련된 구체적인 내용은 제6장에서 설명하고자 한다.

결국 관광은 레저시간에 이룩된 활동으로서 소비(경제적 사상)를 전제로 관광루트를 통한 공간적 이동을 통해 즐거움을 추구하는 여가(leisure), 놀이(play), 게임(game), 스포츠(sports), 레크리에이션(recreation) 등의 복합적 활동과 경험이라고 정의한다.

3 관광현상의 기본 시스템

관광현상은 어떤 모습일까? 이는 서비스 품질과 같이 ‘보는 사람의 관점’에 따라 달라질 수 있다. 즉 관광의 정의와 같이 정형화된 프레임은 없다고 할 수 있다. 또한 관광현상(tourism phenomenon)의 형상화는 설명을 위한 하나의 방편일 뿐 그 이상도 그 이하도 아닌 그야말로 항상 변화무상한 하나의 사회현상이다. 이러한 맥락에서 여러 학자들의 견해를 종합해 보면, 첫째, 독일 · 일본 학자들이 주로 제시했던 구성요소, 즉 관광주체, 관광객체, 그리고 관광매체의 관계를 중심으로 접근하는 견해이다. 이는 관광현상에 대한 정태적 접근(static approach)이라 할 수 있다. 둘째, 미국 중심의 학자들(Leiper 등)이 주로 제시하고 있는 시스템적 접근이다. 다시 말해 이들은 관광발생지역(tourist generating regions)과 관광목적지(tourist destination regions) 간의 통행 루트(transit routes)를 통한 이동현상(Leiper, 1979)으로 설명하고 있다. 이러한 접근은 관광현상에 대한 동태적 접근(dynamic approach)이라 할 수 있다.

가. 독일 등의 구성요소별 접근

독일 · 일본 학자들이 주로 제시했던 구성요소, 즉 관광주체, 관광객체, 그리고 관광매체의 관계를 중심으로 관광현상을 도식화해 보면, 다음 그림과 같다.

〈그림 1-2〉 관광현상의 구성요소별 접근

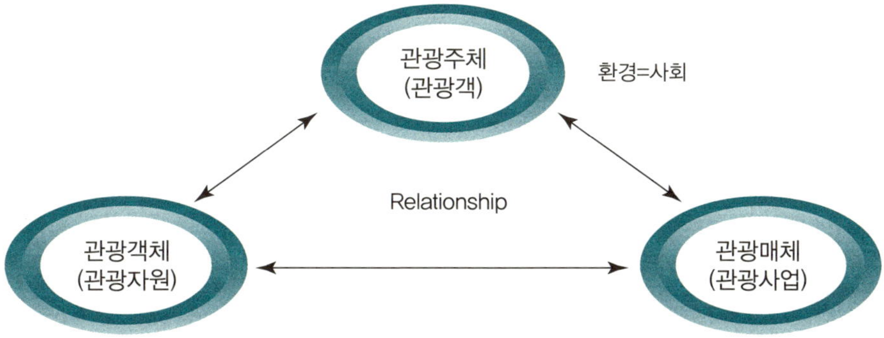

그림에서와 같이 관광현상의 구성요소로 관광주체는 개인 혹은 단체로서 관광객 혹은 관광자를 의미한다. 이들은 관광매체로서 관광기업의 관점에서 보면, 하나의 구매시장 내지 소비시장으로 오늘날 기업에 요구되는 시장지향적 경영(market driven management)의 핵심 목표(target)가 된다. 또한 관광객체는 광의 개념의 관광자원으로 자연관광자원과 인문관광자원을 의미한다. 그리고 관광매체는 On-Line과 Off-Line을 포함한 관광사업을 의미한다. 이러한 관광사업에는 정부 및 공공기관이 주체인 비영리관광사업이 있으며, 영리관광사업인 호텔, 여행사, 항공사, 크루즈, 레스토랑, 컨벤션회사, 카지노 등이 있다. 이러한 영리관광사업을 관광진흥법 제3조에 따라 분류해 보면, ① 여행업(예 : 일반여행업 등), ② 관광숙박업(예 : 호텔업, 휴양콘도미니엄업), ③ 관광객이용시설업(예 : 휴양업, 관광유람선업, 관광공연장업 등), ④ 국제회의업, ⑤ 카지노업, ⑥ 유원시설업, ⑦ 관광편의시설업(예 : 관광사진업, 관광유흥음식점업, 관광식당업, 관광펜션업 등)이 있다. 이들 영리관광사업은 개인사업자를 제외하고는 달리

기업이라 할 수 있는데, 이때 기업은 '조직적 생산체'(cooperative production entity)(김원수, 1987)로 정의될 수 있다. 즉 호텔이나 여행사, 항공사, 크루즈, 레스토랑, 컨벤션회사, 카지노 등은 하나의 기업인 것이다. 또한 비영리관광사업과 영리관광사업의 장점을 활용한 제3섹터 관광사업도 전 세계적으로 확대되고 있는 실정이다.

한편 이들 구성요소들 간의 관계(relationship) 및 환경(사회) 변화 역시 관광현상에 영향을 미치는 중요한 변인이다.

결국 이러한 변화무상한 관광현상의 구명 목적은 관광현상의 구성요소인 관광객의 가치 개발, 관광자원의 가치 개발, 그리고 관광사업의 가치 개발의 방향을 진단 · 예측하기 위함이라 하겠다. 이러한 관광현상의 구성요소들의 각각의 가치창출 활동 및 전체의 가치창출 활동이 경영가치모델(management value chain)의 시작이며, 나아가 창조경제(creative economy), 즉 창조관광의 시작이라 할 수 있다.

나. 미국 등의 시스템적 접근

관광현상의 시스템적 접근의 대표적인 학자라 할 수 있는 Goeldner, and Ritchie (2009)는 관광을 방문객 유치 및 관리 과정에서 관광자, 관광사업자, 정부, 지역주민, 주변환경 간의 관계와 상호작용에서 발생하는 모든 절차, 활동, 결과로 보는 견해와 또한 Leiper(1987)의 관점으로서 관광을 관광발생지역(tourist generating regions)과 관광목적지(tourist destination regions) 간의 통행 루트를 통한 이동현상의 관점에서 도식화해 보면, 〈그림 1-3〉과 같다.

〈그림 1-3〉 관광현상의 시스템적 접근

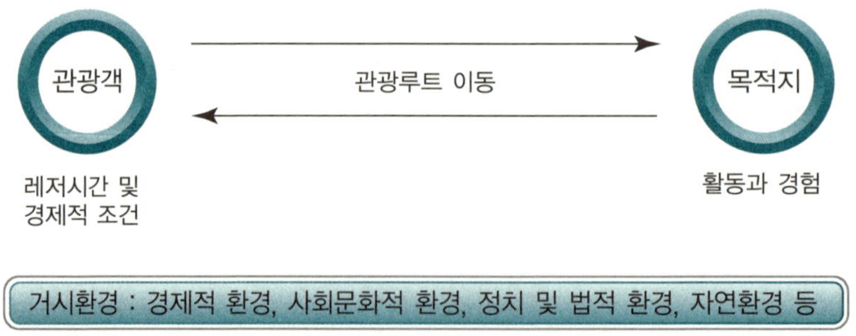

4 관광의 인접 개념

현대인의 일상생활에서 행해지는 여가활동에는 레저(leisure), 관광(tourism), 놀이(play), 게임(game), 캠핑(camping), 스포츠(sports), 레크리에이션(recreation) 등이 있다. 이러한 여가활동은 휴식적인 활동, 취미에 관한 활동, 승부와 도박, 스포츠와 옥외활동, 사교 등 다양한 기능을 가지고 있다. 일반적으로 레저, 관광, 레크리에이션 그리고 스포츠라는 말은 일상생활에서 잘 쓰이고 있는 용어이지만, 명확한 개념적 구분이 되고 있지는 않다. 예를 들어 일상생활에서 휴일에 근린공원을 산책한다든가 가까운 잔디구장에서 축구를 하는 것은 여가 내지 레크리에이션 또는 스포츠라 할 수는 있어도 관광이라고 하기에는 다소 무리가 있다. 이미 앞서 논의된 바와 같이 관광은 시간적 조건과 경제적 조건을 전제로 이동을 통한 여가활동이기 때문에 일상생활과는 다른 공간에서 이루어지는 활동이기 때문이다. 따라서 관광은 자신의 일상생활권에서 벗어난 곳에서 이루어지는 여가활동이라 말할 수 있다.

〈그림 1-4〉 관광과 인접 개념의 관계도

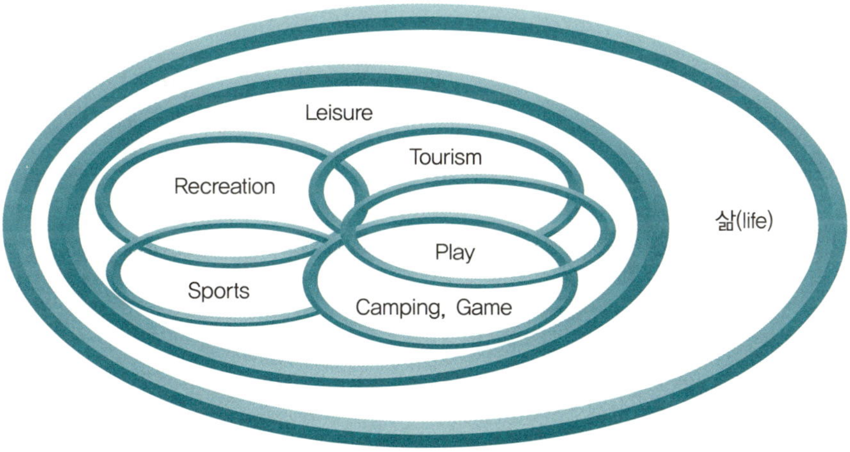

〈그림 1-4〉에서의 전반적인 의미는 인접개념들, 특히 놀이, 게임, 캠핑, 스포츠, 레크리에이션의 개념들이 모호할 뿐만 아니라 서로 개념적으로 중복되어 있다는 것이다. 예를 들어 해외 골프투어의 경우 스포츠로 볼 것인가? 아님 관광으로 볼 것인가는 개인적 판단의 몫이라고 할 수 있다. 또한 게임으로서 현기증 놀이의 하나인 번지점프라든

지 패러글라이딩 같은 게임은 스포츠이자 놀이이며, 옥외 레크리에이션이라 할 수 있다. 따라서 이러한 활동이 집에서 하는 게임이 아니라면, 그건 곧 관광활동도 되는 것이다. 그러므로 〈그림 1-4〉에서 시사하는 핵심 쟁점은 관광은 인간의 삶 중에서 반드시 레저시간에 이룩된 활동과 경험이라는 점이다. 일부 학자들(김광근 등, 2011)의 경우 여가의 기능과 관광의 기능, 레크리에이션과 관광의 차이점을 제시하고 있으나 명확한 구분은 유의미한 의미가 없다고 판단된다.

1) 레저(leisure : 여가)

여가는 시간적 개념과 활동적 개념의 두 차원이 있다. 또한 김광근 등(2011)에 의하면, 이들 두 가지 개념 이외에 상태적 개념과 제도적 개념, 그리고 통합적 개념을 제시하고 있다. 그러나 본서에서는 여가의 일반적 개념인 두 차원을 중심으로 살펴보기로 한다. 시간적 개념의 여가는 사전적 의미로 '겨를' 혹은 '틈'을 의미한다. 이는 비자유재량시간(non discretionary time)으로 필수시간과 경제활동 시간인 근로시간(work time)을 제외한 나머지 시간으로 개인의 자유시간을 말한다.

이러한 레저시간에는 Mayo and Jarvis(1981)가 나누고 있는 소비시간(consumption time), 문화시간(cultural time), 사교시간(social time), 한가한 시간(idle time)이 포함된다고 할 수 있다. 한편 여가를 이와 같이 시간적 개념이 아닌 활동적 개념으로 보는 경우, 여가는 관광이나 놀이, 게임, 스포츠, 레크리에이션 등을 포함하는 넓은 의미에서의 자유시간 내의 활동인 것이다. 이러한 여가의 기능은 ① 휴식기능, ② 기분전환기능, ③ 자아실현기능 등이 있다.

한편 서울시민(15세 이상)을 대상으로 한 주말 및 휴일 여가행태 조사결과(동아일보, 2011.10.)에 의하면, 서울시민의 48.1%는 TV 혹은 DVD 시청에 시간을 보내며, 9.5%가 여행을, 8.9%는 컴퓨터 게임을 주로 하며, 8.9%는 휴식을 하는 것으로 나타났다. 그리고 앞으로 희망하는 여가행태로는 44.5%가 여행, 10.1% 는 자기개발, 9.5%는 문화예술관람, 그리고 7.9%는 스포츠활동을 하기를 원하는 것으로 나타났다.

2) 놀이(play)

일반적으로 놀이는 갈증을 뜻하는 라틴어 'Plaga'에서 유래된 말로 인간의 본능적이며, 무조건적인 욕구를 반영하는 행동을 뜻한다. 특히 Huizinga는 『놀이하는 인간』

(Homo Ludens)에서 놀이는 인간의 자유를 찾는 것이고, 창작의 자유에 호감을 부여하는 것으로 자유에 기초하고 있다(김광근 외, 2011)고 보고 있다. Huizinga(1949)는 "문화는 놀이로 시작되고 매우 초기부터 놀이화된다"고 하였다. 즉 놀이는 우리 삶의 문화적 가치나 신앙을 표현하는 수단을 말한다.

특히 Callois(1961)는 놀이를 인간의 본능이며 동시에 문화의 근원으로 규정하면서 『인간, 놀이, 그리고 게임』에서 그는 여가와 같은 개념으로 쓰고 있는 놀이의 기준에 대하여 6가지로 규정하고 있다. 이러한 규정은 ① 자유로운 활동(free), ② 일상생활과 격리된 활동(separate), ③ 과정 및 결과의 불확실성(uncertain), ④ 비생산적 활동(unproductive), ⑤ 규칙의 지배(governed by rule), ⑥ 가상성(makebelieve)이다(김광근 외, 2011).

결론적으로 놀이는 자유로운 시간에서 자발적으로 행하는 활동으로 즐거움을 찾아 행동하는 것으로 생산적 활동을 목적으로 하지 않는다고 말할 수 있다. 다시 말해 Piaget (1962)에 의하면, 놀이는 '그 자체로 끝나는'(an end in itself) 활동이다(Bammel & Bammel, 1996). 그러나 한 예로서 우리나라의 전통놀이인 '쥐불 놀이'나 '다리밟기 놀이'의 경우 자발적으로 즐거움을 추구하는 활동이지만 결과물(outputs)로 농경사회에서의 병해충 방제라든지 다리의 부실화 방지 등 생산적 결과를 창출하는 삶의 문화적 가치를 표현하는 놀이인 것이다.

3) 게임(game)

인간은 게임이 지닌 구조(규칙)를 이해하려고 하며, 놀이를 구조화시키는 경향이 있고, 그리고 나서 게임을 한다는 것(Bammel & Bammel, 1996)이다. McLuhan (1964)은 게임을 어떤 문화에 대한 중요한 동인(drive)이거나 행동에 대한 예술, 총체적, 사회적 반응으로 정의하고 있다. 그리고 게임은 문화를 투영해주고 반영해주는 방법으로서 총체적 예술이라고 설명하고 있다. 또한 Callois(1961)는 『인간, 놀이, 그리고 게임』에서 게임을 4가지 집단으로 그루핑하였다. 제Ⅰ집단은 경쟁(competition) 놀이로서 체스나 체커 등과 같은 보드 게임뿐만 아니라 경쟁의 개념이 있는 일반적인 운동이나 스포츠를 그루핑하였다. 제Ⅱ집단은 기회(chance) 놀이로서 베팅, 룰렛, 복권 등과 같은 모든 도박의 형태를 포함시켰다. 제Ⅲ집단은 자극(stimulation) 놀이 또는 흉내 놀이로 아동이 가면을 쓰거나 변장을 통해 가장놀이를 하는 등의 모든 형태의 모방놀이를 포함시켰다.

제Ⅳ집단은 현기증(vertigo)놀이로 스키나 등산, 그리고 다른 신체적 변화화 관련된 놀이를 포함시켰다. Bammel & Bammel(1996)은 Callois(1961)의 분류에서 아동들이 하는 게임과 성인들의 게임 간의 차이가 정도의 문제이지 전체적으로 분리된 것이 아니라는 점을 인식할 필요가 있다. 이들이 주장하는 것은 아동기 놀이나 성인기 놀이가 명확하게 구분될 수 없음을 시사하고 있다. 이러한 관점에서 오늘날 우리 사회의 게임을 Callois(1961) 모델을 응용하여 새롭게 재조명해 보면, 다음 〈표 1-1〉과 같다.

〈표 1-1〉 현대사회의 게임의 분류와 예

수준(level)	집단 Ⅰ 경쟁게임	집단 Ⅱ 기회 게임	집단 Ⅲ 자극 게임	집단 Ⅳ 현기증 게임
아동기	스마트폰게임 온라인게임 트램펄린 다리찢기 장난감총놀이	동전던지기놀이 흑말타기놀이 카드놀이 주사위놀이	인형놀이 역할놀이 할로윈데이놀이	길 가장자리 걷기 코잡고 빙빙돌기 물구나무서기 롤러블레이드타기 시체놀이
성인기	농구 야구 축구 보드 게임	경마 화투 카드게임	코스프레복장 밀리터리룩패션 그런지룩패션 블링블링패션	암벽등반 패러글라이딩 번지점프 자동차 폭주 게임 레프팅 X-스포츠
발전된 형태	친구와의 수다 프로스포츠 팬 서바이블게임	내기 경마 로또 스포츠토토	연극 관람 영화 관람 뮤지컬 관람 쇼 관람	초월명상 약물복용 음주 치킨게임 러시안룰렛

자료 : Bammel & Bammel(1996)의 내용을 수정보완함.

4) 캠핑(camping)

캠핑하는 사람들은 사회적 수준에서 서로 교류하며, 이들은 각기 오락도 하며, 게임 등을 한다. 바꾸어 말하면 캠핑환경에 따라 다른 형태의 캠핑활동이 이루어진다. 따라서 캠핑장소의 독특한 환경에 따라 많은 캠핑활동이 특별한 의미를 가지며, 결과적으로 개인의 행동에도 특별한 영향을 미친다.

이러한 캠핑활동에는 ① 생존활동(subsistence activities)이 있다. 이러한 활동은 음식(food), 잠자리(shelter), 보호(protection)라는 일상적 수요(demands)를 충족시켜야 한다. ② 상징적 노동(symbolic labor)의 캠핑활동이 있다. 이러한 캠핑활동에는 사냥, 낚시, 수석 수집 등 생산적 활동으로 전리품(trophies)과 다른 유형적 증거(tangibles)를 찾는 활동이다. ③ 비구조적 놀이(unstructured play)로 캠핑활동이 있다. 이는 물수제비뜨기, 산책, 올레길 걷기, 등산 등의 활동으로 환경과 자신의 교류를 통한 경험활동들이다. ④ 구조적 놀이(structured play)의 캠핑활동이 있다. 이는 카드놀이, 화투, 숨바꼭질, 서바이블게임 등 규칙이 있는 게임이나 시합 활동이 있다. ⑤ 사교활동(sociability) 캠핑활동이 있다. 이는 수다떨기, 노래하기, 술마시기 등이 있다. ⑥ 표현적 놀이(expressive play)의 캠핑활동에는 춤추기, 수상스키, 세일링, 나무오르기 등이 있다(Mayo and Jarvis, 1981). 일반적으로 여성은 비구조적 놀이를 선호하며, 남성은 구조적 놀이를 선호하는 것으로 나타났다.

5) 스포츠(sports)

스포츠는 개인의 '심신의 단련' 활동으로 역사적 관점에서 살펴보면, 오락적 측면이 비즈니스로 성립, 발전하였다고 할 수 있다. 이러한 스포츠는 '노동 또는 유희', '게임으로', '의례로', '투쟁으로' 레크리에이션과 '체육으로' 라는 문제인식을 바탕으로 "규칙과 경쟁의 요소를 갖고 있으며, 육체를 사용하는 게임과 유사한 활동"이라고 정의하고 있다(공진성·김동수(역), 1995에서 재인용함).

이러한 스포츠의 기능은 ① 종교적 기능, ② 전쟁이나 투쟁의 대체물로 정치적 기능, ③ 오락적 기능, ④ 사회의 구성원에 대한 체육으로 교육적 기능, ⑤ 현대인의 건강유지를 위한 건강적 기능이 있다. 한편 일본 학자 廣瀨一郎는 스포츠를 직접 참여하는 오락(레크리에이션)이 아니라 보는 오락(엔터테인먼트)으로 한정하고 있으나 여기서 논의하는 스포츠는 직업의 스포츠가 아니라 레저의 스포츠로 포괄적인 개념이라 할 수 있다. 즉 스포츠는 주로 육체적 발전의 영역에 속하며, 심신(육체와 정신)을 단련하는 것이다.

6) 레크리에이션(recreation)

레크리에이션의 사전적 의미는 재-창조(re-creation)로 새로운 것의 창조와 회복 및 재생의 의미를 가지고 있다. 개인은 일상생활의 속박에서 벗어나 오락활동을 통해 신체적인 회복을 도모하는 활동으로 삶을 즐겁게 하는 자기표현의 활동(김광근 외,

2011)이라고 할 수 있다. Danford는 "개인 욕구에 대한 만족과 인간관계를 통하여 생활을 풍족하게 하고 개인 능력에 따라 자유롭게 선택한 활동"이라고 정의하고 있다. 또한 Butler는 "개인만족과 기쁨을 위하여 자유로운 모든 경험과 활동의 형식"이라고 정의하고 있다(김광근 외, 2011). 따라서 레크리에이션은 레저시간에 이루어지는 활동과 경험으로 "재미있거나 활기를 얻기 위해 하려고 하는 어떤 것"(what you do to be amused or refreshed)(Bammel & Bammel, 1996)이라고 할 수 있다.

이러한 레크리에이션의 유형에는 ① 옥내 레크리에이션(indoor recreation), ② 옥외 레크리에이션(outdoor recreation)이 있다. 따라서 레크리에이션은 생활의 변화를 추구하는 인간의 기본적 욕구를 충족시키는 행위로 그 목적 측면에서는 이동의 개념을 제외하고는 관광과 유사하다고 할 수 있다.

지금까지 관광의 인접 개념으로 ① 레저(leisure), ② 놀이(play), ③ 게임(game), ④ 캠핑(camping), ⑤ 스포츠(sports), ⑥ 레크리에이션(recreation)에 대해 살펴보았다. 앞서 논의된 바와 같이 일반적으로 레저, 관광, 레크리에이션 그리고 스포츠 등의 개념은 일상생활에서 잘 쓰이고 있지만, 명확한 개념 구분이 되고 있지는 않다. 따라서 본서에서는 관광을 포괄적인 관점에서 보고자 한다.

한편 우리는 여가시간의 증대로 인한 여가활동의 다양화 속에서 여가의 노동 전이 현상을 경계해야 할 것이다. 예를 들어 그레이 스웜(grey swarm)문화[1] 피서 및 등산과 같이 여가활동을 넘어 노동으로 변질되는 것(집단 몽환)을 경계해야 한다는 것이다.

제3절 | 관광의 역사와 창조경제

관광의 역사는 인류의 역사와 함께 시작되었다고 단언할 수 있다. 관광현상은 하나의 오픈시스템(open system)으로 역사 속에서 거시환경과 미시환경의 부단한 변화에 상호 영향을 주고받으면서 그 모습이 변화되어 왔다는 것이다. 이러한 변화 속에서 관광객(관광주체)은 생존 욕구, 생리적 욕구, 안전의 욕구, 사회적 욕구, 존경의 욕구, 자

1) 스웜(swarm)의 개념은 떼, 벌 떼 등을 의미하는 것으로 스마트 스웜과 그레이 스웜 등이 있으며, 그레이 스웜은 여름 피서나 주말 등산에 반드시 자신이 참여해야 한다는 강박관념 문화로 정의함.

아실현의 욕구, 그리고 변화 및 오락욕구 등 다양하고 복합적인 욕구(needs or/and wants)를 충족하기 위하여 관광을 했다는 기록이 있다. 또한 관광자원(관광객체) 역시 관광객의 욕구변화 및 수요에 따라 진화 및 창조되었으며, 개발방향도 소비자 중심으로 변화되었다고 할 수 있다. 이는 관광자원 역시 시장 지향적 경영관점에서 변화가 필요했음을 시사하고 있다. 관광사업(관광매체) 역시 거시환경과 미시환경의 변화에 창조적 적응(creative adaptation)을 하면서 사업의 모습과 패러다임이 변화되어 왔다.

관광현상을 역사적 관점에서 바라보는 연구가 역사적 접근이며, 이러한 접근에는 ① 문헌사적 접근과 ② 문제사적 접근이 있다. 이는 “미래는 과거와의 대화”(한국관광학회 편, 2009)라는 역사학의 유명한 글귀가 시사하는 바가 크다고 할 수 있다. 결론적으로 관광의 역사를 고찰하는 것은 결국 현재를 이해하고, 미래를 예측하여 관광현상의 구성요소인 관광객의 가치 개발, 관광자원의 가치 개발, 그리고 관광사업의 가치 개발의 방향을 예측하기 위함이라 하겠다. 이러한 관광현상의 구성요소들의 각각의 가치개발이 결과적으로 창조경제의 시작이라 할 수 있다.

문헌사적으로 고대 그리스 시대에 올림픽(Olympics) 경기의 관람이나, 에게해(Aegean Sea)의 여러 섬에 보양을 갔었다는 기록으로 볼 때, 이는 비록 오늘날의 대중관광(mass tourism)과는 양적으로나 질적으로 비교될 수 없지만, 인간은 과거부터 즐거움을 얻기 위한 관광을 했음을 알 수 있다.

그러므로 관광의 역사에 대해 고찰하는 것은 시장수요에 맞는 관광상품을 개발하고, 오늘날의 새로운 관광행태를 이해하는 데 도움이 되는 것이다. 즉 어떠한 관광주체가 어떤 동기와 목적으로 관광을 했는지? 나아가 그것을 가능하게 한 조건은 무엇이었는지 등을 분석하는 것은 관광현상의 변화와 발전 요인을 이해하고, 연구하는 데 실마리를 제공해 줄 것이다.

1 관광의 발전단계

관광의 역사를 문헌사적 관점과 문제사적 관점에서 여러 학자들의 연구 결과를 종합해 보면, 다음 〈표 1-2〉와 같다.

〈표 1-2〉 관광의 역사

역사 단계	시기	관광주체	관광동기	관광사례	호텔의 발전단계
Tour 시대	고대 ~ 1840년	귀족, 성직자, 기사 등 특권계급	종교심, 보양	• Pilgrimage • Safari • Spa • De Re Coquinaria	Inn 시대
Tourism 시대	1841년 ~ 2차 대전	특권계급, 부르조아	종교심, 보양, 지식욕	• Thomas Cook • Grand Tour	Grand Hotel 시대
Mass Tourism 시대	2차 대전 이후	대중(mass)	종교심, 보양, 지식욕, 오락	• 대중/대량관광 • 국민관광 • 국제관광	Commercial Hotel 시대
New Tourism (Social Tourism) 시대	최근	대중(mass)	다목적	• 복지관광 • 지속가능관광 • 실버관광 • 테마관광[1] • 공정관광	Chain Hotel 시대

1) 테마관광에는 의료관광, 스포츠관광, 축제이벤트관광, 문화유산관광, 커피·와인관광, 문학관광, 섬·낚시·스쿠버관광, 슬로시티관광, 다크투어리즘, 템플스테이(temple stay), 한옥체험관광, 골프투어, 트레킹(trekking), 농촌체험관광, 영화제·공연관광 등 다양한 관광이 있다.

일반적으로 관광 역사의 단계구분은 문헌사적 접근과 문제사적 접근 중 오히려 문제사적 접근을 중심으로 이루어지고 있음을 알 수 있다. 즉 Tour 시대에서 Tourism 시대로의 발전의 주요 사건(event)은 영국의 목사였던 Thomas Cook이 1841년에 「금주동맹대회」에 참가하는 회원들을 모아 단체로 열차를 전세내어 참가했던 사건이다. 이것이 단체 할인에 의한 관광의 시초이며, Thomas Cook은 문헌사적 관점에서 남을 위해 관광을 처음으로 알선해 준 최초의 사람이 되었다. 그 후 Thomas Cook에게 관광수속의 대행을 의뢰하는 사람이 늘어나 드디어 1845년에는 단체관광을 조직화하고, 교통수단이나 숙박시설을 알선하는 것을 주업으로 하는 '여행대리업' (excursion agent)을 경영하게 되었다. 이것이 오늘날 관광사업에서 관광매체로써 중요한 역할을 담당하고 있는 여행사의 시작이다. 이처럼 Thomas Cook이 시작한 여행대리업은 차츰 관광사업의 지위를 확립하게 되었다. Thomas Cook의 관광 역사에서의 공헌은 여행사의 알선을 통해 대중이 관광을 손쉽게 한 것이며, 관광에 참가할 수 있는 기회를 제공하였다는 점이다. 이 점에서 Thomas Cook을 '근대 관광산업의 아버지' 라고 부르고 있으며, 또한 Thomas Cook 여행사의 등장 이후를 흔히 Tourism 시대라고 부른다.

한편 Tourism 시대에서 Mass Tourism 시대로의 발전에는 제2차 세계대전이라는 인류역사상 엄청난 사건의 역할이 가장 크다고 할 수 있다.

첫째, 사회 계급(social class)의 파괴이다. 다시 말해 현대사회는 계급이 파괴되고 계층으로 진화하였다는 것이다.

둘째, 제2차 세계대전 중에 발달한 병참관리(logistics)의 핵심인 철도, 항공기, 트럭, 선박의 발달과 도로, 통신, 전기, 상하수도 등 인프라(infra structure)의 건설은 전후 새로운 발전 개념으로 발전하기 시작하였다. 전후에는 전투기 및 수송기에서 민간 항공기의 발달로 이어졌으며, 전시의 군함의 생산에서 축적된 기술은 해상 여객선의 발달로 이어졌다. 트럭의 생산기술은 교통수단으로 관광용 대형버스의 생산으로 이어졌다. 결국 전후 다양한 교통기관의 획기적 발달은 대량수송의 전기가 되었다. 또한 전쟁에서 축적된 중화학공업의 발달은 새로운 산업으로 진화하였으며, 노동력의 기간산업에의 투입은 피폐한 여러 나라의 경제 회복은 물론이며, 국민의 가처분소득이 증가하였고, 기업, 정부, 가계로 이루어져 있는 국민경제 역시 급속도로 확대되었다. 이러한 전후 현상은 경제적 요인의 발전으로 이어졌다.

셋째, 전후 사회적 요인으로 도시화 및 산업화는 도시로의 인구집중과 그에 따른 취업구조의 변화, 즉 1차 산업에서 2차 산업으로의 노동력 이동으로 인해 여가 및 관광활동 참여 기회가 급속히 늘어났다. 또한 도시 확장 및 고도성장에 따른 부작용으로 공해의 빈발 등이 인간의 자연회귀 욕구를 자극하게 되었다. 또한 문화적 요인으로 교육기회의 증대로 인해 개인의 가치관이 근로윤리(work ethic)에서 여가윤리(leisure ethic)로 변화하게 되었으며, 매스컴 등의 발달로 정보의 공유가 확대됨으로써 관광의 인식과 욕구가 커지게 되었다. 그리고 세계화, 개방화, 규제완화 등의 정치적·법적 환경이 전향적으로 발전하였다. 이러한 배경 아래 제2차 세계대전 후의 선진국을 중심으로 대량의 대중에 의한 관광의 시대, 이른바 대중관광(mass tourism)의 시대를 맞이하게 되었다.

넷째, 선진 각국들은 관광의 경제적 효과에 대해 인식을 달리하고 수출 드라이브 정책의 일환으로 경제 회복을 위한 외화 획득의 한 수단으로 국제관광을 중시하게 되었다. 각국이 해외 관광마케팅에 힘을 기울임으로써 결과적으로 세계 교역 중 무역 외수지(invisible export)로서 국제관광 수입은 세계 무역의 큰 비중을 차지하게 되었다.

나아가 앞의 〈표 1-2〉 관광의 역사에 나타나 있는 관광사례에 대해 간략하게 살펴보기로 한다.

Pilgrimage는 일명 성지순례로 종교적 활동과 관련된 관광으로 중세의 Tour 시대에 나타난 대표적인 현상이라 할 수 있다. 또한 오늘날 New Tourism 시대에도 동일한 관광동기 및 목적으로 이루어지고 있는 관광행태이다.

Safari(사파리)는 고대 Tour 시대에 아프리카를 중심으로 나타난 수렵여행을 말한다. Tour 시대의 사파리 동기가 생존이었다면, 오늘날의 사파리는 일명 사파리 투어로 레저스포츠의 하나라 할 수 있다.

Spa(스파)라는 명칭의 유래에 대하여는 벨기에 리에주주의 온천으로 유명한 도시 스파에서 비롯되었다는 설과, 프랑스어 'sante per aqua(건강에 좋은 물)' 의 머리글자를 따온 것이라는 설이 있다. 본래는 물을 이용한 건강 증진 및 질병 치료를 가리키는 말이었는데, 최근에는 그 의미가 마사지를 포함하여 미용 분야까지 확대되었다(http://www.naver.com).

『조리의 왕』(De Re Coquinaria) 조리교본서는 고대 로마시대의 조리교본으로 로마시대에도 벌써 음식문화가 발달했음을 알 수 있다. 또한 이때 각지 포도주를 마시며, 식사를 즐기는 식도락가를 가스트로노머(gastronomer)라 불렀으며, 식도락 여행이 성행했다는 것이다.

대중관광(mass tourism) vs 대량관광(mass tourism)은 영어 표현은 동일하다고 할 수 있으나 실질적으로 대중관광과 대량관광의 의미는 차이가 있다. 대중관광은 관광주체, 즉 사회 계층(social class : upper class, middle class, lower class)으로 볼 때 관광객이 대중이라는 것이다. 이러한 관광현상은 제2차 세계대전 후 나타난 사회 계급(social class)의 파괴로 계층이 생겨났기 때문이다. 한편 대량관광은 관광현상의 양적 관점에서 관광량이 많다는 의미이다.

국민관광(national tourism)은 특정 국가의 국민이 참여하는 관광을 말한다. 이때 국민의 개념에는 우리나라의 경우 장기체류 외국인을 포함하고 있다. 이러한 국민관광에는 국민의 국내관광과 국민의 해외여행(outbound)이 있다.

국제관광(international tourism)은 국가 간의 여행으로 국민의 해외여행을 포함하여 외국인의 국내여행(inbound)을 말한다.

복지관광(social tourism)은 정부 및 공공기관 차원에서 국민의 복리후생을 위한 관광 여건을 조성하는 것을 복지관광이라 한다. Hunziker(1959)는 이것을 "저소득계층(low income group)에서 이루어지는 관광의 형태"로 정의하였다(McIntosh, 1984). 또한 Burkart & Medlik(1976)은 "참가가 한정된 사람들에게 보조금(subsidies), 특수시설(special facilities), 기타 조치에 의해 참가의 기회를 부여하는 것"이라고 하였다. 특히 McIntosh(1984)는 "지원관광"(subsidized tourism)라고 하였다.

복지관광의 선구라고 할 수 있는 '스위스여행금고'(Schweizer Reisekasse)에서는 국가의 재정적 지원 아래 30년 이상에 걸쳐서 할인된 여행용 스탬프를 발매하고 있고 국민은 이를 사 모았다가 여름 바캉스 때에 현금 대신으로 각종의 승차 · 승선권을 구입하든가 호텔의 숙박료를 지불하였다. 이러한 스위스 여행금고는 복지관광의 상징이라 할 수 있다.

우리나라의 경우 복지관광의 예로서 문화체육관광부의 여행바우처 사업이 있는데, 2005년부터 중소기업체 소속 저소득 근로자를 대상으로 여행경비를 30% 지원하는 사업으로 시작하여 2006년에는 정부지원금을 40%로 높여 추진되었으나 하반기 전면 중단되었다가 2010년에 이 제도가 부활되었으며, 저소득 근로자 중심에서 자영업자까지 확대 시행하고 있다(KTO, 2013).

지속가능관광(sustainable tourism)은 지속가능한 개발((sustainable development)의 개념에서 찾을 수 있다. 이러한 지속가능한 개발의 개념은 WCED(관광과 개발에 관한 세계위원회)가 UN 총회에 보고한 보고서에서 "미래세대가 그들의 필요를 충족시킬 수 있는 가능성을 손상시키지 않는 범위에서 현세대의 필요를 충족시키는 개발"(조형준·홍성태 역, 1987)을 의미한다. 이에 관광산업에도 지속가능한 개발의 개념이 적극적으로 도입되어 UNWTO에서는 지속가능관광을 위해 필수적으로 고려해야 하는 주요 이슈와 지표(indicators)를 개발·제시하였다.

〈표 1-3〉 지속가능관광의 주요 이슈와 관련 지표

주요 이슈	관련 지표
지역주민 만족도	• 관광에 대한 지역주민 만족도
지역 관광영향	• 지역주민과 관광객의 비율 • 새로운 기반시설 및 서비스 도입 • 사회적 서비스 증가
관광객 만족도	• 관광객의 만족도 • 소비한 돈의 가치에 대한 인식 • 재방문객 비율
관광의 계절성	• 월별, 분기별, 관광객 수 • 성수기 월별, 분기별 객실 점유율 • 비수기 월별, 분기별 객실 점유율 • 1년간 지속적으로 영업을 한 사업체 수와 비율
관광의 경제적 혜택	• 지역주민의 수와 남녀 비율 • 지역 총 수입에서 관광수입의 비율
에너지 관리	• 1인당 1일 에너지 소비량 • 에너지 보존프로그램에 참여한 업체의 비율 • 재생가능한 자원으로 생산된 에너지 비율
하수 처리(폐수 관리)	• 1차, 2차, 3차 오물의 비율 • 하수처리 시스템을 갖춘 관광시설의 비용
쓰레기 관리	• 관광지에서 배출된 쓰레기의 양(월별, 톤) • 재활용된 쓰레기의 양(㎥) • 공공장소에 버려진 쓰레기의 양
개발 관리	• 토지사용, 계발계획 절차의 존재 여부 • 통제의 대상이 된 지역의 비율(밀도, 디자인 등)

자료 : UNWTO Final Report(2006)의 내용을 요약정리함.

이러한 지속가능관광의 유형에는 생태관광(ecotourism), 녹색관광(green tourism), 문화유산관광(heritage tourism)(관광학회, 2009), 그리고 공정관광(fair tourism) 등이 있다. ① 생태관광은 넓은 의미로 자연을 대상으로 한 관광으로 산촌관광, 농촌체험관광, 어촌관광, 해양관광 등이 있다. ② 녹색관광은 생태관광과 유사개념으로서 친환경적인 관광을 말한다. 이러한 녹색관광의 경우 선진국에서는 1960년대 이후 시작되었다. ③ 문화유산관광은 문화관광의 한 형태로서 특정 지역 내의 문화자원뿐만 아니라 자연자원을 기반으로 한 관광을 말한다. ④ 공정관광(fair tourism)은 우리나라 사회전반에 공정사회 구현을 지향하는 추세가 확산됨에 따라 관광분야에서도 착한 관광, 공정여행 등 책임관광이 부각되면서 윤리적 관광소비와 공정한 관광거래를 통해 공정한 분배를 실현하려는 노력이 진행되는 것(호텔&레스토랑, 2011.6.)으로 관광객이 지역주민의 삶과 문화를 존중하면서 자연환경을 보전하고, 공정한 거래를 통하여 지속가능관광을 행하는 것(KTO, 2011.10.)을 말한다. 이는 관광에 대한 새로운 자각과 함께 새롭게 부각되는 관광문화라 할 수 있다.

볼런투어리즘(voluntourism)은 자원봉사 활동의 '볼런티어'(volunteer)와 관광의 결합된 개념으로 환경보전과 빈곤완화 등 사회 이슈에 대한 이타적인 동기에서 시작되었다. 이는 특히 2000년대 초 UN이 정한 '국제자원봉사의 해'를 시작으로 국내외의 관심과 참여가 증가하고 있다(이원희, 2011.9). 이는 대부분 전문기관이나 단체에 의해 활동하는 관광형태이다.

실버관광(silver tourism)은 일반적으로 경제력이 있는 노년인구 계층의 관광을 말한다. 여기서 말하는 실버의 기준은 경우에 따라 55세 이상, 60세 이상, 65세 이상으로 정의되기도 한다. 이러한 실버관광에는 ① 실버보건관광, ② 실버의료관광 등이 있다(한국관광학회, 2009). UN에서는 2050년에는 60대 이상의 시니어 세대가 20억 명이 될 것으로 추정하고 있다. 또한 미국의 경우 총인구 중 41%가 55세 이상인 것으로 나타났으며, 총해외여행자의 약 28%를 차지하고 있는 것(김용욱·김진·신정영, 2012)으로 나타났다. 우리나라의 경우 65세 이상의 인구가 2005년 9.1%에서 2050년에는 37.3%로 가파른 증가가 예상되고 있다(한국관광학회, 2009).

테마관광(S.I.T. : special interest tourism)은 의료관광, 스포츠관광, 축제이벤트관광, 문화유산관광, 커피·와인관광, 문학관광, 섬·낚시·스쿠버관광, 슬로시티관광, 다크투어리즘, 템플스테이(temple stay), 한옥체험관광, 골프투어, 트레킹(trekking), 농촌체험관광, 영화제·공연관광 등 다양한 테마가 있는 관광을 말한다.

2 시장지향적 관점에서의 관광의 역사와 관광사업

관광의 기원은 학자에 따라 관점의 차이는 다소 있으나 인류의 역사와 함께 시작되었다고 볼 수 있다.

1) Tour 시대

이때는 관광주체가 왕족, 귀족, 성직자, 기사 등 특권계급을 중심으로 관광이 이루어졌으며, 관광의 형태는 Pilgrimage, Safari, Spa 관광, 식도락 여행 등이 있었다. 시장지향적 관점에서 보면, 관광서비스를 생산하는 개인이나 조직의 경우 한정된 특정 시장, 즉 왕족, 귀족, 성직자, 기사 등 특권계급을 목표로 하기 때문에 시장수요도 적었을 뿐만 아니라 관광서비스 역시 계급사회의 전형인 주종관계 내지 수직적 관계 특성이 있다고 볼 수 있다. 영국, 프랑스 등 사회구조 상의 특징인 보수성과 계급 간의 격절성으로 인해 크게 발전하지 못하였다.

2) Grand Tour 시대

18세기 영국을 중심으로 한 산업혁명으로 인해 새로운 부르조아지 계급(유산계급)이 등장하면서 시장이 확대되었다. 호텔산업 역시 독일을 중심으로 한 Hof시대를 거쳐 1850년대 프랑스를 중심으로 Grand Hotel시대가 도래하였다. 이 당시의 대표적인 호텔이 Le Grand Hotel과 Ritz[2] Hotel(현대 체인호텔의 효시)이다. 이때 호텔의 표적시장은 왕족, 귀족, 부호, 연예인 등이었다. 당시는 사회구조상 계급사회로 기존의 귀족 등 특권계급 시장에 새로운 산업 내지 상업자본가가 참여하여 시장규모가 확대됨으로써 시장성이 확대되고 새로운 개념의 관광사업들이 등장하게 되었다. 달리 말하면, 이는 새로운 시장수요가 새로운 관광공급(호텔)을 창출하였다고 할 수 있다.

3) Mass Tourism 시대

제2차 세계대전이 인류에게 준 최대의 선물은 사회계급의 파괴이다. 이때부터 관광이 특정인을 위한 전유물이 아니라 대중 누구나가 시간과 경제적 여유만 있다면 관광할 수 있는 시대로 진입한 것이다. 즉 제2차 세계대전 이후 대중관광시대가 도래한 것이다. 특히 미국을 중심으로 보스톤의 Tremont House(1829) 이후 Buffalo Statler[3] Hotel(1908) 등장호텔의 등장으로 대중화가 이루어졌다. 이러한 미국 호텔의 대중화 이유를 이해하기 위해서는 사회생성과정과 사회구조에 대한 이해가 선행되어야 할 것이

---

2) C. Rits(1850~1918)는 고급(luxurious, fashionable, elegant)호텔의 창시자
3) E.M. Statler는 호텔 Bellman 출신으로 근대호텔의 혁명왕이라 일컫는데, 그 근본 이유는 그 자신의 호텔경영기법에 기인하고 있음. 예를 들면 Resonable Price, 서비스의 과학화(주방·식당 동선 단축), 다양한 아이디어로 유니폼 착용, Room Key, Don't disturb 안내표지, 전신거울, 신문 서비스 등이다. 한편 그는 호텔경영철학으로 "인생은 서비스다"를 모토로 하였음.

다. 즉 Grand Hotel시대의 프랑스와는 달리 미국 호텔의 경우 지불능력이 있는 사람에게 개방되었던 평등사회였다는 점이다. 이러한 환경 속에서 호텔이 생존하기 위해서는 시장성이 큰 대중(the publics) 시장을 표적으로 할 수밖에 없었다. 이러한 맥락에서 호텔상품 역시 서민적이고 대중적이어야만 했으며, 결국 합리적인 가격(reasonable price), 즉 침투가격전략(penetration pricing strategy)을 구사할 수밖에 없었다는 점이다(박중환, 1998).

4) New Tourism 시대

오늘날 관광은 단순히 대량적이고 대중적인 개념을 넘어 사회행복실현을 위한 수단으로 진화하고 있다. 다시 말해 관광을 통해 개인의 삶의 질 향상은 물론 나아가 가난퇴치, 사회통합, 사회복지, 환경보전 등 지속가능사회를 추구하는 시대가 되었다. 또한 제2차 대전 후 호텔산업 역시 급격한 변화를 하였는데, 바로 체인화와 국제화이다. Marriott International, Hilton Hotels & Resorts, Starwoodhotel Chain, Hyatt International, Accor Group 등과 같은 객실 수 30만 실 이상의 세계적인 체인 및 초국적 호텔들이 등장하고 있는 실정이다. 그리고 여행사 역시 Off-Line여행사의 시대를 벗어나 On-Line화함으로써 관광상품 유통에서의 공간적 제약을 극복하고, 대량 관광상품 유통의 시대에 접어들게 되었다. 최근에는 On-Line여행사의 등장으로 전자상거래상의 관광상품의 신뢰성(reliability) 문제가 발생함으로써 여행사의 Mega화가 이루어지고 있으며, 이와 함께 여행사의 브랜드 가치 더욱 중요하게 되었다.

이러한 추세는 관광에서의 Mass Tourism 현상과 맞물려 시장에서의 선도력과 규모의 경제(economy of scale)를 달성하기 위함이라 할 수 있다.

결국 이러한 관광의 역사에서 관광사업의 시대별 변화는 변화하는 환경 속에서 생존을 위해 적응해 온 과정이라 할 수 있으며, 특히 급변하는 환경 속에서 생존과 성장을 위해서는 관광사업이 시장지향적 경영을 하지 않으면 안 됨을 시사하고 있다.

제4절 | New Tourism 시대와 창조경제 수단으로 관광

1 복지관광(social tourism)의 경영가치모델과 창조경제

복지관광의 기본 방향은 국민의 복리후생을 위한 관광 여건을 조성하는 것을 복지관광이라 한다. 앞서 언급된 바와 같이 우리나라의 경우 복지관광의 대표적 사례로는 문화체육관광부가 시행하고 있는 '여행바우처 사업' 이 있다. 이 사업은 2005년 초기에는 저소득 근로자 중심에서 최근에는 저소득 자영업자까지 포함하는 정책을 펼치고 있다. 또한 2009년에 실시된 문화체육관광부가 시행한 외국인근로자 및 국제결혼이주여성 가족 복지관광의 경우 16건에 710명이 참여한 일부 사례가 있다(KTO, 2010).

그러나 경영가치모델 및 창조경제의 기반조성을 위해 향후 복지관광의 새로운 모델 개발이 필요하다고 할 수 있다. 향후의 새로운 복지관광모델의 대표적인 대상집단은 다문화가정과 장애우를 비롯한 소외계층이 될 수 있다. 이미 우리나라는 '다문화사회' 로 2012년 현재 국내거주 외국인의 비율이 전체 인구의 2%를 넘어 본격적인 다문화사회로 진입한데다 인구대비 외국인체류자는 2020년 5%, 2030년 6%를 넘어 2050년엔 10% 정도로 급격하게 증가할 것이라 예측하고 있기 때문이다. 그러나 다문화가정과 관련된 기존 연구들을 보면, 결혼이주여성들을 중심으로 한 인권침해 문제, 한국생활 적응 문제, 문화적 차이에서의 갈등 문제가 심각한 실정이라는 점이다.

최근의 연구에서 주요 쟁점의 하나는 다문화가정의 문화적응과 문화적응 과정에서의 스트레스와 적응요인 방안으로 관광을 통한 해결방안의 모색이다. 그리고 복지관광 측면에서 장애인을 대상으로 한 선행연구에서 여가관광활동이 스스로 지각하는 자기지각 삶의 질적 향상을 주는 심리치료적 가치를 가지고 있고, 심리적 안녕감과 사회적 상호작용에 의한 사회성 발달에 긍정적 영향을 미친다는 연구결과다. 이러한 관점에서 복지관광모델의 활성화는 결과적으로 관광주체(소외계층)의 관점에서 보면 새로운 가치창출(문화적응 및 사회적응)이 되며, 국가적으로 보면 사회통합의 기초가 된다. 이러한 것이 경영가치모델이며, 나아가 창조경제의 시작인 것이다.

❷ 지속가능관광(sustainable tourism)의 경영가치모델과 창조경제

지속가능관광을 위해서는 앞서 논의된 바와 같이 WCED(관광과 개발에 관한 세계위원회)가 UN 총회에 보고한 보고서에서 제안한 미래세대가 그들의 필요를 충족시킬 수 있는 가능성을 손상시키지 않는 범위에서 현 세대의 필요를 충족시키는 개발을 실천하는 것이 무엇보다 중요하다. 특히 대량관광현상에서 나타나는 '관광 공해' 문제로 무분별한 개발로 인한 자연환경파괴, 지역문화의 황폐화와 매춘행위로서 관광(tourism as whorism), 배금주의, 윤리도덕의 피폐, 관광범죄 등이 있을 수 있다. 이러한 문제를 해결하기 위해서는 첫째, 각국 정부 및 지방정부에서는 지속가능관광의 개발 및 관리체계를 확립하고, UNWTO에서 제시한 지속가능관광을 위해 필수적으로 고려해야 하는 주요 이슈와 지표(indicators)를 실천하는 것이다. 둘째, 정부 정책 간의 유기적 연계를 강화하여야 한다. 즉 환경부나 해양수산부, 국토교통부 등 유관기관과의 통합적인 정책 개발과 실천이 필요하다는 점이다. 셋째, 지역주민의 적극적인 참여가 요구된다. 그리고 관광객의 관광의식 내지 문화의 변화가 필요하다. 다음 그림은 지속가능관광의 가능성을 보여주는 대표적인 사례라 할 수 있다.

〈그림 1-5〉 부산 감천문화 마을의 지속가능관광 사례

❸ 실버관광(silver tourism)의 경영가치모델과 창조경제

시니어 계층의 주된 관심분야로 여가활동의 경우 음악/영화/게임, 여행/취미, 오락, 고령자 음식점, 애완동물 관련 서비스 등이 있으며, 생활 관련 관심 분야로는 금융서비스, 인터넷, 실버타운, 식사택배서비스, 장례서비스 등이 있다(한국관광학회 편, 2009), 따라서 실버관광의 경영가치모델 개발과 창조경제를 위해서는 관광정책적 차원에서 관광주체인 실버 계층의 욕구 파악 및 그 욕구에 맞는 서비스 제공이 무엇보다

필요하다고 할 수 있다. 관광자원적 측면에서도 노인을 위한 편의시설의 확충이 필요하며, 나아가 관광사업 역시 시장세분화 전략 관점에서 실버시장에 대한 맞춤형 서비스 제공을 통한 욕구 충족과 이를 통한 이윤 추구, 나아가 사회복지의 실천을 도모해야 할 것이다. 그리고 관광객, 즉 실버 계층 역시 Self Leadership을 통한 자기계발과 적극적인 관광참여를 통한 삶의 질 향상과 행복을 추구해야 할 것이다. 따라서 실버관광의 종착역은 복지관광의 실현이다.

4 테마관광(S.I.T.)의 경영가치모델과 창조경제

테마관광(S.I.T.: special interest tourism)은 관광객(관광주체)이 추구하는 주제, 즉 주된 목적이 무엇인가에 따라 정의될 수 있다. 따라서 이러한 테마관광은 단일 목적성이라기보다 다목적성의 성격이 강하다. 즉 이는 복합관광의 형태라 할 수 있다. 앞에서 제시했던 대표적인 관광형태인 의료관광, 스포츠관광, 축제이벤트관광, 문화유산관광, 커피·와인관광, 문학관광, 섬·낚시·스쿠버관광, 슬로우시티관광, 다크투어리즘, 템플스테이(temple stay), 한옥체험관광, 골프투어, 트레킹(trekking), 농촌체험관광, 영화제·공연관광 등 역시 경영가치를 창출하고, 나아가 창조경제를 시현하려면, 이러한 다목적성의 소비자 욕구를 충족시켜야 한다.

의료관광(medical tourism)은 경제성장에 따라 개인의 소득증대와 삶의 질 추구로 인해 웰빙(well-being)과 건강 추구형 라이프스타일(LOHAS))이 일반화됨에 따라 건강을 위한 의료서비스와 휴양과 관광활동이 결합된 현상을 말한다. 이는 관광과 의료서비스를 접목한 새로운 형태의 관광이다.

의료관광은 의료서비스와 휴양, 레저, 문화 체험 등의 관광활동이 결합된 새로운 관광형태로, 질병의 전문적인 치료와 예방에서 미용성형에 이르기까지 포괄적인 서비스를 제공한다(전국경제인연합회, 2006). 또한 의료관광은 치료 등을 위해 먼 곳을 여행하는 사람들이 방문하는 목적지까지도 하나의 비즈니스 체계 속에 자리매김하게 한다(Connell, 2006). 국가경제적인 측면에서 보면, 의료관광은 의료서비스 산업뿐만 아니라 관광산업의 수지 불균형 문제를 해결할 수 있는 대안으로 그 중요성이 높아지고 있다. 관광에서 부가가치 창출이 매우 큰 의료관광의 활성화 및 경영가치를 추구하기 위해서는 첫째, 의료관광 인프라 구축이 필요하다. 즉 우수 의료인력 확보 및 선진의료

시스템과의 연계가 필요하다. 둘째, 법적 정비 및 규제완화, 그리고 사고 시의 의료보험제도 보완 등이 필요하다. 셋째, 국가적 관점에서의 전사적 마케팅(total marketing) 활동과 시장 확보, 그리고 복합의료관광상품 개발이 필요하다. 넷째, 의료관광목적지로 경쟁력을 높이는 것이 매우 중요하다.

슬로우시티 관광(slowcity tourism)은 1980년대 유럽에서 불게 된 패스트푸드에 반대하는 슬로우푸드 운동에서 비롯되어 관광현상에 접목된 새로운 개념이자 하나의 관광문화라 할 수 있다. 좀 더디더라도 지역주민들의 자연스런 전통과 생활의 속도에 맞추고, 일시적이나마 그 생활 또는 향수 속에 빠져드는 것이 슬로우시티 관광의 매력이다. 그러나 학술적으로 슬로우시티는 MacCannell이 말하는 고유성(authenticity) 관점에서 보면, 관광객들이 실제는 경험하지 못하는 고유성이라 할 수 있으며, 관광객이 보는 슬로우라이프(slow life)는 실제로 지역주민의 일상으로 생존을 위한 치열한 삶의 현장이라는 점이다. 따라서 최근에 시행되고 있는 슬로우시티 인증제는 새로운 문제를 야기할 수 있는데, 그 일례로 특정 지역이 슬로우시티로 인증되어 지역 인지도가 높아지면, 결국 패스트시티(fast city)로 전이될 수 있다는 점이다.

이러한 사례로 청산도의 경우 슬로우시티 지정 후 2013년에만 37만 명의 관광객이 이 섬을 찾았을 뿐만 아니라 농로 포장, 팬션 등 숙박시설과 음식점, 쓰레기 소각장 등으로 인해 '느림의 멋'을 잃어가고 있는 실정이다(Chosun.Com, 2014.1.13.).

〈그림 1-6〉 청산도의 어제와 오늘

이러한 문제들을 극복하기 위해서는 관광객 사전 예약제 및 관광객 총량제를 도입할 필요가 있다.

다크 투어리즘(dark tourism)을 넘어 평화관광(peace tourism)은 역사적으로 비극적이거나 잔학무도한 사건이 일어났던 곳 또는 그런 사건과 관련이 있는 참사현장을 방문하여 반성과 교훈을 얻는 여행(한국관광학회 편, 2009)을 말한다. 이는 역사적으로 어두운 과거가 있는 장소, 특히 죽음과 관련된 장소를 순례하는 관광을 말한다. 한편 이와 같은 장소를 비극의 현장(블랙 스팟 : black spot)이라 하는데, 대표적인 장소로 그라운드 제로-뉴욕 세계무역센터가 있으며, 폴란드의 아우슈비츠(Auschwitz) 수용소, 캄보디아의 킬링필드, 그리고 우리나라 서대문형무소, DMZ 등이 있다.

관광객이 이러한 비극의 현장을 보고자 하는 관광동기 내지 목적은 결코 비극을 보기 위함이 아니라 이러한 비극을 교훈삼아 세계평화에 이르기를 바라는 마음이기 때문에 다크 투어리즘은 오히려 평화관광이라 칭할 수 있다. 왜냐 하면 관광의 본질로서 1967년 국제관광의 해를 맞아 내건 UN의 슬로건, "Tourism passport to peace"(관광은 세계평화의 수단)에서도 잘 나타나 있기 때문이다.

〈그림 1-7〉 **다크 투어리즘을 넘어 평화관광으로**

현재 DMZ

계획 중인 DMZ 세계평화공원

우리나라 정부에서는 추진 중인 비무장지대(DMZ) 세계평화공원은 가능한 한 자연상태 그대로 보존하는 생태공원으로 만들어질 것으로 전망된다. 정부는 남북한의 DMZ를 가로지르는 공원으로 만들어 전 세계 방문객들이 공원 안에서 남북한을 자유롭게 오갈 수 있도록 할 방침이다. 특히 정부의 이 같은 구상은 박 대통령이 통일기반 구축의 핵심으로 제시한 DMZ 평화공원 구상을 보다 구체화한 것이다. 정부는 DMZ 평화공원을 '남북 교류협력의 허리' 이자 한반도 통일을 준비하는 '작은 통일의 공간' 으로 만들겠다는 구상이다. 또한 정부에서는 "공원 방문객들이 공원 안에서나마 남북한을 오가며 한반도 분단의 아픔과 평화의 필요성을 절감하는 통로가 되게 할 것" 으로 보고 있으며, DMZ 평화공원 내에 건축물과 조형물 설립을 최소화해 가능한 한 자연상태 그대로 보존하는 생태공원으로 추진할 계획이다(Donga.Com, 2013.1.15.).

제5절 | 관광과 문화

1 문화요소와 문화변동

문화(culture)란 사전적 의미로 "사람이 본래 가지고 있는 이상을 실현하려는 인간 활동의 과정 또는 성과로 특히 예술·도덕·종교·제도 따위 인간의 내면적, 정신적 활동의 소산"(한글학회, 우리말큰사전)이라고 정의되고 있다. 한편 사회과학적 개념으로는 공통된 유형의 행동을 초래하는 규범, 신념, 관습의 총체로 사회로부터 학습된다는 것이다. 따라서 이러한 문화를 잘 이해하기 위해서는 문화요소(culture elements)를 이해할 필요가 있다. 즉 이러한 요소들이 모여 하나의 문화를 형성하기 때문이다. 이러한 문화요소는 Trice 모델이 있다. 그 내용은 다음 〈표 1-5〉와 같다.

〈표 1-5〉 문화요소 및 내용

문화요소	내용
의례(rite)	통상적으로 청중을 위해 사회적 상호작용을 통해 수행되며, 다양한 문화 현상의 형태를 하나의 사건으로 연결시키는 정교하고 극적이며, 계획된 활동들의 집합
의식(ceremony)	한 사건과 연결된 여러 양식의 체계
행사(ritual)	불안을 관리하는 기법, 행위들의 표준화되고 상세한 집합, 그러나 실제적인 중요성을 갖는 의도된 기술적인 결과는 발생시키지 않음
신화(myth)	보통 어떤 것의 기원이나 변환을 설명하는 데 사용되는 것으로 상상적인 사건을 극적으로 기술한 것
사가(saga)	집단이나 그 지도자의 독특한 업적을 영웅적으로 표명한 역사적 기술
전설(legend)	역사적 사실에 가공하여 전해오는 이야기
일화(story)	실제적인 사건에 약간의 허구를 강조한 이야기, 스토리텔링 콘텐츠임
설화(folktale)	완전한 허구 이야기
상징(symbol)	의미를 전달하기 위한 수단으로 사용되는 모든 물적 대상, 행위, 사건, 관계 등
언어(language)	집단구성원들이 서로 간에 의미를 전달하기 위해 사용하나 음성이나 비문자화된 신호의 특정 형식이나 방법
동작(gesture)	의미를 표현하기 위해 사용되는 신체일부의 동작
물적 소품 (physical settings)	사람들이 문화적 현상을 담은 행위를 수행함에 있어서 사람들을 유형적으로 둘러싸고 즉각적인 감각적 자극을 주는 것들
인공물(artifacts)	문화적 표현을 담은 활동을 용이하게 하기 위해 사람들이 만든 물적 대상물

자료 : 원융희(1999)에서 재인용함.

〈그림 1-8〉에서와 같이 관광을 통해 관광객과 지역주민 간의 만남은 물론 관광객 문화와 지역주민 문화의 만남은 쌍방향 모두에게 문화적 충격(cultural shocks)을 줄 수 있다는 점이다. 이러한 충격은 긍정적인 면과 부정적인 면이 공존하고 있다고 할 수 있다. 이러한 부정적인 문화적 충격에는 예를 들어 특정 지역주민의 외국문화에 대한 관광객의 부정적이고 불쾌한 반응이라든지 역할충격(role shock; Byrnes, 1965)이라든지 문화적 피곤(Guthrie, 1966), 충격적인 음식문화 등이 있다.

〈그림 1-8〉 문화 변동의 형태

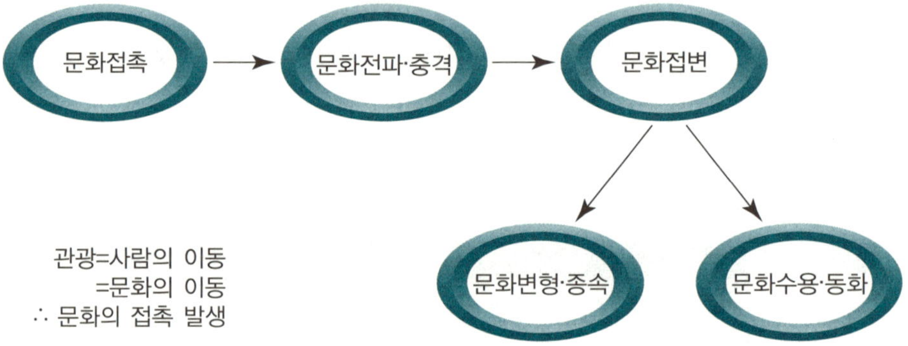

결과적으로 이러한 부정적인 문화충격으로 인해 관광객과 관광지 지역주민들 간에 직·간접적인 문화갈등(cultural conflicts) 또한 발생하기도 한다. 예를 들면, ① 문화배타주의(cultural ethnocentrism), ② 언어소통문제, ③ 관광서비스품질의 불량 문제, ④ 생활문화의 차이(lifestyle differences) 등이 발생하기도 한다. 또한 관광문화종속(tourism cultural dependence)도 나타나기도 한다. 이러한 현상은 국제정치·경제 측면에서 특정 나라의 정치 및 경제가 다른 나라의 정치 및 경제개발과 확장에 의해 조절되는 상황에서 주로 발생할 수 있다. 예를 들면, 관광문화종속은 관광의 경제효과 이면에 나타나는 라이프스타일 또는 문화를 형성하는 규범과 가치의 타락 현상을 말한다. 또 하나의 예로서 Evan Hyde가 말하는 Whorism(who+tourism)현상으로 지나친 관광객 중시 현상이 있다. 그러나 보편적으로는 관광을 통한 문화 변동은 긍정적인 효과라 할 수 있는 문화동화(cultural assimilation)로 나타나고 있다. 이는 특정 집단의 문화에 대해 내면화되어 있는 정도로 통합상태를 말한다. 최근에는 이러한 문화갈등을 최소화하기 위한 새로운 패러다임의 관광상품으로 공정관광(fair tourism)이 등장해 확산되고 있는 실정이다.

2 관광에서의 문화 고유성(authenticity)

일반적으로 고유성(authenticity)이란 해당 문화가 지니고 있는 원형(original)을 말한다. 이는 진짜이며, 실제적(real)이고, 그 문화만이 가지는 독특성(uniqueness)을 의미한다. MacCannell(1973)은 "관광의 근본 동기는 고유성을 추구하는 인간의 욕구이다"라고 말하였다. MacCannell은 Boorstin(1964)이 말한 "관광객들은 실제는 경험하지 못한 채 가짜사건(pseudo-events)만 본다"는 주장에 대해 비판을 하면서, Goffman(1967)의 관광현상의 전면부-후면부 이론을 바탕으로 무대화된 고유성(staged authenticity) 이론을 제시하였다. 그 단계는 다음과 같다(전경수, 1994에서 재인용함).

1단계 Goffman의 전면부. 관광객들이 일반적으로 접하게 되는 사회적 공간

2단계 그 몇몇 특성들에서 후면부처럼 보이도록 치장된 관광용 전면부. 벽에 어망을 걸어놓은 해산물 전문의 레스토랑. 플라스틱으로 만든 입체적인 치즈와 볼로냐 소시지를 벽에 달아매어 놓은 수퍼마켓의 정육부계산대. 기능적으로 볼 때 이(제2) 단계는 완전히 전면부이며 항상 전면부였었지만, 후면부에서의 활동을 상가시켜주는 물건들(심각한 고려 없이 '분위기'라 불리는 기념물들)로 치장됨

3단계 후면부처럼 보이도록 완전하게 조직된 전면부. 텔레비전 시청자를 위해 달에서의 보행을 모의적으로 보여주는 것. 서로 다른 인종에 속한 한 쌍이 고객의 특정한 지시에 따라 성교하는 모습을 구경할 수 있는 베를린 섹스 숍에서의 라이브 쇼. 이것은 문제를 안고 있는 단계이다. 흉내를 잘 내면 낼수록 단계 4와 구별하기가 더 어려워짐

4단계 외부에게 개방된 후면부. 잡지에서 유명인사들의 사생활을 폭로하는 것. 비밀 외교협상의 자세한 내용을 공식적으로 누설하는 것. 특별히 관광적인 이 배경들(단계 3과 4)을 다른 후면부들과 구별시키는 것은 그 개방성이다. 대부분의 경우 비관광적인 후면부에 접근하는 것은 약간 제한됨

5단계 관광객들에게 이따금씩 구경이 허용되기 때문에 깨끗하게 정돈되거나 약간 변형되는 후면부. 고프만이 예로 든 부엌, 공장, 배 그리고 교향악단의 리허설 등의 경우.

6단계 고프만의 후면부. 관광인식에 동기를 부여하는 사회적 공간. 이상의 단계구분은 순전히 이론적인 것에 불과하다. 관광배경에서의 경험적 행동은 주로 후면부처럼 보이게끔 치장된 지역들과 관광객들이 안을 들여다볼 수 있게 허용된 후면부들 사이에서의 움직임에 국한된다. 일상적인 의미에서 통찰력 그리고 민족학적인 의미에서의 통찰력은 이처럼 후면부의 안을 들여다보는 것에서 획득됨.

한편 Cohen(1979)은 Goffman(1967)의 관광현상의 전면부-후면부 이론과 MacCannell(1973)의 무대화된 고유성 이론을 바탕으로 4가지 분류를 제시하였다. ① 고유성(authenticity)은 실제적으로 고유하며, 관광객도 그렇게 보는 공간, 즉 색다른(off-beat) 것을 즐기는 오지 관광객이 보는 이국적인 장면을 말한다. ② 무대화된 고유성(staged authenticity)은 가짜로 꾸며졌으나 실제인 듯 그럴듯하게 보여 관광객이 진짜로 착각하는 관광공간을 말한다. ③ 믿지 않는 고유성(denied authenticity)은 실제로는 진짜지만 관광객이 진짜 고유한 것으로 믿지 않는 관광공간을 말한다. ④ 가짜 고유성(contrived authenticity)은 가짜로 꾸며진 공간이며, 관광객도 이미 가짜공간인 줄 아는 공간을 말한다. 대표적인 예가 민속촌 같은 곳이다.

〈표 1-7〉 **관광객의 장면에 대한 인식과 고유성**

구분		관광장면에 대한 관광객 인식	
		진짜로 인식	가짜로 인식
장면의 성격	실제임(진짜)	① 고유성 (authenticity)	③ 믿지 않는 고유성 (denied authenticity)
	무대화됨(가짜)	② 무대화된 고유성 (staged authenticity)	④ 가짜 고유성 (contrived authenticity)

결국 관광에서의 고유성은 특정 공간, 시간과 관련하여 발생하는 과거 또는 현재의 활동장소, 추억, 지식, 그리고 사회문화적 맥락과 관련된다. 특히 무대화된 고유성 문제는 일명 천국의 오류(paradise fallacy)[4]라 할 수 있다.

3 관광문화와 문화관광의 차이

관광문화와 문화관광은 어떤 의미의 차이가 있을까? 이들 개념의 차이점을 파악하기 위해서는 먼저 문화(culture)와 라이프스타일(life style)의 차이를 이해할 필요가 있다. 이러한 문화나 라이프 스타일은 인간의 삶의 모습이라는 측면에서는 동일하다고 할 수 있다. 그러나 차이점은 시간적 개념에서 찾아야 한다. 즉 문화는 인간의 삶의 일관된 역사성($t_1 \rightarrow t_2$)을 가지고 있다는 점이다. 즉 관광문화(tourism culture)는 개별관

4) 이는 초점의 오류로 전체를 못 보는 오류를 말한다.

광과 단체관광, 테마관광과 지속가능관광 등 다양한 관광활동에 참여하는 관광객의 관광태도(여가의식 혹은 관광인식 등)와 관광행태를 말한다. 다시 말해 관광객의 여가문화, 여행문화, 식문화, 술문화, 성문화, 놀이문화 등이 있는데, 특히 소비자행동론 관점의 접근이 필요하다. 그리고 관광자원 개발 문화, 관광기업의 문화(호텔문화, 여행사문화 등) 등을 말한다.

한편 라이프 스타일은 특정 시점의 인간의 삶(t_1 혹은 t_2)의 모습으로 Wells는 정태형 여행자(peace & quiet travelers), 해외 여행자(overseas travelers), 역사 여행자(historian traveler), R.V. 여행자(recreational vehicle traveler), 그리고 후불형 여행자(travel now/pay later traveler)로 구분하고 있다(Mayo & Jarvis, 1981).

결론적으로 ① 관광과 문화의 개념은 양자 간에 독립된 개념으로 관광과 문화의 물리적 결합 형태를 말한다. 그리고 ② 관광문화는 관광현상 속에서의 구성요소별(관광객, 관광자원, 관광사업 등) 문화를 의미하는 것으로 관광 속에 존재하는 새로운 형태의 문화를 의미한다. 한편 ③ 문화관광은 문화관광자원(예, 문화재, 현대문화 등)을 주제로 한 관광의 한 형태를 말한다.

제2장

관광경영과 경영가치모델

제1절 | 관광경영학 및 관광학의 연구대상

1 관광현상에 대한 인식대상과 경험대상

하나의 현상이나 사상이 학문(wissenschaft)이나 과학(science)이 되기 위해서는 반드시 연구대상이 존재해야 한다. 이러한 관점에서 볼 때 관광경영학 내지 관광학은 고유한 가치전제의 인식대상과 사실전제의 경험대상으로서 연구대상이 존재하는가 하는 문제이다. 결국 관광경영학과 관광학이 사회과학 내지 종합과학으로 학문적 존재가치를 인정받고 발전을 이루어왔다는 측면에서 볼 때, 충분히 고유의 연구대상이 존재하고 있다는 증거이다. 그러나 학문적 정체성(identity) 측면에서는 통일된 패러다임(paradigm)이 다소 부족하다고 할 수 있다. 이는 관광경영학 내지 관광학의 연구대상인 관광현상이 사회현상의 하나로 매우 복잡함을 시사할 뿐만 아니라 학제적 · 응용학문젝 특성에서 기인한다고 할 수 있다. 관광경영학의 연구대상 문제로 인식대상과 경험대상을 살펴보면 〈그림 2-1〉과 같다.

〈그림 2-1〉 관광현상에 대한 인식대상 및 경험대상

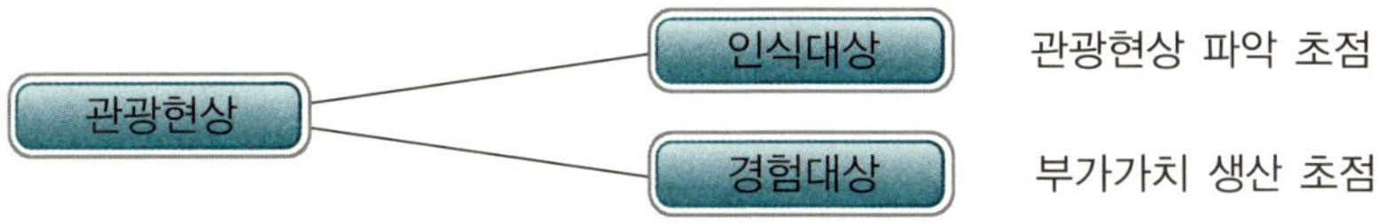

첫째, 관광현상에 대한 인식대상은 관광현상의 파악 및 구명에 초점을 두는 것이다. 즉 이는 관광현상의 구성요소인 관광객(관광주체)에 대한 구명, 관광객체인 관광자원에 대한 구명, 그리고 관광매체인 관광사업에 대한 구명에 초점을 두는 접근방법이다. 이러한 접근은 주로 관광학적 관점이라 할 수 있다.

둘째, 관광현상에 대한 경험대상은 영리원칙(지도원리)으로 수익성 원칙과 경제성 원칙(한희영, 1987)에 초점을 둔 것으로 이는 부가가치생산(value added production)에 초점을 두는 관점이다. 이러한 접근은 관광경영학적 접근이라 할 수 있다. 즉 관광경영학적 관점의 초점인 부가가치 생산의 핵심과제는 ① 관광주체인 관광객에게 관광 기회를 제공(복지관광 등)하는 것, 관광객의 여가의식 및 여가태도, 그리고 행태분석을 통해 관광상품서비스를 제공하는 것, 그리고 이를 통한 개인의 삶의 질 향상을 추구하는 것이다. ② 관광객체인 관광자원을 지속가능관광(sustainable tourism)의 핵심과제와 같이 관광객 이용확대 및 보존과 보전을 위한 관광개발을 도모하여 관광자원 가치를 증대하는 것이다. ③ 관광매체인 관광사업 관점에서 보면, 비영리 관광사업으로서 제1섹터인 정부 및 공공기관의 공익성을 극대화하는 것이며, 영리 관광사업인 관광기업의 소비자 만족을 통한 적정 이윤 극대화 및 이를 통한 사회복지 실현을 말한다. 따라서 관광현상의 부가가치 생산과 경영가치모델 측면에서 관광현상을 도식화해 보면, 다음 〈그림 2-2〉와 같다.

〈그림 2-2〉 관광현상에서의 부가가치생산과 경영가치모델

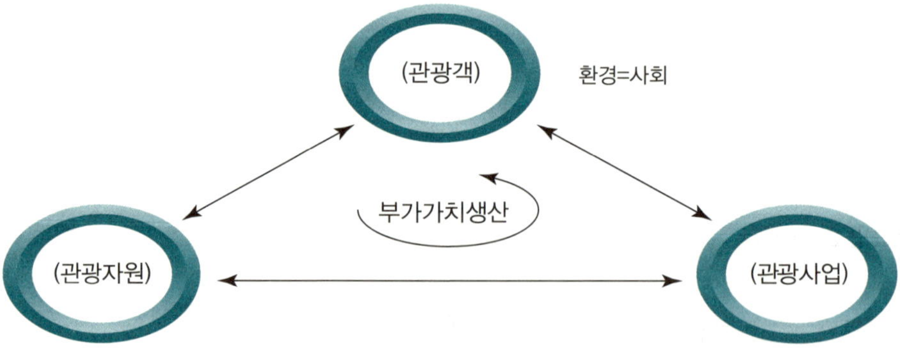

〈그림 2-2〉에서의 관광객(관광주체)을 위한 부가가치생산과 경영가치모델은 무엇일까? 즉 이는 관광객을 하나의 소비자로 보고, 그 시장의 특성을 잘 파악하고, 나아가

소비자로서 관광객의 특성에 맞는 관광서비스 생산을 통해 부가가치를 창출하는 것을 말한다. 즉 이는 관광객의 관광욕구와 동기, 라이프스타일, 그리고 행태 등을 파악하는 것이다. 이를 위해서는 관광객의 행동모델과 관광객의 의사결정 영향요인, 그리고 관광객심리 내지 관광행동을 이해하는 것이 중요하다. 이를 바탕으로 시장지향적 경영(market driven management) 관점에서 관광객의 특성을 파악하고, 관광사업 측면에서 부가가치생산을 위한 전략적 접근을 하는 것이다. 한편 관광객체인 관광자원 관점에서의 부가가치생산 및 경영가치모델을 체계화해 보면, 다음 〈그림 2-3〉과 같다.

〈그림 2-3〉 관광자원의 경영가치모델

관광자원 관점에서의 부가가치생산 및 경영가치모델의 기본 개념은 관광자원의 가치개발, 즉 관광광객의 이용확대에 초점을 두면서 '인간과 자연의 조화' 형 관광자원 개발에 초점을 두는 것이다. 이는 앞서 논의된 가능한 개발(sustainable development)의 개념에서 찾을 수 있다. 즉 이러한 지속가능관광 자원개발로 생태관광(ecotourism) 관광자원개발, 녹색관광(green tourism) 관광자원개발, 그리고 공정관광(fair tourism) 자원개발 등이 대표적인 사례라 할 수 있다.

관광매체인 관광사업 관점에서의 부가가치생산 및 경영가치모델의 기본 개념은 비영리 관광사업으로 정부 및 공공기관의 공익성을 극대화하는 것이며, 영리 관광사업인 관광기업의 관광객 만족을 통한 적정 이윤 극대화를 통한 영리성을 추구하는 것이며, 나아가 관광기업의 사회적 책임을 실천하는 것이다.

2 관광경영학의 연구대상으로서 관광현상

관광현상은 인류의 역사와 함께 시작되어 시간의 흐름 속에서 거시환경 및 미시환경의 변화로 부단히 변화되어 왔다. 제1장에서 논의된 바와 같이 이러한 현상을 간추려 보면, Tour 시대, Tourism 시대, Mass Tourism 시대, 그리고 New Tourism 시대로 변화되어 왔다. 따라서 동태적으로 변화하는 관광현상의 본질을 밝히는 것은 상당히 제한적일 수밖에 없으나 관광경영학 내지 관광학의 연구대상 관점에서 살펴보면, 두 가지의 대표적인 패러다임이 있다. 첫째, 관광현상에 대한 가장 일반적인 패러다임은 관광주체, 관광매체, 관광객체의 3가지 구성요소로 보는 견해이다. 이는 오스트리아 Bernecker의 『관광학원론』에서 제시된 관광의 주체 및 객체를 중심으로 한 걸음 더 나아가 협의의 관광경영의 입장에서 관광매체 요소를 체계화한 것이다. 이러한 접근은 독일을 중심으로 한 유럽과 일본의 지배적 관점이다.

관광현상의 근본인 관광객은 관광을 행하는 주체를 말한다. 관광객은 일상생활의 정주지를 떠나 다시 돌아올 목적으로 이동하고 목적지에서 체재하며, 결국에는 정신적 · 육체적 휴식과 즐거움(pleasure)을 얻으려는 소비자이자 생활자이다. 이러한 과정에서 관광객은 목적지, 즉 관광대상에 대해 경제적, 사회적, 문화적, 그리고 자연환경 등과 상호작용적이다.

관광객체인 관광대상 내지 관광자원은 관광자의 관광행위의 대상이 되는 모든 것을 말한다. 관광대상에는 일반적으로 자연자원(기후, 풍토, 지형, 지질, 천상, 기상, 생물 등의 자연)과 인문자원(생활, 민속, 분위기, 이벤트, 예능, 사적, 도시, 전원, 문화재, 향토음식, 정원, 산업, 레크리에이션 등)이 있다. 이외에도 관광사업이 포함되는 경우도 있다. 예를 들면, 호텔투어의 경우 관광매체인 특정 호텔이 관광대상이 되기도 하며, 나아가 관광자원의 역할을 하는 경우도 있다.

관광매체로서 관광사업은 관광자와 관광대상을 연결시켜줄 뿐만 아니라 부가가치생산 기능을 담당한다. 이러한 관광사업에는 비영리 관광사업, 영리 관광사업, 그리고 제3섹터 관광사업이 있다. 비영리와 영리의 구분은 부가가치생산의 목적에서 구분할 수 있다. 제3섹터 방식은 최근에 관광지개발 등에서 일부 도입하고 있는 방식으로 비영리부문(제1섹터)과 영리부문(제2섹터)을 결합한 방식이다.

둘째, 관광현상의 시스템적 접근이 있다. 앞에서 논의된 바와 같이 Goeldner, and Ritchie(2009)는 관광을 방문객 유치 및 관리 과정에서 관광자, 관광사업자, 정부, 지역주민, 주변환경 간의 관계와 상호작용에서 발생하는 모든 절차, 활동, 결과로 보는 견해와 또한 Leiper(1987)의 관점으로서 관광을 관광발생지역과 관광목적지 간의 통행루트를 통한 이동현상의 관점에서 관광현상을 보는 것이다.

3 관광경영학 및 관광학 그리고 관광사업론의 차이

『관광경영학』과 『관광학』 간의 개념 모호성 및 이들 학문을 대상으로 하는 개설학과의 학문탐구 및 교육방향에 대한 실질적인 담론의 장이 이루어지고 있지 않는 실정이다. 이러한 관점에서 앞서 논의된 바와 같이 첫째, 관광현상을 가치전제의 인식대상의 관점과 둘째, 관광현상을 사실전제의 경험대상의 관점에서 보면, 『관광학』은 관광현상을 인식대상의 관점에서 보는 학문으로 관광현상 자체 파악에 초점을 두고 있는 학문이라고 할 수 있다. 이는 관광현상의 구성요소 인 관광객(관광주체)에 대한 현상파악, 관광객체인 관광자원에 대한 현상파악, 그리고 관광매체인 관광사업에 대한 현상파악에 초점을 두고 있다고 볼 수 있다.

한편 『관광경영학』은 관광현상을 인식대상과 경험대상의 관점, 즉 관광현상을 인식한 후 그 현상 속에서 부가가치생산(value added production)을 어떻게 할 것인가에 초점을 둔 학문적 특성을 가지고 있다고 할 수 있다. 이런 맥락에서 볼 때, 『관광학』 보다는 『관광경영학』이 좀 더 광범위할 뿐만 아니라 응용적인 학문적 특성을 가지고 있다고 볼 수 있다. 한편 『관광사업론』은 관광현상, 즉 관광주체, 관광객체, 관광매체 중 특히 관광매체로 관광사업에 초점을 두는 학문이라 할 수 있다. 따라서 『관광사업론』의 콘텐츠는 관광현상에 대한 포괄적인 접근보다는 오히려 관광사업 경영에 초점을 둔 접근이 바람직할 것으로 판단된다. 즉 이러한 『관광사업론』의 초점은 비영리관광사업과 영리관광사업에 대한 현황과 영리관광기업으로서 호텔, 여행사, 항공사, 크루즈, 레스토랑, 컨벤션회사, 카지노 등의 이론과학 및 실천과학으로 경영 관점에 초점을 맞출 필요가 있다.

제2절 | 관광경영학의 학문적 성격

1 사회과학으로서 관광경영학의 성격

관광경영학은 어떤 성격을 가지는가? 하는 성격론(charakteristik)에 대해서는 관광론 성립 당초부터 논의되어 왔으나, 오늘날까지도 관광경영학과 관광학 간의 개념 모호성에 대한 실질적인 담론이 없는 실정이다. 이러한 관점에서 앞서 논의된 바와 같이 ① 관광현상을 인식대상의 관점과 ② 관광현상을 경험대상의 관점에서 보면, 관광학은 관광현상 자체에 대한 구명에 초점을 두고 있는 학문적 특성을 가지고 있다고 할 수 있다. 즉 이는 관광현상의 구성요소인 관광객(관광주체)에 대한 구명, 관광객체인 관광자원에 대한 구명, 그리고 관광매체인 관광사업에 대한 구명에 초점을 두는 접근방법이다. 한편 관광경영학은 관광현상을 경험대상의 관점, 즉 부가가치생산(value added production)에 초점을 두는 학문적 특성을 가지고 있다고 할 수 있다.

이러한 관광경영학은 사회과학(social science)으로서 이론과학(theoretical science)이며, 실천과학(practical science)이라는 점이다. 즉 사회현상의 하나인 관광현상을 규명하고자 하는 학문이라는 것이다. 이때, 실천이라고 하는 것은 반드시 기술적, 실증적이라는 의미보다는 오히려 실천을 통해서 과학적, 개관적이어야만 한다는 것이다. 따라서 관광경영학은 양생적 성격을 가지고 있다. 또한 관광경영학은 이론과 실무가 복합된 이중적 성격을 가지고 있다. 따라서 관광경영학은 사회과학으로서 이론과학일 뿐만 아니라 실천과학이며, 또한 이론과 실무적 특징을 가지고 있는 종합과학이라 할 수 있다.

이러한 견해를 중심으로 체계화해 보면, 다음 〈그림 2-4〉와 같다.

〈그림 2-4〉 사회과학으로서 관광경영학

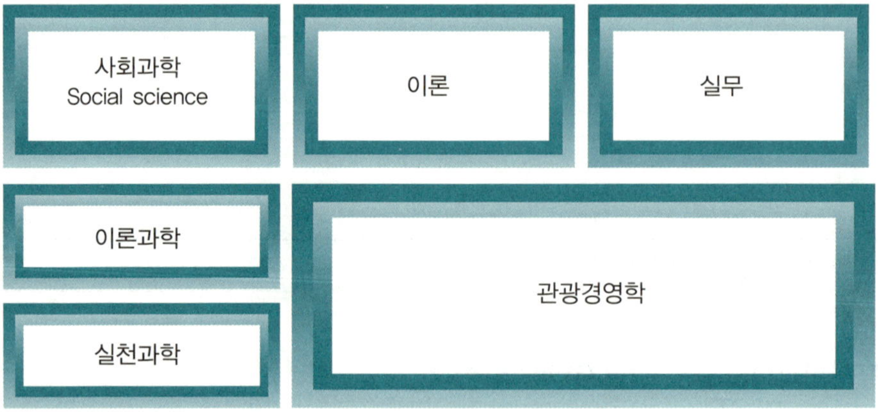

2 관광경영에서 경영관리활동의 중요성

관광경영에서 과연 경영관리 능력과 전문성 중 어느 것이 중요한가를 살펴보기 위해서는 Fayol의 『관리론』에서 찾아야 할 것이다. 이는 프랑스인 광산기사로 '현대관리론의 친 아버지'(the real father of modern management theory) 또는 '경영관리원칙의 아버지'(the father of principles of management)로 불리고 있다(한희영, 1987). Fayol은 『산업 및 일반관리』에서 "관리의 일반원리란 관리활동을 수행함에 있어 따라야 할 일반적 규준을 의미한다"(한희영, 1987)고 하면서, 또한 경영관리활동의 중요성을 도식화하였다.

〈그림 2-5〉 관리자의 지위와 경영관리활동의 중요성

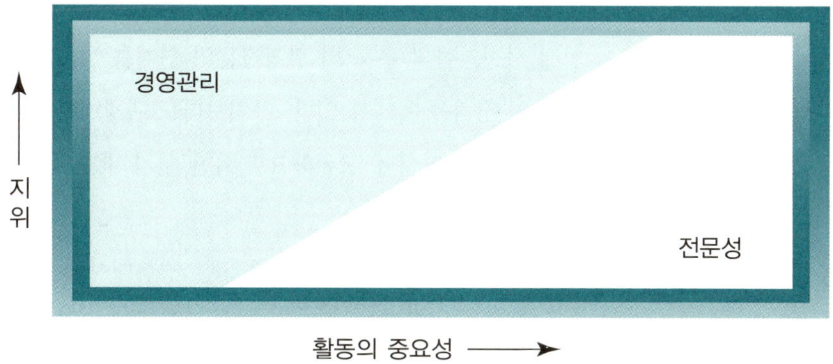

자료 : 한희영(1987)에서 Fayol 모델을 응용함.

〈그림 2-5〉에서와 같이 관리자 내지 경영자의 지위가 올라감에 따라 경영관리활동의 중요성은 전문성에 비해 상대적으로 크기가 확대됨을 알 수 있다. 반대로 관리자의 지위가 낮을수록 경영관리 능력보다는 오히려 전문성의 상대적 중요도는 크다는 것을 나타내고 있다. 이는 관광경영학의 교육 내용 역시 전문성 영역의 하나로서 실무 능력 배양보다는 경영관리 능력 배양을 위한 이론적 체계화와 과학화 제고가 필요함을 시사하고 있다.

제3절 | 관광경영학의 접근

1 관광경영학의 접근방법 및 연구동향

관광현상과 그 현상 속에서의 가치창출을 위한 경영현상을 밝히기 위해 어떻게 학문적으로 접근할 것인가 하는 문제 역시 매우 중요하다고 할 수 있다. 다시 말해, 관광현상에 대한 접근방법은 결국 보는 사람의 관점에 따라 달라질 수 있기 때문이다. 앞에서 논의된 바와 같이 관광경영학은 연구대상 및 연구할 내용에 따라 학문적 성격과 접근방법에 차이가 있기 때문이다. 그러므로 관광경영학을 연구하려는 사람들은 관광경영학의 접근과 연구방법을 이해하는 것이 선행되어야 한다.

관광경영학은 앞에서는 논의된 바와 같이 사회과학으로서 이론과학이며, 실천과학일 뿐만 아니라 종합과학으로서 인접 사회과학의 응용 및 관광학문의 연계를 통해 접근하는 것이 필요하기 때문에 다학문적인 성격을 가지고 있다. 무엇보다도 관광경영학이 하나의 독립된 학문으로 성립되려면 먼저 그 학문에 고유하고 명확한 인식 내지 경험대상이 필요하다.

특정 학문의 접근방법(approach)이란 어떤 학문의 기초가 되는 경험대상에 대한 처리원칙이나 주어져 있는 대상을 대하는 일정한 태도이다. 이것은 과학전체의 구조상 가능한 또는 필연적이며 논리적인 인식의 프레임을 마련하여 준다. 따라서 어떤 사상에 대한 인식을 하기 위해 그것을 선택하여 고찰하게 되는 기본적인 인식목표를 결정하여 주는 것이라고 할 수 있다. 그러므로 이는 경험의 대상인 사물을 보는 관점과 관련된 선정된 관점이라는 경로를 통하여 경험의 대상을 인식할 수 있게 된다.

이처럼 접근방법은 어떠한 사상을 다루는 관점을 선정하도록 하여 주는 것이므로 우리는 관광현상을 여러 가지 관점에서 다룰 수 있는 것이다. 이는 앞서 언급된 바와 같이 관광의 정의가 다양한 것과 마찬가지로 연구방법 역시 다양하다고 할 수 있다.

관광현상에 대해 인식대상과 경험대상을 보는 방법론 상의 문제는 종합과학적 관점에서 현상규명에 매우 중요한 문제이다. 실제로 연구방법을 어떻게 인식하는가에 따라 관광경영학의 연구과제와 이를 해결하기 위한 방법, 과학성 여부와 성격, 규범적 내지 경험적인 것인가의 여부 그리고 관광경영학이 학문적으로 독립과학으로 존재할 수 있는가 하는 여러 문제에 대한 접근이 다양해질 수 있는 것이다. 이처럼 연구방법은 어느 의미에서 그 학문의 성격을 규정하여 주는 전제가 된다고 할 수 있다.

따라서 관광경영학을 연구하기 위한 접근방법으로는 ① 경험적 접근방법, ② 규범적 접근방법이 있다.

2 경험적 접근방법

이 접근방법은 현실의 존재 인식을 바탕으로 하는 접근방법이다. 이는 다음에 설명하는 규범적 접근방법과 대립되는 연구방법이다. 따라서 이 접근방법은 문제에 대한 구체적인 인과관계를 밝혀 그 존재를 규명하려는 것으로, 결국 이는 인과관계에서의 사상(events)을 고찰 또는 규명하려는 것이다. 이러한 접근방법은 귀납적 접근방법이다. 이러한 경험적 접근방법에는 대표적으로 실증적 연구(empirical approach) 혹은 사례연구(case study approach) 등이 있다.

3 규범적 접근방법

이 접근방법은 앞에서 살펴본 경험적 접근방법과는 달리 실제와 관련된 문제를 규명하려는 것에 끝나지 않고 주어진 사실을 확정하여 사실적 연관성을 해명하는 것이다. 그리고 더 나아가서는 현실의 사태를 비판할 수 있을 정도로 요청되는 가치규범 및 당위성을 발견하고 이를 통해 존재와 당위, 즉 사실과 규범의 합치 여부를 최종적인 인식목표로 한다. 이러한 접근방법은 달리 연역적 접근방법이라고도 한다. 따라서 이러한 접근방법을 통한 인식의 체계는 최상의 가치규범을 다루는 규범과학 및 가치정립적인 과학으로서의 성격을 띠게 되는 것이다. 대표적인 규범적 접근방법의 사례로 담론 연구(discourse study)가 있다. 이때 담론은 담화 또는 언술, 언설이라고도 한다. 특히 '담론'의 사전적 의미는 "담화하고 논의함"을 말한다. 어떤 주제에 대해 이야기를 나누고 토론한다는 뜻이다. 일반적으로 담론은 말로 하는 언어에서는 한 마디의 말보다 큰 일련의 말들을 가리키고, 글로 쓰는 언어에서는 한 문장보다 큰 일련의 문장들을 가리키는 언어학적 용어이다. 그러나 우리 사회에서 사용되는 담론이란 용어는 이 같은 뜻을 넘어선다.

한 예로 『감정노동(Hochschild, 1983)』의 사례와 같이 관광산업, 특히 항공사 승무원의 경우 감정노동이 존재하는가 하는 문제에서 항공사 스튜어디스의 경우 관광 관련 학과 졸업생들의 로망임을 고려할 때, 감정노동보다는 직업존중감(job esteem)이 상대적으로 클 수 있다는 문제제기(담론)가 될 수 있다.

4 관광경영학에 대한 인접 학문적 접근방법 및 연구동향

관광경영학을 연구하기 위한 인접 내지 관련 학문으로서 관련된 주요 학문 특성별로 나누어 관광현상에 대한 각 학문별 개략적인 연구방향 및 특성들을 이해할 필요가 있다. 관광경영학과 관련된 대표적인 인접 내지 관련 학문으로는 경제학, 경영학, 사회학, 지리학, 문화인류학 그리고 심리학, 역사학 등이었으며, 이들 학문이 관광경영학의 이론적 토대 및 이론의 과학화에 뿌리가 되고 있음을 알 수 있었다.

오늘날 사회과학 연구에 있어서 특징적인 경향 중의 하나는 여러 학문의 기초 위에 다학문적 · 융합적 접근을 하는 것이 일반화되어 있다. 그 이유는 사회현상이 점차 다변화됨에 따라 사회는 더욱 복잡한 구조를 나타내게 되는 것이 현실이므로 이를 연구대상으로 하는 사회과학 자체도 점차 인접과학 내지 관련과학들의 이론을 빌리거나 응용하는 이른바 학문의 종합화 내지는 연계화가 불가피하기 때문이다. 또한 학문의 종합화 경향은 비단 사회과학에서 뿐만 아니라 자연과학에 이르기까지 실로 광범위하게 일어나고 있다. 더불어 종합사회과학으로서 관광경영학의 학문적 성격도 오늘날의 이와 같은 학문의 조류와 그 맥락을 같이 한다고 볼 수 있다.

이와 관련하여 Meeth(1978)는 학문의 통합 정도에 따라 설명한 종합과학으로서의 학문적 연계방법을 제시하였는데, 이를 바탕으로 종합과학으로서 관광경영학의 학문적 연계방법에 따른 연구방법을 살펴보면, 아래와 같다.

1) 교학문적 연구(cross-disciplinary study)

이는 특정 학문분야의 시각에서 어떤 사상이나 연구의 대상이 되는 학문을 관찰하는 접근방법이다. 이 방식은 두 학문을 상호연계시켜 관찰하면서도 모학문의 근간은 그대로 유지하는 특성을 가진다. 가령 인구경제학(economics demography), 법사회학(sociology of low), 사회심리학(social psychology)과 같은 학문이 이러한 부류에 속한다.

2) 다학문적 연구(multi-disciplinary study)

학문분야별로 그 분야에 해당되는 축적된 지식만큼을 이용하는 방법이다. 따라서 이러한 방식을 이용한 연구들은 연구자가 스스로 각각의 인접학문에서 제공된 지식을 통합하여 소화하고 체계화하여야 한다.

3) 학제적 연구(inter-disciplinary study)

다학문적 연구방법이 각 학문 자체의 독립성은 계속 유지하면서 필요한 지식만을 관련된 문제해결에 이용 또는 응용하였다고 한다면, 이 방법은 각 학문의 개념과 사상을 이미 연구할 내용 속에 흡수시켜 통합하여 버렸기 때문에 인접학문의 독립성은 거의 찾아볼 수 없는 성격을 지닌다. 그러므로 이 경우에 있어서는 차후의 연구자가 주어진 지식을 다학문적 접근에서와 같이 스스로 통합해야 할 어려움은 없어진다. 왜냐하면 선행연구자가 이미 자신의 연구문제와 관련된 학문의 지식을 통합하여 그 결과를 제공하여 주었기 때문이다. 반면에 연구자가 지식을 종합하여 하나의 학문으로써 종합하려 할 때 각고의 노력이 뒤따라야 하는 어려움이 있다.

4) 범학문적 연구(trans-disciplinary study)

이는 상기의 어떤 방법보다도 학문적 통합의 정도가 가장 강력한 방식으로 말의 뜻 그대로 각 학문의 고유한 영역을 초월한 접근방법이다. 전술한 세 가지의 연구방법은 출발 자체가 문제에 대한 학문적 사상에서 출발한 것인데 비하여 이 방법은 문제나 이슈(issue)로부터 출발하여 주어진 문제의 해결과정에 도움이 되는 여러 학문적 지식을 수용하는 방식이다. 예로서 에너지 공학, 교통학, 조경학, 환경학 등을 들 수 있는데 이들 학문은 연구문제와 관련된 여러 학문을 수용하여 하나의 독립된 학문으로 성립하였다고 볼 수 있다.

이상은 학문 간 연계나 통합의 정도에 따라 어떤 연구의 대상이 되는 학문에 대한 연구방법을 제시하였다. 그런데 이들 연구방법은 나름대로 연구의 장·단점을 가지고 있기 때문에 어떤 접근방법이 더 좋다고 한 마디로 단언할 수 없는 것이다. 지금까지 관광경영학에 대한 연구 및 인식대상 그리고 경험대상은 논리적으로 명확히 파악되어 있다고는 할 수 없는데 그 까닭은 관광현상이 복합적인 현상이기 때문이며, 또한 『관광학』과 『관광경영학』의 학문적 체계가 명확하지 않기 때문이기도 하다. 그럼에도 불구하고 관광경영학은 시대적인 요청에 의해 꾸준히 연구되어 왔으며, 그것의 연구주제는 주로 여가활동, 경제적인 가치, 관광사업경영, 관광대상의 개발 및 관리 그리고 관광효과 등으로 경제성과 공공성의 가치관계에서 연구에 갈등과 혼란을 겪어왔다. 관광의 연구는 종합과학적 현상이므로 여러 학문의 연계 내지는 종합화를 필요로 한다. 이는 여러 학자들의 연구에서도 잘 나타나 있다.

〈표 2-1〉『관광학연구』지 논문의 학문적 접근 변화추이

구분	1999	2000	2001	2002	2003	2004	2005	2006	2007	합계
경영학 분야										
마케팅	13	26	16	18	15	18	26	38	31	201
인사조직	3	6	3	6	2	6	10	10	11	57
회계/재무관리	1		1	1	1	4	3	7	3	21
생산관리		4		3		3	6	3	9	28
경영전략	2	4	2	4		1	2	5	10	30
경영정보		5	7	1		7	5	5	9	39
합계	19	45	29	33	18	39	52	68	73	376
여타 학문 분야										
경제학	5	7	6	10	4	8	5	6	17	68
문화인류학	1	1	1		1		2	1	2	9
환경/생태학		1	2		1	2	3	3	1	13
지리학				1	1	1	2	1		6
역사학			1	1			1			3
정책/정치학	1	1		2		4	3	8	8	27
심리학	1	3	1	2			1	3		11
사회학(여가)		3	3	6	2	3	2	7	4	30
법학		1						1	1	3
조경/공학				1			1	1		3
합계	8	17	14	24	8	20	18	31	33	173
복합 학문(이론) 분야	3	9	7	8	5	6	6	5	9	58
관광 분야										
여행사	(2)	(5)	(5)	(3)	(1)	(1)	(4)	(5)	(5)	(31)
호텔	(5)	(8)	(9)	(8)	(5)	1(14)	(13)	1(21)	(17)	2(100)
항공사		(2)	(1)	(2)		(1)	(3)	(3)	(2)	(14)
리조트		(1)	(1)	1(1)					(1)	1(4)
MICE		(1)		(1)	(3)	(1)	(6)	(3)	1(3)	1(18)
카지노		1(2)	(2)	2(1)	(2)	(1)	(1)		1(1)	4(10)
외식/레스토랑	1	(2)	(2)	(6)	(1)	(3)	(9)	2(19)	1(19)	4(61)
주제공원		(3)	(1)	(1)						(5)
축제/이벤트	1(5)	(7)	2(2)	2(5)	(3)	(5)	(8)	(4)	(9)	5(48)
관광자원	1	(3)	(3)1	(2)	(2)	(3)		(5)	1(4)	3(22)
합계	3(12)	1(34)	2(27)	6(30)	(17)	1(29)	(44)	3(60)	4(61)	20(313)
총계	33	72	52	71	31	66	76	107	119	627(313)

주 : ( ) 상단에 포함된 것을 재분류됨.
자료: 변우희 · 조광익 · 김기태 · 한상현(2008)의 내용을 일부 수정함.

다소 오래된 통계지만 표에서와 같이 2004년까지 경영학 분야의 논문이 50% 후반 대를 보이던 것이 2005년 이후 60% 대를 유지하고 있다. 이 중에서 '마케팅' 분야가 32.1%, '인사조직' 분야가 9.0%, '경영정보' 분야가 6.2%, '경영전략' 분야가 4.8%, '생산관리' 분야가 4.5%, '회계/재무관리' 분야가 3.4%인 것으로 나타났다. 따라서 현재 국내 관광경영학 분야 연구의 가장 핵심적인 조류는 역시 경영학을 배경으로 한 논문들이라고 할 수 있다(변우희 등, 2008). 그러나 이러한 접근은 순수한 경영학적 관점의 접근이라기보다는 응용경영학적 접근(관광경영학적 접근)이 주류를 이루고 있는 실정이다.

예를 들어 위의 표에서 관광 분야의 경우 여행사, 호텔, 항공사, 리조트, MICE, 카지노, 외식/레스토랑, 주제공원, 축제/이벤트의 경우 경영관리에 초점을 둘 경우 응용경영학적인 접근이 필수적이라 할 수 있으며, 또한 관광자원 관련 연구로써 관광자원가치 평가모델을 예를 들면, 제7장에서 언급되는 ① 여행비용법(travel cost method : TCM), ② 가상적 가치평가법(contingent valuation method : CVM) 등도 관광객 관점, 즉 시장지향적 관점에서의 접근이라고 할 때 마케팅의 한 분과학인 소비자행동론적 접근이라고 할 수 있다. 따라서 관광경영학 접근은 특정 학문(예 : 경영학 등)의 고유한 접근이라기보다는 특정 학문을 바탕으로 한 종합과학적인 응용학문 접근이라고 말할 수 있다.

〈표 2-2〉 『관광학연구』 학회지 게재논문의 연구분야

(단위 : 편, %)

관광분과학	1994~1999	2000~2003	2004~2006
호텔·외식	51(28.0)	50(27.5)	81(44.5)
여행·교통업	19(13.4)	21(11.6)	23(11.3)
이벤트	10(7.0)	31(17.1)	28(13.8)
관광산업 일반	13(9.2)	17(9.4)	10(4.9)
행정	11(7.0)	4(2.2)	7(3.4)
관광개발·계획·관리	23(16.2)	34(18.8)	27(13.3)
여가	7(4.9)	5(2.8)	9(4.4)
문화·유산	0(0.0)	5(2.8)	4(2.0)
관광 일반	8(5.6)	14(7.7)	14(6.9)
계(526)	142(100.0)	181(100.0)	203(100.0)

자료 : 김사헌(2008)에서 재인용하여 일부 수정함.

종합과학적인 응용학문 접근연구들은 표에서와 같이 호텔·외식산업 분과학이 44.5%를 차지하고 있으며, 여행사 관련이 11.3%, 이벤트 분야가 13.8% 그리고 관광개발 분야가 13.3%로 주류를 이루고 있는 것으로 나타났다.

특히 관광경영학 연구의 주류적인 연구방법으로는 정량적 연구(quantitative research)로 87.3%를 차지하고 있는 것으로 나타났다. 이러한 현상은 첫째, 관광경영학 연구 역시 미국의 학문적 영향이 큰 것이라고 할 수 있으며, 상대적으로 독일 등 유럽의 학문적 영향은 적기 때문이라고 할 수 있다. 둘째, 〈표 2-3〉에서의 비교와 같이 정성적 연구(qualitative research)보다는 정량적 데이터를 바탕으로 가설검증 여부가 명확하게 제시되는 정량적 연구가 대세를 이룰 것으로 판단된다. 셋째, 우리나라 학문 연구 풍토상 연구의 질보다는 양을 추구하는 상황에서는 역시 정량적 연구가 당분간 주류를 이룰 것으로 판단된다.

〈표 2-3〉『관광학연구』 학회지 게재논문의 연구방법

(단위 : 편, %)

관광분과학	1994~1999	2000~2003	2004~2006	
실증연구	149(89.9)	194(87.4)	198(85.3)	541(87.3)
질적 및 기타 연구	17(10.2)	34(14.7)	34(14.7)	79(12.7)
계(526)	166(100.0)	232(100.0)	232(100.0)	620(100.0)

자료 : 김사헌(2008)에서 일부를 재인용함.

이러한 정량적 연구와 정성적 연구를 비교해 보면 다음 표와 같다.

〈표 2-4〉 정량적 연구와 정성적 연구의 비교

비교 관점	양적 연구	질적 연구
연구의 초점	행동에 초점을 둠(조작적 정의 중요)	본질을 연구하여 '의미'를 찾고자 함
철학적 기원	실증주의, 귀납법, 경험주의, 실재론	구성·상대주의, 연역법, 담론(discourse)
연구 환경	실험적, 경험적, 통계적임	근거이론, 사례연구
연구의 객관성	객관적임	주관적임
연구 목적	가설검증, 추정	가설생성, 이해, 묘사, 발견
연구 설계	구조화된 접근방법	구조화되지 않은 접근방법
표본	큰 편임, 표본적임(확률/비확률표본)	작음, 임의적, 이론적임
자료수집	기술조사, 인과조사	탐색조사
분석	귀납적임	연역적임
발견	정확한 데이터, 경험적 검증과정의 결과도출	대화적, 총체적, 심층적 묘사, 이론지배적 (theory laden) 결과도출

자료 : 김철원 · 윤혜진(2009) 및 조윤식(1994)의 내용을 통합함.

제4절 | 종합과학으로서 관광경영학의 체계

사회과학의 하나로서 관광경영학은 다른 인문과학 및 사회과학, 자연과학 그리고 공학 등과 많은 관계를 가지고 상호 영향을 미치면서 발전해 왔다. 이때 관광경영학과 직접·간접으로 영향관계를 가지고 있는 학문분야를 인접과학 및 관련과학이라고 한다.

인접과학은 관광경영학의 연구범주에도 속하면서 관광경영학과 밀접한 관련을 가지고 있는 독립된 학문으로 존재하는 것을 말한다. 이와 관련하여 鹽田正志(1974)는 '아래로부터의 관광학(하위개념의 관광학)' 이라는 표현으로 설명하고 있다. 이에 반해 관련과학은 인접과학과 같이 그렇게 밀접한 관계를 가지고 직접적으로 관련된 것은 아니나 관광경영학과 깊은 관계를 가지고 있는 독립된 학문을 말한다. 본서에서는 종합과학적 측면에서 관광경영학을 체계화하고자 한다. 〈그림 2-6〉과 같다.

〈그림 2-6〉 관광경영학과 인접과학 및 관광과학

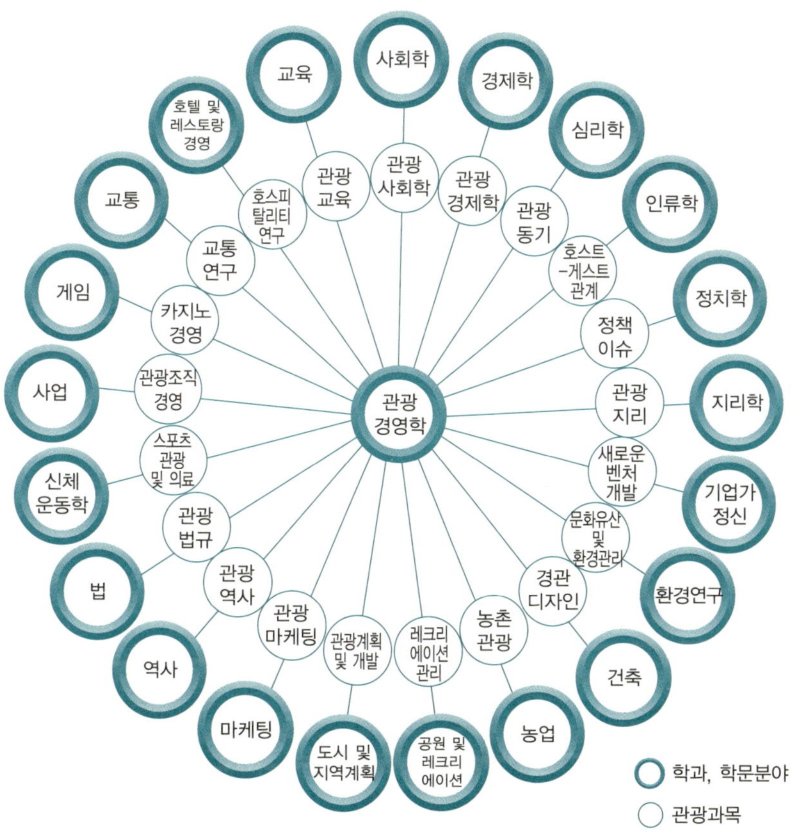

출처 : Goeldner & Ritchie(2011).

따라서 관광경영학의 주요 영역은 다음 〈그림 2-7〉과 같다.

〈그림 2-7〉 관광경영학의 주요 영역

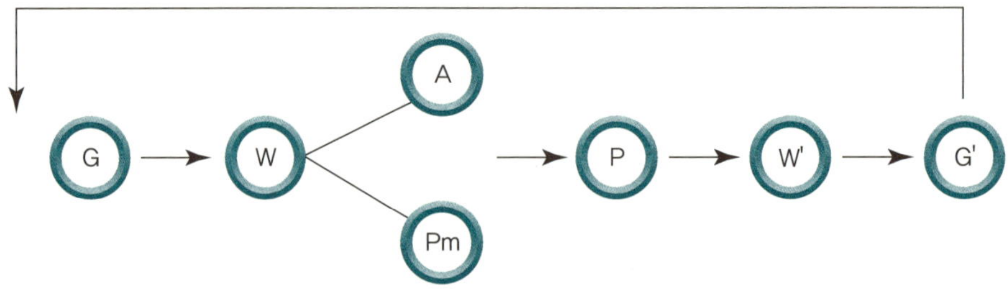

주 : G: Geld, W: Waren, A: Arbeit, Pm: Produktion Method

관광경영학의 주요 영역은 그림과 같이 기본적으로 자본(G)의 투자에서 시작하여 산출물(output)로서 새로운 자본(G' : 기존 자본+적정 이윤)의 흐름이다. 따라서 관광경영은 각각의 영역들은 개별적으로 경영관리싸이클(management cycle)로 순환하며, 또한 전체적으로도 경영관리 사이클(management cycle)로 순환하는 과정이다. 즉 ① 자본과 매출수익(G & G')의 관리를 관광재무관리/관광회계관리이며, 확장된 개념으로 관광원가관리 등이 있다. ② 원자재(W) 경영을 관광구매관리라 한다. ③ 노동력(A)을 관리하는 것을 관광인사관리(인적자원관리)라 하며, 확장된 개념으로 관광조직행위론, 관광노사관계론 등이 있다. ④ 관광생산시설(Pm)을 관리하는 것을 관광시설관리라 한다. ⑤ 관광 생산(P)을 관리하는 것을 관광생산관리한다. ⑥ 관광상품(W')을 관리하고 판매하는 것을 관광마케팅관리라 하며, 확장된 개념으로 관광객행동론, 관광시장조사론 등이 있다. ⑦ 인접과학 및 관련과학으로 「기업과 사회」, 「조직론」, 「경영전략론」, 「MIS」, 「경영과학」 등이 있다.

1 인접과학으로서 관광경제학

일반적으로 경제학은 인간의 경제활동 현상을 규명하고자 하는 사회과학으로 예를 들면, 기업의 세 요소인 토지(material), 자본(money), 노동(man) 등 한정된 자원을 가지고 어떤 재화(goods)와 서비스(services)를 생산하고(What?), 어떻게 생산하고, 누구에게 배분할 것인가(How?) 하는 문제로 이를 통해 개인이나 사회 전체적으로 최대의 만족을 얻을 수 있는가를 연구하는 학문이다. 이러한 경제학에는 미시경제학

(micro economics)과 거시경제학(macro economics)이 있다. 미시경제학은 자유시장 경제 메카니즘을 중심으로 개인이나 기업의 시장활동, 즉 수요와 공급, 그리고 가격이라는 협의의 경제활동 원리를 대상으로 하는 학문이다. 한편 거시경제학은 말 그대로 특정 국가, 세계 등 사회 전체의 경제환경 규명에 초점을 둔 학문으로서 환율, 비교우위 무역, 경제의 흐름 및 성장, 쇠락 등을 다루는 학문이다.

종합과학으로서 관광경제학적 접근에는 미시관광경제학(micro tourism economics) 접근과 거시관광경제학(macro tourism economics) 접근이 있다(한국관광학회, 2009). 첫째, 미시관광경제학(micro tourism economics) 접근에는 ① 경제주체로서 관광자의 행태 연구가 있다. 핵심 내용으로는 재화와 서비스의 효용 및 수요, 이용 편익 및 비용, 그리고 소비함수에 대한 연구 등이 있다. ② 관광생산자의 행태와 관광자원의 이용·관리 연구가 있다. 즉, 관광자원의 공급·관리, 관광자원 가치와 추정 등이 핵심 내용이다. ③ 관광시장분석이 있다. 이에는 관광시장의 수요와 공급 조절, 가격결정, 관광객 이용밀도와 관광객 만족도 변화 등이 핵심 내용이다.

둘째, 거시관광경제학(macro tourism economics) 접근에는 ① 지역경제와 관광산업간의 관계 연구가 있다. 이는 관광현상과 관련한 지역발전, 지역격차, 문화 영향, 자연·인문환경 영향 문제 등이 핵심 내용이다. ② 국가경제와 관광산업 간의 관계 연구가 있다. 이는 관광승수(tourist multiplier) 효과로서 지역 소득, 소비성향, 저축성향, 투자, 고용창출 등과 국제수지, 경기변동, 산업연관분석 등 관광의 경제적 효과 분석이 주요 내용이다. ③ 세계경제와 관광산업 간의 관계 연구가 있다. 이는 세계경제와 관광문제, 관광을 통한 빈곤퇴치, 제3세계(개발도상국 포함) 발전문제, 국제관광으로 인한 경제종속 문제 연구가 있다.

2 인접과학으로서 관광사회학

사회학은 관광현상을 넘어 사회현상을 연구하는 학문으로 인간의 공동체적 행동, 사회구조적 행동, 그리고 사회구조의 연구에 초점을 두고 있다. 특히 사회구조 변수로 인구수, 연령분포, 성별분포, 가족규모, 지리적 인구분포, 인구추이 등이 있다. 또한 행동변수로는 개인의 여가관, 라이프스타일 및 생활문화 등이 있다.

제2차 세계대전 이후 관광현상이 대중화되고, 복잡해지고, 또 여가시간이 확대됨에 따라 사회학적 측면에서 관광현상을 접근하려는 경향이 크다 하겠다.

관광경영학의 사회학적 관점의 초기 연구로는 1960년 독일의 Kenebel의 『근대관광에 있어서의 사회적 구조변화』 등이 있다(김광근 외, 2011). 한편 학자들에 따라 관광사회학적 접근방법을 크게 두 가지로 나누기도 한다(한국관광학회 편, 2009). 첫째는 기존의 독립된 사회학으로부터 관광현상을 연구하는 접근방법이다. 즉, 관광현상을 가족, 노동, 교육 등과 같은 사회제도 중 하나로 보는 관점이다. 이는 앞서 논의된 바와 같이 인접과학 내지 관련과학 중심의 접근방법이다. 둘째는 관광학으로부터 관광사회학을 연구하는 접근방법이다. 즉, 이는 관광현상에 내재되어 있는 개념, 구조, 과정, 특징 등을 연구하는 접근방법으로 필요할 경우 사회학을 적용하는 것이다. 관광사회학적 접근방법의 핵심은 관광학 내지 관광경영학을 독립된 학문으로 보는 관점이라 할 수 있다.

3 인접과학으로서 관광문화인류학

국제관광은 사람의 이동으로서 관광객과 지역주민 간의 만남은 물론 관광객 문화와 지역주민 문화가 만나는 행위라 할 수 있다. 이와 같이 외래문화와 직접 혹은 간접적인 접촉을 통해 문화의 내용이 변하는 것을 문화접촉이라 한다. 또한 접촉은 이루어지지 않아도 외래문화의 내용이 전파되어 문화변동을 일으키는 것을 문화전파라 한다. 문화전파는 신화나 설화의 전파, 책이나 선물 기타의 방법으로 이루어지는 경우가 많다. 문화전파이건 문화 접촉이건 상관없이 둘 이상의 서로 다른 문화가 오랜 기간 동안 지속적인 접촉이 일어나면 일반 또는 쌍방의 문화에 변화가 일어나는데, 이를 문화 접변이라 한다. 이에는 문화 수용, 문화 동화, 문화 변형, 문화 종속 등이 있는데 이러한 현상을 문화인류학적 관점에서 연구하고자 하는 접근방법이다. 즉, 관광현상의 사회적 영향을 중심으로 한 연구가 핵심인 것이다. 그러나 이러한 "관광이 지역사회에 미치는 영향을 보는 관광인류학자들의 시각은 다소 부정적이다"(한국관광학회 편, 2009)라는 시각도 있으나 관광의 문화인류학적 순기능으로 인간의 이동 본능 충족과 삶의 질(quality of life) 향상 측면에서 볼 때, 향후 좀 더 깊이 있는 연구가 필요한 분야라 할 수 있다.

4 인접과학으로서 관광지리학

초기 관광학연구에 큰 영향을 미친 지리학은 인접과학 내지 관련과학으로 응용지리학에서 관광지리학으로 시작되었다고 볼 수 있다. 관광현상은 개인의 이동 개념이 포함되어 있기 때문에 관광지리학은 공간적 상호관계로서 관광지의 수용력 연구와 관광목적지의 경과 및 기후 연구, 그리고 관광지 특성에 따른 관광행태 연구 등이 있다. 이를 종합해 보면, 관광지리학은 첫째, 관광개발에서 중요한 역할을 한다는 점이다. 특히 지속가능관광(sustainable tourism) 관점에서 관광개발자들이 관광 개발입지를 결정하는데 있어서 뛰어난 경관지나 워터프런트(waterfront)에 대한 접근성을 높이는 문제와 건축물과 주변 경관과의 조화를 이룰 것인가 하는 문제를 연구하는 학문이다. 둘째, 관광시설 입지 결정에 중요한 역할을 한다는 점이다. 특히 관광시설의 입지 결정에 큰 영향을 미치는 변수인 관광시장과 관광자원의 접근성, 지역의 역사성과 고유성(authenticity), 그리고 지역성을 중심으로 그 지역의 지형, 기후, 식생, 교통, 접근성에 대한 접근을 하는 것이다(한국관광학회 편, 2009).

특히 지리학의 중력모델에 의하면, 관광목적지까지의 공간적 이동거리가 관광효용을 체감시킬 뿐만 아니라 일정 거리 내에서는 무차별하기(김광근 외 2011) 때문에 관광에서의 공간적 이동거리가 멀어지면 질수록 거리마찰효과(friction of distance)(Mayo and Jarvis, 1981)가 커지는 특성이 있기 때문이다. 결국 공간적 이동거리는 금전적 비용, 시간적 비용, 에너지 비용, 신체적 비용 그리고 심리적 비용을 발생시킨다는 점이다.

〈그림 2-8〉 거리마찰효과 무차별곡선

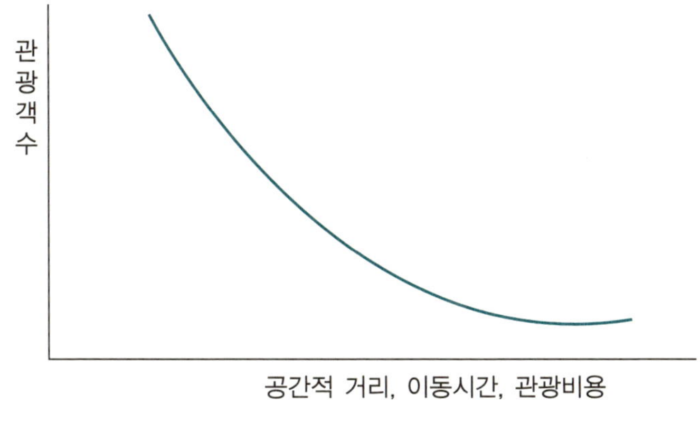

최근에는 응용관광지리학으로서 장소마케팅(place marketing) 개념의 도입도 이루어지고 있다. 이러한 장소마케팅은 "각각 다른 성격을 갖고 성장·발전해온 지역이 내부 혹은 외부의 여건 변화로 인해 성장이 멈추거나 다른 발전방향을 향해 나아갈 때, 지역 성장을 활성화하고 발전을 촉진하기 위해 수행하는 일련의 노력 및 과정"이라고 정의(한국관광학회 편, 2009)하고 있다. 즉 이는 특정 관광장소를 스토리텔링하고 마케팅하는 것을 말한다. 하나의 예로 도시마케팅과 영화촬영지의 PPL(product placement)도 장소마케팅 활동의 하나라 할 수 있다.

5 인접과학으로서 관광심리학 및 행동경제학

관광현상을 심리학적 관점에서 연구하는 학문을 관광심리학 또는 관광객심리로 명명되고 있다. 관광심리학의 연구대상은 관광객(관광주체)인 것이다. 한편 관광객 심리학이라는 개념을 넘어 행동연구로 확장된 개념으로 관광행동 내지 관광객행동 관점에서의 접근도 이루어지고 있다. 이들 두 개념은 기본적으로 차이가 존재하나 관광심리학과 관광객행동론의 핵심 내용이 서로 유사한 것은 개인의 심리적 과정 규명을 통해 행동을 예측할 수 있기 때문이다. 즉 관광심리의 관광행동의 예측변수이기 때문이다. 그러면 과연 심리 개념과 행동 개념 간에는 차이가 존재할까? 사실 존재한다고 보는 것이 맞다고 본다. 왜냐하면 관광심리의 핵심 개념이 관광객의 지각, 학습, 동기, 태도(이미지, 애호도 등) 등 심리적 작용과정(process)이기 때문이며, 또한 관광행동은 이러한 심리적 작용과정의 결과(output)이기 때문이다.

예를 들어 구매의도(purchase intention)와 구매행동(purchase action) 간에는 관여도(involvement) 수준에 따라 엄연히 시간적 갭과 상태가 다르다는 것이다. 즉 흔히 관여도 수준이 낮은 편의품(씨리얼 등)의 경우 구매의도와 행동 간의 시간적 갭이 작을 수 있으나 관여도 수준이 높은 전문품(자동차 등)의 경우 구매의도와 행동 간의 시간적 갭이 크기 때문이다. 그리고 관광상품은 관여도는 어느 정도일까? 특히 해외여행상품의 경우 개인적 특성(재무상태, 라이프스타일 등)으로 해외여행을 자주 가는 개인의 경우 관여도가 상대적으로 낮을 수도 있으며, 여러 해 동안 계를 모아 몇 년에 한번 가는 경우 관여도가 상대적으로 매우 높을 수 있다. 즉 개인의 관여도는 동일한 해외여행상품일지라도 개인적 특성, 여행상황에 따라 다르다는 점이다.

또한 애호도(loyalty)는 과연 태도변수일까? 행동일까? 이에 대한 견해는 다양하나 정리를 하면, 1950년대 Brown(1953)을 중심으로 한 초기 연구의 경우 애호도를 행동변수로 보았다는 점이다. 한 예로서 핵심적 애호 고객(hard core loyals)의 경우 항상 하나의 상표만(브랜드A를 6회 이상 반복적으로 구매함)을 구매하는 소비자로 정의하였다. 그러나 이러한 애호도 개념은 계속 진화하여 최근에는 기존의 행동적(behavioral) 애호도에서 정감적(affective) 애호도, 인지적(cognitive) 애호도, 재구매의도까지도 확장되고 있다.

이러한 심리적 접근에는 각기 다른 전제를 가진 다양한 접근방법이 있다(한국관광학회, 2009).

첫째, 정신분석학적 접근(psycho-dynamic approach)으로 일명 무의식동기론이라고도 한다. 이러한 접근의 대표적인 학자로는 Freud가 있다. 프로이트는 ① 무의식을 지배하고 있는 에너지를 이드(Id)라고 칭하고, 근본적으로 쾌락원리(principle of pleasure)를 추구하는 인간 욕구라고 하였다. 이러한 원초자아(Id)의 내면에 있는 성적 에너지를 리비도(libido)라고 하였다. ② 현실적 원리(reality principle)를 추구하는 자아(Ego) 개념이 있다. 이후 정신분석 모델은 Berne 등의 교류분석모델(Child Ego, Adult Ego, Parent Ego)로 발전하였다. ③ 도덕률(morality principle)에 기초한 초자아(Super Ego) 개념이 있다.

둘째, 행동(사회학습론)적 접근(behaviorism approach)으로 이는 인간행동이 사회적, 물리적 환경의 자극에 의해 결정된다고 보는 입장이다. 이는 다른 말로 환경결정론이라고 칭한다. 대표적인 이론에는 Pavlov의 고전적 조건화(classical conditioning) 이론과 Skinner의 도구적 조건화(instrumental conditioning) 등이 있다.

셋째, 인지론적 접근(cognitive approach)이 있다. 이 이론은 인간을 완전한 정보처리자로 보는 합리적 인간관에서 출발한다. 대표적인 이론으로는 침팬지 실험으로 유명한 Kohler Model이 있다. 또한 외부 자극에 대한 개인의 지각, 기억, 평가, 태도, 의사결정 개념들은 인지학파 이론의 주요 개념들이다. 예컨대 불교의 '참선(zen)과 깨달음'은 인지론적 접근의 대표적인 예라고 할 수 있다. 또한 최근 인지론적 접근은 컴퓨터공학에서의 인공지능 연구는 물론 응용 인지공학으로 발전하고 있다.

넷째, 비교문화심리학적 접근(cross-cultural psychology approach)이 있다. 이는 관광행동의 원인과 결과를 비교문화적 차이에서 찾으려는 것이다. 이러한 접근은 문화인류학적 관점과 달리 철저하게 개인 행동의 원인과 결과를 다룬다는 점이다.

다섯째, 진화심리학적 접근(psycho-evolution approach)이 있다. 이는 찰스 다윈(Charles Robert Darwin)의 진화론에 근간을 두고 있다. 즉 인간은 자연선택에 의한 진화과정(과잉 생산 → 생존 경쟁 → 적자 생존 → 유전과 진화)을 통하여 현대인의 행동양식이 형성되었다는 입장이다. 예컨대 관광객이 생리적 욕구를 추구하는 것, 안전 욕구를 추구하는 것, 새로움(novelty)을 추구하는 것, 로맨틱한 사건을 만들려는 행동 등 관광지에서의 일탈행동들은 모두 오랜 세대에 걸쳐 형성된 진화의 결과라는 것이다(한국관광학회 편, 2009).

여섯째, 행동경제학적 접근(behavioral economics approach)이 있다. 행동경제학이 무엇인가에 대해서는 연구자들 사이에서도 일치되는 정의가 있는 것은 아니지만, 사람은 실제로 어떻게 행동하는가, 왜 그렇게 하는가, 행동의 결과로 어떤 현상이 발생하는가를 주제로 토론하는 경제학이라 말할 수 있다. 인간 행동의 실제, 원인, 경제사회에 미치는 영향, 사람들의 행동을 조절하기 위한 정책에 관한 체계적으로 규명할 것을 목표로 한 경제학이다. 행동경제학의 공식 탄생은 1970년대 D. Kahneman & A. Tversky의 『Science』지의 "Judgement under Uncertainty : Heuristics and Bias"(1974) 및 이론계량경제학 분야에서 세계 최고 수준의 잡지로 평가되는 『Econometrica』에 실린 논문, "Prospect Theory : Judgement under Uncertainty"(1979) 게재에서 출발한다.

제2부

거시관광현상과 경영가치모델

제3장

관광동향 및 관광효과와 경영가치모델

제1절 | 세계관광동향과 경영가치모델

1 메가 트렌드와 경영가치모델

UNWTO의 통계에 따르면, 2014년 국제관광객 수는 전년 대비 4.3% 증가한 11억 3,300만 명인 것으로 나타났다. 국제관광 수입은 전년 대비 4.1% 포인트 증가한 1조 2,60억 달러(KTO, 2015)로 나타났다. 〈표 3-1〉에서와 같이 1960년대 6,900만 명이던 국제관광객 수가 2000년대를 거치면서 2010년대에는 평균 4% 포인트 대의 지속적인 성장을 하고 있다. 이러한 관광현상은 거시환경의 변화로 소비자 환경, 경제적 환경, 자연적 환경, 정치적·법적 환경, 사회문화적 환경의 발전과 미시환경으로서 관광산업의 발전과 개인의 여가관 변화와 삶의 질 및 행복 추구 현상, 그리고 개인의 경제적 여건 등이 지속적으로 발전되어 왔기 때문이라 할 수 있다.

〈표 3-1〉 세계관광추세

연도	관광객(백만 명)	성장률(%)	관광수입(10억$)
1960	69	10.6	7
1970	166	9.1	18
1980	284	5.5	103
1990	436	7.5	263
-	-	-	-
2000	678	8.1	475
2010	949	6.2	930
2011	995	4.8	1,042
2012	1,038	4.2	1,117
2013	1,087	4.7	1,197
2014	1,133	4.3	1,246

2 대륙별 시장점유율과 경영가치모델

〈표 3-2〉 대륙별 시장점유율

구분	관광객 수(백만 명)				성장률(%)	시장점유율(%)
	2011	2012	2013	2014*	14년/13년	2014
세계 전체	997	1,038	1,087	1,133	4.3	100.0
유럽	520.1	566.4	566.4	581.7	2.7	51.3
아시아·태평양	218.7	233.8	249.8	263.3	5.4	23.2
미주	155.5	162.5	167.5	180.9	8.0	16.0
아프리카	49.5	51.9	54.4	55.8	2.6	4.9
중동	52.8	49.8	48.4	51.1	5.4	4.5

*2014년 통계값은 추정치임.
자료 : UNWTO(2015), *World Tourism Barometer*, 13(June).

〈표 3-2〉에서와 같이 2012년 현재 대륙별 시장점유율은 유럽 지역이 51.3%로서 가장 크다고 할 수 있으며, 그 다음이 아시아·태평양 지역으로 23.2%로 나타나고 있다. 시장점유율과 시장성장률 관점에서 관광사업적 측면에서 보면, 우리나라 관광사업의 해외진출을 통한 새로운 시장개척 및 관광사업의 국제화 내지 다국화를 모색할 수 있는 시점이라고 할 수 있다. 특히 우리나라 호텔의 다국화 전략 및 외식업의 해외진출 확대 전략을 고려해야 하는 시점이라고 할 수 있다. 또한 국내적으로는 SNS 등 소셜미디어를 활용한 소셜커머스의 확대가 필요하며, 이를 통해 우리나라 관광의 마케팅 소구점(appeal points)을 확산시킴으로써 지리적 원격성을 극복할 수 있을 뿐만 아니라 현재 불고 있는 K-POP 등 한류열풍을 확대재생산할 수 있다.

3 주요 국가별 인바운드(Inbound) 관광 현황과 경영가치모델

주요 국가별 인바운드 관광객 현황을 살펴보면 다음 〈표 3-3〉과 같다.

〈표 3-3〉 주요 국가별 인바운드 관광객 수

순위	주요 국가	인바운드 관광객 수(백만 명)	증가율(%)
		2014*	14년/13년
1	프랑스	83.7	0.1
2	미국	74.8	6.8
3	스페인	65.0	7.1
4	중국	56.6	-0.1
5	이탈리아	48.6	1.8
6	터키	39.8	5.3
7	독일	33.0	4.6
8	영국	32.6	5.0
9	러시아	29.8	5.3
10	멕시코	29.1	20.5

*2014년 통계값은 추정치임.
자료 : UNWTO(2015), *World Tourism Barometer*, 13(June).

국가별로는 프랑스가 현재까지 계속해서 1위를 차지하고 있으며, 그 뒤를 이어 미국이 빠른 성장을 보이고 있는 실정이다. 중국 또한 인바운드 관광에서 빠른 성장을 하고 있으며, 향후 2020년이 되면 가장 많은 인바운드 관광객을 받아들이는 관광목적지가 될 것으로 예상된다. 이는 관광사업 비즈니스모델 관점에서 보면, 향후 우리나라 관광사업들이 진출해야 할 최대 시장이 될 수 있음을 시사하고 있다. 우리나라 중국진출 관광사업의 1차 시장은 한국인 관광객 시장이 될 것이며, 2차 시장은 외국인 한류시장이 될 수 있다.

제2절 | 우리나라 관광동향과 경영가치모델

1 우리나라 인바운드(Inbound) 관광시장

〈표 3-4〉에서와 같이 우리나라를 관광하는 외국인 관광객은 1962년 15,184명에서 2014년 현재 1,420만 명을 넘고 있다. 인바운드 관광객 증가율 역시 두 자리 수로 증가하고 있다. 단언컨대 이는 우리나라 정부의 국제관광 진흥정책의 뒷받침과 관광자원의 적극적인 개발, 관광 관련 법규의 정비 그리고 대학 등 관광전문 인력의 양성 등에 기인한 것이다.

〈표 3-4〉 우리나라 인바운드 관광객 수 현황 및 증가율

연도	인바운드 관광객 수(명)	증가율(%)
1962	15,184	36.7
1970	173,335	36.8
1980	976,415	-13.3
1990	2,958,839	8.5
-	-	-
2000	5,321,792	14.2
2010	8,797,658	12.5
2011	9,794,796	11.3
2012	11,140,028	13.7
2013	12,175,550	9.3
2014	14,201,516	16.6

자료 : 문화체육관광부(2015).

한편 국가별 인바운드 관광객의 점유율을 살펴보면, 다음 〈표 3-5〉와 같다.

〈표 3-5〉 국가별 인바운드 관광객 점유율

(단위 : %)

연도	일본	중국	미국	유럽	교포	기타
1962	12.0	-	48.3	8.6	14.8	-
1970	29.8	-	31.9	3.5	19.5	-
1980	48.0	-	12.4	5.0	16.1	-
1990	49.4	1.4	11.0	6.5	10.9	-
-	-	-	-	-	-	-
2000	46.5	8.3	8.6	8.5	5.2	-
2010	34.4	21.3	7.4	7.3	3.6	26.0
2011	33.6	22.7	6.8	7.0	3.3	26.6
2012	31.6	25.5	6.3	6.4	3.0	27.2
2013	22.6	35.3	5.9	6.3	2.5	27.2
2014	16.1 (2,280,434명)	43.1 (6,126,865명)	5.4	6.0	2.1	27.3

자료 : 문화체육관광부(2015).

2015년 현재는 우리나라 인바운드 관광객 시장은 중국이 가장 크다고 할 수 있으며, 그 다음은 일본 시장이다. 특히 주목해야 할 중국 시장은 관광객 증가율이 매우 큰 편이며, 한류 열풍에 힘입어 최대의 시장으로 부상하였다. 우리나라 관광사업의 경우 중국시장 유커를 표적시장으로 하는 목표시장 전략 개발이 매우 시급하고 또 필요한 시점이

다. 다시 말해 중국시장의 지역별 및 연령별 등 특성을 파악하고, 이에 맞는 관광상품 개발이 필요하다는 것이다.

이러한 관점에서 중국의 주요 6대 관광시장을 살펴보면, 다음 〈그림 3-1〉과 같다.

〈그림 3-1〉 **중국의 6대 관광시장**

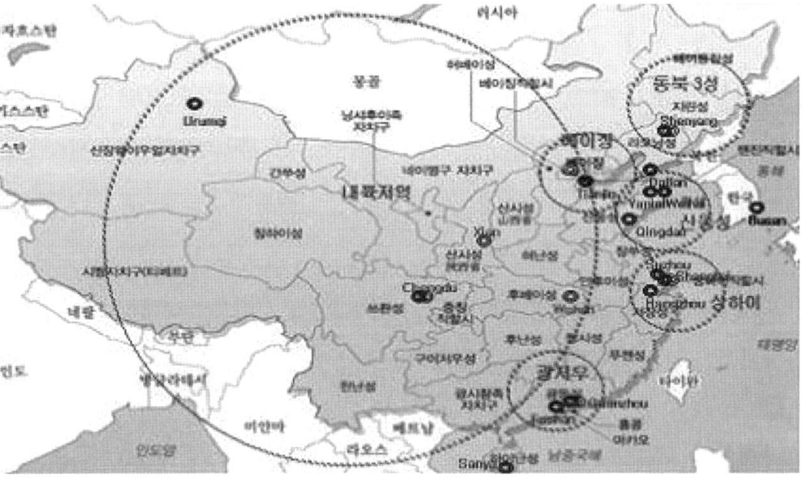

자료 : 박봉규(2011).

전반적인 중국관광객 유커(遊客) 시장의 특성으로 ① 전체 관광객의 약 32%가 20대 이하인 것으로 나타나고 있다. ② 이들은 해외여행 시 가족 또는 친구와의 동반여행 선호하는 것으로 나타났다. ③ 해외여행 정보수집 원천으로는 인터넷, 여행사, 친구/친지로부터 구전 등을 통한 비율이 높은 것으로 나타났다. ④ 중국인 관광객 유커의 여행행태로는 개별여행이 60.0% 이상 차지하고 있다. ⑤ 중국인 관광객 유커의 지출경비로는 쇼핑비, 숙박비, 식음료비, 오락비 순으로 나타났다(박봉규, 2011).

연령별 관광상품 콘셉트로 10대의 경우 청소년, 학생 문화교류(수학여행) 관광상품 개발이 필요하다는 것이다. 20~30대의 경우 이들의 수요에 맞는 SIT 관광상품 개발이 필요하다는 것이다. 특히 이들은 쇼핑관광, 음식관광과 연계한 테마파티 형태의 프로그램을 선호하는 것으로 나타나고 있다. 한편 40~50대의 경우 중저가 관광상품을 선호하는 것으로 나타났다.

지역별 주요 시장별 특성으로는 첫째, 동북 3성 지역은 중국 동포의 90%(약 180만 명)가 거주하고 있으며, '동북 3성 진흥계획'으로 급속한 발전을 하는 지역이다. 이들 시장의 특징은 해외여행 시 쇼핑구매가 많은 것으로 나타났다. 특히 이들 지역 중에서 랴오닝성, 헤이룽장성 등이 주요 목표시장이 될 수 있다. 둘째, 베이징 지역은 해외여행 경험자가 많아 FIT 내지 테마상품 수요가 많으며, 기업 인센티브 수요가 큰 특징을 가지고 있다. 셋째, 산둥성 지역은 산둥반도를 중심으로 급속한 경제발전을 이루고 있는 지역이다. 이 지역은 중국 내 한국에 가장 인접한 성으로 중국 내 인구 2위, GDP 규모 2위로 중국 내 한국기업 및 교민 최대 밀접지역이기도 하다. 넷째, 상하이 지역은 장강 삼각주지역으로 상하이, 항저우, 소저우, 난징 등 도시가 있으며, 최근 급성장하는 노른자위 시장으로 20~30대 개별관광 및 쇼핑관광객 증가 추세로 관광상품의 품질을 추구하며, 특히 한·일 크루즈상품 등 중·고가 상품이 인기가 있는 것으로 파악되었다. 다섯째, 광저우 지역은 인구가 1억 명 정도로 1인당 GDP가 6천 불 정도이며, 중국 전체 총 GDP의 21%를 차지하고 있는 것으로 나타났다. 이들 시장은 전체적으로 구매력이 높은 것이 특징이다. 여섯째, 내륙 지역은 청두, 무안, 시안 등이 포함된 지역으로 현재는 국제선 항공노선의 미비로 해외여행 수요가 많지 않으나 향후 폭발적인 수요가 일어날 수 있는 지역이며, '해양'(sea) 관련 관광상품 수요가 새로 창출될 수 있는 지역이다.

외국인 인바운드 관광객의 쇼핑장소로는 명동(36.4%), 공항면세점(30.0%), 소규모 상점(29.2%), 동대문시장(25.6%) 그리고 백화점(25.2%) 순으로 나타났다. 이들의 쇼핑품목은 ① 향수 및 화장품(44.9%), ② 식료품(38.3%, 일본인 관광객의 경우 식료품이 62.2%), ③ 의류(35.1%), ④ 인삼·한약재(15.7%), ⑤ 김치(14.4%), ⑥ 액세서리·보석(9.9%), ⑦ 신발류(13.3%) 등으로 나타났다(문화체육관광부, 2012).

2 우리나라 아웃바운드(Outbound) 관광 현황

2014년 기준으로 우리나라 국민의 해외여행, 즉 아웃바운드 관광현황은 1,600만 명 정도이다. 우리나라의 경우 해외여행 수요가 급속히 증가하고 있는 실정이며, 향후 경제적 여건이 더 좋아질 경우 그 수요가 폭발적으로 늘어날 것으로 예상된다. 우리나라 국민들의 주요 해외여행 목적지로는 중국이 418만 명으로 가장 많으며, 그 다음이 일본으로 276만 명, 미국이 145만 명인 것으로 나타났다. 그 뒤를 이어 필리핀, 태국과 홍콩이 주요 관광목적지인 것으로 나타났다. 이들 5대 주요 목적지의 여행객은 전체 아웃바운드 관광객의 70%를 차지하고 있는 것으로 나타났다(문화체육관광부, 2015).

〈표 3-6〉 국민 해외여행(아웃바운드) 현황

연도	인바운드 관광객 수(명)*	성장률(%)	해외여행 허용연령
1988	725,176	42.0	
1990	1,560,923	28.7	
2000	5,508,242	26.9	50세 이상(80.1.1)
-	-	-	45세 이상(87.9.16)
2010	12,488,364	31.5	40세 이상(88.1.1)
2011	12,693,733	1.6	30세 이상(89.1.1)
2012	13,736,976	8.2	연령제한 폐지(89.1.1)
2013	14,846,485	8.1	
2014	16,080,684	8.3	

*1998년부터 승무원 포함.
자료 : KTO(2015).

그리고 이들의 해외여행 목적별 현황은 〈그림 3-2〉와 같다.

〈그림 3-2〉 해외여행 목적별 현황

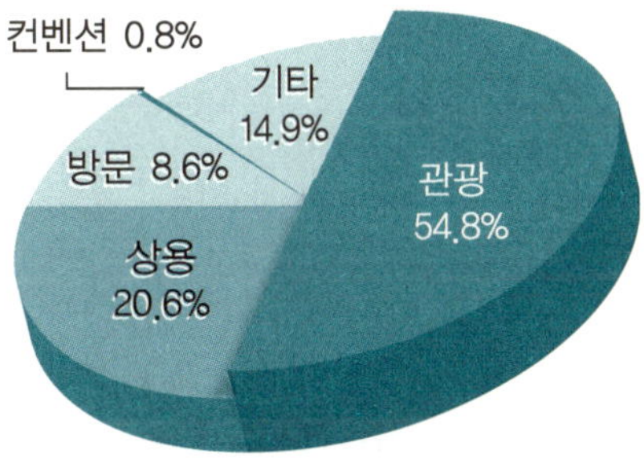

자료 : 문화체육관광부(2007).

3 우리나라 관광수지와 시사점

우리나라의 2014년도 환율은 원화강세가 지속되면서 대체로 안정적이었으며, 일본 및 중국 관광객의 쇼핑관광 증가로 인해 관광수입이 증가한 것으로 나타났다. 우리나라 관광수지(balance of payment) 현황을 살펴보면, 다음 〈표 3-7〉과 같다.

〈표 3-7〉 우리나라 관광수지

연도	관광수입(천$)	증가율(%)	관광지출(천$)	증가율(%)	관광수지(천$)
1990	3,558,666	0.1	3,165,623	21.7	393,043
2000	6,811,300	0.1	6,174,000	55.3	637,300
-	-	-	-	-	-
2010	10,290,500	5.4	14,277,700	29.4	-3,987,200
2011	13,347,200	20.0	15,530,800	8.8	-3,183,600
2012	13,356,700	8.2	16,494,500	6.2	-3,137,800
2013	14,524,800	8.7	17,340,700	5.1	-2,815,900
2014	18,062,100	24.4	19,763,100	14.0	-1,701,000

자료 : 문화체육관광부(2015).

앞서 논의된 외국인 인바운드 관광객은 1,400만 명 정도 되며, 우리나라 국민의 해외여행객은 1,600만 명 정도 되는 것으로 나타났다. 관광수지는 17억$ 정도의 적자를 나타내고 있다.

〈표 3-7〉에서와 같이 우리나라 관광수지(관광수입-관광지출) 개선방안으로는 먼저 관광수입을 늘리는 적극적인 방법과 또 하나는 관광지출을 줄이는 소극적인 방법이 있다. 이러한 관광수지가 시사하는 바는 첫째, 관광수지를 지나치게 수치화해서 단순하게 수평 비교하는 것은 무의미하다는 점이다. 즉 국가적 관점에서 보면, 관광수지 문제가 외환관리 등 정책적 차원에서 이슈가 될 수 있지만 국민 개개인의 차원에서 보면, 해외여행에서의 지출은 쓴 것만큼 국민 개인의 삶의 질 내지 국민행복과 연관되어 있기 때문이다. 다시 말해 별도로 외국인 인바운드 관광객의 국내소비를 통한 외화획득은 들어온 것만큼 관광승수 효과가 난다는 것이다. 둘째, 외국인 인바운드 관광객과 우리 국민의 해외여행 평균 소비지출액의 단순 비교 역시 해석상의 오류가 발생할 수 있다. 즉 외국인 인바운드 관광객과 우리나라 해외여행객의 사회계층(social class)적 특성이 다르다는 점이다. 그 사회계층적 특징을 도식화해 보면, 다음 〈그림 3-3〉과 같다.

〈그림 3-3〉 외국인 인바운드 관광객과 우리나라 해외여행객의 사회계층

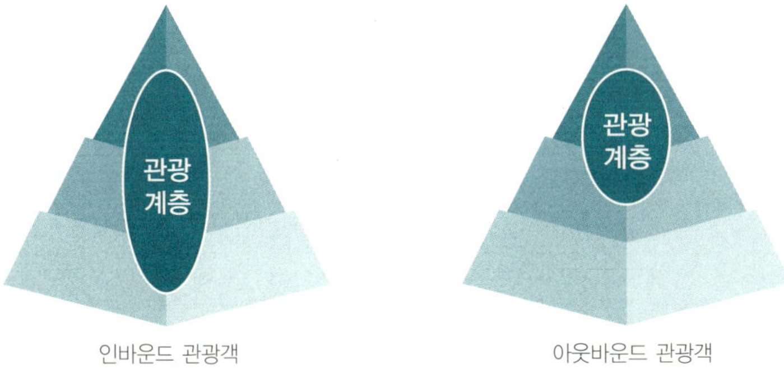

그림에서와 같이 우리나라를 방문하는 외국인 인바운드 관광객은 사회계층적으로 보면, 일반 대중들(upper class, middle class, lower class)이라는 점이다. 한편 우리나라 국민의 해외여행의 경우 사회계층적 특성으로 볼 때 아직까지 중산층(middle class) 이상이라고 볼 수 있다. 즉 외국인 인바운드 관광객의 평균 소비액과 우리나라 아웃바운드 관광객의 평균 소비액은 계층구조상 차이가 존재할 수밖에 없다는 것이다.

결론적으로 미국, 일본, 독일 등을 비롯한 선진국은 대체적으로 관광수지가 적자라는 점을 간과해서는 안 된다. 또한 우리나라 관광정책 역시 지나치게 관광수지 문제에 얽매일 것이 아니라 오히려 인바운드 관광정책의 경우 상대적으로 관광지출이 많은 MICE산업과 이웃나라에 비해 상대적으로 경쟁력이 있는 쇼핑관광의 활성화를 모색할 필요성이 있다. 또한 우리나라 아웃바운드 관광객이 해외에서 부적절하게 쇼핑하는 것을 지양할 수 있도록 출국 시 우리나라 면세점 쇼핑 제도를 개선해 줌으로써 외화 유출을 최소화할 수 있다.

4 우리나라 국내관광 동향과 관광의 질적 대중화

2014년 우리나라 국민의 관광총량은 당일여행량 약 1억 3000만 명과 숙박여행량 약 2억 7000만 명을 합해 3억 8000만 명으로 나타났다.

〈표 3-8〉 국민 국내여행 동향

연도	국내여행 참가자 수(명)	당일여행	숙박여행
2005	36,888,642	30,003,805	31,225,594
2010	30,916,690	20,012,003	26,047,929
2011	35,013,090	27,651,266	26,233,868
2012	36,914,067	28,649,336	30,277,238
2013	37,800,004	131,368,005	257,852,307
2014	38,027,454	128,578,532	269,268,235

자료 : 한국문화관광연구원(2015) 자료를 요약정리함.

이러한 관광의 질적 대중화 요인은 첫째, 경제적 요인의 발달이다. 즉 국민경제가 확대됨으로써 국민경제의 구성 요소인 정부에서는 국민관광진흥과 소외계층을 위한 복지관광 등을 위한 다양한 정부지원 사업을 시행하고 있으며, 기업에서는 기업 조직구성원의 복리후생 증진을 위한 인센티브 투어를 확대하고 있고, 그리고 가계는 가처분소득(disposable income)[5] 내지 자유재량소득(discretionary income)[6]의 증가로 관광참여 기회와 욕구가 증대했기 때문이다. 둘째, 사회적 요인의 발전이다. 즉 취업구조가 1차 산업에서 2차 내지 3차 산업으로 이동함으로써 근무시간 이외의 시간을 활용할 수 있는 기회를 갖게 되었다. 또한 이들 산업이 고도화함으로써 개인의 여가가 확대되었으며, 이러한 산업화로 인구의 도시화가 진전되면서 역시 관광 수요가 폭발적으로 늘어났다고 할 수 있다. 셋째, 문화적 요인의 발달이다. 관광주체인 개인의 교육기회가 증대됨으로써 여가관이 변화되었다는 것이다. 즉 노동 중시 여가관인 근로윤리(work ethic)에서 여가 중시 여기관인 레저윤리(leisure ethic)로 가치관이 변했다는 점이다. 또한 매스미디어와 ICT기술 및 소셜미디어의 발달로 관광에 대한 정보 공유가 확대됨으로써 관광욕구를 자극하는데 큰 영향을 미쳤다고 할 수 있다. 넷째, 정치적·법적 요인의 발전이다. 범정부 차원의 관광규제 완화와 관광진흥정책의 진전으로 관광의 질적 대중화가 더욱 가속되었다.

5) 가처분소득=총소득-제세공과금
6) 자유재량소득=가처분소득-기초생계비

제3절 | 관광효과와 경영가치모델

1 관광효과

관광의 효과란 관광현상에서 나타나는 긍·부정적인 영향을 말한다. 관광이 주는 효과를 잘 설명하고 있는 대표적 사례로 Vatican 회의에서 채택된 내용(鹽田正志, 1987의 내용을 재인용함)을 수정·요약하면, ① 관광은 단순히 사회적·경제적 관점뿐만 아니라 문화적·정신적 가치라는 측면에서 인간생활에 영향을 줄 만큼 강한 힘을 가지고 있다는 점이다. ② 관광은 인류 공동의 정신적 가치를 모든 사람에게 나눔으로써 인류통합을 촉진한다는 점이다. ③ 관광은 예속과 비인간적인 노동으로부터 해방시키는 의미를 내포하고 있다는 것이다. ④ 관광은 서로 다른 문명 및 서로 다른 문화에 속해 있는 사람들 간에 서로를 알게 하는 유효한 수단이 된다. ⑤ 관광은 그 기능의 학문적 연구를 통해서 사회교육의 한 가지 수단이 된다. ⑥ 관광은 가족 간의 휴양과 대화 기회를 부여함으로써 가족 유대관계를 강화시키는 요인이 된다는 점 등이다.

일반적으로 관광의 효과에 대해 과거에는 먼저 국제관광을 통한 외화획득, 즉 국제수지의 개선에 관한 효과에 주목했었다. 이후 관광효과의 개념이 확장되어 국제수지 면만이 아니라 여러 가지 또 다른 경제적 효과에 관심을 가지게 되었다. 즉 관광에 직접·간접으로 관련되는 사업에 대한 투자의 촉진이나 고용기회의 증대 등이 그것이다.

또한 관광은 다른 나라의 풍습이나 문물을 알고, 문화적 교류를 가져오게 하는 등의 비경제적 효과가 있다. 더구나 제2차 세계대전 이후 대중관광의 시대가 도래함에 따라 관광의 교육적·문화적 효과 등이 주목을 받게 되었고 점차 그 관심이 증대되고 있다. 그러므로 오늘날에는 관광의 효과를 이해하기 위해서는 여러 가지 영향요인들을 종합적으로 이해해야 한다.

위에서 말한 바와 같이 관광의 여러 가지 효과는 서로 관련성을 가지는 면이 있으나, 이 장에서는 관광의 효과를 경제적 효과, 사회문화적 효과, 정치적 효과, 환경적 효과를 중심으로 이들 효과에 대하여 구체적인 사항을 들어 설명한다. 반대로 관광의 부정적인 영향인 마이너스 효과에 대해서는 간략하게 서술하고자 한다. 왜냐하면 실질적으로 관광의 부정적 영향은 크지 않기 때문이며, 또한 21세기 인간의 삶의 질(quality of life)과 행복(happiness)을 결정하는 매우 중요한 삶의 한 부분이 관광이기 때문이다.

〈표 3-9〉 관광의 효과

관광의 효과		내용
경제적 효과	무역 외 수지 증대 효과	• 외화획득 효과 • 높은 외화가득률 • 서비스교역 확대
	국민경제발전 효과	• 국내 관광산업의 발전 • 고용 창출 확대 • 관광 관련산업의 확대 • 조세 효과
	지역경제발전 효과	• 지역경제 활성화 • 인프라 조성 효과 • 지역 고용창출 효과 • 지역 소득승수 효과 • 지역 판매승수 효과
사회문화적 효과	사회 변화 효과	• 취업구조의 변화 • 라이프스타일의 변화 • 삶의 질 향상 • 지역주민의 가치관 변화
	문화 교류 효과	• 국제문화 교류 • 전통문화의 보전 효과 • 민족문화의 상품화
정치적 효과	국제친선 효과	• 국가 간 갈등 해소 • 관광을 통한 가난 퇴치 • 남북교류 증진
환경적 효과	지속가능관광 효과	• 생태보전 • 환경의식 고취 • 환경정비
부정적(-) 영향	부정적 사회문화 영향	• 놀이터 문화형성 • 도박 및 매춘관광 확대 • 혼잡 및 쓰레기 등의 환경오염 • 관광 밴덜리즘 발생

가. 관광의 경제적 효과

1) 무역 외 수지 증대 효과

국제관광 중 인바운드(inbound) 관광은 무역 외 수지(invisible export)로 국가 간의 무역 외 수지는 UNWTO의 2012년 기준으로 전년대비 3.2% 증가한 1조 달러 이상인 것으로 나타났다. 또한 한 통계에 의하면, 세계상품 총수출액의 10%를 앞지르는 것으로 나타났으며, 세계서비스 교역량 중에서는 대략 35%를 초과하는 것으로 나타났다.

세계상품 총수출액 중 관광이 차지하는 비중으로 볼 때 특정 국가의 국제관광수지와 해외여행수지는 무역 외 수지로 서비스무역 중에서 해운수지, 기술수지 등과 함께 매우 중요한 비중을 차지하고 있다. 국제관광의 외화획득 효과로 인해 후진국, 개발도상국, 선진국 할 것 없이 모든 나라에서 외래(inbound) 관광객 유치를 위해 노력하고 있다. 특히 농업, 어업 등 1차 산업의 수출에 의존하는 일명 바나나공화국(banana republic)[7]들에게 외화는 국민경제의 확대에 절대적 영향을 미친다고 할 수 있다.

관광의 경제적 효과로 무역 외 수지 증대 효과로는 높은 외화가득률(foreign currency proceeds ratio)이 있다. 이는 외화획득률(rate of foreign exchange earning)이라고도 하며, 이를 개개의 산업에 적용하여 외화가득률이 높은 산업을 중점적으로 육성하면 국민경제 전체의 무역수지 개선을 도모할 수 있다. 또 종합적으로 수출상품 총액과 수입원자재 총액에 의해 산출하는 경우, 이는 특정 국가 경제의 기초적 수입(basic imports)을 유지하는 데 필요한 수출액 산출에 이용된다. 이를 공식화해 보면 다음과 같다.

$$\text{관광외화가득률}(\%) = \frac{\text{인바운드관광수입} - \text{외국원자재 수입비용}}{\text{인바운드관광수입}} \times 100$$

특히 국제관광수입은 상품수출의 외화수입에 비교하여 외화가득률이 높아 원재료의 대부분을 수입에 의존하고 있는 나라에서는 상품수출의 외화가득률이 60%대인데 비하여, 국제관광수입의 외화가득률은 90%를 상회한다. 우리나라의 경우 교통개발연구원(1993)의 보고서에 의하면, 신발의 외화가득률은 72.8%, TV의 외화가득률은 63.3%, 그리고 승용차의 경우 외화가득률이 80.6%로 나타났다. 그리고 상품무역은 각 나라의 보호무역에 의한 관세장벽, 민족자원주의에 의한 원자재 수급의 곤란, 수출시장에 있어서 환경의 악화 등의 문제를 가지고 있는 반면에, 관광은 오히려 국제친선이나 문화교류에 기여하면서 외화를 획득하는 이점을 가지고 있다.

7) Banana republic is a political science term for a politically unstable country whose economy is largely dependent on the export of a single limited resource product(ex. Bananas.).

또한 관광의 효과로서 관광을 통한 서비스교역의 확대를 들 수 있다. 특히 선진국일수록 서비스산업의 비중이 높다는 것이다.

〈그림 3-4〉 주요국 경제의 서비스화 수준

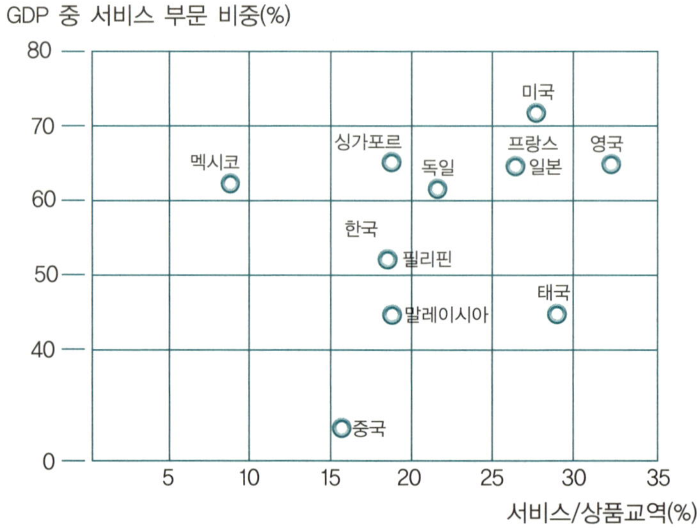

2) 국민경제발전 효과

외래(inbound)관광객의 유입은 한 나라의 외화수입을 가져와 국제수지개선에 기여할 뿐만 아니라, 관광객이 입국하여 국내에서 소비하는 외화는 그 나라의 경제활동을 확대시키고 산업을 번창하게 하여 국민경제 발전에 크게 공헌한다. 앞서 논의된 바와 같이 특히 농업, 어업 등 1차 산업의 수출에 의존하는 일명 바나나공화국(banana republic)들에게 있어서 외화수입은 제로섬 사회(zero sum society)의 관점에서 보면, 국민경제의 확대에 절대적 영향을 미친다고 할 수 있다. 다시 말해 국민경제의 규모가 작은 나라일수록 외화유입 효과는 훨씬 크다고 할 수 있다. 이를 달리 관광승수효과(tourist multiplier)라 하며, 이러한 관광승수효과에는 산출(output)승수효과, 판매승수효과, 소득승수효과, 고용승수효과, 외환금융시스템 안정 승수효과 등이 있다.

첫째, 국제관광, 특히 인바운드 관광을 통한 국내관광산업의 진흥이다. 외래 관광객의 소비는 숙박비, 식음료비, 교통비, 쇼핑비, 관광비용, 미용관광비, 겜블링비, 문화 및 스포츠 관련 비용, 유흥/오락비 등의 여러 형태로 지출된다. 그리고 최초의 소비는 점차적으로 회전 및 순환하여 이른바 소비의 승수효과를 낳게 하여 여러 관련부문으로 파급된다. 이에 관한 실증적 연구는 미국의 상무부와 태평양지역 관광협회(PATA)가 공동으로 17개 가입국에 대하여 실시한 관광조사보고서(태평양·극동지역에 있어서 관광사업의 장래)에서 잘 타나나고 있다. 즉 관광으로 소비한 화폐의 회전 또는 승수효과를 정밀한 분석을 통하여 관찰한 결과, 경제 외적 제수요에 따라 일정하지는 않지만, 경제사정에 관계없이 그 소비액은 당초 지출된 이후 1년에 3.2회 내지 4.3회 정도 회전하는 것으로 나타나고 있다. 따라서 당초 소비한 금액의 3~4배의 경제활동을 유발하고 있음을 보여 주고 있다. 이와 같이 관광객의 소비는 국내 경제활동을 촉진시키는 원천이 된다.

둘째, 관광산업 발전을 통한 고용효과의 증대이다. 관광사업은 노동집약적이면서 미래의 성장산업이기 때문에 고용효과가 높은 사업이다. 관광사업이 유발시키는 고용효과는 직접효과, 간접효과 그리고 유발효과의 세 가지 형태로 분류된다.

직접고용은 관광객의 직접적인 소비로부터 발생되는 관광기업의 고용이며, 관광수입 1억 원당 약 6명의 고용창출 효과(제조업은 대략 3명 정도)가 있는 것으로 나타났다. 간접고용은 관광기업이 필요로 하는 재화와 서비스를 타 산업으로부터 구입함으로써 간접적인 영향을 받아 발생되는 산업의 고용이다. 유발고용은 직접고용 또는 간접고용 부문이 관광으로부터 가득한 소득을 재소비함으로써 발생하는 추가고용이다. 스페인의 경우, 전체 취업인구의 약 20% 정도가 각종 관광 관련 산업에 고용되어 있다. 이를 감안할 때, 관광기업활동의 확대가 고용증대에 얼마나 기여하고 있는가를 잘 이해할 수 있다.

셋째, 국민경제의 발전 효과로서 관광 관련 산업의 확대이다. 인바운드 의료관광객의 증가는 우리나라 의료산업의 새로운 시장 개발이 됨으로써 의료산업의 발전과 의료기술의 진전을 이루는 계기가 될 수 있다. 또한 스키와 같은 취미 스포츠 관광 역시 스키장의 새로운 수요가 창출되는 효과를 가진다.

넷째, 관광을 통한 조세효과이다. 관광산업이 발전함으로써 다양한 조세원천이 생겨난다는 점이다.

3) 지역경제발전 효과

관광에 의한 지역의 판매승수효과, 소득승수효과 및 고용승수효과는 지역경제 발전을 촉진시킨다. 관광객의 증가와 관광소비는 직·간접으로 지역의 관광수입이 될 뿐만 아니라 새로운 관광개발도 촉진시킨다. 이러한 관광개발은 지역의 토지를 이용하게 되며, 또한 노동력의 필요와 자본의 유입 등으로 지역의 관련 사업이 번성하고 지역주민들에게 취업의 기회를 주게 된다. 지방화 시대에 있어서 외래관광객 유입과 관광소비는 제로섬 사회(zero sum society)의 관점에서 보면, 지역 경제의 확대에 절대적 영향을 미친다고 할 수 있다. 최근에 여러 지방자치단체들이 앞 다퉈 축제이벤트 등을 관광상품화하고 있는 것도 이러한 맥락이라 할 수 있다.

결과적으로 특정 지역에서 관광소비의 증대는 관광과 관련된 여러 가지 관광사업을 활성화시키고, 이를 통해 지역경제발전에 기여하는 지역경제의 선순환구조화에 기여하는 역할을 한다. 또한 관광을 통해 지역 관광기반시설(infrastructure)이 조성되는 효과가 있다. 특히 메가 이벤트와 대형 컨벤션행사 등은 사회간접자본(social overhead capital)으로 관광인프라 조성이 필요하다. 즉 하드웨어로서 관광인프라는 교통시설, 상·하수도시설, 통신시설, 관광지 화장실, 관광지 조경 및 환경, 관광지 및 관광자원 안내표지판, 기념품 및 쇼핑시설, 숙박 인프라, 관광 F&B(food & beverage) 인프라, 관광지의 편의 및 안전시설 등이 있다. 소프트웨어로서 관광인프라에는 숙박서비스, 관광 F&B 서비스, 관광지 지원서비스, 관광스마트 앱을 비롯한 관광안내·정보서비스, 교통서비스, 쇼핑 및 기념품 서비스 등이 있다.

또한 관광은 지역 고용창출효과가 있다. 관광산업은 노동집약산업으로 인적 서비스 의존성이 크기에 많은 인력이 필요하다. 이런 점에서 관광은 앞서 논의된 바와 같이 다른 산업보다 고용창출의 직접적인 효과성을 가지고 있다.

그리고 관광은 지역소득승수 효과와 판매승수효과가 큰 특징을 가지고 있다.

나. 관광의 사회문화적 효과

관광의 효과 중 가장 두드러지는 것이 경제적 효과이지만, 대중 및 대량 관광시대에 들어와서는 사회문화적 효과가 경제적 효과 이상으로 많은 관심을 받고 있다. 관광의 사회문화적 효과는 관광객의 관광활동이 생산과 소비라는 사상(events)만을 발생시키는 것이 아니라 지역주민과의 접촉을 통해 서로 영향을 주고받게 됨으로써 사회 변화 효과 및 문화 교류 효과를 발생시킨다는 점이다.

1) 사회 변화 효과

관광의 사회 변화 효과로 첫째, 취업구조의 변화가 있다. 외래관광객의 증가로 관광산업이 발전함에 따라 그 지역사회의 전통적인 취업 구조가 다른 모습으로 변화하게 된다. 관광산업은 3차 산업으로 기존 산업구조(예 : 1차 산업, 2차 산업)의 대체산업으로 성장하면서 새로운 고용창출을 하고 있다. 둘째, 이러한 취업구조의 변화는 개인의 라이프스타일 변화로 이어지게 된다. 셋째, 특정 지역의 관광 활성화는 지역 주민의 삶의 질을 높이는데 기여하게 된다. 넷째, 지역주민들의 가치관의 변화이다. 외래관광객과의 교류를 통해 지역주민들의 여가관 및 세계관이 달라지게 되며, 또한 기존의 전통문화에 대한 소중함을 깨닫게 되는 것이다.

2) 문화 교류 효과

국제관광을 함으로써 발생하는 직·간접의 문화 교류는 물론 다른 나라의 문화에 대한 이해를 높이고 나아가 자기문화에 대한 소중함을 일깨우는 것으로 세계의 문화교류와 평화에 기여하게 된다. 어떤 문화를 이해한다는 것은 문화 간의 갈등을 해소하고 몰이해로 인한 오해와 편견을 불식시켜 보다 나은 선린관계를 유지하는 데 도움이 된다. 또한 관광은 전통문화의 보전과 관심을 증대시킨다. 관광객의 지역 문화에 대해 관심을 지역주민들이 자기문화에 대한 새로운 인식을 통하여 주체성을 강화하고 문화의 가치를 재발견하게 만든다. 그리하여 전통문화를 보존하기 위해 박물관의 건립이나 문화계승을 위한 노력을 하게 된다. 지역주민들 역시 지역 특화 관광상품 개발에도 관심을 가지게 된다. 나아가 관광의 문화 교류 효과로서 민족문화의 상품화도 이루어진다. 본래 관광은 새로움(novelty)을 추구하고자 하는 관광동기가 있기에 독특한 민족문화의 상품화는 관광객에게 어필할 수 있는 차별적인 소구점(appeal point)이 된다.

다. 관광의 정치적 효과

관광의 정치적 효과는 한마디로 국제친선 효과라 할 수 있다. 즉 관광은 세계평화에 기여한다는 점이다. 첫째, 관광을 통해 국가 간의 갈등이 해소된다는 점이다. 1967년 UN에서 정한 국제관광의 해(international tourist year)의 핵심 슬로건인 "Tourism passport to peace"(관광은 세계평화의 수단)가 상징하는 것으로, 곧 국제관광을 통해 세계평화를 정착하자는 의미이다. 둘째, 2004년 UNWTO 슬로건인 "ST-EP"(sustainable tourism for eliminating poverty)와 같이 지속가능관광을 통해 가난을 퇴치할 수 있다는 것이다. 즉 생태관광(ecotourism), 녹색관광(green tourism), 문화유산관광(heritage tourism), 그리고 공정관광(fair tourism) 등을 통해 지역주민과 외래관광객이 상생의 바탕 위에서 관광소비가 지역주민들의 가난 퇴치에 기여할 수 있다는 것이다. 셋째, 우리나라의 경우 남북관광 교류를 통해 남북한의 평화공존을 실현할 수 있다는 점이다. 2008년의 금강산 관광객 피살사건 및 2011년 천안함 폭침 사건과 연평도 포격 사건, 휴전선 목함지뢰사건 등으로 남북교류가 답보상태이긴 하나 향후 남북관계가 개선된다면 남한과 북한과의 한반도 평화도 진전될 것으로 본다.

라. 관광의 환경적 효과

관광의 환경적 효과는 일명 지속가능관광 효과라 할 수 있다. 이러한 지속가능관광의 유형에는 생태관광(ecotourism), 녹색관광(green tourism), 문화유산관광(heritage tourism) 그리고 공정관광(fair tourism) 등이 있다. ① 생태관광은 넓은 의미로 자연을 대상으로 한 관광으로 산촌관광, 농촌체험관광, 어촌관광, 해양관광 등이 있다. ② 녹색관광은 생태관광과 유사개념으로서 친환경적인 관광을 말한다. 이러한 녹색관광의 경우 선진국에서는 1960년대 이후 시작되었다. 특히 자연을 대상으로 하는 관광 중 특화된 형태인 생태관광은 이미 세계 여행시장의 5~10%를 점유하고 있는 것으로 추정되며, 매년 10~15% 포인트씩 급성장하고 있다. ③ 문화유산관광은 문화관광의 한 형태로 특정 지역 내의 문화자원뿐만 아니라 자연자원을 기반으로 한 관광을 말한다. ④ 공정관광(fair tourism)은 우리나라 사회전반에 공정사회 구현을 지향하는 추세가 확산됨에 따라 관광분야에서도 착한 관광, 공정여행 등 책임관광이 부각되면서 윤리적 관광소비와 공정한 관광거래를 통해 공정한 분배를 실현하려는 노력이 진행되는 것(월간 호텔&레스토랑. 2011.6.)으로 관광객이 지역주민의 삶과 문화를 존중하면서 자연환경을 보전하고, 공정한 거래를 통하여 지속가능관광을 행하는 것(KTO, 2011. 10.)을 말한다.

지속가능관광을 위해서는 앞서 논의된 바와 같이 WCED(관광과 개발에 관한 세계위원회)가 UN 총회에 보고한 보고서에서 제안한 미래세대가 그들의 필요를 충족시킬 수 있는 가능성을 손상시키지 않는 범위에서 현세대의 필요를 충족시키는 개발을 실천하는 것이 무엇보다 중요하다.

환경적 효과로 지속가능관광의 효과로는 첫째, 생태보전 효과가 있다. 넓은 의미로 자연을 대상으로 한 관광으로 산촌관광, 농촌체험관광, 어촌관광, 해양관광 등 생태관광과 녹색관광을 통해 친환경적인 관광을 함으로써 생태보전이 가능하다는 것이다. 둘째, 관광을 통해 환경의식을 고취할 수 있다는 점이다. 예를 들어 슬로우시티관광이나 갯벌관광, 탐조관광(bird seeing)을 함으로써 환경보전에 대한 의식이 높아질 수 있다는 것이다. 셋째, 관광을 통해 환경정비가 이루어진다는 것이다. 앞서 논의된 바와 같이 하드웨어로서 관광인프라인 교통시설, 상·하수도시설, 통신시설, 관광지 화장실, 관광지 조경 및 환경, 관광지 및 관광자원 안내표지판, 기념품 및 쇼핑시설, 숙박 인프라, 관광 F&B(food & beverage) 인프라, 관광지의 편의 및 안전시설 등의 전반적인 환경정비가 이루어진다는 것이다.

마. 관광의 부정적 영향

일반적으로 관광은 바람직한 영향(플러스 효과)이 있다는 것이 주류적일 뿐만 아니라 일반적인 견해라 할 수 있다. 그러나 바람직하지 못한 영향(마이너스 효과)이 가끔 발생하기도 한다. 이러한 부정적(-) 효과는 주된 효과가 아님을 밝히면서 일부 관광활동에서 일어나는 몇 가지 영향(동남레저산업연구소 편, 2008)을 살펴보고자 한다.

첫째, 놀이터 문화화이다. 놀이터 문화(playground culture)란 관광목적지 주민 특히 태양을 관광자원으로 삼는 지역에서는 관광산업의 성장이 방문객과 주민 모두에게 놀이터 심성(playground mentality)을 키워주게 된다는 것이다. 이국적인 경관과 문화는 풍요한 관광객 눈에는 놀이터로 보여진다. 관광은 가시성이 크기 때문에 휴가를 즐기는 관광객의 자체행동은 곧바로 현지주민에게 미묘한 영향을 미친다. 이러한 놀이터 문화는 선진국의 관광객이나 관광사업자들은 제3세계의 고유한 문화나 정체성을 보존하려는 주권국가로 보지 않고 단지 4S(sun, sea, sex, sand)가 풍부한 가운데 자신들의 욕구를 해소할 수 있는 무인도로 인식한다는 것이다. 더구나 이러한 만연된 놀이터 태도(playground attitude) 때문에 현재 주민들도 스스로를 관광문화의 한 부속품으로 여기고 자신들의 가치관과 전통을 포기해 버린다는 것이다. 둘째, 도박 등의 성행이다. 특히 도박은 경제적 가치가 비정상적으로 왜곡되어 도박에 참여하는 집단과 생산적인 경제활동에 참가하는 집단 사이에 갈등이 생겨 범죄, 성매매춘(매춘관광), 폭력 등 여러 가지 사회문제를 증가시키기도 한다. 특히 한국사회는 지리학적인 집단취락문화, 고밀도사회, 그리고 동양문화의 특성인 정(情) 문화로 인한 끼리문화 및 동성사회성(homosociality)의 지배와 스웜(swarm) 문화의 특성인해 집단적 몽환(swarm mana) 상태가 됨으로써 해외단체관광에서의 관광지 질서 교란현상이 자주 나타나고 있는 실정이다. 셋째, 혼잡 및 쓰레기 등의 환경오염을 유발시킬 수도 있다는 점이다. 넷째, 과도한 관광 밴덜리즘(vandalism)[8]으로 관광객의 과수용과 관광객의 관광의식 부족으로 관광자원 및 생태환경이 일부 파괴되는 현상도 있다.

2 창조관광을 통한 새로운 일자리 창출

가. 문화관광해설사 제도 확대를 통한 새로운 일자리 창출

문화관광해설사 제도는 2001년 한국방문의해와 2002년 한·일 월드컵 공동개최 등 대규모 국가행사를 치루기 위해 도입된 제도이다. 우리나라를 방문하는 외국인에게 우리의 문화와 전통, 자연·관광 자원에 대한 전문적이고 흥미로운 해설, 즉 스토리텔링을 함으로써 외국인 관광객에게 양질의 관광서비스와 스토리가 있는 관광콘텐츠를 제공하기 위해 도입되었다. 문화관광해설사 제도는 당초 문화재나 문화유산을 중심으로 운용되어 왔으나, 최근에는 해설사의 역할과 기능이 기존의 문화유산뿐만 아니라 관광지, 생태·녹색 관광, 농산어촌 체험관광 등 다양한 분야의 관광자원으로 확대됨에 따라, 2005년 8월 1일부터 기존의 문화유산해설사를 문화관광 해설사로 명칭을 변경하였다. 이후 2011년 관광진흥법 개정을 통해 “관광객의 이해와 감상, 체험기회를 제고하기 위하여 역사·예술·자연 등 관광자원 전반에 대한 전문적인 해설을 제공하는 자”(문화체육관광부, 2015)로 문화관광해설사의 정의를 명문화하였다. 현재 시도별 문화관광해설사의 양성 인원은 다음 〈표 3-10〉과 같다.

8) 밴덜리즘이란 타 문화 및 종교, 예술 등을 문화 내지 종교적 갈등 내지 무지로 파괴하는 행위를 말함.

〈표 3-10〉 문화관광해설사 활동 현황

지역	양성인원(명)			활동인원
	2001~20012	2013	2014	1014
서울	273	8	18	206
부산	142	0	0	96
대구	265	19	0	106
인천	198	17	0	101
광주	141	0	0	65
대전	122	0	0	45
울산	106	0	13	49
경기	848	19	41	502
강원	265	0	35	161
충북	262	11	0	162
충남	253	11	0	142
전북	396	0	20	192
전남	407	25	38	246
경북	508	0	0	327
경남	336	19	20	193
제주	230	0	0	125
총계	4,752	646	560	2,722

자료 : 문화체육관광부(2015) 자료 중 세종시는 제외함

이처럼 문화관광해설사 제도 확대는 첫째, 내·외국인에게 우리의 문화와 전통, 자연·관광 자원에 대한 전문적이고 흥미로운 해설, 즉 맛깔 나는 스토리텔링을 함으로써 내·외국인 관광객에게 양질의 관광서비스와 스토리가 있는 관광콘텐츠를 제공할 수 있다는 점이다. 둘째, 문화관광해설사 제도는 새로운 일자리 창출의 기회가 된다는 점이다. 2014년 현재 활동인원이 2,722명이지만 이를 확대함으로써 많은 수의 퇴직자 및 은퇴자들이 새로운 직업을 갖는 기회가 될 수 있다.

나. Local Guide 시스템 도입을 통한 일자리 창출

관광종사원 자격제도는 1962년 시행된 관광통역안내사 제도가 효시이다. 2014년

현재 관광통역안내사 26,331명(영어 5,815명, 일본어 10,193명, 중국어 7,650명 등)과 국내여행안내사 84,470명이 등록되어 있는 실정이다. 범정부 차원에서 단체관광의 경우 이러한 인적자원을 의무적으로 활용할 수 있도록 한다면, 새로운 일자리가 생겨날 수 있다. 그러나 관광사업의 입장에서는 코스트가 증가하는 요인이 될 수 있으나 관광진흥자금의 지원이 수반된다면, 관광사업과 국민 개개인, 정부, 그리고 관광객이 윈윈(win-win)할 수 있는 프로그램이 될 수 있다.

다. 다문화가족의 의료관광 등 가이드화를 통한 일자리 창출

정부에서는 2009년 3월 의료관광 활성화 법적 근거 마련하고, 또 MICE·의료·쇼핑 등 고부가가치 관광 여건을 개선하는 등 저탄소 녹색관광 활성화의 기반 마련을 하였다(문화체육관광부, 2010). 이러한 맥락에서 특히 의료관광 등의 산업발전을 위해서는 양질의 의료관광가이드 겸 코디네이터 공급 또한 필요하다. 이를 위한 대안으로 다문화가족의 유휴인력을 활용하는 방안이 있다. 「2008년 전국 다문화 가족 실태조사(조사대상 : 전국 결혼이민자 154,333명 중 결혼이민자 73,669명(부산지역은 3,666명) 조사완료)」에서 나타난 다문화가족 실태분석 결과를 살펴보면, 다음과 같이 요약할 수 있다(김현지·최혜정, 2010 : 1-8). 이들 중 중국 출신이 1,731(47.2%)명으로 가장 많았으며, 그 다음은 베트남으로 1,131(30.9%)명이었다. 응답자의 성별은 여성결혼이민자 3,477명, 남성결혼이민자 189명으로 여성이 응답자의 94.8%, 남성이 5.2%를 차지하였다. 이들 이민자 중 65.2%는 미취업 상태인 것으로 나타났다. 특히 결혼이민자의 직종은 '서비스직' 이 31.7%로 가장 많았고, 그 다음으로 '기타 단순노무' 21.2% '전문가 및 관련종사' 14.3%로 나타났다. 또한 이들의 종사상 직위는 '임시근로자' 37.5%, '상용근로자' 가 29.0%, '일용근로자' 가 15.7%로 나타나 안정적인 직위에 있는 결혼이민자는 많지 않은 것으로 나타났다. 결혼이민자가 취업을 통해 받은 월평균 소득은 '100만 원 미만' 이 66.3%로 가장 많았다. 이런 여러 측면을 고려해 볼 때, 이들 다문화가족을 의료관광 등에 참여시킴으로써 새로운 일자리 창출과 생산참여복지적 관점에서 새로운 복지관광모델이 될 수 있다. 결과적으로 이러한 제도를 도입함으로써 다문화가족의 문화적응과 사회적응을 촉진할 수 있다.

라. 의료관광 메디텔(meditel) 활성화를 통한 일자리 창출

우리나라 정부에서는 최근 메디텔(meditel : 의료기관과 연관된 숙박시설)을 병원으로부터 1km 이내에만 세워야 한다는 규제를 없앰으로써 의료기관들은 거리 제약 없이 대한민국 전역에 메디텔을 세울 수 있게 되었다. 따라서 의료관광 활성화는 물론이며, 나아가 의료관광 관련 새로운 일자리가 크게 늘어날 것으로 기대된다.

2014년 2월 5일 보건복지부, 문화체육관광부에 따르면 이 같은 내용이 포함된 관광진흥법 시행령 개정안이 2월 국무회의에서 심의, 의결돼 3월 1일부터 시행에 들어갔다.

정부에서는 의료관광 활성화를 위해 의료기관의 숙박업을 허용하는 메디텔을 지난해 5월부터 본격 추진해 오고 있다. 하지만 설립 요건이 까다로워 정작 의료계에서는 '빛 좋은 개살구' 라는 평가를 받아왔다. 이번 개정안은 메디텔과 관련된 주요 요건들을 대폭 완화함으로써 메디텔이 의료관광 활성화에 실질적으로 기여할 수 있도록 하기 위한 것이다.

메디텔 설립자의 자격 요건도 완화된다. 2013년 5월 발표된 입법예고안에는 연간 3000명 이상의 외국인(한 사람이 2번 진료 시 총환자 수는 2명으로 인정)을 진료한 의료기관이나 연간 1000명 이상 외국인 환자를 국내에 유치한 의료관광 관련 업자에 메디텔 설립 자격을 주었다. 하지만 이번 개정안에서는 서울을 제외한 지역엔 1000명 이상이 방문한 병원, 500명 이상 환자를 유치한 업자로 자격 요건을 낮추기로 했다.

또한 의료관광이라는 본래 의미를 살리기 위해 메디텔의 외국인환자 의무비율 규제도 현실화한다. 당초에는 전체 투숙객 중 외국인 비율이 50%가 넘어야 했다. 국제 경제 상황의 변동으로 의료관광객 추이가 유동적일 수 있는데 50% 제한은 과도한 규제라는 지적이 많았다. 이 같은 지적에 따라 개정안에서는 환자 수가 아닌 객실 수로 외국인 비율을 통제하기로 했다. 총객실 가운데 내국인이 사용할 수 있는 최고 비율이 40%만 넘지 않으면 된다. 즉, 100개의 객실이 있는 메디텔이 50실만 찼을 경우 내국인이 40개의 객실을 채우고 외국인이 10개의 객실만을 채워도 된다. 외국인 비율 기준이 사실상 낮아진 셈이다. 외국인이 적게 방문해도 메디텔을 최소한 유지, 운영할 수 있도록 하자는 취지다(http://donga.com, 2014.2.6.). 결과적으로 의료관광용 메디텔 규제 완화 정책은 의료관광 활성화 및 새로운 일자리 창출에 기여할 것으로 기대된다.

제4장

“관광환경과 경영가치모델”

제1절 | 새로운 관광환경의 변화와 창조적 적응

1 경제환경 변화

글로벌 금융위기는 세계경제 전반 및 산업 전반에 큰 변화를 야기시켰으며, 세계관광산업에도 직격탄을 날렸다. 금융위기 이후 선진국 경제는 둔화추세가 지속되어 경제적 주도권을 상실한 반면, 신흥국의 경제는 위기로부터 빠른 회복세를 보이며 세계경제를 회복하는 견인 구도로 변화하였다. 특 우리나라의 관광산업의 경우 IMF 금융위기 이후 인적 서비스의 중요성이 큼에도 인력감축의 감량경영(down sizing)과 장기성과 대신 단기성과에 초점을 두게 되었다. 그러나 세계경제전망에 따르면 BRICs(브라질, 러시아, 인도, 중국 등)를 중심으로, MAVINS(멕시코, 호주, 베트남, 인도네시아, 나이지리아, 남아프리카공화국) 등의 신흥국가들이 성장세를 보일 것으로 예측되고 있다. 이에 따라 잠재력을 지닌 신흥국 경제가 세계 경제의 버팀목이 되어 줄 것이라는 기대가 높아지고 있으며, 특히 G2로 부상한 중국의 영향력이 증대되고 있다. 그러나 최근 미국은 양적완화(quantitative ease)를 종료하고 테이퍼링(tapering)[9]이 준비되고 있는 것으로 보도되고 있다. 이러한 미국의 조치로 인해 신흥국의 새로운 외환위기가 초래될 수도 있다는 점을 간과해서는 안 된다.

9) 테이퍼링이란 마라톤에서 쓰는 용어로 마라톤에서 좋은 성적을 거두기 위해 이제까지 했던 훈련을 조금씩 강도를 낮추면서 체내에 탄수화물을 축적시켜 몸을 최적의 상태로 만드는 준비기간이라고 할 수 있음.

지금까지는 국제사회에서 신흥경제권을 비롯한 중국의 부상은 아시아에 대한 관심 고조로 이어지고 있으며, 아시아 지역에 대한 관광수요를 늘리는 데에도 한 몫을 하고 있다. 2012년 상반기에는 아시아와 태평양 지역의 국제관광객수는 전년대비 8% 포인트 증가하여 지속적인 강세를 보였고, 남아시아와 동아시아는 각 9% 포인트 증가하여 가장 높은 성적을 기록하였다.

세계시장에서 여행 및 관광산업은 세계경제둔화추세에도 불구하고 지속적인 성장을 보였으며, 2012년에는 국제 관광객 수가 사상 처음으로 10억 명을 돌파하면서 국제사회에서는 관광산업을 국가의 경제 발전과 선장전략에서 중요한 동력으로 작용하다고 인지하고 있으며, 관광산업은 향후 10년간 세계성장과 일자리 창출을 주도하는 산업으로 성장할 것이다(문화체육관광부, 2013).

2 사회환경 변화

세계경제가 최근 저성장시대로 접어들면서, 불안한 경제상황, 소득불안정, 일자리 부족 등의 사회문제들이 대두되고 있다. 일과 사회에 대한 불만이 계속되는 가운데 개인의 행복에 대한 욕구도 함께 커지면서 여가, 삶의 질 향상에 대한 관심은 고조되고 있다. 급변하는 현대사회 속에서 현대인들은 심리적 스트레스 치유를 위한 힐링(healing)에 대한 관심이 증대되고 있으며, 휴식과 심신의 안정, 웰빙과 관련된 감성적인 소비행태를 선호하고 있다. 따라서 차별화된 소비 추구, 럭셔리소비의 진화, 체험형 레저의 확산, 육체와 정신건강 조화 등이 주목받고 있으며, 경험 및 감성을 중시하는 맞춤형 소비문화로 소비트렌드가 변화하고 있다.

소비트렌드의 변화와 함께 관광활동 욕구에 대한 트렌드도 감성형, 맞춤형 형태로 변화하여, 개별여행이 꾸준히 증가하고 있으며, 차별화된 새롭고 알려지지 않은 목적지 추구, 고소득자들의 호화관광 등의 현상을 비롯하여, 자연친화적, 건강지향 의식이 관광과 접목된 웰빙 투어리즘의 진화된 형태로 LOHAS 관광의 시대로 접어들고 있다(문화체육관광부, 2013). 또한 지속가능관광(sustainable tourism), 실버관광(silver tourism), 공정관광(fair tourism) 시대로 변화하고 있다.

3 기술환경 변화

ICT기술의 진화로 무선통신기술이 발전하면서 이동성과 편리성이 실현되는 유비쿼터스 시대가 도래하게 되었으며, 이는 일상생활 및 업무환경에도 영향을 주고 있다. ICT산업은 융합시대를 선도할 핵심부문으로 지목되고 있으며, 다른 산업과의 융·복합화를 통해 새로운 시장을 창출하여 경쟁력을 높일 수 있는 핵심 분야로 꼽히고 있다. 특히 자동차, 조선, 의료 등 전통적인 주력산업분야에서 ICT기술의 적용이 급격히 진전되면서, 이들 산업과 ICT와의 융합이 빠른 속도로 이루어지고 있다. 또한 새로운 ICT 서비스에 대한 수요가 지속적으로 증가하고, ICT산업의 융·복합화가 활발히 진행되면서 하드웨어, 소프트웨어, 서비스, 인터넷, 통신, 방송, SNS 등에서도 다양한 결합이 이루어지고 있다. 이러한 기술과 산업의 융합화는 산업 구조와 소비자의 패턴을 변화시킬 것으로 예상되고 있으며, 산업 간의 연계를 통해 다양한 분야에서 영향을 받을 것으로 예측되고 있다.

산업 간 융합화 현상이 심화되면서 차세대 기반산업으로 융합부분에 대한 관심이 고조되고 있다. 관광산업분야에서도 융복합화라는 새로운 관광 패러다임이 출현하였으며, 다양한 분야와 접목되어 관광산업의 영역과 범위가 확대되고 있는 추세이다. 특히 관광과 ICT와의 융합은 관광 분야에 새로운 비즈니스 모델의 창출, 기존 산업의 프로세스 개선 등의 변화를 이루어내며 관광 산업 영역을 더욱 확대시키고 있으며, 나아가서는 관광산업의 국제 경쟁력 강화, 내실화를 실행하는데 있어서도 큰 역할을 하고 있다(문화체육관광부, 2013).

이에 관광산업에서는 스마트폰, 태블릿 PC와 같은 스마트기기를 활용한 새로운 관광서비스 제공, 실시간 소통과 위치정보를 기반으로 내·외국인 관광객에게 맞춤형 서비스 제공, 증강현실(augmented reality) 프로그램을 이용한 관광정보 제공 등 스마트 투어가이드 애플리케이션 개발 등 관광객 안내 서비스 편의 도모를 위해 ICT기술과 IOT(internet of thing : 사물인터넷)기술을 활용한 SNS 등 소셜미디어를 통한 소셜커머스 시대로 접어들고 있다.

4 자연환경 변화

이산화탄소의 증가에 따른 지구온난화가 가속화되면서 남북극의 빙하 면적 감소 등의 원인으로 인한 해수면 상승, 식생변화 등 다양한 기후변화는 대규모 지진, 해일 등 자연재해로 나타나 생태계, 산업·경제는 물론 생활양식 전반에 광범위한 파급효과를 미치고 있다. 유럽 위원회 합동연구소(European Commission, Joint Research Center) 보고서에 의하면 2011년 전 세계 이산화탄소(CO_2) 배출량은 총 340억 톤 규모로 2010년 비해 3% 정도 증가하였으며, 이는 역대 최대 규모 이산화탄소 배출량으로 나타났다. 지난 12년간(2000년~2011년) 배출된 이산화탄소 총량은 산림파괴에 의한 간접적인 부분까지 합친다면 4200억 톤 규모에 달하는 것으로 추정되고 있는 상황이다. 기후변화로 인한 손실액은 매년 1,250억 달러, 사망자는 약 30만 명이 발생하는 것으로 추정되고 있으며, 이러한 기후변화에 따른 환경문제는 환경 관련 최대현안으로 국제사회에서 주목받고 있다.

기후변화로 인한 환경문제가 심화되면서 국제사회에서 녹색기술과 녹색산업이 지속가능한 경제발전의 주요 성장 동력원으로 부상하고 있으며, 주요선진국들은 최근 경기부양을 위한 녹색뉴딜정책뿐만 아니라, 미래의 성장 잠재력 확충을 위해 녹색성장정책을 적극추진 중에 있다. 이러한 외부적인 요인으로 인하여 기존 산업의 녹색화에 대한 중요성이 높아지면서 관광분야에서도 기후변화에 대응하는 탄소절감을 추구하는 녹색관광, 생태계 보전에 기여하는 관광형태인 생태 관광 등의 지속가능한 관광이 부상하고 있다.

국제사회에서 기후변화에 적절이 대응하기 위해 기후 관련 선진국-개발도상국 간격차 해소와 이를 지원할 장기재원마련의 필요성이 대두되면서 녹색기후기금(GCF) 설립이 공식화되었다. 또한 2012년 UNWTO는 친환경 관광사업 회의(Regional Conference on Green Tourism)에서 2030년을 향한 관광 전망(Tourism Towards 2030)을 통해 친환경 관광사업의 필요성을 조명하고, 관광산업의 녹색화를 촉구하기도 하였다. 국제사회에서 환경문제에 대한 공조노력은 앞으로 계속될 것이며 이에 따라 관광산업에서도 환경보전과 지속가능한 관광발전에 대한 요구도 점차 강화될 것으로 예상된다(문화체육관광부, 2013).

제2절 | 관광미시환경과 경영가치모델

관광미시환경의 요인으로는 그림과 같이 관광진흥법 제3조의 관광사업과 기타 관광 관련사업, 관광주체로서 관광객 그리고 공중(publics)이 있다.

〈그림 4-1〉 관광미시환경 요인

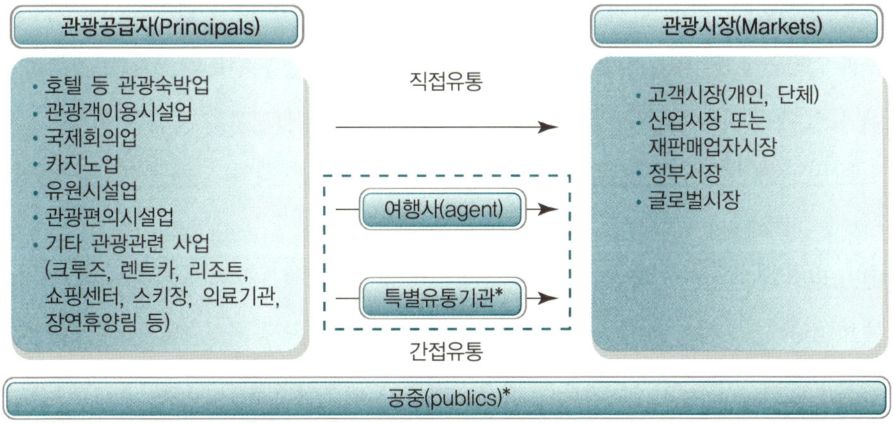

*P.R.(public realations)

1 관광주체로서 관광객

일반적으로 관광사업의 관점에서 관광시장은 ① 소비자시장, ② 비즈니스시장, ③ 재판매시장, ④ 정부시장, ⑤ 글로벌시장이 있다. 여기서 소비자시장은 개인의 소비를 위해 제품이나 서비스를 구매하는 개인이나 가구로 구성된다. 이에는 관광주체로 관광객과 관광상품 구매자가 여기에 해당된다. 비즈니스시장은 추가 가공을 위해 또는 생산과정에 사용하기 위해 제품이나 서비스를 구매하는 시장을 말한다. 이에는 관광패키지 상품을 개발하는 여행도매업자(tour wholesaler)가 있다. 재판매시장은 재판매함으로써 이익을 창출하기 위해 제품이나 서비스를 구매하는 시장을 말한다. 이에는 일반적으로 여행소매업자(tour retailer) 및 랜드사(land operator)가 있다. 정부시장은 공공서비스를 생산하거나 제품이나 서비스를 필요로 하는 기관에게 전달하기 위해 제품이나 서비스를 구매하는 중앙정부나 지방정부 그리고 공공기관으로 구성된다. 그리고 글로벌시장은 여러 나라의 소비자로 구성되며, 이는 국내 이외의 국제소비자시장, 국제비즈니스시장, 국제재판매시장, 외국정부시장이 있다. 즉 관광시장 관점에서 보면, 외국인 관광객, 외국 여행도매업자, 외국 여행소매업자, 외국항공사, 외국 정부 등이 있다.

인구통계학(demography)은 인구규모, 밀도, 주거지역, 연령, 성비, 인종, 직업 등 기타 통계자료 측면의 인구 연구이다(Kotler & Armstrong, 2008). 소비자 환경변화는 시장을 구성하는 사람을 포함하기 때문에 정부나 기업의 주요 관심사이다. 세계인구는 기하급수적으로 증가하고 있다. 지금 세계 인구는 UN의 인구통계에 의하면, 71억 명을 넘어섰고, 2030년까지 81억 명이 될 것으로 예측되고 있다(World POPClock, U.S. Census Bureau, 2006). 전 세계의 인구증가는 관광 수요의 크기가 커짐과 동시에 시장 역시 확대됨을 의미하기 때문에 기회이자 동시에 새로운 도전인 것이다.

한편 세계적인 인구통계 환경의 변화는 정부의 관광정책이나 관광사업 관점에서 시사하는 바가 매우 크다.

베이비붐 세대(baby boommer) 이 세대는 일반적으로 제2차 세계대전 이후 1946년에서 1964년에 태어난 세대를 일컫는 말로서 이들은 인구통계적 환경을 형성하는 가장 핵심적인 요인이 되었다. 선진국의 경우 대체로 구매력이 있는 집단으로 은퇴 후 삶의 질을 추구하는 새로운 소비층이기도 하다. 즉 다시 말해 최근에 세계적으로 불고 있는 새로운 추세인 Silver 관광의 핵심 주체라 할 수 있다. 한편 우리나라의 경우 베이비붐 세대를 1955년에서 1964년 사이에 태어난 약 900만 명을 일컫고 있다. 또한 이들의 사회적 위치는 어떠할까? 이들은 대체로 공무원을 제외한 일반 기업을 기준으로 보면 임원급이 되겠으나 급격한 은퇴를 맞이하고 있는 세대이기도 하다. 따라서 이들은 개인적인 소비의 위축과 자녀교육 마무리 및 자녀결혼 등 다양한 문제에 직면한 세대라 할 수 있다.

X 세대(generation X) 이 세대는 전체적으로 베이비붐 세대의 2/3 정도의 크기를 가진 1965년에서 1976년 사이에 태어난 세대로서 베이비붐 세대의 그늘에서 자랐고, 확실한 특징이 없기 때문에 Douglas Copeland는 X 세대라 불렀다. 이 세대는 베이비붐 세대와 Y세대 중간에 끼인 세대라도 표현한다(Kotler & Armstrong, 2008). 이들 세대는 서로 공유하는 경험으로 정의된다. 증가하는 부모의 이혼율과 엄마들의 높은 취업률로 이들은 가장 먼저 현관열쇠를 이용하는 세대가 되었다. 경제침체와 회사의 구조조정 시기에 자랐기 때문에 매우 어두운 경제 전망을 하게 되었다. 따라서 이들은 환경에

대한 관심을 갖고 사회적으로 책임의식을 갖는 회사를 긍정적으로 평가한다. 이들은 성공을 지향하지만 그다지 물질주의적이지 않으며, 획득보다는 경험을 중시하는 더 좋은 삶의 질을 원하는 낭만주의자들이다. 이들은 개인적인 행복의 희생이나 승진을 통한 성장보다는 업무만족에 더 많은 관심을 가지고 있다(Greenberg, 2006). 그러나 이들 X세대는 회의로 가득 차 있다는 점이 시장의 특성이다.

우리나라의 경우 X세대는 1990년대 중반 화장품 광고에 쓰이면서부터 이 용어가 통용되기 시작했으며, Copeland가 말한 X 세대의 기존 개념과 달리 일본의 「신인류」와 비슷한 개념으로 「신세대」라는 말과 혼용되고 있다. 또한 이들은 부모세대가 이해하기 어려운 사고와 행동양식을 갖고 있어 기성세대와는 확연히 구별되는 세대다. 이들은 탈권위주의적이며 자유분방하고 개성이 뚜렷한 세대다. 또 이들은 유능하고 사고가 보다 합리주의적이며 매사에 자신만만한 젊은이들이다.

Y 세대(generation Y) 이 세대는 일명 에코 세대(echo boomer)라고 하기도 하며, N세대(net-generation)라고도 한다. 이들은 1977년에서 1994년 사이에 태어난 세대이다. 2차 대전 후 베이비붐 세대가 낳은 2세들을 일컫는 말로, 컴퓨터를 자유자재로 다루는 10세 전후의 어린이를 말한다. 따라서 이들은 디지털 기술과 함께 성장해서 디지털 기기를 능숙하게 다룰 줄 아는 디지털 문명 세대를 말한다. Y세대는 다른 나라 문화나 다른 인종에 대한 거부감도 적다. 특히 이들은 말을 배우기도 전에 TV에서 흘러나오는 음악을 듣고 모방심리, 호기심, 패션에 관한 관심도 매우 크다.

이들은 집, 학교, 공장, 사무실 등 N 세대 주위의 모든 공간에는 컴퓨터가 설치되어 있어, 이들은 디지털 시대의 새로운 미디어인 인터넷을 활용해 일방향이 아닌 쌍방향의 의사소통을 하며, 또한 TV보다 컴퓨터를 좋아하고 전화보다 E메일에 더 익숙한 세대이다. 또한 단순한 관람자나 청취자가 되기보다는 이용자가 되길 원하고 정보를 찾아가고 개성을 주장할 줄 아는 강한 독립심과 자율성, 능동성, 감정 개방, 자유로운 표현과 뚜렷한 관점을 가지고 자기개발과 혁신을 추구한다. 즉 Y 세대(N 세대)가 중심이 되는 미래 사회는 국경도 없는 자유로운 네트워크 사회가 될 것으로 보고 있다.

이들은 베이비붐 세대와 유사한 크기의 시장을 가지고 있는 것이 특징이다. 이들 세대는 끊임없이 새롭게 진화하는 인터넷과 스마트폰 등에 둘러싸여 살고 있으며, 이는 즉각 주문과 소유가 가능한 세상에 살고 있다. 엘킨(Elkin, 2003) 등은 "어떤 추세도 Y 세대가 만들어낸 것보다 더 뚜렷하지 못할 것이다"라고 말했다.

이들 시장은 매력적인 표적시장이며, 메시지와 정보가 넘쳐나는 이들에게 도달하기 위해서는 매우 장의적인 마케팅 접근방법이 필요하다.

그리고 기타 세대로 ① C 세대(C-generation)이다. 이들은 컴퓨터의 보급으로 사이버(cyber)에 익숙해진 신세대를 가리키는 말이다. ② G 세대(G-generation)이다. 이들은 환경을 뜻하는 'Green'과 세계화를 뜻하는 'Global'의 영어 머릿글자에서 따온 것으로 건강하고 적극적이며 세계화한 미래지향적인 젊은 세대를 나타낸다. 이들은 최신유행 패션숍이나 유흥가를 주도한 기존의 X 세대와는 달리 G 세대는 환경운동, 반핵평화포럼 등과 같은 활동에 관심이 매우 크다. ③ E 세대(E-generation)이다. 이들은 엔터프라이저(enterpriser)의 머릿글자에서 따온 것으로 스스로 비즈니스를 하고 싶어하는 사람들을 지칭한다.

그리고 소비자 환경 변화관점에서 보면, 21세기 관광현상의 새로운 시장으로 실버계층의 등장이다. 이러한 시니어 계층의 주된 관심분야로 여가활동의 경우 음악/영화/게임, 여행/취미, 오락, 고령자 음식점, 애완동물 관련 서비스 등이 있다. 생활 관련 관심 분야로는 금융서비스, 인터넷, 실버타운, 식사택배서비스, 장의서비스 등이 있다. 앞서 논의된 바와 같이 실버관광의 경영가치모델 개발과 창조경제를 위해서는 관광정책적 차원에서 관광주체인 실버 계층의 욕구 파악 및 그 욕구에 맞는 서비스 제공이 무엇보다 필요하다고 할 수 있다. 이들 시장은 ① 가족형(family), ② 활동적인 은퇴자(active resters), ③ 노인 그룹(older set)이 있다. 가족형 시장은 매년 같은 장소를 여행하고 싶어하는 은퇴자들을 일컫는다. 활동적인 은퇴자 시장은 여행을 계기로 일상생활에서 벗어나고 싶어하고 여행을 통해 새로운 것을 배우고자 한다. 즉 이들은 새로운 장소에 방문하고 새로운 것을 경험하는 것을 선호한다. 노인 그룹 시장은 일상생활에서 벗어나고자 하며 새로운 사람들과 만나고 상호교류를 원하는 활동적인 사람들이다(Shoemaker, 2000). 또한 이들의 라이프스타일 관점에서의 관광동기는 ① 회상 및 향수(nostalgics), ② 친밀(friendliness), ③ 학습자(learners), ④ 회피 또는 일탈(escapists) 동기가 있다(Cleaver, Muller, Ruys, and Wei, 1999).

1) 한류 및 신한류의 개념

먼저 한류와 관련된 개념들을 살펴보면, 첫째, 한류(韓流·한리우)는 중국, 동남아지역에서 유행하는 대중문화 열풍을 가리키는 말이다. 99년 중반 중국 언론매체에서 처음 쓰기 시작한 신조어로, 다른 문화가 매섭게 파고든다는 뜻의 '寒流'의 同音異意어인 '韓流'가 통용되기 시작하면서 본격적으로 자리매김했다. 중국, 홍콩, 대만, 일본, 베트남 등지에서 젊은 청소년들을 중심으로 한국의 음악, 드라마, 패션, 게임, 음식, 헤어스타일 등 대중문화와 한국 인기연예인을 동경하고 추종하며 배우려고 하는 문화현상을 일컫는다. 둘째, 신한류(新韓流·신한리우)로 이는 외국현지에서 불고 있는 한류열풍을 적극 활용, 보다 차원 높게 재가공하여 관광, 쇼핑, 패션 등 연관 산업 분야에서 실질적 성과를 창출하는 새로운 풍조를 말한다. 즉 한국 가수의 공연을 관람하거나 패션, 쇼핑, 드라마 촬영지 관광 등을 위해 한국을 찾게 하는 프로모션을 뜻한다. 이는 한류열풍을 이용하여 범국가적으로 이익을 도모하자는 의지가 포함되어 있다. 셋째, 합한족(哈韓族·하한쭈)으로 이는 한류열풍에 의해 파생된 한국문화를 동경하는 '한국팬 집단'을 말한다. 한국의 음악을 따라 부르고 춤을 즐기며 한국 풍을 따라하는 것을 최고의 가치로 여기는 특징을 갖고 있다. 넷째, 한미(韓迷·한미)로 중국어 '迷'는 매니아를 의미한다. 즉 관심을 갖는 분야에 대해 깊이 빠져있는 사람들을 의미하는데, '韓迷'는 한국의 문화에 깊이 빠져있는 팬을 의미한다(KTO, 2003).

2) 한류의 변천과 전망

한류의 변천은 KTO 자료에 의하면, 크게 태동기, 발전기 그리고 확장기의 세 단계로 구분할 수 있다. 먼저 태동기는 1980년대 대중가요를 시작으로 1997년의 드라마로 이어진다. 둘째, 발전기(1998~2000년)로서 이 시기에는 '98년 드라마 [별은 내 가슴에], [해바라기], [안녕 내 사랑] 연속 방영, 히트로 드라마 속 한국 연예인에 대한 인기가 급상승하고, 드라마 주제곡이 큰 인기를 얻어 한국가요의 중국 진출 계기가 마련되었다. 특히 댄스 그룹 '클론'의 진출로 젊은 층 사이에 한국 대중문화에 대한 시각이 완전하게 바뀌게 되었다. 또한 베트남은 '98년 드라마 [보고 또 보고], [애드버킷] 등을 시작으로 [의가형제], [별은 내 가슴에] 등이 인기몰이를 하면서 한류열풍을 주도한 시기였다. 셋째, 확장기(2000~현재)로 이 시기에 2000년 2월 북경에서 HOT 콘서트를 계기로 중국지역에서의 한류열풍이 심화되었다. HOT 공연을 계기로 안재욱, NRG, SES, 베이비 복스, 신화 등이 지속적으로 중국시장에 진출하였다. [가을동화], [겨울연가], [별에서 온 그대] 등 한국드라마의 본격적인 진출과 더불어 심화된 한류열풍은 싱가포르, 말레이시아, 태국, 몽골, 러시아 등지로 확산되면서 드라마가 한류열풍을 주도하고 있다.

이와 더불어 가요, 영화, 게임, 패션, 한국음식, 한국 상품, 관광 상품 등 전체적인 한국관련 문화 및 상품에 대한 긍정적 영향을 미쳐 한국의 대외 이미지를 제고하고 해외 진출을 강화하는 계기가 되었다. 그리고 2002년 월드컵 축구대회 성공적 개최와 붉은 악마의 새로운 이미지를 통해 한류의 확산에 기여하였다. 이를 중심으로 국가별 한류 강도를 살펴보면, 〈그림 4-2〉와 같다.

〈그림 4-2〉 주요 국가별 한류열풍 강도 스파이더 맵

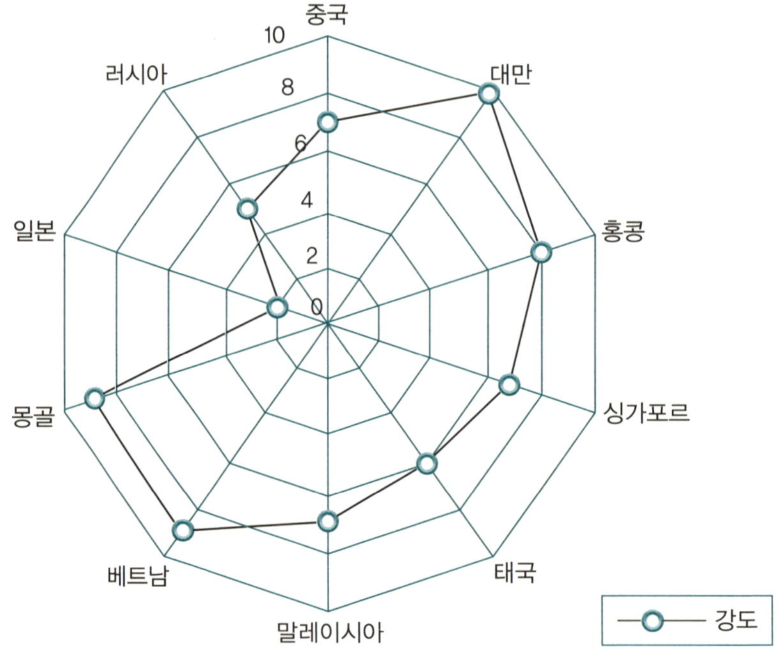

3) 한류마케팅 전략

한국관광공사(KTO)에서 2002년 상반기 중 실시한 중국인의 한국관광에 대한 Focus Group Interview의 결과를 정리해 보면, 다음과 같다.

〈표 4-1〉 중국인의 한국관광에 대한 F.G.I.의 결과

관심주제	문제점	개선방안
일정	• 일정이 촉박함 • 4박 5일 관광이 실제로 2박 3일로 이루어짐 • 관광지 간 이동시간이 많이 소비됨 • 주요 관광지에서의 시간 안배 불충분함	• 효과적인 일정 안배 중요
관광지	• 대부분 관광지에 대해 깊은 인상을 받지 못함 • 롯데월드, 월드컵경기장 등은 독특함	• 단순한 유람식 관광지양, 중국과 차별화된 참여형 관광지 개발 필요
쇼핑	• 쇼핑시간이 많아 가이드에 대한 신뢰가 떨어짐 • 자수정공장, 인삼에 중복되고, 특색이 없음 • 한국산 전자제품, 의류, 특산품 등을 쇼핑할 수 있는 시간 안배 요망	• 백화점, 의류점 등 쇼핑지의 다양화 필요 • 국영 쇼핑센터로 소개되는 경우도 있어 이의 수정이 필요
음식	• 신발을 벗고 식사하는 것이 불편함 • 차가운 음식 제공 자제 요망 • 음식의 양 부족	• 다양한 식단 개발이 요망 • 온돌방에서의 책상다리 지양
호텔	• 객실 내 보온병과 더운 물 제공 요망 • 종업원의 중국인에 대한 성실도 부족 • 객실 내 중국방송 시청 가능 위성방송 설치 요망	• 중국인에 대한 편견 자제 요망
가이드	• 가이드 연락처 제공 요망 • 관광지 설명이 세부적이지 않음	• 중국과 연관된 가이드의 지식 요구됨
사진사	• 사진가격이 비쌈	• 필요 없는 사진사의 동승 자제

자료 : KTO(2002), 「중국관광객 유치 전략」의 내용을 정리함.

또한 동 기관에서 중국 상해 국제여유박람회 참가자를 대상으로 한 한국관광에 대한 설문조사(조사기간 : 2002. 11., 표본 크기 : 571명)한 결과를 요약하면, 이들 응답자의 31.0%가 여행업종사자로 나타났으며, 연령은 20~30대가 65.3%로 나타났다. 첫째, 조사대상자들의 80.8%가 한국을 방문한 경험이 없는 것으로 나타나고 있다. 둘째, 방문 기간은 50.4%가 5~7일이 가장 적당하다고 응답하였으며, 8~10일에 대한 선호도 역시 31.5%로서 상당히 높은 비중을 차지하는 것으로 나타났다. 셋째, 한국에 대한 느

낌은 77.8%가 좋다는 것으로 나타났다. 넷째, 여행비용은 6000元 이상의 고가 상품이 선호되는 것으로 나타났다. 다섯째, 2002 월드컵 이후의 한국에 대한 느낌 또한 74.0%가 좋아졌다고 응답하였다. 여섯째, 해외여행 목적지 선정이 주된 정보원천에 대해서는 TV 등 매체(37.0%)와 여행가이드북(27.6%)으로 나타났다. 일곱째, 한국의 유명 관광지로는 제주도(57.95), 서울(56.15) 순으로 나타났다. 여덟째, 한국의 대중문화 접촉 경험은 드라마(47.9%)와 한국음식(47.9%)이 같이 높게 나타났으며, 대중가요는 13.5%로서 상대적으로 낮게 나타났다.

2 관광공급자로서 프린시펄(principal)

관광공급업자로서 위탁자인 프린시펄(principal)은 관광상품의 특성 중의 하나인 복합성의 특성과 같이 관광상품을 구성하는 공급업자(supplier)를 말한다. 이러한 관광사업으로는 영리관광사업과 비영리관광사업, 제3섹터 관광사업이 있다. 특히 영리관광사업에는 관광기업에는 관광진흥법 제3조를 중심으로 분류해 보면, 여행사, 관광호텔, 휴양콘도, 휴양업, 관광유람선회사, 컨벤션기획사, 컨벤션시설업, 카지노, 유원시설업, 관광편의시설업으로서 관광사진업, 관광유흥음식점, 관광식당, 관광펜션 등이 있다. 또한 기타 관광관련사업으로 외식업, 항공사, 크루즈, 카지노, 병원, 렌트카, 리조트, 쇼핑센터, 스키장, 자연휴양림 등이 있다. 그리고 정부나 공공기관 중심의 비영리관광사업과 영리관광사업과 비영리관광사업의 결합형태인 제3섹터 관광사업 등이 있다.

3 마케팅중간상으로서 여행사

일반적으로 여행사는 대리이론(agency theory)에 의하면, 관광 관련 서비스상품 위탁자(principal)로부터 관광서비스 상품을 위탁받아 이를 대신 판매하는 수탁자(agent)를 여행사라 한다. 이러한 개념은 마케팅중간상(marketing intermediary)으로 다양한 관광서비스 상품을 유통시키는 업무에 초점을 두고 있다. 한편 우리나라 관광진흥법 제3조에 의하면, 여행업이란 "여행자 또는 운송시설·숙박시설, 그 밖에 여행에 딸리는 시설의 경영자 등을 위하여 그 시설 이용알선이나 계약체결의 대리, 여행에 관한 안내, 그 밖의 여행 편의를 제공하는 업"이라 정의하고 있다. 이들 개념들은 기본적으로 마케팅중간상 관점에서 정의된다. 그러나 오늘날 여행사는 마케팅중간상의 기능만이 아니라 패키지 관광상품의 생산의 기능이 더욱 확대되고 있다. 특히 우리나라의 경우 항공사의 항공권 판매 수수료(commission)가 2010년에 없어졌다는 점에서 관광상품의 개발 기능이 더욱 중요해졌다. 또한 여행사에서 개발하는 관광상품은 그 특성상 복합성을 가지고 있기 때문에 더욱 더 공급업자로서 프린시펄과 호텔 등과의 긴밀한 연계가 중요하다. 즉 관광상품은 특정 한 요인에 의해 구성되는 것이 아니고 교통, 숙박, 여행지, 식사, 안내, 인적서비스 등이 결합되어 만들어지기 때문이다. 따라서 관광상품은 기본적으로 복잡성을 띠게 되고, 이질성을 내포하게 된다.

4 경쟁기업

기업이나 사업단위(S.U.B. : strategic business unit)는 변화무상하고 치열한 경쟁환경에서 경쟁자보다 더 좋은 고객가치와 고객만족을 제공하기 위한 노력이 필요하다. 여기서 경쟁은 자사의 경쟁력을 높이는 순기능적인 역할과 시장점유율을 갉아먹는 역기능적인 역할을 하기도 한다. 이러한 자유시장경제 원리에 입각한 경쟁상황에서 관광기업은 관광주체로 관광객의 마음속에 자사 관광상품이나 서비스가 경쟁사보다 더 뛰어나다는 것을 인식시킴으로써 전략적 경쟁우위를 확보해야 한다. 대규모 체인호텔이나 여행사의 경우 규모의 경제(economy of scale) 면에서 전략적 경쟁우위를 확보하는 것이 바람직하다. 중소규모 호텔이나 여행사의 경우 오히려 서비스 품질경쟁 등 비가격경쟁을 통해 전략적 경쟁우위를 확보하는 것이 바람직하다. 특히 관광서비스는 휴먼웨어적인 소프트 터치 특성이 강하기 때문이다.

한편 관광상품은 비즈니스모델로 서비스의 특허 취득이 어려우면서 또한 경쟁사가 베끼기가 쉬운 특성을 가지고 있기 때문에 모방상품이 일반화되어 있다. 즉 관광시장은 새로운 경쟁기업의 시장진입이 매우 쉬운 특성이 있다. 이를 극복하기 위해서는 오히려 공격적인 경쟁기업 간의 전략적 제휴(strategic alliance)를 통해 상생의 공동마케팅(co-marketing)을 실천하는 것도 좋은 방법 중의 하나라 할 수 있다.

5 공중

일반적으로 관광기업이나 특정 조직과 관련된 이해관계자집단(stakeholders)은 매우 다양하다고 할 수 있으며, 이를 공중(publics)이라 한다. 이러한 공중은 관광기업에 실제적/잠재적으로 많은 영향을 미친다. 여기서는 대표적인 이해관계자집단의 유형을 살펴보고자 한다.

미디어공중(media publics) 대중의 정보원천이자 커뮤니케이션의 의견선도자(opinion leader)인 TV방송국, 라디오방송국, 신문사, 잡지사, 인터넷포털 등을 말한다. 현대사회에서 매스 커뮤니케이션에서의 의견선도력은 실로 엄청나다고 할 수 있다.

시민공중(citizen-action publics) 소비자단체, 환경단체 등 NGO(non government organization)을 말한다. 이 시민공중 역시 미디어공중과 함께 의견선도력(opinion leadership)이 큰 공중이라 할 수 있다.

지역공중(local publics) 이웃 거주자와의 커뮤니티조직을 말한다. 오늘날의 SNS커뮤니티도 지역문제라든지 정치문제 등에서의 의견을 선도한다는 측면에서 지역공중에 포함될 수 있다.

내부공중(internal publics) 특정 기업이나 조직의 내부 구성원을 말한다. 오늘날 기업이나 조직은 내부공중에게 기업이나 조직과 관련된 정보를 제공하고, 또 동기부여하기 위하여 뉴스레터, 사보 등을 이용한다. 특히 관광종사원을 포함한 내부 구성원의 우호적 내지 비우호적 태도는 외부고객(external market)에 많은 영향을 미친다. 이는 광고효과보다 영향력과 신뢰성이 큰 구전(WOM : word of mouth) 효과가 있기 때문이다.

정부공중(government publics) 관광기업의 경영활동에 영향을 미치는 정부(지방정부 포함)나 공공기관을 말한다. 특히 문화체육관광부의 관광정책과 지방정부의 관광시책 등은 관광기업 경영의 촉진요인도 될 수 있으며, 반대로 억제요인도 될 수 있다. 특히 창조경제적 관점에서 관광산업의 발전을 위해서는 정부공중의 적극적이고 창조적인 관광규제완화가 중요하다.

이들 공중과의 관계를 PR(public relations)이라고 하며, 관광기업은 기업 이미지와 대 사회관계를 강화하기 위해서는 더욱 더 PR에 힘써야 한다. 왜냐하면 기업에 대한 좋은 성가(goodwill)는 기업경영 성과와 브랜드가치에 큰 영향을 미치기 때문이다. 또한 이들 공중은 장기적으로는 잠재적인 시장일 뿐만 아니라 시장트렌드를 변화시킬 수 있는 주체이기도 하다. 이때 관계(relationship)란 교환(exchange)의 상대적인 개념으로, 교환 발생에 직·간접으로 영향을 미치는 기관, 사물, 현상, 행동들이 서로 연계 혹은 연관되어 있는 상태를 말한다. 관광마케팅에서의 교환의 발생은 궁극적으로 기업의 매출액 증대와 수익의 증대를 이루게 된다. 이러한 과정이 지속적이며, 장기적인 신뢰 관계를 전제로 하는 교환을 관계적 교환(relational exchange) 내지 관계마케팅(relationship marketing)이라 한다. 따라서 관광사업의 관계마케팅이란 기업의 마케팅 시스템 내의 각종 기관들과 좋은 관계로 결부시킬 수 있는 수단을 찾아 활용함으로써 궁극적으로 관광사업의 마케팅목적을 달성하고자 하는 마케팅활동이라고 정의할 수 있다. 특히 관광사업은 연계를 통해 마케팅 시스템 전체의 유기적 협조체제를 구축하고 이를 통해 마케팅성과의 장기적 안정성을 추구해야 한다. 관광사업의 관계마케팅은 크게 ① 마케팅하부구조의 강화 측면, ② 고객관리 강화 측면에서 필요하다.

제3절 | 관광거시환경과 경영가치모델

관광사업(관광매체)을 둘러싼 거시환경은 매우 동태적이며, 부단히 변화한다. 특히 관광기업이 오픈시스템으로 이러한 환경 속에서 생존과 발전을 하기 위해서는 이러한 환경변화를 항상 주시해야 하며, 나아가 창조적으로 적응(creative adaptation)해야 한다. 관광사업이나 호텔의 발전단계에서 알 수 있듯이 Inn 시대를 거쳐 Grand 호텔 시대로 다시 Commercial 호텔시대로 그리고 Chain 호텔시대로 진화한 것은 이러한 환경변화의 결과인 것이다. 다시 말해 경제적 환경, 정치적 및 법적 환경, 사회문화적 환경, 자연환경 등의 변화에 창조적으로 적응한 결과라 할 수 있다. 반대로 이러한 환경변화에 잘 적응하지 못한 기업은 결국 소멸할 수밖에 없다. 따라서 관광매체인 관광사업의 생존에 영향을 미치는 거시환경을 도식화해 보면, 〈그림 4-3〉과 같다.

〈그림 4-3〉 관광 거시환경

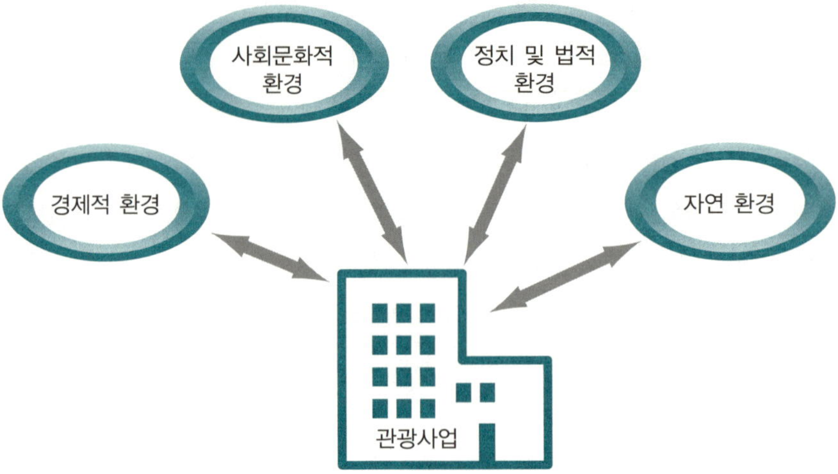

1 경제적 환경

관광현상에서의 경제적 환경은 매우 중요한 영향변수이다. 이러한 경제적 환경은 관광시장의 구매력을 결정할 뿐만 아니라 소비심리를 결정하는 중요한 변수이기 때문이다. 또한 특정 국가의 환율정책 역시 관광객 관점에서 보면 중요한 변수인 것이다. 특히 자국 화폐의 평가절상은 해외여행(outbound)의 촉진요인이 되며, 반대로 자국 화폐의 평가절하는 인바운드(inbound) 관광객 유입의 촉진요인이 된다. 최근의 글로벌 금융위기는 세계경제 전반에 많은 변화를 초래하였다. 금융위기 이후 선진국 경제는 둔화 추세가 지속되어 선장 주도권을 상실한 반면, 신흥국의 경제는 위기로부터 빠른 회복세를 보이며 세계경제를 회복하는 견인 구도로 변화하였다. 세계경제전망에 따르면 BRICs(브라질, 러시아, 인도, 중국 등)를 중심으로, MAVINS(멕시코, 호주, 베트남, 인도네시아, 나이지리아, 남아프리카공화국) 등의 신흥국가들이 성장세를 보일 것으로 예측되고 있다. 이에 따라 잠재력을 지닌 신흥국 경제가 세계 경제의 버팀목이 되어 줄 것이라는 기대가 높아지고 있으며, 특히 G2로 부상한 중국의 영향력이 증대되고 있다는 점에서 중국경제의 흐름을 항상 주시해야 할 것이다.

국제사회에서 신흥경제권을 비롯한 중국의 부상은 아시아에 대한 관심 고조로 이어지고 있으며, 아시아 지역에 대한 관광수요를 늘리는 데에도 한 몫을 하였다. 2012년 상반기에는 아시아와 태평양 지역의 국제관광객수는 전년대비 8% 포인트 증가하여 지속적인 강세를 보였고, 남아시아와 동아시아는 각 9% 포인트 증가하여 가장 높은 성적을 기록하였다.

세계여행관광협회(World Travel & Tourism Council, WTTC)가 2012년 실시한 경제조사에 따르면, 직·간접적 효과를 모두 고려했을 때 여행 및 관광업계의 전체 경제기여도는 GDP 중 6.6조 달러(전년 대비 5조 달러 증가), 투자는 7,650억 달러, 수출은 1.2조 달러(2011년 기준)에 달하는 것으로 나타났다. 즉 여행 및 관광업계는 전체 GDP의 9%, 총 투자의 5% 그리고 세계 수출의 5% 비중을 차지하였다. G20 회원국 중에서는 한국, 중국, 남아프리카공화국 및 인도네시아가 가장 높은 성장률을 기록하였다. 유럽 및 미국의 여행 및 관광산업의 성장률은 1~2% 포인트 미만에 그친 반면, 한국은 10% 포인트, 중국 및 남아프리카 공화국은 7% 포인트, 인도네시아는 6% 포인트 성장함으로써 이들 국가가 세계 관광산업을 견인하였다.

2012년 세계 경제에서 관광산업은 다른 산업에 비해 높은 성장률을 기록하였다. 관광산업은 총 GDP를 3% 포인트 향상시켰고, 일자리 수는 전년보다 500만 개가 증가한 2억 6천만 개를 창출하였다. 그 결과 사상 처음으로 전 세계 모든 일자리 11개 중 1개는 관광산업이 차지하게 되었다. 2012년 신규 일자리 중 10% 포인트 이상이 관광산업에서 발생한 것으로 나타났다.

WTTC는 2013년 여행 및 관광산업의 GDP 기여도가 3.2% 포인트 증가할 것으로 예측하고 있으며, 이는 세계경제 예상 성장률 2.4% 포인트보다 높은 수치이다. 2013년 관광산업은 약 2억 6,600만 개의 일자리를 창출하여 기타산업보다 현저히 높은 실적을 올릴 것으로 전망되었다.

세계시장에서 여행 및 관광산업은 세계경제 둔화추세에도 불구하고 지속적인 성장을 보였으며, 2012년에는 국제 관광객 수가 사상 처음으로 10억 명을 돌파하였다. 국제사회에서는 관광산업을 국가의 경제 발전과 선장전략에서 중요한 동력으로 작용하다고 인지하고 있으며, 관광산업은 향후 10년간 세계성장과 일자리 창출을 주도하는 산업으로 성장할 것으로 예상된다.

2 사회문화적 환경

사회 속에서 사람들은 다양한 믿음과 가치를 가지는데, 핵심적인 믿음과 가치(core beliefs & values)는 지속성을 가진다. 반면 2차적인 믿음과 가치(secondary beliefs & values)는 쉽게 변화는 특성이 있다. 예를 들어 결혼에 대한 믿음은 핵심 믿음이고, 늦게 결혼해야 한다는 믿음은 2차적인 것이다. 따라서 관광기업은 2차적 믿음과 가치의 변화를 주시하는 것이 매우 중요하며, 이러한 변화를 예측함으로써 시장상황에 창조적으로 적응할 수 있다.

저성장시대로 접어들면서, 불안한 경제상황, 소득불안정, 일자리 부족 등의 사회문제들이 대두되고 있다. 일과 사회에 대한 불만이 계속되는 가운데 개인의 행복에 대한 욕구도 함께 커지면서 여가, 삶의 질 향상에 대한 관심은 고조되고 있다. 급변하는 현대사회 속에서 현대인들은 심리적 피로감 치유를 위한 힐링(healing)에 대한 관심이 증대되고 있으며, 휴식과 심신의 안정, 웰빙과 관련된 감성적인 소비행태를 선호하고 있다. 따라서 차별화된 소비 추구, 럭셔리소비의 진화, 체험형 레저의 확산, 육체와 정신건강 조화 등이 주목받고 있으며, 경험 및 감성을 중시하는 맞춤형 소비문화로 소비트렌드가 변화하고 있다.

소비트렌드의 변화와 함께 관광활동에 대한 트렌드도 감성형, 맞춤형 형태로 변화하여, 개별여행이 꾸준히 증가하고 있으며, 차별화된 새롭고 알려지지 않은 목적지 추구, 고소득자들의 호화관광 등의 현상을 비롯하여, 자연친화적, 건강지향의식이 관광과 접목된 웰빙 '투어리즘' 도 부상하고 있다(문화체육관광부, 2013).

양켈로비치(Yankelovich Monitor)의 소비자 조사(Yankelovich, 2006)에 의하면, 개인의 자아관(self-view)에 따라 구매행동이 다른 ① 스스로형 소비자(do-it-yourselfers), ② 모험가형 소비자(adventurers) 두 집단을 확인했다.

따라서 관광사업은 환경과의 상호 교호작용을 통해 이에 적응함으로써 그 자체의 존속과 성장을 도모한다. 따라서 환경조건이 어떠냐에 따라서 관광사업의 환경적응 패턴은 달라지게 마련이다. 그런데 환경은 정태적인 것이 아니라 비교적 빨리 변해가는 역동적 특성을 가지고 있다. 따라서 기업이 적응해야 할 환경조건은 시간이 경과함에 따라 달라지게 마련인데 이것이 곧 환경변화인 것이다.

관광사업은 주위환경의 변화에 끊임없이 자신을 적응시켜 나가야 살아남을 수 있다. 21세기 관광사업의 모습은 결국 지금부터 21세기까지에 나타나는 여러 환경변화에 기업이 어떻게 적응하느냐에 따라 달라진다. 특히 기업경영과 관련하여 문제가 될 수 있는 환경변화의 내용으로는 크게 다음과 같은 세 가지를 들 수 있다.

첫째, 국제화 내지 세계화라는 변화동향이다. 오늘날 경제쇄국주의적인 입장에서 폐쇄적인 경제운영이나 기업활동의 전개는 어려우며, 상호 관련경제라는 말처럼 세계 각국은 서로 관련을 가지고 있다. 이러한 환경변화는 바로 외적 국제화에서 내적 국제화가 진전되는 과정에서의 영향이라 할 수 있다. 이러한 제조기업의 세계화는 기업활동의 세계화와 아울러 관광사업의 국제화를 동반하는 결과를 낳고 있다.

둘째, 기술환경의 급격한 변화동향이다. 종래 경영기술수준이 낮은 우리의 경우 외국에서의 기술의 도입에 주로 의존하였을 뿐만 아니라 이러한 혁신성과를 신속하게 소화하고 그것을 개량하여 현장에서 자국화하는데 중점을 두었다. 그러나 이는 혁신소비형 경영체제이며 스스로 혁신을 만들어내는 경영체제는 아니다. 그러므로 앞으로는 기술장벽을 넘어서기 위한 혁신창조형 경영체제로의 전환이 필요한 것이다.

셋째, 풍요사회의 고객욕구의 변화이다. 이러한 사회적 풍요는 관광객의 욕구변화를 초래시키고 있으며, 그 대표적인 변화로 보는 관광에서 참여하는 관광으로 관광욕구가 변하고 있다. 따라서 21세기 관광상품의 콘셉트 역시 변화되어야 함을 시사하고 있다.

넷째, 그린시대의 도래이다. 최근 영국의 주요 투어 오퍼레이터들은 카리브해 연안의 비교적 환경문제에 관심을 가지고 있는 몇몇 호텔들을 지정하여 'Green List'를 작성한 것이 좋은 예이다.

결국 이러한 기업환경의 변화는 기업에 성장·발전을 위한 기회를 줄 뿐만 아니라 반면에 기업의 생존을 위태롭게 하는 위협을 주는 요인도 되는 것이다. 따라서 관광사업은 이러한 환경변화의 과학적인 분석과 사전 대비가 요구된다.

3 정치 및 법적 환경

정치, 법률, 그리고 제도적 환경의 변화 역시 관광현상에 큰 영향을 미치는 변수이다. 역사가들은 앞으로도 오랫동안 1989~1991년의 기간 중 왜 그렇게 많은 민주화 운동이 퍼져 나갔는지에 대해 논의하게 될 것이다. 이 기간 중 동부와 중부 유럽에서 발생한 정치체제의 급속한 변화를 예견하는 사람(전문가든 일반인이든)은 거의 없었다. 물론 모든 것이 보이는 것처럼 그렇게 단순한 것은 아니다. 많은 힘들이 다소 집중적으로 민주주의가 분출되도록 하는데 작용하였을 것이다. 뒤에 다시 논의가 되겠지만 사실 이렇게 확연히 눈에 띄는 정치적 변화는 삶에 영향을 미치는 통치 과정에 사람들이 직접 참여하기를 원하는 보다 더 근본적이고 저변에 깔린 욕구를 보여준 징후였다. 관광의 관점에서 보면 이러한 힘들은 '주민에 반응하는 관광' (resident responsive tourism)이라는 매우 강력한 개념을 형성해 냈다. 이제 관광지 또는 관광지역의 주민은 더 이상 관광산업이 제안하거나 강요하는 어떤 유형의 관광개발도 자동적으로 받아들이지 않게 될 것이다. 2000년대의 관광개발은 가장 직접적으로 영향을 미치게 될 지역사회의 지지를 적극적으로 모색해야 할 것이다. 이렇게 하기 위해서는 관광에 책임 있는 사람들이 모든 유형의 제안된 (현존하는 것을 포함해서) 시설 및 활동의 혜택/비용을 평가함에 있어 보다 많은 주민의 참여를 보장해야 할 것이다. 만약 지역사회에 대한 순이익이 플러스가 될 것이라는 합의에 도달하지 못한다면, 향후 관광개발은 그 진행 과정에서 필요한 지지를 얻지 못하게 될 가능성이 높다(Goeldner and Ritchie, 2009).

자유시장경제를 지향하는 가장 진보적인 추종자조차도 시스템은 약간의 규제하에서 가장 잘 돌아간다는 점에 동의한다((Kotler & Armstrong, 2008). 잘 개발된 규제는 경쟁을 촉진시키고, 제품과 서비스를 위한 공정한 시장을 보장해 준다는 측면에서 적절한 규제는 필요하다고 할 수 있다. 그러나 지나친 규제는 새로운 시장 진입을 막을 뿐만 아니라 관광사업의 경영활동에 제약요인으로 작용한다. 예를 들어 호텔 욕실비품인 어메니티(amenity)의 사용 규제는 오히려 호텔 이용고객에게 새로운 비용을 유발시켜 고객만족도를 저하시키는 부작용도 있다는 것이다.

국내관광의 경우 관광객들은 국내에 적용되고 있는 법률과 제도 등에 의해서 행동이 긍정적 혹은 부정적인 형태로 가시화되며, 이러한 것들은 결국 국내의 관광행정 기관에 의해서 관광정책으로 수립된 후 관광관련 행정기관에 의하여 복합적으로 추진되게 된다.

국내관광에 있어서 정치적인 문제는 관광객들의 광범위한 관광행동 의사결정에 영향을 미치게 된다. 그러나 국제관광에 있어서 정치문제는 관광객 행동의 이행 여부에 미묘한 영향을 미치게 됨을 알 수 있다. 예를 들면 국제정치 이데올로기가 첨예하게 대립되었던 시대를 고려해보면 이에 대한 이해가 보다 쉬울 것이다.

제2차 세계 대전 이후부터 이념 대립은 자본주의와 사회주의의 경제체제로 표방되면서 민주주의와 공산주의로 팽팽하게 맞서게 되었고 이 시기부터 약 40년간 서로 대치되는 이념이 세계 질서를 동맹과 갈등의 구조로 이루어 왔다.

지금까지 소개한 내용처럼 전 세계가 양극단의 이념에 의해서 지배되었던 시기에는 국제 관광객들의 관광 이동은 제한적으로 이루어질 수밖에 없었다. 하지만 범세계적으로 보편적인 가치가 변화하면서 양극단의 이데올로기로 이분화되었던 구조는 점차 변화되어 지역주의, 민족주의 등과 같은 또 다른 문제를 초래하게 된다.

그러나 양극단의 이념에 비해서 지역주의, 민족주의 등의 특수 이념적인 추구는 이동의 자유성을 보장해주기 때문에 국제관광 측면에서 그렇게 부정적이지는 않다.

이러한 예는 유럽연합(EU), 환태평양 경제 동반자협정(TPP), 북미자유무역협정(NAFTA), 아시아·태평양지역 경제협력체(APEC), 남미공동시장(MERCOSUR), 동남아시아국가연합(ASEAN) 등이 해당된다. 즉, 과거에는 이념 대립이 세계 질서를 형성하고 있었으나 오늘날에 와서는 경제블록화의 양상을 띠고 있다고 해도 과언이 아닐 것이다. 하지만 거시적인 측면에서 나타나는 이러한 현상을 제외하면, 미시적인 측면에서는 국가 간의 정치적인 대립양상은 아직도 세계 곳곳에서 발생하고 있다. 이와 같은 대립국가 간의 관광객의 왕래는 극히 제한적으로 이루어질 수밖에 없다.

국가 간의 정치적인 관계가 우호적일수록 관광객의 왕래는 용이할 수 있지만, 정치적으로 대립적인 관계인 경우는 관광객의 왕래가 제한적으로 일어날 수 있을 것이다. 반대로 특정 국가 간의 관광왕래가 증가하면 할수록 상호 국민 간의 교류가 증가하여 우호적인 관계로 형성될 수 있겠지만 정치적인 관계에 따라서 달라질 수 있기 때문에 관광에 의해서 정치적인 관계가 형성되기보다는 정치관계에 의해서 관광현상은 좌우되게 된다. 최근에 전 세계적으로 대두되고 있는 핵심적인 정치문제로는 ① 종교문제로 인한 국가 간의 갈등, ② 핵무기 개발과 핵무기 제조시설 보유로 인한 갈등, ③ 세계화, 국제화 등의 표방으로 인한 시장 개방 압력, ④ 영유권 시비로 인한 영토 분쟁 등이 있으며, 이와 같은 문제들로 인해 관광객들이 방문할 경우 안전이 보장되지 않는 경우도 속출하고 있으며, 때로는 이러한 문제들로 인해 국가 간의 갈등 구조는 다양한 양상을 보이게 된다.

1990년대에 들어 관광에 영향을 미치는 정치, 법률 및 제도적 환경의 변화로는 다음과 같은 점들을 들 수 있다. ① 국경통과절차의 간소화, ② 무역의 자유화 vs 신보호주의, ③ 환경에 대한 관심의 고조, ④ 관광이동의 자유화 등이 있다.

이러한 환경의 변화는 경제성장의 주요수단으로 관광이 갖는 중요성을 인식하게 하였을 뿐만 아니라 동태적인 환경의 변화에 능동적으로 적응하기 위한 정책적인 대안의 제시를 절실히 요구하게 되었다. 여기서 정부만이 아니라 사적 기업이 함께 한 긴밀한 협조를 더욱 필요로 한다.

4 자연환경과 LOHAS

앞서 논의된 바와 같이 이산화탄소의 증가에 따른 지구온난화가 가속화되면서 남북극의 빙하 면적 감소 등의 원인으로 인한 해수면 상승, 식생변화 등 다양한 기후변화는 대규모 지진, 해일 등 자연재해로 나타나 생태계, 산업·경제는 물론 생활양식 전반에 광범위한 파급효과를 미치고 있다. 유럽 위원회 합동연구소(European Commission, Joint Research Center) 보고서에 의하면 2011년 전 세계 이산화탄소(CO_2) 배출량은 총 340억 톤 규모로 2010년 비해 3% 포인트 정도 증가하였으며, 이는 역대 최대 규모 이산화탄소 배출량으로 나타났다. 지난 12년간(2000년~2011년) 배출된 이산화탄소 총량은 산림파괴에 의한 간접적인 부분까지 합친다면 4200억 톤 규모에 달하는 것으로 추정되고 있는 상황이다. 기후변화로 인한 손실액은 매년 1,250억 달러, 사망자는 약 30만 명 발생하는 것으로 추정되고 있으며, 이러한 기후변화에 따른 환경문제는 환경 관련 최대현안으로 국제사회에서 주목받고 있다.

기후변화로 인한 환경문제가 심화되면서 국제사회에서 녹색기술과 녹색산업이 지속가능한 경제발전의 주요 성장 동력원으로 부상하고 있으며, 주요선진국들은 최근 경기부양을 위한 녹색뉴딜정책뿐만 아니라, 미래의 성장 잠재력 확충을 위해 녹색성장정책을 적극추진 중에 있다. 이러한 외부적인 요인으로 인하여 기존 산업의 녹색화에 대한 중요성이 높아지면서, 관광분야에서도 기후변화에 대응하는 탄소절감을 추구하는 녹색관광, 생태계 보전에 기여하는 관광형태인 생태 관광 등의 지속가능한 관광이 부상하고 있다.

국제사회에서 기후변화에 적절이 대응하기 위해 기후 관련 선진국-개발도상국 간 격차 해소와 이를 지원할 장기재원마련의 필요성이 대두되면서 녹색기후기금(GCF)이 설립이 공식화되었다. 또한 2012년 UNWTO는 친환경관광사업회의(Regional Conference on Green Tourism)에서 2030년을 향한 관광 전망(Tourism Towards

2030)을 통해 친환경 관광사업의 필요성을 조명하고, 관광산업의 녹색화를 촉구하기도 하였다. 국제사회에서 환경문제에 대한 공조노력은 앞으로 계속될 것이며 이에 따라 관광산업에서도 환경보전과 지속가능한 관광발전에 대한 요구도 점차 강화될 것으로 예상된다(문화체육관광부, 2013).

한편 이러한 자연에 대한 새로운 사랑은 6,300만 명의 LOHAS(lifestyles of health and sustainability) 시장을 만들었다(Chung, 2005). 이러한 개념은 레이와 앤더슨(Ray and Anderson, 1998)이 미국시민 10만 명을 대상으로 12년간의 조사와 F.G.I.(focus group interview) 결과에서 만들어낸 신조어이다. 이러한 LOHAS는 Well-being 트렌드에서 발전된 라이프스타일의 하나이다. 그리고 N.M.I.(Natural Marketing Institute, 2005)의 연구보고서에 의하면, 소비자의 유형과 LOHAS족은 다음 〈표 4-2〉와 같다.

〈표 4-2〉 소비자의 유형과 LOHAS족

유형	정의	시장규모(%)
LOHAS족	자신과 가족의 건강, 지구의 지속가능성, 자기계발, 사회의 미래에 대해 걱정하는 사람	23
유목민(Nomadics)	주요 이슈에 대해 왔다 갔다 하는 사람으로 일부 LOHAS적임	38
무관심주의자(Indifferents)	하루하루 생활하기에 급급한 사람으로 LOHAS에 아예 신경을 쓰지 않음	12
자기중심주의자(Centrists)	주요 이슈에 중립적이며, 전혀 LOHAS적이지 않음	27

자료 : Understanding the LOHAS Market by Natural Marketing Institute(2005)의 내용을 일부 수정함.

이러한 시장추세는 Well-being의 문화에서 LOHAS 문화로 점차 변화하고 있다. 한편 LOHAS 시장은 Market by Natural Marketing Institute(2005)의 『The LOHAS Consumer Trends Database』에 의하면, 크게 ① 지속가능한 경제(sustainable economy) 시장, ② 건강한 삶(healthy lifestyles) 시장, ③ 대체의학(alterative healthcare) 시장, ④ 자기계발(personal development) 시장, ⑤ 생태학적 라이프스타일(ecological lifestyles) 시장이 있다(주현식, 2008에서 재인용함). 이들 중 건강한 삶(healthy lifestyle) 시장은 300억$ 시장으로 유기농, 영양을 고려한 제

품, 자연적 퍼스널 케어 제품, 다이어트 제품 등이 있으며, 관광시장으로 확대하면, 의료관광, 에스테틱 관광, 스파 관광 등이 있다.

〈그림 4-4〉 LOHAS 관광 사례

자료 : 터키 파묵칼레 온천(http://blog.naver.com.)

제4절 | 2020년 UNWTO 관광전망과 경영가치모델

UNWTO는 이스탄불에서 개최된 정기총회에서 다음과 같은 내용의 "2020년 관광전망"을 발표하였다.

■ **2020년의 일반적인 관광전망**

21세기에는 휴대폰이나 Gucci의 구두, Rolex의 시계가 아닌 '관광지'를 방문한 것이 가장 귀중한 "패션 액세서리"가 될 것이고, 디자이너 브랜드의 의류가 아닌 우주복을 입게 될 것이다. 휴가 때에는 집에서 멀리 떨어진 남들이 가보지 못한 오지나 우주를 탐험하게 될 것이라고 한다. 그 결과 여행기간이 늘어나서, 1995년 전체 여행 중 18%였던 장기여행은 2020년에는 24%로 증가하게 될 것이라고 UNWTO는 예측하고 있다.

앞으로 다가올 우주여행시대를 위해 NASA(미항공우주국)는 정원 20~30명, 4~5일간 우주여행을 위한 우주선을 개발하고 있다. 관계자에 따르면 2004년이나 2005년 내에는 실제로 우주여행이 가능하게 되며, 미국의 여행사는 이미 접수를 개시하여 여행경비로 일 인당 십만 달러, 15인으로부터 각 5천 달러씩의 예치금을 받았다고 한다.

2020년이 되면 모든 생활 전반에 과학기술이 침투되지 않은 분야는 없을 것이다. 극단적인 경우에는 다른 사람과의 접촉 없이 평생을 살 수 있게 될지도 모른다. 그러나 궁극적으로 사람들은 인적교류를 갈망하게 되고, 이를 달성하기 위한 주요수단이 바로 관광이 될 것으로 UNWTO는 전망하고 있다.

아직 초기단계에 있는 인터넷을 통한 호텔예약, 항공권 구입, 여행정보 수집 등이 2020년에 이르러서는 보편화되고, 인터넷이나 CD-ROM지도 등의 과학기술발전으로 여행지 선정과 정보 습득이 용이해짐에 따라 관광객들은 지금보다 훨씬 빠르고 간편하고 저렴하게 여행을 즐길 수 있게 될 것이다.

■ 2020년의 세계관광시장 전망

2020년의 국제관광객은 16억 명, 연평균 관광수입은 2조 50억 달러에 이를 것이다. 이는 1996년 통계인 국제관광객 수 5억 9,500만 명의 3배, 관광수입 4,250억 달러의 5배로 WTO는 앞으로 20년간 국제관광객수와 관광수입이 연평균 각각 4.3%, 6.7%씩 증가할 것으로 예측하고 있다. 결과적으로 관광은 세계 최대산업으로 부상할 뿐만 아니라, 전대미문의 거대산업으로 성장하게 될 것으로 기대된다.

1996년 외래 관광객을 가장 많이 유치한 국가는 프랑스, 미국, 스페인, 이탈리아의 순이였으나, 2020년에는 중국이 1억 3천7백만 명의 관광객을 유치하여 세계 1위의 관광지로 부상하게 될 것이다.

미국 1억 2백4십만 명, 프랑스 9천3백3십만 명, 스페인 9천1백만 명, 홍콩 5천9백3십만 명의 관광객을 유치하여 중국의 뒤를 따르게 될 것이며, 러시아도 성장가도에 진입하여, 세계 10대 관광 목적지에 포함될 것이라고 예측하고 있다. 최근 인기를 얻고 있는 태국, 싱가포르, 인도네시아, 남아프리카공화국 등도 적지 않은 관광객을 유치할 것이나, 10위 대열에는 포함되지 못할 것으로 전망하고 있다.

아웃바운드 측면에서는 1억 6천3백5십만 명의 독일인이 해외여행을 함으로써 세계 제1위의 관광객 송출국은 독일이 될 것이다. 일본은 1억 4천1백5십만 명으로 2위를, 미국이 1억 2천3백3십만 명으로 3위를, 중국이 1억 명으로 4위를, 영국이 9천6백1십만 명으로 5위를 기록하게 될 것이라고 전망하고 있다.

이와 함께 여행의 행태 측면에서는 장거리 여행과 장기 여행의 비중이 점차 늘어나 1995년의 18%에서 2020년에는 24%가 될 것으로 UNWTO는 전망하고 있다.

■ 2020년 세계최대의 관광목적지

순위	국가명	관광객(백만 명)	'95~2020 연평균성장률(%)
1	중국	137.1	8.0
2	미국	102.0	4~3.5
3	프랑스	93.3	1.8
4	스페인	71.0	2.4
5	홍콩	59.3	7.3
6	이탈리아	52.9	2.2
7	영국	52.8	3.0
8	멕시코	48.9	3.6
9	러시아	47.1	6.7
10	체코	44.0	4.0

■ 동아시아 · 태평양지역의 관광전망

1995년 전체 관광객의 15.1%인 8천5백2십만 명을 유치한 동아시아·태평양지역은 2020년에 이르러서는 전 세계 관광객중 29%인 4억 6천2백만 명의 국제관광객을 유치하게 될 것이다. 동아시아·태평양지역은 과거 10년 동안 세계관광시장에서 빠른 성장을 이루었다는 점과 중국과 호주 등의 관광잠재력 등을 고려해봤을 때 이 지역의 관광시장은 날로 성장할 것이라는 것이 UNWTO의 예측이다.

이 지역의 관광객들이 가장 많이 방문할 관광지는 현재와 마찬가지로 유럽과 미주 지역이지만, 점유율이 다소 하락할 것으로 예측된다.

경제성장과 더불어 해외여행자가 나날이 증가하고 있는 이 지역에서는 1995년 전체 해외여행자 중 80%가 역내를 여행했으며, 2020년에 이르러서는 해외여행자 중 83%가 역내를 여행하게 될 것이라고 UNWTO는 예측하고 있다.

자료 : UNWTO, 「2020년 관광전망」, 1997. 11.

제5장

"관광정책·관광법과 경영가치모델"

제1절 | 관광정책과 경영가치모델

1 관광정책의 목표와 창조경제

관광정책(tourism policy)은 관광 개념과 정책 개념의 결합 개념으로서 관광의 목표 달성을 위한 중앙정부, 지방정부 그리고 공공기관의 행동으로 정의하고 있다. 또한 McIntosh는 관광정책을 "잠재적인 관광시장의 새로운 개발과 그에 대한 선전"이라고 하였다. 따라서 관광정책은 관광행정활동을 종합적으로 추진하기 위한 체계 및 방향 설정의 방책으로 정부의 관광정책 목표 달성을 위한 광범위한 원리 내지 원칙으로 자원의 효율적 배분에 초점을 둔다. 이러한 관광정책은 한 나라가 관광이라는 사회현상에 대해서 취하는 정부의 방침을 뜻하는 것으로 그 대상과 범위에 따라 국제관광정책과 국내관광정책, 관광개발정책 그리고 지방정부 관광정책으로 크게 나누어진다.

그리고 관광행정이란 정부나 지방자치단체가 관광정책을 구체화하는 방법과 그 내용을 뜻하는 것으로, 관광을 장려하고 규제할 뿐만 아니라, 관광사업을 추진하고 조성하며 규제 및 감독하는 등 다양한 기능을 수행하는 것을 말한다. 즉 이는 관광정책을 구체화하는 동태적 과정으로 실행프로그램을 말한다.

이러한 관광정책은 첫째, 목표지향적이라는 것이다. 관광정책은 미래를 예측하고, 달성하고자 하는 추진목표를 세우며, 이러한 목표를 달성하기 위한 일련의 프로그램을 수립하며, 합리적인 대안 선택이 수반된다. 둘째, 관광정책은 공공적인 성격을 갖는다는 것이다. 즉 관광정책의 핵심 주체는 정부 및 공공기관이라는 것이다. 셋째, 관광정책은 실제적인 성격을 갖는다는 것이다. 관광정책은 관광 관련 현안 문제를 해결하고자 하는 문제해결 접근에 초점을 두기 때문이다(이연택, 2003).

〈표 5-1〉 우리나라 관광정책의 유형

대상 및 범위	정책유형
국제관광정책	• 해외시장 마케팅 정책 • MICE 유치 정책 • 쇼핑관광 활성화 정책 • C.I.Q. 간소화 정책 • e-관광정보 정책 • 관광서비스 개선 정책
국내관광정책	• 국민 국내관광 활성화 정책 • 국내관광 수용태세 개선 정책 • 관광종사원 자격제도 정책 • 복지관광 정책 • 남북관광 교류협력 정책
관광개발정책	• 관광개발계획 • 관광지, 관광단지, 관광특구정책 • 관광레저형 기업도시 개발 • 문화관광자원 개발 • 생태·녹생 관광자원 개발 • 문화관광상품 개발 등
지방정부 관광정책	• 관광콘텐츠 다양화 • 관광 활성화 기반조성 • 관광인프라 개선 및 서비스 확충 • 지역특성에 맞는 축제 등 관광상품 개발 • 관광홍보마케팅 강화 • SNS 등 온라인 홍보 강화 • 고부가가치 MICE관광 활성화 등

자료 : 문화체육관광부(2013)의 내용을 정리함.

오늘날 관광은 국제관광이 가져오는 국제수지 개선 외에도 국제친선이라는 효과와 국내관광이 가져오는 국민복지 증진에 있다고 말할 수 있다. 국제관광의 효과인 외화획득 개념은 국제관광에 있어서 경제적 효과에 초점을 둔 것이다. 한편 국제친선 개념은 관광의 사회문화적 효과 가운데 국제관광 왕래를 통해서 가져오게 되는 여러 가지 효과를 의미한다. 국제 간의 상호교류와 이해의 중요성은 관광이 세계 평화의 수단이라는 측면에서 매우 중요하며, 국제관광 왕래의 증대함에 따라 민간외교가 활성화되는 것이다. 더구나 국제관광이 국제친선에 의하여 평화에 이바지한다는 것은 UN이 1967년을 '국제관광의 해' 로 지정했을 때의 "관광은 평화의 수단"이라는 슬로건에도 명시되어 있는 것처럼, 국제 간의 관광왕래가 나라와 나라와의 관계를 시정하여 평화를 유지하는 힘으로써 큰 역할을 하고 있다고 말할 수 있다.

한편 국민복지의 개념을 가장 함축하고 있는 관광이 소셜투어리즘이다. 소셜투어리즘이란 오늘날 관광이 국민복리후생에 큰 효과를 가지고 있음에 주목하여 정부나 지방공공단체가 관광을 활발하게 하기 위해서 여러 가지의 시책을 취하는 일과 관광을 국민일반의 것으로 넓혀 나가고자 하는 생각을 말하는 것이다.

개발도상국으로 갈수록 대개 자국의 국제수지 개선을 위하여 가능한 한 해외여행을 통제하고 있는 실정이다. 이들 국가들은 대개 국제관광 정책의 초점을 인바운드 관광에 두고 있으며 아웃바운드 관광은 거의 생각지 않는 것이 일반적인 경향이 있다. 그러나 자국민의 해외여행으로 인하여 견문을 넓히고, 또한 상호 인적인 교류나 문화적인 교류를 통하여 국제 간의 이해증진과 국제친선 및 대외무역의 촉진 등의 효과가 크다는 점을 간과해서는 안 될 것이다.

그러므로 국제관광정책은 관광유치에 의한 외화획득 그 자체보다도 그로 말미암아 간접적으로 나타나는 효과를 기본 이념으로 해야 할 것이다. 곧 국제관광정책을 수립함에 있어서는 외국관광객 유치에 의한 경제적 효과에만 집착하는 소극적인 정책을 상장하고 한걸음 더 나아가서 자국민의 해외여행을 통하여 외국에서 자국을 널리 선전함으로써 국력에 기여할 수 있는 보다 적극적인 관광정책이 요망된다.

관광정책의 목표를 경영가치 창출 내지 창조경제(creative economy) 관점에서 보면, 첫째, 관광자원의 가치개발의 목표로 ① 관광자원의 이용확대와 가치증대에 초점을 두어야 한다. ② 지속가능한 관광개발을 하여야 한다. ③ 소외계층 등이 쉽게 이용할 수 있는 관광대상을 개발하여야 한다. ④ 인간과 자연의 조화로운 관광개발에 초점을 두어야 한다. 둘째, 관광사업의 가치개발 목표로 ① 사회지향적 마케팅 활동으로 소비자 만족을 통한 적정 이윤 추구에 초점을 두어야 한다. ② 관광상품 서비스 품질 향상에 초점을 두어야 한다. ③ 관광기업 간의 공생마케팅을 실천해야 하며, 관광산업진흥에 이바지할 수 있어야 한다. ④ 관광사업의 공공성으로 사회적 책임인 고용창출과 종사원의 근로생활의 질(quality of work life) 향상에 초점을 두어야 한다. 셋째, 관광객

(관광주체)의 가치개발의 목표는 ① 관광객(관광주체)의 관광기회의 확대에 있다. ② 관광을 통해 개인의 삶의 질을 구현하는데 초점을 두어야 한다. ③ 고품질의 관광상품 서비스를 향유할 수 있어야 한다. ④ 관광을 통한 개인 및 사회복지 실현에 있어야 한다.

〈그림 5-1〉 **관광정책의 목표와 창조관광**

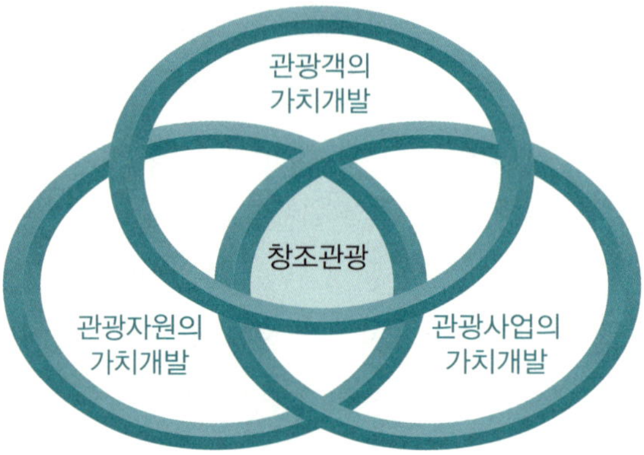

〈그림 5-1〉에서와 같이 관광현상의 구성요소들의 가치개발을 통해 관광에서의 창조경제를 실현할 수 있을 것이다. 결국 이러한 것이 경영가치모델이다.

2 창조경제모델로서 다문화가족 복지관광모델

관광객(관광주체) 측면의 하나의 사례로 다문화가족의 문화적응 및 사회적응 문제를 관광정책적 관점에서 풀 수도 있다다. 우리나라는 1990년대 이주 노동과 국제결혼을 통해 외국인이 대거 유입된 결과, 우리나라 국민 의식 또한 '하이브리드 코리아' 를 용인하는 경향이 증대되었음을 시사하고 있다. 21세기 우리나라는 '다문화사회' 라는 새로운 패러다임의 사회로 진입하였다고 할 수 있다. 이미 우리사회는 국내거주 외국인의 비율이 전체인구의 2%를 넘어 본격적인 다문화사회로 진입한데다 인구대비 외국인체류자는 2020년 5%, 2030년 6%를 넘어 2050년엔 10% 포인트대로 급격하게 증가할 것이라 예측하고 있다(김우석, 2010). 그러나 한국사회는 오랫동안 단일민족국가의 자부심이 국민 정서에 내재되어 있어 타 문화에 대한 수용과 이해에 어려움이 많았다. 그리고 다문화사회로의 빠른 변화에 대한 저항이 큰 상태이기 때문에 타 민족에 대한 편견과 무관심은 다문화가족에 대한 멸시와 냉대로 이어지게 되었고, 이는 다문화가족의 경제적 빈곤과 더불어 심각한 심리적 위축감을 발생하게 하였다. 그로 인해 다문화가족 결혼이민자들은 한국사회에 적응하고 살아가기가 쉽지 않은 현실(김도희, 2008)과 문화접변 사이에서 발생하는 갈등들로 안정된 사회생활을 위한 사회·문화적응에 어려움을 동반하게 되었고 이는 심각한 사회문제를 야기시켰다. 따라서 점차 다문화사회로 변화되고 있는 현 시점에서는 타 민족과 타 문화에 대한 편견을 버리고 포용과 배려로 국내거주 결혼이민자들을 사회구성원으로 인정하는 자세와 더불어 대한민국 국민으로서 한국사회에 적응하며 살아가고, 사회통합을 이루어낼 수 있는 새로운 방안을 모색할 필요가 있다. 그러므로 과거에는 다문화가족에 대해 학문적 호기심으로서의 접근이 이루어졌다면 이제는 한국사회가 직면한 사회적 문제와 더불어 향후 발생할 수 있는 문제의 해답을 찾기 위해 다각적인 상황적 접근이 이루어질 필요가 있다. 다문화가족에 대한 여가관광인식 및 여가관광행태 연구를 통해 사회적응적 관점에서 복지관광모델을 구축하는 것이 주요한 미래 관광정책 과제라고 할 수 있다.

3 우리나라 국제관광 진흥정책과 경영가치모델

우리나라 관광정책 개발은 해방 이후 시작되었으며, 본격적으로 관광정책이 책정되고 관광행정이 전개된 것은 60년대에 들어와서부터이다. 그 최초의 관광정책의 구체적인 행정적 사례는 1961년 국제관광 사업을 진흥하기 위하여 제정한 「관광사업진흥법」에서 시작되었다고 할 수 있다.

이 절에서는 우리나라의 국제관광진흥정책과 국내관광진흥정책을 중심으로 실행프로그램인 관광행정 지원 프로그램을 「2012년 기준 관광동향에 관한 연차보고서」(문화체육관광부)를 중심으로 살펴보고자 한다. 여기서 문화체육관광부는 우리나라 관광정책을 개발하고 실행하는 핵심 부처이기 때문이다.

1) 해외시장 마케팅 정책

우리나라는 2012년에 방한한 인바운드 관광객 수는 전년 대비 13.7% 증가한 1,114만 명을 기록하였으며, 2013년에는 1,200만 명을 넘어선 것으로 보도되고 있다. 이를 계기로 우리나라 관광산업이 기존의 양적 성장 중심에서 질적 성장 중심으로 산업의 패러다임의 전환을 필요로 하게 됨에 따라 한류, 의료관광, MICE산업 등 고부가 가치의 미래지향적 관광산업 육성에 관광정책의 초점을 맞추어 실행하고 있다. 또한 지역균형 발전의 대전제하에 외래관광객의 지방분산 유치를 위한 노력도 강화하고 있다. 우리나라 관광의 이미지 제고를 위하여 TV, 인쇄매체 등 전통적인 매체 외에 온라인 및 최근 급속히 확산되고 있는 SNS, 모바일 앱 등 소셜미디어(social media)를 적극적으로 활용하여 한국관광 홍보와 마케팅을 전개하고 있다. 개별관광객 수요의 지속적 증가 추세에 맞춰 FIT 관광객 유치 사업을 확대, 강화하고 있으며 저가항공사(low cost airline)[10], 전세기, 크루즈 등을 통한 방한관광의 관광코스 다양화를 도모하고 있다.

인바운드 관광 목표시장(target market)을 중심으로 살펴보면, 첫째, 일본시장에서는 한국 재방문객 등 FIT, 관광객 유치 마케팅 확대, 세계박람회 등 메가이벤트 및 지역 축제를 활용한 지방관광상품 개발과 활성화, 스포츠 이벤트 상품개발 노력을 기울이고 있다. 또한 언론인 및 여행업자, 일반소비자를 대상으로 도쿄에서 2012년 한국관광 테마설명회를 개최(1월), 한국관광과 공사의 한해 일본지역 마케팅전략을 소개하였으며, 또한 지방자치단체, 업계 등 21개 단체와 공동으로 아시아 최대 규모 여행박람회인 JATA 세계여행박람회(9월)에 참가, 지방관광, 한식, 의료관광, 한류 등 테마를 중심으로 한국관광의 매력을 집중홍보하였다. 또한 목표시장인 여성층에 대한 홍보활동으로 일본지역 여성기자단을 대상으로 2012년 한해의 이슈가 되었던 강남스타일을 테마로 한 강남스타일 팸투어(11월)도 실시하였다. 나아가 일본의 방한 수학여행은 1972년 최초로 실시된 이후(일본 최초의 해외수학여행) 해외수학여행 허가 확대와 함께 급속히 증가하였다.

둘째, 목표시장으로 중국시장을 중심으로 여수 세계박람회 등 메가 이벤트를 활용한 특별방한 상품을 개발, 판촉하였고, 중국의 고소득층 타깃 프리미엄 상품개발과 쇼핑 활성화를 위하여 중국의 은련카드와 공동으로 쇼핑 확대 캠페인을 전개하였다. 또한 중국 유학생 활용 바이럴 마케팅(viral marketing)을 위하여 중국 유학생 SNS 기자단 운영, 유학생 토크쇼 등의 사업을 실시하였으며 중국 FIT 대상 브랜드개발 등을 통하여 중국 개별여행객 확대사업도 활발히 전개하였으며, 내륙시장 전세기 상품, 청소년

10) 저가항공사는 이미지상 저비용항공사로 칭하기도 함. 그러나 IATA(International Air Transport Association)에서는 저가항공사라 칭함.

대상상품 등을 통하여 신규시장 개척활동도 강화하고 있다. 또한 관광유치단 파견 및 관광교역전 개최 참가 사례로 홍콩국제관광박람회(ITE), 타이베이국제관광박람회(ITF), 중국국제여유교역회(CITM) 등 주요 7개 대표 박람회에 총 61개 지자체 및 업계와 공동으로 참가하였으며, 광저우국제여유박람회(GITF) 및 타이베이국제관광박람회(TTE)에서 최우수부스상을 수상하였고, 타이베이국제여전(ITF)과 타이베이국제관광박람회(TTE)에서도 많은 현장모객 실적을 달성하였다. 중국지역 언론홍보는 단체관광 소재 중심에서 벗어나 최근 중국인들의 방한관광 트렌드인 FIT와 쇼핑관광을 집중 홍보하는 방향으로 추진하였다. 20~30대 젊은 여성층이 주도하였던 방한 FIT의 구성도 점차 성별, 세대에 경계 구분 없이 확대됨에 따라 관광객 각각의 특색에 따른 언론홍보를 실시하였다. 우선 남녀노소 보편적인 잠재 FIT 홍보를 위하여 4억 명의 시청자를 확보하고 있는 중국 인기 예능 프로그램 '페이청우라오'의 한국 특집편 제작 지원을 통하여 친근감 있게 매력적인 관광한국을 인지시켰다. 또한 중국 수학여행단 유치 정책의 일환으로 중화권 청소년 수학여행단체 유치사업은 미래의 주역인 청소년 간의 교류 활성화를 통하여 양국 간 우의증진은 물론 미래의 잠재고객에게 관광한국의 이미지를 각인시키는 차원에서 향후 한국학생과의 교류 기회 다변화, 청소년단체 숙박시설 확보, 교육체험 프로그램 개발, 한국문화체험 기회부여 등 수학여행 목적지로서의 경쟁력을 강화하여 중화권 청소년의 방한 유치를 확대해 나갈 계획이다.

셋째, 목표시장으로 동남아시아와 중동시장을 중심으로는 스키 등 동계관광상품 개발, 판촉 활동을 강화하였고, 16억 무슬림 시장(halal Food 등) 개척을 위하여 무슬림 관광 편의 증진을 위한 사업을 추진하였으며 특히 말레이시아와 베트남, 인도네시아, 필리핀 등 성장잠재력이 큰 국가들을 중심으로 한류, 사계절, 쇼핑, 놀이공원 등을 테마로 한 마케팅을 강화하였다. 또한 아시아 중동 시장에서는 계절 방한상품 판촉 확대, 대형이벤트 홍보를 통한 유치·지원을 위하여 동남아 성숙시장인 태국 Discovery Thailand, 싱가포르 NATAS, 말레이시아 MATTA FAIR 등 주요 관광박람회에 참가하여 마케팅을 전개하였다. 그리고 한국관광 홍보 및 외래 관광객 지속 증가를 위하여 필리핀 PTAA, UAE ATM, 카자흐스탄 KIFT 등 성장·잠재시장 관광박람회 참가, 인도네시아·필리핀 Korea Winter Fair 등 로드쇼 실시 등의 사업을 한국관광 홍보 강화 및 외래 관광객 방한 외연 확대에 주력하고 있다. 나아가 아시아 중동 지역에서는 시장

특성에 따른 언론매체 및 여행업자 초청을 통하여 효율적인 한국관광 홍보활동 전개와 방한상품 확대 및 판촉에 주력하였다. 성장시장과 잠재시장의 경우 계절, 의료, 한류 등의 인기 콘텐츠를 소재로 가족 관광층을 목표로 하여 인도네시아 Trans 7 TV 초청, 중동 Al Aan TV 초청, 인도 여행업자 초청 등의 주요 언론인 및 여행업자를 초청하여 한국에 대한 긍정적 이미지와 방한 의향도 증가에 노력하였다. 그리고 아시아중동지역은 동남아 주력시장인 태국, 싱가포르, 말레이시아 등의 국가를 위주로 학생 시장 유치 사업을 전개하였는데, 국내 주요 수학여행지 소개, 주요 추천코스 등을 담은 학생관광 유치 책자를 제작하여 해외지사를 통해 관할지역 교육 관계자들을 대상으로 마케팅하였으며, 수학여행 단체관광객의 주요 관광지 및 산업체 답사, 한국 학생과의 교류, 한국문화체험 지원 등의 사업을 실시하였다.

넷째, 원거리시장인 구미주시장에서는 한류, 의료, 스포츠, 교육관광 등 시장별로 특화된 고부가 테마상품을 개발하여 마케팅하였으며, SNS와 온라인을 활용한 한국관광 홍보 및 상품 판촉 노력을 기울이고 있다. 그리고 구미주지역에서는 2012년 스페인 마드리드 국제관광박람회(FITUR), 독일 베를린 국제관광박람회(ITB), 영국 런던 국제관광박람회(WTM) 등 세계 최대 규모 국제박람회에 지자체 및 업계가 공동 참가하여 한국관광 홍보 및 상품 판촉활동을 전개하고, 언론 및 여행업자 대상 설명회, 현지 여행업체 대상 상담 활동을 통해 한국관광 홍보 및 상품 개발의 성과를 거두었다. 특히 구미주에서는 관광시장 특성과 관심콘텐츠, 매체 성격을 고려한 맞춤형 미디어 지원전략으로 홍보효과를 극대화하였다. K-POP 열풍이 불고 있는 프랑스의 경우 'Le Monde' 지를 초청하여 한류관광에 대해 기사화하였고, 한식 관심층이 많은 독일은 'Pro 7 TV' 를 초청하여 한식 탐방 프로그램 제작을 지원하였다. 또한 가수 싸이(PSY)의 '강남스타일' 붐과 연계한 방한수요 확대를 위하여 미국 일간지 'USA Today', 영국 일간지 'Guardian' 언론인을 초청하는 등 언론 홍보활동을 다각적으로 전개하였다. 특히 강남스타일(What's Gangnam Style?)의 세계적 관심을 방한관광으로 유도하기 위하여 러시아, 호주, 프랑스 등의 여행업자 팸투어를 실시하였다.

또한 우리나라 정부에서는 2013년에는 K-POP 등을 중심으로 한 한류현상을 적극적으로 활용하여 한국 관광인지도 제고, 한류 아이콘 활용 관광상품을 개발하고 FIT 시장 집중 육성을 통한 방한상품의 고부가치화와 다변화에 집중할 계획이며, 전략적 지방관광홍보 및 상품개발을 통한 지방 관광활성화와 비수기 관광객 유치 강화를 통한 연중 인바운드 관광 균형 성장 노력도 강화할 계획이다. 또한 인터랙티브(Interactive) 캠페인의 일환으로 2011년에 이어 2012년에도 스타와 함께 체험하는 한국 투어인 'Touch Korea Tour' 캠페인을 시행하였다. 캠페인과 연계하여 유투브, 페이스북, 트위터 등 젊은층을 파고들 수 있는 매체를 적극 활용하여 한국관광 콘텐츠를 생산하여 소비자들 간(C2C)에 콘텐츠의 공유와 확산을 적극 유도하고 있다.

〈표 5-2〉 우리나라 브랜드 이미지 IMC(integrated marketing communication) 전략

연도	IMC 핵심 콘셉트
2006년	이미지 통합 광고(통합슬로건, Korea, Something More)
2007년	관광브랜드(Korea, Sparkling) 확산 광고
2008년	관광브랜드(Korea, Sparkling) 이미지 구축 광고
2009년	한국관광 이미지 구축 광고
2010년	'영감이 시작하는 나라' 라는 주제로 통합 커뮤니케이션 광고
2011년	한국을 직접 경험해보는 'Touch Korea'
2012년	스타와 함께 체험하는 'Touch Korea Tour' 캠페인
2013년	한국문화를 아이콘화함
2014년	관광브랜드 리뉴얼(Imagine your Korea)

자료 : 문화체육관광부(2015)의 내용을 정리함.

또한 한국관광공사에서는 우리나라 관광자원의 해외 홍보활동 지원과 외국인 관광객에게 방한동기를 부여하고, 내실 있는 관광정보를 제공하기 위해 각종 간행물을 다양한 언어로 발간하고 있다. 2012년 주요 간행물인 관광가이드북, 종합화보집, 관광지도, 한식가이드북 등 13종을 16개 언어(영, 일, 중/간, 중/번, 독, 프, 서, 러, 아랍어, 이탈리아어, 태국어, 히브리어, 인도네시아어, 베트남어, 터키어, 국문)로 발간하였다.

그리고 한국관광 홍보영상물과 관광달력, 포스터, 연하장 등의 영상 및 홍보 시각물을 시장별로 현지인의 감각에 맞게 지속적으로 개발하고 있다.

또한 해외홍보용 이미지 자료 발굴을 위해 매년 관광사진 공모전을 개최하고 있으며, 온라인 사진갤러리(http://gallery.visitkorea.or.kr)를 국·영문으로 운영하여 시·공간적 제약 없이 한국관광 홍보사진을 활용할 수 있도록 하고 있다.

〈표 5-3〉 영상물 제작 실적

구분	내용	수량
2011년 실적	- 3D 한국관광홍보영상물 'Touch Korea' s Diverse Dimensions' - 주제 : 한국 가을의 아름다운 모습을 소개(4분 44초)	1종
2012년 실적	- 3D 한국관광 홍보영상물 'Touch Korea' s Cool Summer' - 주제 : 한국 여름의 활력 있는 모습을 소개(3분 11초)	1종
2013년 실적	- 3D/2D 한국관광홍보영상물 'Smart Love in Korea' - 주제 : 한국의 매력적인 지방관광자원 소개(3분 54초)	1종
2014년 실적	- Imagine your Korea - 주제 : 상상이 실현되는 나라(4분 27초)	1종

자료 : 문화체육관광부(2015).

또한 우리나라 정부에서는 해외시장 마케팅 정책의 하나로 테마관광시장 개척 정책을 개발하여 프로그램을 운영 중이다.

첫째, 의료관광 추진을 위해 「관광진흥법」을 개정(2009. 9)함으로써 의료관광 유치·지원기관에 대한 관광진흥개발기금 지원 및 의료관광 홍보마케팅 활성화의 계기를 마련하고, 이에 따라 우리나라의 의료관광 활성화를 위해서 관련 중앙부처, 지자체, 의료기관 등이 의료관광 기반 구축과 해외홍보를 위해 적극 노력하고 있다. 우리나라 의료관광 시장은 지난 몇 년간 큰 폭으로 성장해왔으며, 2012년에는 전년대비 27.3% 포인트 성장한 155,672명(진료수입 2,391억 원)의 의료관광객을 유치하였으며, 이들 중 중국인의 비중이 24.0%로 가장 높았고, 미국인(23.0%)과 일본인(14.1%)이 그 뒤를 이었다.

둘째, 크루즈관광의 경우 2008년에는 총 88회, 69,454명이 입국하였고, 2009년에는 97회 76,688명, 2010년에는 147회 154,479명이 입국하여, 폭발적인 증가세를 보이고 있다. 이에 발맞춰 우리나라 정부에서는 크루즈 항만기반시설의 확충과 한국관광공사를 중심으로 크루즈관광 활성화를 위해 매년 2회 '크루즈관광 협의회' 를 운영하고 있다.

셋째, 공연관광 활성화 정책으로 UNWTO가 제시한 10대 미래 관광행태인 문화관광 중 하나인 공연관광을 육성하기 위하여 공연관광마케팅(performance tourism marketing) 전략을 개발·추진하고 있다. 최근 난타, 점프, 비보이 공연과 같은 우리나라의 넌버벌(non-verbal) 공연 및 뮤지컬 등 한국 공연 콘텐츠가 강세를 보이고 있음에 주목하여 넌버벌 공연, 비보이 문화 및 전통공연, 오페라, 뮤지컬 등의 타 장르를 한데 묶어 하나의 공연마케팅 트렌드로 육성하고 효과적으로 홍보·확산시키기 위해

'Korea In Motion 2012' (공연관광축제)와 세계적인 브랜드로 성장한 'R-16 Korea 2012 세계 비보이대회(제6회)' 를 개최하기도 하였다. 우리나라의 우수 넌버벌 공연, 한국 뮤지컬 및 한류를 대표하는 K-POP 스타를 활용한 개막식 등의 다양한 콘텐츠를 한데 모아 아시아의 대표 공연관광축제를 표방한 'Korea In Motion 2012' 은 2012년 9월 1일~9월 30일까지 총 한 달간 개최되었다. 특히 이러한 마케팅을 통해 2012년 최초로 해외 공연관광객 162만 명 이상을 유치하였으며, 2013년에는 170만 명 이상의 공연관광객을 유치할 수 있을 것으로 기대된다.

2) MICE 유치 정책

우리나라 정부에서는 세계적으로 국제회의 개최는 매년 증가 추세에 있으며, 종전 구미지역 중심에서 벗어나 점차 아시아지역에서의 개최지 선정이 활발해지고 있다. 2000년에는 '제3차 아시아·유럽 정상회의(ASEM)', 2000년 '제1회 APEC관광장관회의', 2001년 '세계관광기구(UNWTO)총회', 2002년에는 '월드컵축구대회' 등을 성공적으로 개최하였고, 2003년 '대구 유니버시아드대회', '2004년 PATA 제주총회', '2005년 APEC 정상회의', '2006년 국가올림픽위원회연합회(ANOC) 총회', 2007년 '세계폐암학회학술대회', '제46차 동양 및 동남아라이온스대회', 2008년 '2008 제17회 국제자동제어연맹세계대회' 및 '제22차 세계철학자대회', 2010년 'G20 정상회의', 2011년 '제19차 UNWTO 총회', 2012년 '핵안보 정상회의' 등 대규모 국제행사 역시 성황리에 개최되어 우리나라의 국제적 위상 제고 및 아시아지역 주요 국제회의 개최국으로의 부상이 기대된다.

또한 문화체육관광부에서는 2005년 이후 서울특별시, 부산광역시, 대구광역시, 제주특별자치도 등을 국제회의도시로 지정하여 신성장동력 중 고부가 서비스산업으로 선정된 MICE산업의 전략적 육성을 꾀하고 있다.

한편 국제회의를 개최하기 위해서는 전문회의장과 부대시설, 숙박시설, 전문진행요원, 참가자들을 위한 각종 관광시설 등이 확보되어야 하지만, 현재 우리나라의 국제회의 수용 인프라는 충분하지 못한 실정이다.

「국제회의산업 육성에 관한 법률」에 의거 한국관광공사(코리아MICE뷰로)를 국제회의 전담기구로 지정하여 국제회의 유치·홍보 활동 등 우리나라 MICE 산업의 진흥을 위한 각종사업을 수행케 하고 있다. 또한 MICE 유치를 위해서 지자체, 업계와 공동으로 MICE 유치 마케팅을 강화하면서, 개별유치 추진단체를 대상으로 유치 절차에 대한 자문을 실시하거나 국제기구 인사의 방한답사를 지원하고, 개최예정인 국제회의의 운영에 대해 자문을 실시하는 등 지원활동을 펼치고 있다. 기업회의나 인센티브 단체의 경우 유치대상단체를 발굴하고 관광공사 및 지자체의 주요 지원정책을 종합적으로 제공하여 행사 목적지로 선택될 수 있도록 마케팅하고 있다. 또한 광고 및 기사화, 인터넷 홍보나 컨벤션 관련 국제회의 및 전시박람회 참가 등을 통해 해외 홍보를 강화하고 있다. 이 외에도 국제회의 관련 각종 자료를 조사·수집하여 컨벤션 캘린더, 한국 국제회의 개최현황, 컨벤션 시설 가이드 등을 발간하고 있으며 이러한 정보들을 데이터베이스 화하여 공중정보통신망이나 인터넷을 통해 일반인에게 제공하고 있다.

3) 쇼핑관광 활성화 정책

우리나라 정부에서는 외래 관광객 대상 쇼핑관광 활성화 및 쇼핑분야 관광산업 경쟁력 강화를 목표로 우수쇼핑점 인증제도를 2010년에 처음 도입 후 3년이 경과한 2012년에는 인증업체 관리 및 홍보에 중점을 두어 제도의 안정적 정착과 확산을 도모하였다. 우선 2012년도 신규인증을 위한 적극 홍보 결과 476개 점을 인증신청한 바, 전문인증심사자(한국능률협회인증원)를 중심으로 1차 서류심사와 2차 현장심사를 거쳐 356개 업체를 새로이 우수쇼핑점으로 인증하였다. 아울러 현장심사를 통해 재인증을 실시하고 있으며 업체를 대상으로 서류와 현장심사방식을 혼합한 사후관리 모니터링 평가를 실시한 바, 서비스 품질 관리에 만전을 기하고 있다.

원활한 제도운영을 위해 운영심의위원회와 제도개선소위원회를 총 3회 개최하여 운영규정 개선, 중장기운영 로드맵 수립 의견수렴 및 2012년도 신규인증 및 재인증 승인 절차를 거쳤으며, 우수쇼핑점 인증업체 현황과 니즈를 체계적으로 파악하여 사업추진 시 반영코자 '우수쇼핑점 인증업체 실태조사(2010, 2011, 2012, 2013 인증업체 869개 업체 대상)' 를 실시하여 관련보고서를 발간하였고, 인증업체의 종사원 교육용 '우수쇼핑점 서비스매뉴얼' 을 제작·배포해 우수쇼핑점 인증사업의 효과성을 제고하였다.

외래 관광객 대상 쇼핑정보 접근성 강화를 위해 다양한 온·오프라인 홍보사업도 진행한 바, 공사 3개 외국어(영, 일, 중) 홈페이지에 869개 우수쇼핑점 인증업체에 대한 자세한 소개 자료를 등재하여 홍보함과 동시에 오프라인으로 '인증업소 홍보책자' 총 8천 부 역시 3개 외국어로 제작·배포하였고, 인천공항 대형 라이트박스 광고도 실시하였다.

또한 쇼핑과 관련한 면세제도는 크게 사전면세제도와 사후면세제도가 있다. 사전면세제도는 물품구입 시 세금이 이미 면세되어 있는 제도로 보세판매장과 외국인전용 관광기념품판매장이 있다.

특히 2014년에는 대형/소형 업체 간 불균형을 해소하기 위해 소형 업체를 대상으로 홍보활동을 강화하였다.

그리고 관광지별 우수 관광기념품 개발을 통해 관광객들에게 다양한 살거리를 제공하고 발굴된 우수 관광기념품의 판매망 확대로 제작업체들의 매출을 신장하고자 제15회 대한민국 관광기념품 공모전은 많은 변화를 시도하고 있다. 공모전 공모분야를 일반상품, 창작아이디어에서 한국특성화, 지역특성화로 바꾸었으며, 출품작품도 총 110점에서 55점으로 줄였다. 또한, 수상작 판로확대를 위해 해외마켓 참가를 1회에서 2회로 확대하였고, 처음으로 인사동 기념품점에서 수상작 판매를 실시하는 성과를 거두었다.

4) C.I.Q. 간소화 정책

2014년 외국인 출입국자는 계속된 유럽발 경제위기, 북한의 잇따른 도발, 일본 대지진 등에도 불구하고 전년도 2,461만 명보다 17.5% 포인트 증가한 2,892만 명을 기록했다. 이는 친절하고 신속한 고객감동의 출입국심사서비스 제공 및 비자 발급절차 간소화 조치 등 지속적인 관광객 유치 정책에 힘입은 것으로 보인다.

또한 2008년 6월 26일부터 인천공항에서 17세 이상의 주민등록증을 발급받은 국민을 대상으로 서비스를 시작한 자동출입국심사서비스(SES) 이용자는 해마다 지속적으로 증가하여 왔으며, 수도권과 김해공항만 운영하던 자동출입국심사대 이용 등록 장소를 2012년 9월 17일부터 제주·대구·대전·광주·청주사무소로 확대하여 지방거주자 편의를 도모하고, 2008년 6월 자동출입국심사대를 인천공항에 최초로 20대 설치한 이래 현재 57대 운영(인천공항 38, 김포공항 6, 김해공항 6, 제주공항 4, 인천항 3)하는 등 자동출입국심사대 설치를 지속적으로 추가 설치한 노력의 결과이다.

나아가 사증발급절차 간소화 정책으로 2012년 8월 1일부터 중국인 관광객 유치 활성화를 위해 복수비자 발급대상 및 유효기간을 확대하고, 비자발급 절차를 획기적으로 간소화하였다. 또한 2012년 1월 1일부터 온라인(HuNet KOREA : 휴넷코리아, www.visa.go.kr)을 통한 사증발급인정서 발급 대상에 의료관광사증(장·단기 의료관광사증)을 추가하여, 의료관광 사증발급인정서 발급 신청절차를 간소화하고 처리기간을 단축하였다. 또한 2014년 말까지 무비자(TWOV : transit without visa) 입국환승관광객은 총 362,564명으로 나타났다.

5) e-관광정보 정책

우리나라 정부에서는 첫째, 2012년에는 개별관광(FIT) 및 특별관심관광(SIT) 증가와 세계 온라인시장 확대 및 사용 환경 발전에 따라 고객성향 분석을 통한 콘텐츠 개발, 31개 외부기관 및 회사에 무료 제공, 내 · 외부 네트워크 및 콘텐츠 적극 활용, 성숙시장과 성장시장 대상 타깃 마케팅 실시, SNS(소셜미디어) 활용 등 세계 온라인 트렌드 변화에 맞는 마케팅 및 국가별 온라인 환경과 방문고객 분석을 통해 맞춤형 온라인 마케팅을 실시하였다. 영·중(간)·중(번)·일·독·프·서·러 등 8개 언어 9개 사이트(태국어·아랍어·터키어-지사 운영)로 이루어진 visitkorea 사이트(www.visitkorea.or.kr)는 매력적인 소재 선정과 디자인, 스토리텔링 기법을 활용하여 콘텐츠의 고급화 및 다양화 노력을 하여 고객만족도를 향상시키고 있다. 특히 한류 3.0 테마 조사를 통해 드라마와 K-POP에 이어 미래를 이끌어갈 트렌드 준비를 위한 콘텐츠 개발 및 홍보전개에 박차를 가한 결과 8천만 명이 넘는 외국인이 사이트를 방문하였고 방문객 10명 중 9명이 한국에 오고 싶다고 답변할 정도로 사이트 추천지수가 3년 연속 상승하여 90.7%의 높은 반응률을 보였다. 또한 강남스타일 열기를 활용코자 강남스타일 관광지 웹 페이지 개발 및 대표 관광지 취재, 포스팅 등 발 빠른 홍보마케팅을 전개해 고객만족도 제고 및 한국문화 전파에 큰 기여를 하였다. 또한 효과적인 마케팅 수단으로 부각된 SNS를 보다 효과적으로 이용하고자, 페이스북, 트위터, 웨이보 등 6개 언어(영·중(간)·일·독·프·서) 13개 SNS를 운영하며 고객문의에 대한 실시간 응대 및 관광명소 현장 포스팅 등을 통한 쌍방향 의사소통을 강화하였고, 이러한 바이럴 마케팅은 Visitkorea 사이트로의 유입도 증대시켜 온라인마케팅의 효율성을 높인 바 있다.

둘째, 국내 e-관광정보 정책의 일환으로 3만 2천여 건의 국내 최대의 관광정보 DB와 테마별/시기별 여행기사와 같은 온라인 관광정보를 제공하고 있는 국문 여행정보 사이트(www.visitkorea.or.kr)는 2009년부터 웹 2.0 기반의 미디어플랫폼 '트래블아이'를 구축·운영하고 있다.

셋째, 스마트폰 기반의 여행정보 서비스 제공을 위하여 한국관광공사에서는 스마트폰 이용자의 급속한 증가에 신속하게 대응하기 위해 2010년에 스마트폰 기반의 관광정보 서비스 로드맵을 수립하고, 2011년 2월에 국문 스마트폰 여행 어플리케이션 '대한민국 구석구석 앱' 을 출시하였다.

넷째, 스마트 투어가이드 서비스를 위하여 스마트폰의 사용자 증가 및 개별 관광객 중심의 여행 트렌드 변화에 발맞춰 추진한 스마트 투어가이드 서비스를 확대하였다. 스마트 투어가이드는 2011년부터 공사가 운영하는 오디오가이드 애플리케이션으로 그동안 공사는 경주지역의 18개 관광지를 소재로 한 '신라역사 여행', '백제 · 가야 역사 여행' 및 주변 국립박물관의 스마트 투어가이드 애플리케이션을 구축였으며, 최근에는 스마트 투어가이드 서비스 범위를 확대하여 '조선왕릉·종묘·해인사' 등의 유네스코 세계문화유산으로 지정된 주요 관광지를 대상으로 한 '유네스코 세계문화유산' 스마트 투어가이드를 개발하였다. 또한 국립공원관리공단과 협약을 통해 '북한산 둘레길' 애플리케이션을 개발하였으며, 지리산 7개 시 · 군의 위탁을 받아 '지리산 둘레보고' 애플리케이션을 구축하였다.

6) 관광서비스 개선 정책

우리나라 정부에서는 관광서비스 개선 정책의 일환으로 관광불편신고센터(관광안내전화 1330 등)을 운영하고 있다. 내·외국인 관광객의 관광불편사항을 신속히 파악·시정함으로써 쾌적한 관광분위기를 조성하고 한국관광의 이미지를 제고시키기 위하여 한국관광공사 및 특별시·특별자치도·광역시·도, 한국여행업협회(KATA) 등 전국 24개 기관에 관광불편신고센터를 설치, 운영하고 있다. 관광시설 및 수단을 이용하는 자는 누구든지 관광사업체의 위법·부당행위 및 종사원의 불친절 행위 등의 불편사항을 신고할 수 있다.

2014년 한국관광공사 관광불편신고센터에 접수된 관광불편신고는 전년 대비 2.9% 포인트 증가한 977건으로, 감사내용 등 불편 외 사항을 제외한 순수 불편신고는 888건으로 집계되었다.

따라서 우리나라 정부의 관광서비스 개선 정책으로는 첫째, 쇼핑 관광 활성화를 도모하기 위한 우수 쇼핑점 인증업체 홍보 및 정보제공을 통해 쇼핑 환경 경쟁력 강화가 추진 중이며 바가지요금 상시 확인 시스템 구축, 피해 구제 및 보상 절차 마련, 서비스 모니터링, 가격표시의무화 점포 확대 등 각종 세부 제도개선을 모색 중이다. 둘째, 여행사 관련 하여 무자격 가이드 고용 여행사에 대한 단속과 내국인과 국내 거주 외국인에게만 적용되는 보증보험을 외국인 여행객에게도 확대 적용하는 외국인 소비자 보호 장치 마련을 모색 중이다.

4 우리나라 국내관광 진흥정책과 경영가치모델

1) 국민 국내관광 활성화 정책

우리나라 정부에서는 경기침체 극복과 내수활성화를 위한 강력한 정부 정책의지에 따라 국내관광 수요확대를 통한 지역경제 활성화와 국민 행복관광 기반조성 사업을 통한 국내 여행수요 저변확대를 중점적으로 전개하였다. 일반단체 및 기업의 국내여행 촉진을 위하여 경제 5단체와 MOU를 체결하고, 삼성생명 등 국내 주요 대기업의 1박2일 '소통캠프'를 추진하였으며, 대기업의 전통시장 상품권 구매 촉진 등 내수 진작을 위한 실질적인 사업을 전개하였다. 특히, 12개 공공기관이 참여하여 대대적으로 전개한 '하하호호' 여름 캠페인은 캠페인 참가자가 전년대비 82% 포인트가 증가하는 등 큰 성과를 거두었다.

첫째, 국내관광 이미지 제고를 위하여 정부에서는 국민 참여를 통한 수요자 지향적 관광 활성화와 범국민적인 공감대 확산을 통한 국민 개개인의 국내관광에 대한 인식 개선을 위해, 각종 매체를 활용한 국민의 인식 전환 홍보를 적극 실시하고 있다. 2008년에는 영화와 문학작품 속에 등장하는 국내 관광지에 대한 스토리텔링을 가미한 PPL (product placement)을 추진하였으며, 2011년부터는 SNS 등 소비자와 쌍방향 커뮤니케이션 채널 확대로 구석구석 캠페인을 소비자 참여형 캠페인으로 확대 운영하였다. 또한 내셔널지오그래픽 등 국내관광 영상제작을 지원하여 연계 마케팅을 강화하였고, 국내 대표 관광명소를 선정, 홍보하는 한국관광 100선 캠페인을 전개함으로써 국민의 국내여행 관심 제고 및 참여를 유도하였다.

둘째, 관광상품 개발 및 정보 제공을 위하여 국민들이 쾌적한 국내관광을 즐길 수 있도록 지역별로 특색 있고 다양한 국내관광 소재와 상품을 발굴 · 개발하고 매월 '추천! 가볼만한 곳'을 선정·홍보하고 있으며, 국문 여행정보 사이트(www. visitkorea.or.kr)의 운영을 통해 국내관광 정보 제공을 확대하고 있다. 또한 국내 여행업계를 대상으로 관광산업 발전에 기여하는 한국관광의 대표 스타를 선정하여 시상하는 '한국관광의 별' 사업을 통해 국내관광 브랜드 구축사업을 전개하고 있으며, 균형 있는 관광발전의 기반을 마련하고 내외국인의 국내여행 솔루션을 개발하기 위한 시티투어 활성화사업으로 시티투어 표준모델 구축(2008년)하였으며, 주5일 수업제가 정착된 2012년부터는 토요 체험학습 프로그램을 운영하고 있으며, 260만 장애우에게 여행지의 편의시설 정보를 상세히 제공함으로써 여행을 활성화하기 위하여 국내 최초로 장애우 전문 여행정보 웹사이트와 스마트폰앱 '함께하는 여행(access.visitkorea.or.kr)'을 구축하여 운영하고 있다. 또한 소외계층의 자발적인 여행참여 유도를 위하여 소외계층 국내여행에 대한 대국민 인식제고 TV 캠페인(지상파 3회)을 실시하였다.

2) 국내관광 수용태세 개선 정책

첫째, 관광안내체계 개선 정책으로 관광안내전화 1330은 한국의 대표적인 관광안내전화로 내·외국인 관광객에게 국내여행에 대한 다양한 관광정보를 제공하고, 외국인 관광객의 언어불편 해소를 위하여 관광통역서비스를 지원하고 있다. 또한 관광안내소는 각 지자체 및 한국관광공사, 한국여행업협회 등의 기관에서 운영하고 있다. 관광안내 표지판 설치 매뉴얼과 표준 디자인이 수록된 한국 관광안내표지 가이드라인을 개발하여 전국 각 지자체에 보급하고 있다. 그리고 관광안내지도는 지자체별로 제작하고 있으며, 매년 800만 부 정도가 제작·배포되고 있으며, 외국어표기 지도 제작에도 언어를 국어·영어·일어·중국어 등 4종 이상으로 확대해 나갈 계획이다.

둘째, 국내관광 수용태세 개선 유도를 위해 정부에서는 2010년 지자체의 관광 수용태세 경쟁력을 진단할 수 있는 관광 수용태세 경쟁력지수'를 개발하고, 이를 관광 수용태세 경쟁력진단 표준매뉴얼'로 제작·보급하여, 지자체 스스로 관광수용 태세를 평가·개선할 수 있도록 지원하였다.

셋째, 중저가 숙박시설, 서비스 개선 정책으로 방한 외래객의 지속적인 증가로 국내외관광객 대상 숙박시설이 부족하게 되어, 정부는 내·외국인 관광객을 동시에 만족시킬 수 있는 선진적 관광 수용태세를 갖추는 것을 목표로 주도적인 제도 개선 제안, 숙박시설 건립 컨설팅, 대안숙박시설 확충 및 서비스 개선을 위해 노력하고 있다. 또한 굿스테이(Goodstay)의 경우 홈페이지(www.goodstay.or.kr) 전면 개편을 통한 고객 접근성 강화 등 다양한 관련 사업을 진행하고 있다. 또한 한국관광공사의 지속적인 노력으로 2011년 12월 31일 관광진흥법시행령에 '외국인관광도시민박업'이 법제화되어 도시지역의 유휴 주거시설을 관광숙박시설로 활용하는 '코리아스테이' 인증제가 가정형,

기숙형으로 나뉘어 본격 시행되어 399개소를 인증유지(가정형 332개, 기숙형 67개)하고 있다. 또한 코리아스테이(www.koreastay.or.kr) 온라인 홍보 및 호스트-게스트 쌍방향 매칭을 위한 다국어(영, 일, 중간) 웹사이트를 구축·운영하고 있다. 또한 대안숙박시설 발굴 및 숙박시설의 고부가가치화를 위해 공사에서 2008년부터 전국 한옥 숙박체험 시설에 대한 관리 및 홍보를 지속하고 있는 가운데, 2009년 10월 관광진흥법 개정으로 관광편의시설업 중 한옥체험업이 신설됨에 따라 한옥체험업 지정 등록 업체 중심으로 서비스품질 개선 및 홍보마케팅 활동을 본격적으로 추진하게 되었다. 특히 전통한옥의 고급숙박자원화를 위해 선정된 명품고택 대상 리플렛 및 엽서 제작, 명품고택 BI 개발 및 브랜드마케팅 등을 실시하였다.

이와 더불어 네 번째 대체숙박시설인 토종 호텔 브랜드 '베니키아(BENIKEA)'는 2006년부터 시작한 한국형 비즈니스급 관광호텔 체인화 사업으로 2012년 현재 53개 가맹 호텔을 보유하고 있다.

넷째, 문화관광해설사 제도 운영 정책으로 문화관광해설사 제도는 당초 문화재나 문화유산을 중심으로 운용되어 왔으나, 최근에는 해설사의 역할과 기능이 기존의 문화유산뿐만 아니라 관광(단)지, 생태·녹색 관광, 농산어촌 체험관광 등 다양한 분야의 관광자원으로 확대됨에 따라, 2005년 8월 1일부터 기존의 문화유산해설사를 문화관광해설사로 명칭을 변경하였다. 이후 2011년 관광진흥법 개정을 통해 "관광객의 이해와 감상, 체험기회를 제고하고 있다.

문화관광해설사로 활동하기 위해서는 문화체육관광부(한국관광공사)의 인증을 받은 교육기관에서 100시간의 교육과정을 이수한 후, 지자체장이 실시하는 이론 및 실습평가를 통과하고, 3개월 이상의 실무수습 과정을 마쳐야 한다. 아울러 해설사 자격을 얻은 후에도 전문성을 제고하기 위하여 지자체장이 정하는 일정교육과정을 이수해야 한다.

다섯째, 외국인 관광객 음식서비스 개선사업 정책으로 외래객의 음식점 메뉴판 불편 문제를 해소하기 위하여 식당 운영자들이 직접 외국어 메뉴판을 온라인상에서 제작하고 사용할 수 있도록 '외국어 메뉴판 만들기' 사이트를 구축하여 운영하고 있다. 또한 외국인 관광객 이용식당 실태에 대한 모니터링을 실시하였으며 엄선한 식당에 대해서는 '외국인을 위한 음식점 가이드(서울·경기·인천)' 책자를 제작하여 여행사 등 관련기관에 배포·홍보하는 사업을 추진하였다. 또한 한식 커뮤니티 사이트(www.koreataste.org, 영/일어)도 운영하고 있다.

여섯째, 관광통합이용권 Korea Pass 정책으로 2012년, 출시 3년째를 맞아 그동안 구축해온 인프라 확대 및 인지도 확립을 통한 판매 활성화에 중점을 두고 외연 확대에 힘을 쏟았다. 우선 국내 공항, 터미널, 기차역 등 외래 관광객이 많이 찾는 곳에 판매처를 확보하여 외국인들이 쉽게 구매할 수 있는 환경을 조성하였고, 일본 오사카 피치항공 기내판매 협의(5월), JCB 카드 제휴 프로모션(4월) 및 중국 선불카드사인 EBC사와의 제휴를 통한 코리아패스 해외 판매망 최초 구축(11월) 등 국외에서도 활발한 마케팅 활동을 진행하였다. 한편 외래관광객 많이 방문하는 홍대지역 전용 코리아패스 및 한국의료관광협회와의 제휴를 통한 의료관광 특화 코리아패스 등 신규상품 개발을 추진하여 권역별 관광 및 의료 관광 활성화를 꾀하고 있다.

3) 관광종사원 자격제도 정책

우리나라 정부에서는 국가자격시험에 대한 통합적이고 엄격한 관리가 요구됨에 따라 2008년 관련 규정 개정을 통해 2009년부터 자격검정 시행 업무를 한국산업인력공단에 이관하여 시행하고 있다. 또한 문화관광해설사 운영 근거를 관광진흥법에 법제화하고 교육과정 인증제를 마련하였으며, 2011년에는 관광통역안내사 필기시험 일부 면제 규정을 신설하고, 국외여행 인솔자자격제도 및 교육기관 관련 규정을 정비하였다.

4) 복지관광 정책

일반적으로 복지관광은 정부 및 공공기관 차원에서 국민의 복리후생을 위한 관광 여건을 조성하는 것을 복지관광이라 한다. 제1장에서 논의된 바와 같이 Hunziker(1959)는 복지관광을 "저소득계층(low income group)에서 이루어지는 관광의 형태"로 정의하였다(McIntosh, 1984). 또한 Burkart & Medlik(1976)은 "참가가 한정된 사람들에게 보조금(subsidies), 특수시설(special facilities), 기타 조치에 의해 참가의 기회를 부여하는 것"이라고 하였다. 특히 McIntosh(1984)는 "지원관광"(subsidized tourism)이라고 하였다.

오늘날에는 여가시간과 소득증대로 여가수요가 지속적으로 증가함에 따라 관광을 단순한 휴양 및 위락 활동이 아니라 개인의 자아실현과 삶의 질 향상을 위한 기본권으로 보는 인식 변화와 맞물리면서, 사회 취약계층을 위한 복지관광 정책의 중요성 역시 강조되고 있는 실정이다. 우리나라 정부에서도 사회적 취약계층을 대상으로 정부차원에서 여행경비를 보조하여 소외계층의 국내관광 참여를 통한 관광복지 실현 및 국내관광 활성화를 도모하고 있다.

특히 여행바우처 사업은 여행을 자주 가기 어려운 저소득 근로자 및 자영업자를 위해 정부가 쿠폰 또는 카드를 수혜자에게 지급하는 형태로 국내여행 경비 중 일부를 부담해주는 제도로, 근로자들의 복지를 향상시키고 국내관광산업을 활성화시키기 위해 2005년부터 추진되었다. 2005년 여행바우처 사업은 중소기업체 소속 저소득 근로자를 대상으로 여행경비의 30%를 정부에서 지원하는 형태로 처음 시행되었고, 2006년에는 정부지원금을 40%로 높여 추진되었으나 하반기에 제도 운영에 대한 근본적인 문제가 제기됨으로써 여행바우처 사업은 전면 중단되었다. 그러나 관광향유권 보장과 국민관광 활성화에 대한 인식이 확산됨에 따라 여행바우처 제도의 재도입을 검토하게 되었고, 2010년에 제도가 부활되었다.

2005년과 2006년에 수행된 사업은 저소득 근로자 중심이었던 데에 반해, 2010년에는 자영업자까지 포함되었으며, 월 소득 기준으로 각각 차등지원하고 신청절차를 간소화하는 등 추진체계를 개선하여, 2005년 10,110명, 2006년 14,024명, 2010년 5,413명 등 총 3만여 명의 저소득 근로자와 자영업자가 정부지원으로 관광혜택을 누렸다.

여행바우처 사업은 2011년 대폭 개선되어, 기존에 「복지관광」과 「여행바우처」로 나누어져 운영되던 취약계층 복지관광 사업을 「여행바우처」로 통합·일원화함으로써 사업운영의 효율성을 꾀함과 동시에 바우처를 개별·복지시설단체·지자체 기획 3가지로 나누어 운영하여, 수혜자가 더욱 다양한 방식으로 여행의 기회를 제공받을 수 있도록 하였다.

또한 사업 시행주체를 지자체로 이관하여 지역사회에 더욱 밀착된 형태로 개선하였고, 대상 역시 기초생활수급자 및 법정 차상위계층으로 변경하여 사회적 취약계층을 우선 지원토록 하여 2013년에는 68,333명이 정부지원으로 관광혜택을 누리게 되었다. 2013년도에는 수혜자의 이용 편의성 및 선택권 확대를 위해 운영기관(한국문화예술위원회, 관광공사, 체육진흥공단)을 일원화하고 단일 카드를 발급할 예정이다.

5) 남북 관광교류 정책

2000년 6월 역사적인 남북 정상회담에서 '남북공동선언문'이 발표됨에 따라 그동안 긴장상태에 있던 남북한 관계가 새로운 국면으로 접어들었다. 이후 남북 이산가족 상봉과 남북 장관급회담이 성사되고, 남북 화해와 협력의 상징으로 1998년부터 시작된 금강산관광도 한층 활기를 띠게 되었으나 2008년 7월 11일 금강산 관광객 피격사망사건이 발생하면서 사고 진상규명, 책임소재 등을 이유로 남북관광교류의 상징인 금강산 관광이 중단되었으며, 2011년 8월에 북측은 금강산 내 남측 재산의 몰수 및 동결을 선언하고 체류 중인 모든 인원을 추방하였다. 이후 남북관광교류는 중단상태가 지속되고 있다. 향후 남북 간 긴장과 갈등이 지속되는 가운데 향후 북한의 태도 변화로 인해 우리 정부의 지향하는 한반도 신뢰프로세스가 구축된다면 남북관광교류는 새로운 전기를 맞을 것으로 기대된다.

5 적극적인 관광정책개발 필요성

국제관광현상에 대해 각국 정부는 경제적 효과뿐만 아니라 사회문화적 효과 등 다양한 효과로 인해 정부정책적으로 정부의 영향력을 강화하고 있는 실정이다. 이러한 정부의 개입은 경제적 관점에서 보면, 자유시장경제원리와 동떨어진 것이나 관광의 특성 상 그 필요성이 타 산업에 비해 크다고 할 수 있다. 다시 말해 경제학적 관점과 정치적 관점, 사회윤리적 관점, 환경적 관점 등에서 정부 개입이 필요하다는 것이다.

첫째, 경제적 관점에서 보면, 완전경쟁 및 파레토 최적(Pareto optimum) 상태, 즉 자원배분이 가장 효율적으로 이루어진 상태를 파레토 최적이라 하는데, 이때 이미 소비자나 생산자가 모두 경제적 능률의 극대화를 이루고 있다고 보기 때문에 정부의 개입은 불필요하다는 관점이다(김광근 외, 2011).

둘째, 정치적 관점에서 보면, 관광은 이동이 국제적으로 일어나기 때문에 국가 간 출입국(C.I.Q.) 문제, Visa 면제협정 등 정부의 개입이 필요하다. 앞서 논의된 바와 같이 국민관광 진흥정책은 국내관광 활성화를 통한 국민의 삶의 질 향상 등과 맞물려 있으며, 국제관광 진흥정책은 국제친선 효과 및 무역외수지 효과, 국가 이미지 제고, 그리고 전반적으로는 우리나라 관광산업의 인프라 조성 및 지역균형발전을 위해 정부의 관광시장 개입은 필연적이라 할 수 있다.

셋째, 사회윤리적 관점에서 보면, 관광서비스 개선 정책으로 관광종사원 자격제도 개선 정책과 관광불편신고센터의 운영 등, 그리고 우리나라 「관광기본법」 제10조 관광사업의 지도·육성 등 측면에서 정부의 적극적인 개입이 필요하다. 넷째, 환경적 관점에서 보면, 관광자원 개발과 관광지 개발에 있어서 지속가능성(sustainability)을 높이고, 또한 지역균형발전을 이루기 위해서도 정부의 적극적인 개입이 필요하다. 즉 「관광기본법」 "제9조 (관광자원의 보호 등) 정부는 관광자원을 보호하고 개발하는 데에 필요한 시책을 강구하여야 한다" 및 "제12조 (관광지의 지정 및 개발) 정부는 관광에 적합한 지역을 관광지로 지정하여 필요한 개발을 하여야 한다" 등에서 잘 나타나 있다.

제2절 | 관광법과 경영가치모델

1 관광법의 의의

관광법규는 크게 보면 다양한 관광정책 목적을 실현하기 위해 만든 제도로 일종의 특별법이라 볼 수 있다(동남레저산업연구소편, 2009).

현재 우리나라에는 우리가 흔히 관광법규라고 칭하는 법률은 없다. 다만 형식적으로 보면 관광과 관련되는 많은 실체법과 절차법을 편의상 관광법규라 부르고 있다. 관광실체법은 국회에서 제정하여 대통령이 공포한 법이며, 관광절차법은 법이라고 정한 것을 실현하기 위한 절차를 규정한 것으로 이른바 시행령, 시행규칙 등과 같은 것을 의미한다. 내용적으로 보면 관광법규란 인간의 기본권이며 자유권의 일종인 관광활동을 직접적으로 보호 촉진하는데 필요한 법으로서 관광주체(관광객), 관광매체(관광사업), 관광객체(관광자원)의 활동이 원활하게 이루어질 수 있도록 하는 법이다. 따라서 직접적인 관광법규로는 관광기본법과 관광진흥법이 있다. 먼저 관광기본법은 관광진흥의 방향과 시책에 관한 사항을 규정한 법이다. 그리고 관광진흥법은 관광객(관광주체)과 관련하여 관광 여건을 조성하고, 관광객체인 관광자원을 개발하며, 관광매체인 관광사업을 육성하여 관광진흥에 이바지하는 것을 목적으로 하고 있다.

2 관광법의 성격

1) 책무 및 의무적 성격

관광은 국민의 개인적 활동인 동시에 사적 부문의 영역이라는 점을 강조하면서 관광행정이 지나치게 관광에 개입해서는 아니 된다는 주장도 있지만, 오늘날의 관광은 사적인 활동의 차원을 넘어 사회적, 국가적 관심자로 등장하고 있기 때문에 정부는 관광현상에 적극적인 개입을 통하여 관광발전의 선도자 역할까지도 담당하여야 한다는 주장도 많다. 정부가 관광에 개입해야 한다고 주장하는 이유를 구체적으로 보면 첫째, 관광이 수지균형, 지역경제발전, 고용창출의 잠재력이 크다는 점, 둘째, 관광에 대한 정부개입이 관광산업의 활성화에 기여하고 있다는 점, 즉 관광분야에 대한 간섭에 의해서가 아니라 관광성장을 장려하기 위하여 불필요한 제약과 부담을 배제함으로써 관광산업의 활성화를 도모할 수 있다는 점이다. 셋째, 시장 실패에 따른 관광객의 보호를 위해 필연적인 것으로 받아들이고 있다는 점, 넷째, 관광산업은 국제적이고 경제적 환경과 국가 간의 정치적 관계에 따라 불안정하기 쉽기 때문에 관광산업의 보호를 위해 관광행정의 개입이 필요하다는 점, 다섯째, 국가 및 지방자치단체는 국민의 관광활동의 질적 만족을 위하여 최소한 계획 및 통제를 행사할 필요가 있다는 점, 여섯째, 관광의 산업화와 지나친 상업화로 인하여 관광의 본질을 왜곡시키는 결과를 초래하는 경우가 있을 수 있으므로 국가는 국민의 관광활동이 건전하게 유도되고, 가치지향적 방향으로 전개될 수 있도록 행정적 차원에서 개입해야 한다는 점 등을 들 수 있다(동남레저산업연구소편, 2009).

따라서 오늘날 정부의 관광진흥 개입은 자연스러운 것으로 받아들여지고 있다. 이러한 관점에서 관광법규는 관광활동이 원활하게 이루어져 궁극적으로 관광진흥에 기여함을 목적으로 하고 있으며, 또한 법의 목적달성을 위하여 이행해야 할 책무와 의무를 규정하고 있다.

2) 질서법적 성격

오늘날 모든 법은 국민의 정상적인 생활은 보장하면서도 국민의 경제생활, 사회생활 및 지역생활의 일부분을 질서유지라는 차원에서 개인의 자유과 권리를 부분적으로 제한하고 있듯이 관광법규도 관광현상과 관련되는 모든 관광활동의 질서를 위한 법으로서 질서법적 성격이 강하다.

관광법규에서는 관광질서를 위해 관광사업자에 대한 각종 금지행위와 단속사항, 관광객에 대한 금지행위 및 종사자에 대한 금지행위 등을 규정함으로써 국제친선을 증진하고 국민경제와 국민복지를 향상시키며 건전한 국민관광의 발전을 도모하고 있다.

3) 영리보장법적 성격

관광사업이란 관광객이 관광활동을 위하여 관광자원이나 관광시설 등을 이용하게 하고 그 대가를 받아 영위하는 사업으로 영리추구를 목적으로 존재하는 기업이다. 이는 상법이 일반적으로 기업활동에 대해 영리성을 인정하고 있는 것과 마찬가지로 관광법규도 관광사업자의 영리목적의 사업활동을 보장하고 있다. 그러므로 관광사업자가 그 영업 범위 내에서 관광객을 위하여 시설과 서비스 기타 관광과 관련과는 행위를 제공한 때에는 당연히 그 대가를 청구할 수 있으며, 관광사업자 상호 간에 거래관계나 관광행위로 인하여 발생한 채무에 대해서는 이의 지급을 청구할 수 있다.

4) 공시주의 성격

관광법규는 관광행정의 원활과 신속을 도모하기 위하여 관광사업의 중요한 사항을 일반에게 공시할 것을 요구하고 있다. 그 대표적인 것이 관광사업의 등록제이다. 즉 관광사업을 경영하고자 하는 자는 등록관청에 등록을 하여야 한다. 또한 관광사업자가 관광사업을 양도 양수하거나 관광사업을 경영하는 법인을 합병하고자 할 때 또는 관광사업을 휴업하거나 폐업한 때에는 등록관청에 신고토록 하고 있고, 관광사업의 경영에 필요한 이용계약과 요금을 정하여 그 시행 전에 신고하도록 하고 있다. 이와 같이 관광사업자가 관광과 관련된 경제행위를 함에 있어 공시를 하도록 요구하고 있다.

5) 보증법적 성격

일반적으로 기업의 활동이 불건전하고 고객으로부터 신뢰를 받지 못하면 거래의 안전성이 확보될 수 없고 소비자는 불안감을 갖게 된다. 일반적으로 상거래 활동의 원활을 위해서는 노출되지 않는 사실보다 표출된 외관에 대한 신뢰를 인정하는 것이 거래의 안정을 확보하는 길이라고 본다. 외관주의는 구체적으로 명시된 법조항을 의미하는 것으로 관광법도 외관주의적 성격이 매우 강하다. 구체적 내용을 보면 첫째, 관광사업의 등록주의를 채택하고 있으며, 둘째, 관광사업자의 자격을 제한하며, 행위능력이 없는 자가 관광사업을 경영하지 못하도록 함으로써 외관상의 거래에 내실을 기하도록 하였고, 셋째, 관광사업자는 허위기타 부정한 방법으로 관광사업을 경영하지 못하도록 함으로써 사실행위의 건전성을 보장하였으며, 넷째, 관광사업과 관련한 사고가 발생한 경우 보험금을 지급할 수 있도록 보험 또는 공제에 가입하도록 하여 거래상의 사고에 대한 사후 보상제도를 확립하고 있다. 이것들은 관광사업자에게 책임과 의무를 부여함과 동시에 외관주의를 강조하고 외형상의 신뢰성을 확보하고자 하는 것으로 이해된다.

3 관광법의 범위

가. 협의의 관광법규

협의의 관광법규는 인간의 기본권이며 자유권의 일종인 관광활동을 직접적으로 보호 촉진하는데 필요한 법을 말한다. 다시 말하면 관광에 대한 제반 현상 즉, 우리나라 관광진흥을 위한 중앙정부와 지방정부의 책임 및 임무와 관광활동이 원활하게 이루어질 수 있도록 하기 위한 여건조성, 관광자원개발, 관관사업의 지도 육성, 관광진흥개발기금의 지원 등을 내용으로 한 법을 말한다. 이러한 관광현상과 직접적인 관련이 있는 '관광' 법규로는 관광기본법, 관광진흥법, 관광진흥개발기금법을 들 수 있다.

첫째, 관광기본법은 관광진흥의 방향과 시책의 기본을 정하고 국제친성의 증진과 국민경제의 향상 및 건전한 국민관광의 발전을 도모하기 위하여 국가와 지방자치단체가 수행해야 할 책임과 임무를 선언적으로 규정하고 있다.

둘째, 관광진흥법은 관광활동이 원활하게 이루어지도록 제반 관련사항을 규정한 법으로 관광여건을 조성하고 관광자원을 개발하며 관광사업의 지도 및 육성으로 관광진흥을 목적으로 하고 있다.

셋째, 관광진흥개발기금법은 관광사업을 효율적으로 발전시키고 관광외화수입 증대에 기여하기 위하여 관광진흥개발기금의 설치를 목적으로 하고 있다.

나. 광의의 관광법규

광의의 관광법규는 관광활동을 직접적으로 보호 촉진하는데 필요한 법을 제외한 관련법을 말한다. 즉, 관광과 직접적인 관련이 있는 협의의 관광법규인 관광기본법, 관광진흥법, 관광진흥개발기금법 등을 제외한 관광활동에 간접적으로 관련된 법을 광의의 관광법규라고 할 수 있는데 이를 행위제한에 관한 법규, 개발 및 이용에 관한 법규, 교통운수에 관한 법규 및 자원의 보존과 관리에 관한 법규로 구분할 수 있다.

첫째, 행위제한에 관한 법규로는 출입국관리법, 여권법, 관세법, 외환관리법, 공중위생법, 식품위생법, 숙박업법, 유기장법, 검역법, 공중목욕탕법, 주세법, 지방세법, 조세감면규제법, 법인세법, 특별소비세법, 수도법, 하수도법, 지방재정법 등이 있다.

둘째, 개발 및 이용에 관한 법규로는 국토건설종합계획법, 국토이용관리법, 도시계획법, 건축법, 농지의 보전 및 이용에 관한 법률 등이 있다.

셋째, 교통·운수에 관한 법규로는 항공법, 자동차운수사업법, 도로법, 삭도궤도사업법 등이 있다.

넷째, 자원의 보전과 관리에 관한 법규로는 도시공원법, 문화재보호법, 산림법, 산림개발법, 공유수면관리법, 공원법, 불교재산관리법, 환경보전법 등이 있다. 이를 체계화하면, 다음 표와 같다.

〈표 5-4〉 **관광 관련 광의의 관광법규**

목적	관련법
행위제한에 관한 법규	출입국관리법, 여권법, 관세법, 외환관리법, 공중위생법, 식품위생법, 숙박업법, 유기장법, 검역법, 공중목욕탕법, 이용 및 미용사법, 주세법, 지방세법, 조세감면규제법, 법인세법, 부가가치세법, 특별소비세법, 수도법, 하수도법, 보조금관리법, 지방재정법 등
개발 및 이용에 관한 법규	관광단지개발촉진법, 국토건설종합계획법, 국토이용관리법, 도시계획법, 토지수용법, 건축법, 항만법, 하천범, 농지의 보전 및 이용에 관한 법률, 도시계획법, 온천법 등
교통·운수에 관한 법규	항공법, 자동차운수사업법, 도로법, 삭도·궤도사업법 등
자원의 보전과 관리에 관한 법규	도시공원법, 문화재보호법, 산림법, 산림개발법, 임산물단속법, 공유수면관리법, 공원법, 불교재산관리법, 조수보호 및 수렵에 관한 법률, 환경보전법 등

이러한 광의의 관광법 역시 관광현상과 직·간접적으로 연관되어 있다.

4 관광법규의 변천과정

우리나라의 관광산업의 발전은 관광법규의 변천과정과 밀접한 관련을 가지면서 성장해 왔다. 관광의 불모지나 다름없는 실정에서 비교적 짧은 시간에 고도의 성장을 가능하게 한 것은 정부주도의 적극적인 법적·제도적 지원이 원동력이었다.

1950년대는 관광의 여명기로서 실질적인 관광행정이 제대로 행사되지 못하였고, 정부가 관광에 관심을 다소나마 표현한 시기라고 볼 수 있다. 이때의 관광행정의 과제는 6.25로 파괴된 도로 건설과 같은 관광인프라 구축과 숙박시설 등의 관광시설을 확충하는 한편, 자생적으로 설립되는 관광사업을 지원 및 육성하는 정도였다.

1960년대는 관광의 기반조성기로 정부의 강력한 정책적 뒷받침을 바탕으로 관광사업진흥을 위한 기반을 구축하기 시작하였다. 1961년 처음으로 관광과 직접적인 관련이 있는 관광사업진흥법과 숙박업이 제정되었고, 1962년에는 국제관광공사법(1982년 한국관광공사로 개칭)이 제정되었다. 이와 같은 법 제정은 관광행정의 정비, 관광지 개발, 관광사업의 국제화 등을 가능하게 하였다.

1970년대는 관광의 성장기라 부를 수 있다. 1960년대에 형성된 기반을 바탕으로 1970년대에 들어 외래관광객의 급속한 성장과 국민관광이 활기를 띠게 된다. 더불어 정부는 관광사업을 경제개발계획에 포함시켜 국가의 주요 전략산업으로 지정하여 육성함과 동시에 수용시설의 확충, 관광진흥개발기금법 제정, 1975년 관광단지개발촉진법을 제정하였다. 1975년에는 종래의 관광사업진흥법을 폐지하고, 1975년 12월 31일에 관광사업법을 제정하였고, 활성화되고 있는 국민관광의 건전한 발전을 위해 관광의 양적 확대뿐만 아니라 질적 충실을 도모하고, 장기적인 관광진흥의 정책방향과 시책을 규정한 관광기본법이 제정되었다. 주요 관광법규의 변천과정을 도식화해보면, 다음 그림과 같다.

〈그림 5-2〉 주요 관광법규의 변천 과정

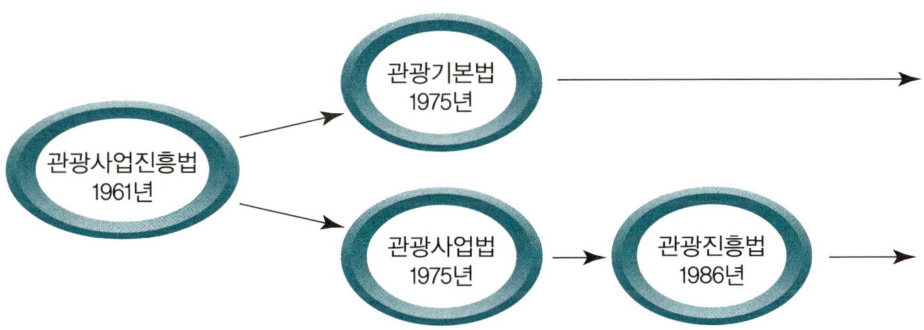

이어서 관광기본법의 목적을 간추려 보면, 다음 그림과 같다.

〈그림 5-3〉 관광기본법의 목적

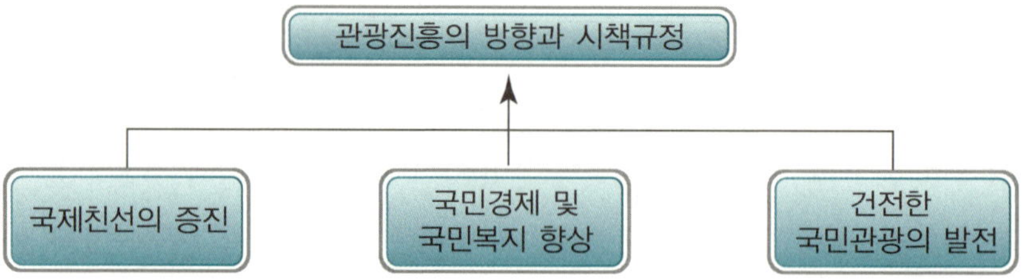

1980년대는 관광의 도약기이다. '86 아시안 게임' 과 '88 서울 올림픽 개최' 등으로 우리나라 관광산업이 비약적인 발전을 하게 되었다. 1988년에는 외래광관객 200만 명을 유치하였으며, 1인당 국민소득도 1,000달러를 넘기게 되었다. 1986년에 종래의 관광사업법과 관광당지개발촉진법을 폐지하고, 1986년 12월 31일에 관광사업법과 관광단지개발촉진법의 내용을 포함하는 새로운 관광진흥법을 제정하게 된다. 관광진흥법의 탄생의 주된 이유는 기존의 관광사업법이 가지고 있는 개념적 한계, 즉 관광주체와 관광객체를 제외한 관광매체로서 관광사업에 초점을 두었기 때문이다. 따라서 관광진흥법은 관광주체 측면과 관광객체 측면, 그리고 관광매체 측면을 포괄한다고 할 수 있다.

5 관광기본법과 관광진흥법 개요

가. 관광기본법

관광기본법은 총 14조로서 관광진흥의 방향과 시책에 관한 사항을 규정함으로써 국제친선을 증진하고 국민경제와 국민복지를 향상시키며 건전한 국민관광의 발전을 도모하는 것을 목적으로 제정되었다.

〈표 5-5〉 **관광기본법의 전문**

관광기본법

[법률 제8741호, 2007.12.21, 일부개정](문화체육관광부)

제1조(목적) 이 법은 관광진흥의 방향과 시책에 관한 사항을 규정함으로써 국제친선을 증진하고 국민경제와 국민복지를 향상시키며 건전한 국민관광의 발전을 도모하는 것을 목적으로 한다.

제2조(정부의 시책) 정부는 이 법의 목적을 달성하기 위하여 관광진흥에 관한 기본적이고 종합적인 시책을 강구하여야 한다.

제3조(관광진흥계획의 수립) 정부는 관광진흥장기계획과 연도별 계획을 각각 수립하여야 한다.

제4조(연차보고) 정부는 매년 관광진흥에 관한 시책과 동향에 대한 보고서를 정기국회가 시작하기 전까지 국회에 제출하여야 한다.

제5조(법제상의 조치) 국가는 제2조에 따른 시책을 실시하기 위하여 법제상·재정상의 조치와 그 밖에 필요한 행정상의 조치를 강구하여야 한다.

제6조(지방자치단체의 협조) 지방자치단체는 관광에 관한 국가시책에 필요한 시책을 강구하여야 한다.

제7조(외국 관광객의 유치) 정부는 외국 관광객의 유치를 촉진하기 위하여 해외 홍보를 강화하고 출입국 절차를 개선하며 그 밖에 필요한 시책을 강구하여야 한다.

제8조(시설의 개선) 정부는 관광객이 이용할 숙박·교통·휴식시설 등의 개선 및 확충을 위하여 필요한 시책을 강구하여야 한다.

제9조(관광자원의 보호 등) 정부는 관광자원을 보호하고 개발하는 데에 필요한 시책을 강구하여야 한다.

제10조(관광사업의 지도·육성) 정부는 관광사업을 육성하기 위하여 관광사업을 지도·감독하고 그 밖에 필요한 시책을 강구하여야 한다.

제11조(관광 종사자의 자질 향상) 정부는 관광에 종사하는 자의 자질을 향상시키기 위하여 교육훈련과 그 밖에 필요한 시책을 강구하여야 한다.

제12조(관광지의 지정 및 개발) 정부는 관광에 적합한 지역을 관광지로 지정하여 필요한 개발을 하여야 한다.

제13조(국민관광의 발전) 정부는 관광에 대한 국민의 이해를 촉구하여 건전한 국민관광을 발전시키는 데에 필요한 시책을 강구하여야 한다.

제14조(관광진흥개발기금) 정부는 관광진흥을 위하여 관광진흥개발기금을 설치하여야 한다.

제15조 삭제〈2000.1.12〉

나. 관광진흥법

1) 관광진흥법

관광활동에 관련된 제반행정작용을 규정한 관광활동의 핵심법(1986년 12월 31일 제정법률)으로 1986년 12월 31일 기존의 관광사업법을 개칭 법률 제3910호로 공포되었다. 전체 구성은 모두 7장으로 86조문과 부칙으로 되어 있다.

〈표 5-6〉 관광진흥법의 개요 및 내용

장	내용 요약
제1장 총칙	제1조(목적) : 관광여건 조성, 관광자원 개발, 관광사업을 육성하여 관광진흥에 이바지함 제2조(정의) : 관광사업, 관광사업자, 기획여행, 관광지, 관광단지, 관광특구, 문화관광해설사 등
제2장 관광사업	제1절 통칙(제3조 관광사업의 종류~제11조) 제2절 여행업(제12조 기획여행의 실시~제14조) 제3절 관광숙박업 및 관광객 이용시설업 등(제15조 사업계획의 승인~제20조) 제4절 카지노업(제21조 허가요건 등~제30조) 제5절 유원시설업(제31조 조건부 영업허가~제34조) 제6절 영업에 대한 지도와 감독(제35조 등록취소 등~제37조) 제7절 관광종사원(제38조 관광종사원의 자격~제40조)
제3장 관광사업자단체	(제41조 한국관광협회중앙회 설립~제46조)
제4장 관광의 진흥과 홍보	(제47조 관광정보의 활용 등)~제48조
제5장 관광지 등의 개발	제1절 관광지 및 관광단지의 개발(제49조 관광개발기본계획 등~제69조 제2절 관광특구(제70조 관광특구의 지정~제74조)
제6장 보칙	(제76조 재정지원~제80조)
제7장 벌칙	(제81조 벌칙~제86조)
부칙	

2) 관광진흥법 시행령

이 시행령은 「관광진흥법」에서 위임된 사항과 그 시행에 필요한 사항을 규정함을 목적으로 제정되었으며, 1976년 7월 20일 대통령령 제8194호로 공포되었다. 예를 들면, 「관광진흥법」(이하 "법"이라 한다) 제3조제2항에 따라 관광사업의 종류를 다음과 같이 세분화하고 있다. 관광진흥법 시행령은 총 67조와 부칙으로 구성되어 있다.

3) 관광진흥법 시행규칙

이 규칙은 「관광진흥법」 및 같은 법 시행령에서 위임된 사항과 그 시행에 필요한 사항을 규정함을 목적으로 제정된 규칙으로 총 73조와 부칙으로 구성되어 있다.

6 관광 관련 자격증

관광관련 자격증은 다음과 같다.

〈표 5-7〉 관광 관련 자격증

자격증	내용
국내여행안내사	• 전문대학 이상의 학교에서 관광분야를 전공하고 졸업한 자에 대하여 필기시험면제
	• 필기시험 - 국사[30%] - 관광자원해설[20%] -관광법규[20%] - 관광학개론[30%] 매 과목 40점 이상 평점 60점 이상(객관식 4지 선택형)
	• 면접시험 - 국가관 및 인성면접 - 관광실무상식 면접 총점 60점 이상이면 합격.
조주기능사	• 전문대학 이상의 학교에서 관광분야를 전공하고 졸업한 자에 대하여 필기시험면제
	• 필기 : 양주학개론, 주장관리개론, 기초영어 객관식 4지선다형, 60문항(60분)
	• 실기 : 칵테일조주작업 작업형(7분 내외) 합격기준 : 100점 만점에 60점 이상
호텔서비스사	• 관광분야의 학과를 이수하고 졸업한 자 또는 예정자에 대해 외국어를 제외한 필기시험면제
	• 외국어 시험점수 TOEIC 490점 이상, JPT 510점 이상, HSK 5급 이상
	• 시험일정 1년에 한번 10월경
국외여행인솔자	• 관광분야의 학과를 이수하고 졸업한 자 또는 예정자에 대해 외국어 를 제외한 필기시험 면제
	• 양성교육 전문대학 이상 관광학과 전공하는 재학생(졸업생) 관광관련 실업계고교 졸업자 관광관련 취업 희망자 관광관련업체 6개월 이상 근무경험자로서 연 100시간 이상 교육을 수료해야 함.

자격증	내용
국외여행인솔자	• 소양교육 여행업체 경력이 6개월 이상으로 국외여행이 한번 이상 있는 자로 문화체육관광부에서 지정한 전문교육기관에서 연 15시간 이상 교육을 수료해야 함.
	• 관광통역안내사 자격증 취득자는 소양교육을 받을 수 있는 자격이 주어짐.
관광통역안내사	• 전문대학 이상의 학교에서 관광분야를 전공하고 졸업한 자에 대하여 필기시험 중 관광법규 및 관광학개론 과목을 면제
	• 필기시험(과목당 25문) - 국사(40%) - 관광자원해설(20%) - 관광법규(20%) - 관광학개론(20%) • 합격기준 매 과목 40% 이상, 전과목 점수가 배점비율로 환산하여 60% 이상 되어야 함.
	• 외국어 시험 기준 (응시원서 접수 마감일 기준 2년 이내 취득 점수에 한함) TOEIC 760점 이상 영어 TOEFL(IBT) 81점 이상 TOEFL(CBT) 217점 이상 TEPS 677점 이상 일본어 JPT 740점 이상/JLPT 1급 이상 중국어 HSK 5급이상 합격하여야 함 • 이외 불어, 노어 등 다양함. • 필기 시험 및 면접 시험은 매년 한국관광공사 일정에 따라 다름
바리스타	• 기본내용 바리스타는 커피를 만드는 전문가로서 좋은 원두를 선택하고 커피 기계를 활용하여 고객이 원하는 커피를 만들어 서비스하는 일을 담당함. • 정규교육과정 바리스타가 되기 위해 요구되는 학력의 제한은 없음
소믈리에	• 기본내용 소믈리에는 와인을 취급하는 호텔이나 레스토랑, 바(Bar), 와인 전문점에서 고객이 주문한 요리에 어울리는 와인을 추천하고 고객의 취향을 파악하여 고객이 원하는 와인을 감정하고 골라주는 일을 담당함. • 정규교육과정 소믈리에가 되기 위해 요구되는 학력의 제한은 없음
의료관광 코디네이터	의료관광 전문 지식과 외국어 능력을 갖추고 내원한 외국인 환자의 진료 일정 조율과 의사, 간호사를 서포터 해주고 환자와 동반가족들의 국내체류, 관광안내, 항공권 구매, 숙박 알선 등을 지원하는 의료사무 전문직종임. 주로 외국인 환자와 환자의 가족을 상대하기 때문에 외국어 즉 영어/일본어/중국어/러시아어, 아랍어 등이 필수임.

표에서 와 같이 국내여행안내사 자격증의 경우 전문대학 이상의 학교에서 관광분야를 전공하고 졸업한 자에 대하여 필기시험이 면제되며, 호텔서비스사 자격증의 경우 관광분야의 학과를 이수하고 졸업한 자 또는 예정자에 대해 외국어를 제외한 필기시험을 면제하고 있다.

제3부

미시관광현상과 경영가치모델

제6장

"관광객과 경영가치모델"

제1절 | 관광주체로서 관광객과 경영가치모델

1 관광객의 유형

가. UNWTO의 국제관광객분류체계

관광행위에 참여하는 사람을 통칭해 관광객이라 칭한다. 관광행위의 주체로서 관광객을 달리 관광자로 표현되기도 한다. 사전적 의미로는 관광객(客)과 관광자(者)는 보는 사람의 관점에 따라 달리 해석될 수 있다. 예를 들어, 관광객은 관광사업의 하나의 시장(market)으로서 2인칭과 3인칭 개념으로도 볼 수 있으며, 관광자는 1인칭, 2인칭, 3인칭 개념을 포괄하는 개념으로 볼 수도 있다.

학자들에 따라 이들 용어의 뉘앙스 차이를 두고 논쟁이 있을 수 있으나 본서에서는 관광객을 포괄적인 개념으로 일상생활에서 통용된다는 점을 고려하여 일상용어로써 관광객이라 칭하기로 한다.

〈그림 6-1〉에서 나타나 있는 바와 같이 일반적으로는 여행자의 개념이 관광객의 개념보다는 포괄적이라 할 수 있다. 그러나 본서에서는 관광을 유사개념까지 포함하는 관점으로써 포괄적 개념의 관광객으로 보고자 한다.

UNWTO의 국제관광통계 기준을 중심으로 살펴보면 다음 그림과 같다.

〈그림 6-1〉 UNWTO의 국제관광객분류체계

여행자(travelers)

국제관광통계 포함

① 관광객(tourist)
② 당일관광객(excursionist)
③ 방문자(vistor)

통계 불포함

① 이민
② 외국취업
③ 외교관
④ 주둔군인
⑤ 통과객
⑥ 유랑인
⑦ 망명자
⑧ 국경통근자

우리나라의 경우 국제관광통계에서 UNWTO가 분류하고 있는 통계불포함 여행자 중 이민과 취업을 아웃바운드 관광 통계에 포함시키고 있으며, 또한 승무원의 경우 인바운드 관광 통계에 포함하고 있는 상황이다.

한편 우리나라 KTO에서는 국민관광객을 ① 해외여행자, ② 국내여행자(당일여행객, 숙박여행객)로 분류하고 있다.

나. 관광객의 개념 변천 및 관광시장으로서 관광객

1) 관광객의 개념 변천과 그 이유

관광객의 개념은 기관이나 학자들에 따라 다르게 정의되고 있다. 관광객 개념의 변천과정을 살펴보면 다음 〈표 6-1〉과 같다.

〈표 6-1〉 관광객 개념의 변천

기관	개념
ILO (1937년)	■ 관광객 • 위락목적, 가정상의 이유, 건강상의 이유로 여행하는 자 • 회의참석을 위하여 여행하는 자 • 사업상의 목적으로 여행하는 자 • 해외여행 도중에 기항하는 자 ■ 비관광객 • 직업을 구하거나 사업을 하기 위하여 입국하는 자 • 거주하기 위하여 입국한 자 • 기숙사에서 생활하는 유학생과 청소년 • 국경 또는 인접지역에 거주하면서 국결을 넘어 통근하는 자 • 여행이 24시간 이상을 소요하게 되더라고 체재하지 않고 통과하는 자
OECD (1960년)	■ 국제관광객 : 인종이나 성별·언어·종교에 관계없이 자국을 떠나 외국의 영토 내에서 24시간 이상 6개월 이내 체재하는 자 ■ 일시방문객 : 24시간 이상 3개월 이내의 체재
UN (1967년)	■ 방문객(visitor) : 방문국 내에서 보수가 주어지는 직업에 종사할 목적과는 다른 이유로 일산적인 거주지가 아닌 다른 나라를 방문하는 자 ■ 관광객(tourist) : 방문국에서 최소한 24시간을 체재하는 일시방문객으로 다음과 같은 내용의 어떤 목적으로 여행하는 자 • 여가, 위락, 휴가, 건강, 학습, 종교, 스포츠 • 사업, 가족, 친지, 회의, 미션(mission) ■ 당일관광객(excursionist) : 방문국에서 24시간 이내를 체류하는 자
UNWTO (1984년)	■ 여행자(국제관광통계 포함) : 관광객(tourist), 당일관광객(excursionist), 방문객(visitor) ■ 여행자(국제관광통계 불포함) : 이민, 외국취업, 외교관, 주둔군인, 통과객, 유랑인, 망명자, 국경통근자, 무국적자

주 : 우리나라의 경우 이민과 해외취업의 경우 국제관광객 통계에 포함하고 있으며, 승무원의 경우 1998년부터 통계에 포함하고 있음.

〈표 6-1〉에서와 같이 기관에 따라 관광객의 개념이 변화되어 온 것은 사회여건 변화에서 출발한다. 특히 UNWTO(1984)에서는 스페인 마드리드 회의에서 관광객의 개념을 획기적으로 바꿨다고 할 수 있다. 다시 말해 UNWTO에서는 국제관광통계의 정확성과 현실성을 높이기 위해 1967년 UN에서 설정한 국제관광객 통계기준의 한계를 인식하고 기존의 24시간 개념을 없앴다는 것이 핵심 쟁점이었다. 즉 기존의 국제관광객(tourist : 24시간 이상) 기준에서 당일관광객(excursionist : 24시간 미만) 및 방문객(visitor)을 포함하여 '사람의 이동' 개념으로 관광객의 개념 확대를 했다는 점이다. 이를 구체적으로 살펴보면, 다음과 같다(김광근 외, 2011).

가) 국제관광객 통계에 포함되는 관광객

① 관광객(tourist) 국경을 통과하여 타국에서 유입된 방문객으로 방문국에서 24시간 이상 체재하는 사람으로서 위락, 휴가, 스포츠, 사업, 친척, 친지방문, 국가의 파견, 회의참가, 연수, 종교, 스포츠 행사참가 등의 목적으로 여행하는 자

② 방문객(visitor) 자기의 통상거주지가 아닌 국가를 방문하는 국내 비거주 외국인, 해외거주국민, 승무원 등

③ 당일관광객(excursionist) 위에서 정의한 방문객으로 방문지에서 24시간 미만 체재하는 자(선박여행객, 낮 방문자, 선원, 승무원 등)

나) 국제관광객 통계에서 제외되는 비관광객

① 국경근로자(border workers) 국경과 인접하여 거주하면서 다른 나라로 통근하는 자로 정기적이고 빈번하게 국경을 다시 넘어 거주지로 되돌아가는 점에서 단기 이주자와 구별된다

② 통과객(transit passengers) 공항의 지정지점에서 잠시 머무는 항공 통과여객이나 상륙이 허가되지 않는 선박승객과 같이 국경에 도착하기는 했으나 여권심사를 통해 공식적으로 입국하지 아니한 자

③ 무국적자(stateless persons) 신분을 증명하는 서류는 항공권 등의 통과티켓(transit ticket)만 소지하고 있는 자로 방문하고자 하는 나라에서 국적불명으로 인정하는 자

④ 장기이주자 1년 이상 체재하기 위하여 입국하는 자와 그 가족 및 동반자

⑤ 단기이주자 1년 미만 체재하되, 체류국에서 보수를 받는 취업목적 입국자와 그 가족 및 동반자

⑥ 외교관 및 영사 대사관이나 영사관에 상주하는 외교관과 영사 및 그 가족과 동반자

⑦ 군인 주둔하는 외국 군대의 구성원 및 그 가족과 동반자

⑧ 망명자 인종, 종교, 국적, 특정단체의 회원가입 또는 정치적 견해에서 기인하는 박해에 대한 근거 있는 두려움 때문에 국적 국에서 벗어나 있으며 국적국으로 돌아가고자 하지도 않는 자

⑨ 유랑자 거의 정기적으로 입국 또는 출국하여 상당기간 체류하는 자 및 국경에 인접하여 생활하는 관계로 짧은 기간 동안 매우 빈번하게 넘나드는 자

3) 관광시장으로서 관광객

관광행동에 관심을 갖고 있는 관광사업자나 마케터들이 직면하는 문제는 시장욕구, 즉 기본적 욕구(needs)와 2차적 욕구(wants)를 이해하는데 있다. 이를 통해 관광서비스 제공자는 관광객의 욕구 충족을 통해 이윤을 극대화할 수 있기 때문이다. 이때 시장(market)은 다음과 같이 정의된다(Stanton, 1984).

> A Market is "people with 1) needs or and wants"
> 2) money to spend
> 3) willingness to spend it

다양한 개념의 관광행위에 참가하는 사람을 통칭해 관광객이라 할 때, 관광상품 구매자는 관광행위에 직접 참여하는 관광객일 수도 있고, 단지 구매자 역할만 하는 경우도 있다. 관광사업의 관점에서 보면 이들 모두 현재시장 또는 잠재시장으로 관광시장에는 ① 소비자시장, ② 비즈니스시장, ③ 재판매시장, ④ 정부시장, ⑤ 국제시장이 있다. 여기서 소비자시장은 관광상품을 구매하거나 관광행위에 참여하는 개인이나 가구로 구성된다. 이에는 관광주체로 관광행위에 참여하는 관광객과 관광상품 구매자가 여기에 해당된다. 비즈니스시장은 추가 상품화를 위해 또는 생산과정에 사용하기 위해 관광상품을 구매하는 시장을 말한다. 이에는 여행패키지상품을 개발하는 여행도매업자(tour wholesaler)가 있다. 재판매시장은 재판매함으로써 이익을 창출하기 위해 제품이나 서비스를 구매하는 시장을 말한다. 이에는 일반적으로 여행소매업자(tour retailer) 및 랜드사(land operator)가 있다. 정부시장은 해외연수(junket) 등의 관광상품 내지 여행상품을 구매하는 중앙정부나 지방정부, 그리고 공공기관으로 구성된다. 그리고 국제시장은 여러 나라의 소비자로 구성되며, 이는 국내 이외의 국제소비자시장, 국제비즈니스시장, 국제재판매시장, 외국정부시장이 있다. 즉 관광시장 관점에서 보면, 외국인 관광객, 외국 여행도매업자, 외국 여행소매업자, 외국항공사, 외국 정부 등이 있다. 즉 이는 관광사업의 관점에서 마케팅 활동의 대상이기 때문이다.

❷ 관광객행동과 경영가치모델

관광객의 구매행동이나 관광행동을 이해하기 위해서는 기본적으로 소비자행동모델을 이해해야 한다. 소비자행동모델에 있어서 대표적인 모델이 ① 블랙박스모델(일명 S-R모델)이다. ② 전통적 모델로는 조건화 학습모델과 인지학습모델 등이 있다. ③ 해석적 모델로는 March and Simon Model 등이 있다. 그리고 ④ 1960년대 이후 일반화된 통합모델로는 Engel-Blackwell Model 등이 있다.

1) 블랙박스(black box)모델

관광객의 심리를 연구·분석하기 위한 가장 기초적인 모델은 블랙박스 모델이다. 이 모델은 외적자극에 대해서 고객의 심리적 과정이 어떻게 일어나는지 알기 힘든 어두운 상자 속(black box)과 같은 내적 처리과정을 거쳐서 여러 가지 반응(구매, 재구매, 만족/불만족, 애호도, 구전 등)을 나타내고 있음을 의미하고 있다.

〈그림 6-2〉 블랙박스모델

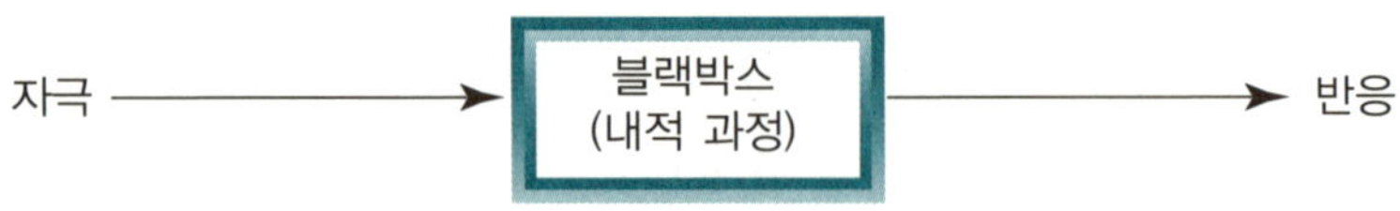

2) 전통적 모델

가) 파브로브의 학습모델(Pavlovian learning model)

러시아의 생리학자 Pavlov가 조건반사(conditioned response)를 발견한 이래 사람을 포함한 많은 동물에도 실험한 결과 타 동물과 마찬가지로 사람이 무엇인가 인지하고 배우는 것은 하나의 연상과정이며 대부분의 반응은 연상에 의하여 조건 지어지는 것으로 파악하였다.

실험심리학자들은 학습, 망각, 분별력과 같은 현상을 연구하였는데 그 성과는 오늘날 사람행동의 자극-반응 모델로 통합되었으며 수년간의 수정 끝에 오늘날에는 다음과 같은 네 가지 개념을 중심으로 설명되고 있다. 첫째, 동인(drives)으로 이는 욕구(needs) 또는 동기(notives)라고도 하며, 갈증, 성욕, 식욕과 같은 1차적인 심리적 동인(primary physiological drives)과 협동, 공포, 존경심 등과 같이 사회적으로 학습된

동인(learned drives)이 있다. 둘째, 실마리(cues)로 이는 개인에게 행동을 유발시키는 강한 내적자극이 동인인 반면에 실마리는 언제, 어디서, 어떻게 반응이 나타날 것인가를 결정하여 주는 약한 자극으로 외적 환경 또는 사람 내부심리에 존재한다. 셋째, 반응(response)으로 이는 여러 가지의 내외적 자극이 실마리가 되어 일어나는 조직체의 반사적 행동(organism's reaction)을 뜻한다. 동일한 결합의 실마리라도 항상 동일한 반응을 초래하지는 않는다. 넷째, 강화(reinforcement)로 이는 만약 과거의 경험이 유익하다고 인식된다면 동일한 결합의 실마리에 대한 반응이 강화된다. 이를 (+) 강화라 하고, 그 반대의 경우를 (−) 강화라고 한다.

나) 프로이트의 정신분석모델(Freud psycho-dynamic model)

Freud가 사람행동을 설명하기 위해서 제시한 모델은 오늘날 사람의 복잡한 심리를 이해하고 또한 마케팅활동에 필요한 사람의 구매동기를 분석하는데 널리 응용되고 있다. 프로이드는 사람의 심리를 크게 세 요소로 파악하였다. 첫째, 자아의 기저를 이루는 본능적 충동인 원초자아(Id : pleasure principle)로 쾌락원리를 추구한다는 것이다. 둘째, 자아(Ego : reality principle)로 이는 개인이 점점 성장해 감에 따라 본능적 동인은 내재되고, 자신의 욕구를 충족하기 위해서 자신의 이해관계를 따지며, 분석하는 현실원리가 점차 증대한다고 한다. 셋째, 자아를 감시하는 무의식적인 양심인 초자아(Super Ego : morality principle)로 이는 도덕률(morality principle)에 근거하여 사회관습, 법률, 예의를 인식하고, 자신의 욕구를 충족시키되 사회적으로 죄책감, 수치심 등을 피하기 위하여 자신의 참된 욕구를 위장하려 하거나 억제하도록 한다는 것이다. 이들 세 가지의 성격 구성요소들은 개인에 따라 구성 정도가 다르다고 할 수 있다.

다) 베블렌의 사회심리모델(Veblenian socialpsychological model)

대부분의 경제학자들은 사람을 합리적 동물로서 다루었으나 Veblen은 사회적 동물로서 인식하였다. 그는 사람의 행동 역시 그 사람이 소속하고 있는 문화권의 관습, 행위 규범에 따르며 또한 생활과 직접 관련을 갖는 회원집단 또는 그들이 되고자 하는 열망집단의 행동에 따라 형성된다고 보았다.

베블렌은 그의 저서 『유한계급론』(The Theory of Leisure Class)에서 유한계급에 속하는 사람들의 소비관습을 상세히 분석하고 그들의 구매행동이 내적 욕구나 만족을 위해서가 아니라 자신의 명성(prestige)을 과시하기 위한 것이었으며, 타 계층의 사람들도 이러한 과시소비를 모방한다고 밝혔다.

3) 해석적 모델로서 마치와 사이몬 모델(March and Simon model)

1958년에 개발된 마치와 사이몬 모델은 그림과 같다.

〈그림 6-3〉 마치와 사이몬 모델

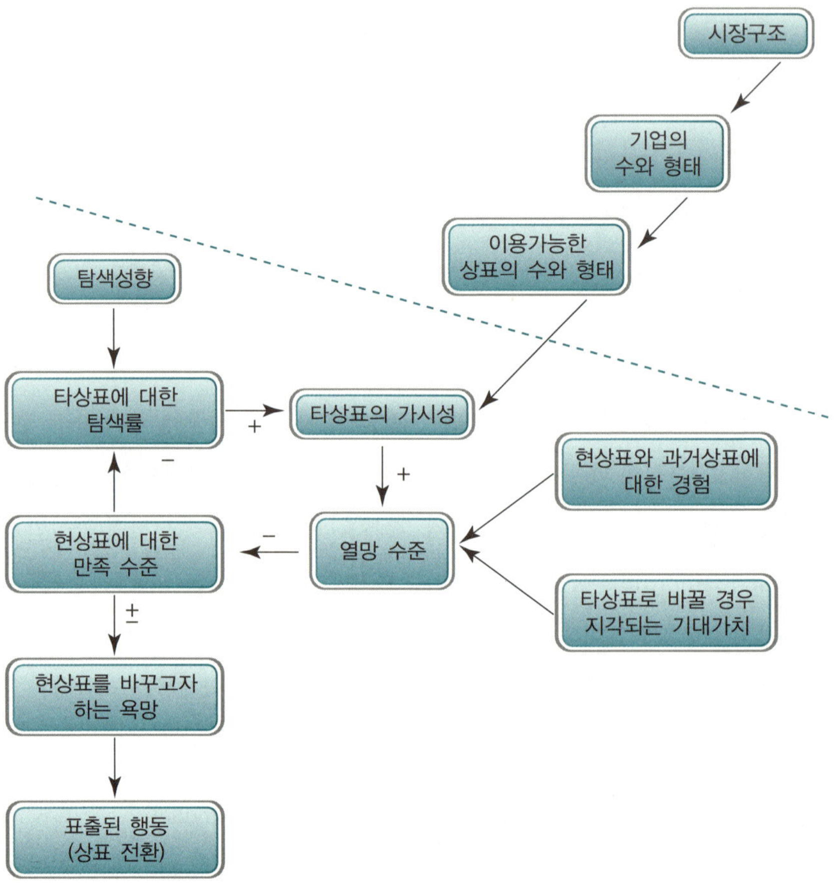

자료 : March and Simon(1958).

이 모델에서의 주요변수는 대안적 상표의 가시성, 대안적 상표에 대한 행위자의 탐색성향, 현재사용 중인 상표에 대한 만족수준, 현상표의 판매자와 여타 판매자에 의해 제공되는 상표들의 이용가능성, 그리고 다른 상표로 바꾸려는 욕망 등이다. 이들 변수들 간의 관계로 ① 열망수준이 높으면 높을수록 만족수준은 낮아짐을 보여주고 있다. ② 만족수준이 낮으면 낮을수록 탐색률은 높아지며, 이때 탐색률은 행위자의 탐색성향에 따라 다소 차이가 있다. ③ 탐색률이 높을수록 다른 상표들의 가시성이 높아짐을 보여주고 있으며, 이때의 가시성은 여타 상표들의 시장이용가능성(시장구조, 기업의 수와 형태, 이용가능한 상표의 수와 형태)에 의해 결정된다. ④ 다른 상표들의 가시성이 높아지면 열망수준은 높아진다. ⑤ 아무리 만족수준이 높다하더라도 상표 전환(brand switching)이 이루어질 수 있음(±)을 나타내고 있다.

4) 통합 모델

가) 엥겔-블렉웰 모델

이 모델은 1968년의 Engel-Blackwell Model(EB model)을 수정한 것으로 고관여(혹은 고몰입) 모델(high involvement model)과 저관여(혹은 저몰입) 모델(low involvement model)이 있다. 이 모델은 결정과정, 투입변수로서 자극, 정보처리, 경정변수, 그리고 외적 영향세력으로 구성되어 있다. 특히 이들 요소들의 형태와 이들 간의 관계는 소비자들이 구매상황에 투입하고 있는 정도, 즉 관여수준[11]에 따라 다르다고 보고 있다.

❶ 고관여 모델(high involvement model)

소비자의 고관여 수준하에서의 특정 제품의 소비는 그 구매상황을 중요한 것으로 지각하고 있기 때문에 집중적인 정보탐색과 대안을 평가하게 된다. 따라서 소비자는 복합적이고 복잡한 의사결정과정을 거치게 된다.

이 모델은 문제의 인식, 정보탐색, 대안평가, 선택, 그리고 결과로 이루어져 있다.

---

11) 개인이 주어진 구매상황을 지각하는 개인적 중요도를 말함. 개인적 중요도가 클 때 고관여 수준으로, 작을 때 저관여 수준으로 봄.

〈그림 6-4〉 엥겔-블랙웰 모델(고관여 모델)

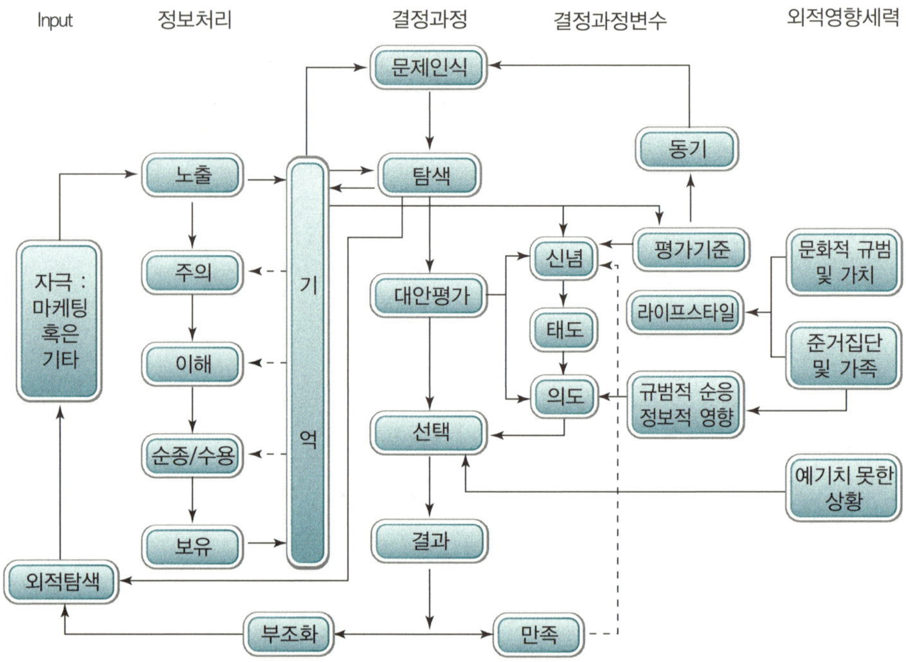

자료 : Engel and Blackwell(1982).

❷ 저관여 모델(low involvement model)

저관여 수준하에서의 개인의 구매는 그 중요성을 낮게 지각하기 때문에 구매의사결정 역시 기존의 정보를 토대로 이루어지며 노력수준도 낮다.

〈그림 6-5〉 엥겔-블랙웰 모델(저관여 모델)

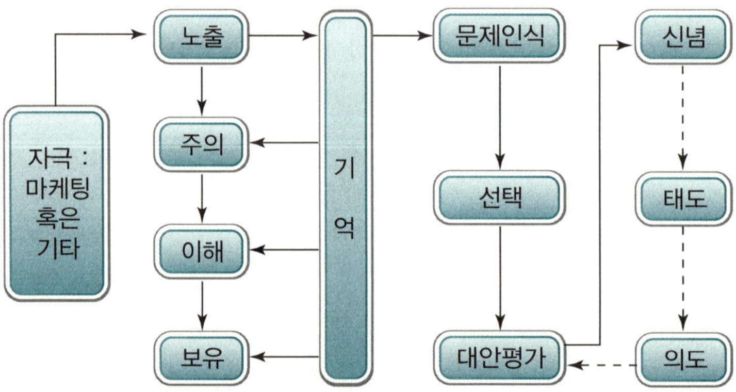

자료 : Engel and Blackwell(1982).

또한 관광객은 이러한 관광의사결정에서 관광사업이 제공하는 서비스상품의 유형에 따라 관여(involvement)의 정도가 달라지며, 이를 Assael(1987) 모델을 중심으로 응용해 보면 다음 그림과 같다.

〈그림 6-6〉 관여수준과 의사결정 유형

	고관여(high involvement) 구매의사결정	저관여(low involvement) 구매의사결정
의사결정 (정보탐색, 대안서비스 상품의 고려)	복잡한 의사결정 (complex decision making) (해외여행상품 선택, 전문레스토랑 선택 등)	다양한 탐색 (variety seeking) (항공사 선택, 호텔 선택 등)
습관 (정보탐색이 없거나, 거의 없음, 유일한 상품만 고려)	상품 충성 (brand loyalty) (여행사 선택, 펍하우스 선택 등)	타성 (inertia) (커피숍 선택 등)

관광상품은 그 상품의 특성에 따라 개인의 관여수준이 다르며, 동일한 대상이라 할지라도 개인의 특성에 따라 다르다고 할 수 있다. 예를 들어 비즈니스맨이 호텔객실을 이용하는 경우와 신혼여행객이 호텔객실을 이용하는 경우에는 개인의 관여수준이 매우 다를 수 있다. 왜냐하면 동일한 대상이라 할지라도 이용상황(occasion)과 개인적 특성이 다르기 때문이다.

3 관광욕구, 관광동기 유발과정

일반적으로 욕구란 사람이 심리적인 내적 결핍의 상태를 말하는 것으로 사람의 행위는 이러한 욕구를 충족시키기 위해 나타난다고 할 수 있다. 따라서 사람의 관광행동도 관광욕구를 충족시키기 위해 발생하게 되며, 관광욕구는 관광행동을 일으키는 가장 원천적인 심리적 요인이 된다. 관광욕구에 대한 학자들의 견해는 다양하다. 특히 Maslow(1943)는 사람의 욕구가 5가지 계층으로 이루어져 있다고 주장하였다. 첫째, 생리적 욕구(physiological needs) 단계이다. 생리적 욕구는 삶 그 자체를 유지하기 위한 사람의 욕구로 의식주 생활과 관련을 가진 욕구이다. 둘째, 안전욕구(safety needs) 단계이다. 일단 생리적 욕구가 어느 정도 충족되면 안전의 욕구가 나타난다고 보고 있다. 이 욕구는 근본적으로 신체적인 위협과 기초적인 생리적 욕구의 박탈로부터 자유로워지려는 욕구이다. 셋째, 소속감과 애정의 욕구(belongingingness and love needs) 단계이다. 이는 귀속욕구(affiliation needs) 또는 사회적 욕구라고도 하는데, 일단 생리적 욕구와 안전욕구가 어느 정도 충족되면 소속감이나 애정의 욕구가 지배적으로 나타나게 된다는 것이다. 넷째, 존경욕구(esteem needs) 단계이다. 사람은 어디에 속하려는 욕구가 어느 정도 만족되기 시작하면 존경을 받고자 하는 욕구를 느끼게 된다. 여기에는 자존심과 아울러 다른 사람으로부터 인정을 받는 것이 포함된다. 이 존경의 욕구가 만족되면 자신감, 명예심, 힘(power) 등이 생긴다. 다섯째, 자아실현욕구(self actualization needs) 단계이다. 일단 존경의 욕구가 어느 정도 충족되기 시작하면 다음에는 자아실현욕구가 가장 강력하게 나타난다는 것이다. 이는 계속적인 자기 발전을 위해서 자신의 잠재력을 극대화하려는 욕구이며, 자신이 바라는 바대로 되고자 하는 욕구이다.

〈그림 6-7〉 관광객 욕구

매슬로우 모델의 가정은 첫째, 사람의 욕구는 가장 낮은 계층의 욕구로부터 가장 높은 계층의 욕구에 이르는 계층을 형성하고 있다. 둘째, 어떤 욕구가 충족되면 이 욕구는 더 이상 동기를 유발하지 못한다. 셋째, 하위욕구가 충족되면 보다 상위욕구로 발전한다. 매슬로우 모델은 몇 가지 문제점을 가지고 있기는 하지만 기본적인 사람의 욕구를 파악하는 데는 상당한 기여를 하였다고 볼 수 있다.

사람은 일상생활을 영위함에 있어 기본적인 생리적 욕구를 바탕으로 다양한 욕구들을 갖는다. 관광욕구도 이러한 욕구들 가운데 한 형태로 사람들의 관광행동을 일으키는 원천이 되고 있다. 관광객의 관광과 관련된 욕구는 기본 욕구, 탐험과 모험 욕구[12], 변화 및 오락 욕구, 성적 욕구(libido) 등이 있다.

이러한 다양한 관광욕구는 외부 자극(예, 사회, 기업 등)에 의해 동기화된다. 이때 동기는(motivation)는 행동을 유발시키는 개인 내부의 동인(driving force) 또는 내적 상태(inner state)를 말한다. 여기서 동인과 에너지를 활성화 시키는 힘은 긴장상태에서 발생되며, 이러한 긴장은 다시 미충족된 욕구에 의해 발생한다. 아래 그림과 같다.

〈그림 6-8〉 **관광욕구와 관광동기 유발과정**

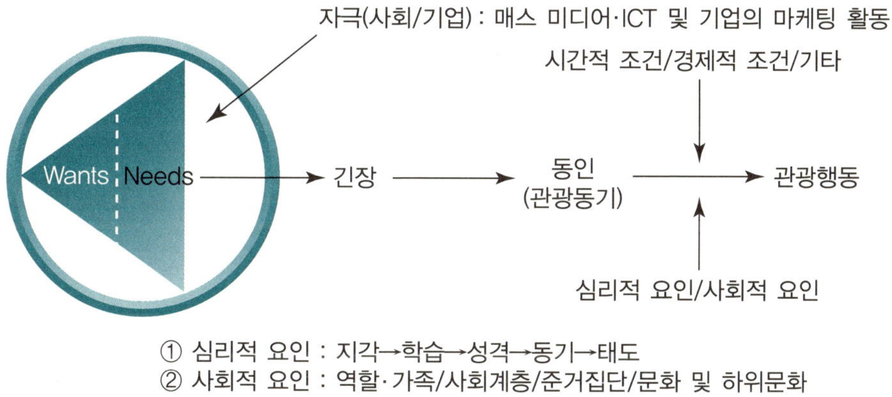

4 관광 의사결정 단계 및 영향요인

1) 관광객의 구매의사결정 단계

관광객의 관광행동을 이해하기 위해서는 고객을 하나의 의사결정자(decision maker)로 보는 것이 매우 중요하다. 사람들은 집을 떠나 호텔을 이용하려고 할 때, 호텔이용과 관련된 많은 결정을 해야 한다. 무엇보다도 어느 호텔을 이용할 것인지를 우

12) 앤더슨(Anderson)은 이러한 탐험과 모험욕구를 율리시즈 요인(Ulysses factor)이라고 함.

선적으로 고려하게 된다. 그 다음에는 어떤 객실 혹은 레스토랑을 이용할 것인지, 가서 어떤 메뉴로 할 것인지, 얼마만큼의 비용을 쓸 것인지, 며칠간 숙박할 것인지 등을 결정하여야 한다. 따라서 관광객의 구매의사결정 과정을 살펴보면 다음 그림과 같다.

〈그림 6-9〉 관광 의사결정 단계

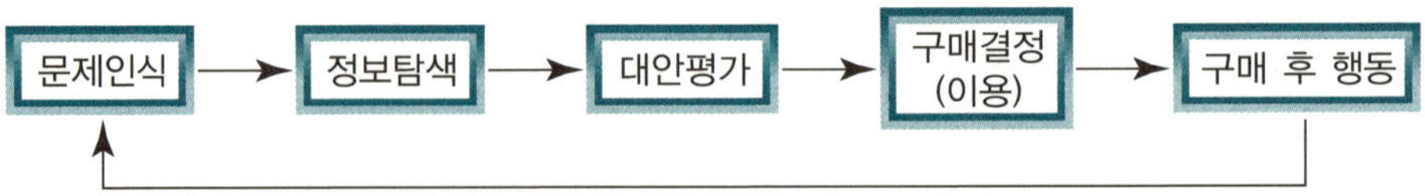

해외여행을 가고자 하는 경우 관광객 내지 구매자가 여행사를 이용하고 싶다는 문제를 인식하면, 그 문제를 해소하기 위한 노력을 보이게 되는데, 그러한 노력 중에서도 우선 문제해소를 위한 여행사와 관련된 각종 정보의 수집에 착수하게 된다. 정보탐색에는 내적 탐색(internal search)과 외적 탐색(external search) 두 가지가 있다.

내적 탐색이란 개인 관광객이 이미 기억되어 있는 정보 중에 당면한 문제를 해결하는 데 쓸 수 있는 것을 가려내는 활동을 말한다. 반면에 외부환경으로부터 추가적으로 필요한 정보를 입수하는 것은 외적 환경으로부터 추가적으로 필요한 정보를 입수하는 것은 외적 탐색이다. 문제를 인식한 뒤의 정보탐색활동은 우선 내적 탐색으로부터 시작된다. 만약 내적 탐색의 결과로 얻어진 정보가 양과 질이 만족스러운 수준이면 외적 탐색은 생략된다. 그러나 기억된 정보가 양과 질적 측면에서 만족스럽지 못하다는 판단이 내려지면 외부로부터 추가적인 정보를 탐색을 하게 된다.

정보탐색단계에서 관광객은 문제해결을 위한 특정 관광상품과 대안 관광상품이 가지고 있는 특징에 관한 정보를 모은다. 대안의 평가단계에서는 모아진 정보를 바탕으로 각 대안상품 중에서 어느 하나를 가려내기 위한 평가를 실시한다. 관광객은 대안을 평가할 때 시장에 나와 있는 모든 대안을 그 대상으로 삼지는 않으며, 일반적으로 소비자가 특정 상품을 구매할 때 고려대상으로 놓고 평가하는 브랜드는 5개 이내라고 할 수 있다. 이렇게 관광객이 특정 상품을 구매할 때 고려대상으로 채택하는 브랜드의 세트(set)를 고려대안조(evoked set)라고 한다.

일반적으로 구매가 고객의 구매의사결정 과정의 최종단계라고 보아서 구매행위가 이루어지면 모든 것이 끝났다고 생각하는 경향이 있다. 그러나 고객의 구매와 관련된 심리적 과정은 구매 이후에도 계속될 뿐 아니라, 이러한 과정은 심리적 과정으로만 끝나는 것이 아니라 여러 가지 행동으로 나타난다. 특정 서비스상품을 구매한 후 이와 관련해서 그 고객이 경험하는 심리적 과정 및 육체적 행위를 구매 후 행동(post purchase behavior)이라고 한다. 구매 후 대부분의 고객이 경험하는 심리적인 현상에는 태도변수(attitude variables)로 만족(satisfaction) 또는 불만족(dissatisfaction), 인지부조화(cognitive dissonance)로서 구매 후 의심((post purchase doubt), 태도 내지 이미지, 그리고 재구매의도 등이 있다.

2) 관광객 의사결정 영향요인

관광객이 자신의 욕구 환기에 의해 집을 떠나 호텔을 이용하려고 할 때, 호텔이용과 관련된 많은 결정을 해야 한다. 무엇보다도 어느 호텔을 이용할 것인가를 우선적으로 고려하게 된다. 그 다음에는 어떤 객실 혹은 레스토랑을 이용할 것인지, 가서 어떤 메뉴로 할 것인지, 얼마만큼의 비용을 쓸 것인지, 며칠간 숙박할 것인지 등을 결정하여야 한다.

의사결정자로서 관광객의 구매의사결정 행동을 이해하려면 이들의 구매의사결정에 영향을 미치는 제요인에 대한 체계적인 분석이 필요하다. 다음 그림은 의사결정자로 관광객의 구매의사결정에 양향을 미치는 요인을 체계화한 것이다.

〈그림 6-10〉 관광객의 구매행동에 영향을 미치는 요인

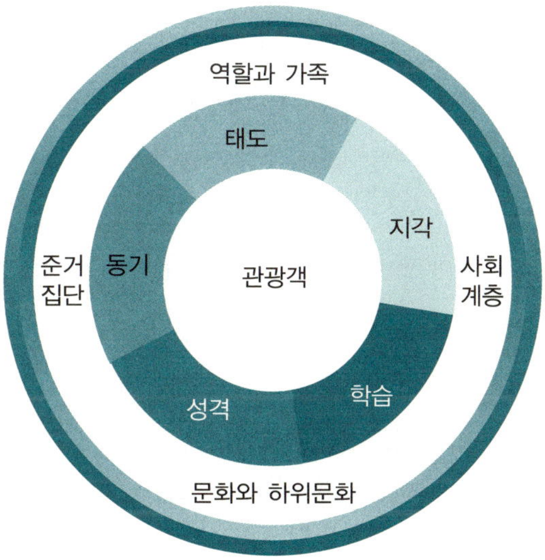

자료 : Mayo & Jarvis (1981).

관광객의 구매행동 내지 관광행동에 영향을 미치는 내부적·심리적 요인은 지각, 학습, 성격, 동기, 태도이다. 한편 사회적 영향요인에는 자신의 역할과 가족, 사회계층, 문화와 하위문화 그리고 준거집단이 있다.

가) 지각(perception)의 영향

사람은 시각, 청각, 촉각, 미각, 후각, 등을 가지고 있으며 이를 통해 세상의 사물과 사건을 알게 된다. 감각기관에의 자극은 감각을 초래하며, 그러한 감각의 해석을 인식 또는 지각(perception)이라고 한다. 개인에게 있어서 현실이란 단순히 개인의 욕구, 가치관, 경험 등에 근거를 둔 개인적 현상이다. 즉 어떤 객관적 현실이 아니라 자신의 지각을 기초로 하여 행동하고 외부의 자극에 반응을 보인다. 따라서 지각은 입력된 정보를 처리하는 일련의 과정으로 "여러 감각기관을 통해 두뇌로 유입된 자극을 개인의 주관적 기준으로 해석하고 이해하는 과정"(Mayo & Jarvis, 1981)으로 정의할 수 있다. 따라서 지각이란 자극에 대한 연속적인 여과과정이라 할 수 있다. 즉 특정 관광객이 어떤 관광지나 서비스를 지각하는데 여러 가지 요인이 영향을 미친다. 관광객 지각에 영향을 미치는 요인들은 크게 두 가지로 대별된다.

첫째, 관광행동에 있어서 자극요인(stimulus factors)에는 크기, 색상, 소리, 감촉, 모양, 주위환경 등과 같은 자극 그 자체의 특성 등이 있다.

둘째, 개인적 요인(personal factors)에는 감각작용(시력, 청력), 지능, 성격, 과거경험, 가치관, 동기, 분위기, 개인적 중요도 등과 같은 개인 자신의 변수 등이 있다.

한편 지각은 부분적으로 물리적 자극 그 자체의 특성에 의하여 영향을 받는다. 따라서 개인이 어떤 대상을 볼 때, 그것은 조직화된 전체로서의 형태를 지각하는 것이다. 독일의 게쉬탈트 심리학(Gestalt Psychology)에서는 이러한 행태(behavior)를 설명하는데 도움이 되는 4가지 법칙, ① 유사성의 법칙(law of similarity), ② 근접성의 법칙(law of proximity), ③ 대칭성의 법칙(law of symmetry), ④ 배경성의 법칙(law of context)을 학문적으로 발전시켰다.

첫째, 유사성의 법칙으로 이는 관광객이 대상을 지각할 때 다른 조건이 동일하다면 유사한 대상을 함께 같은 것에 속한다고 지각하는 경향성이다. 이러한 유사성의 법칙을 잘 활용하고 있는 사례가 대규모 체인호텔이나 대규모 여행사라 할 수 있다.

둘째, 근접성의 법칙으로 이는 관광객이 대상을 다른 조건이 동일하다면 서로 근접해 있는 대상을 같은 것으로 지각하는 경향이 있다. 관광산업에서의 활용사례로는 호텔의 브랜드 네이밍(brand naming)으로서 'Lakeside' 호텔, 'Beach' 호텔이 대표적인 사례이다.

셋째, 대칭성의 법칙으로 이는 관광객이 대상을 지각할 때 대상을 전체의 일부분으로서의 완결되고 균형적인 형상을 만들어 지각하는 경향성을 말한다. 대부분의 사람들은 균형에 대한 욕망을 가지며, 필요하다면 의미 있고, 완전한 전체성, 즉 완결성을 얻기 위하여 누락된 요소를 보충하기까지 한다. 관광산업에서의 사례로는 Teaser Campaign이 있다. 다시 말해 궁금증(?) 광고를 함으로써 관광객을 자극할 수 있다.

넷째, 배경성의 법칙으로 이는 관광객이 대상을 지각할 때 대상이 속해 있는 환경 또는 맥락을 중심으로 지각하는 경향성을 말한다. 관광산업에서의 대표적인 사례로는 착시와 착각을 유도하는 커뮤니케이션으로 TV프로그램 중 '맛집'이나 '맛집' 블로그 사례와 'Park' 호텔, 'Mountain' 호텔, 'Island' 호텔, 'Lake' 호텔 그리고 '지역이름' 호텔의 브랜드 네이밍이 좋은 사례이다.

나) 학습(learning)의 영향

심리학자들은 사람의 모든 행동이 개인의 학습과 관련이 있다는 견해를 갖고 있다. 시간이 지남에 따라 사람의 행동은 변화하며, 이러한 변화는 학습과정(learning process)의 결과이다.

관광객은 신체적 또는 심리적으로 변화하며, 주위환경이 변함에 따라 사람의 행동을 바뀌게 한다. 관광객은 거기에 적응할 수밖에 없다. 사람은 바람직한 목표를 달성하기 위해서 새로운 방법에 적응하게 된다. 이 과정에서 적응(adaptation)이란 학습된 것이기 때문에 학습은 핵심적인 역할을 하게 된다. 사람은 새로운 목표와 그 목표를 달성하기 위하여 새로운 방법을 배우게 된다. 즉 변화하는 환경과 자기 자신에 대하여 배우게 되며, 생활과 그 주변세계에 적응하는 새로운 수단을 배우게 된다. 이러한 적응은 결국 사회화로 연결된다. 개인자신과 주변 환경의 변화에 적응하는 학습과정은 관광행동에 중요한 영향을 미칠 수 있다. 결과적으로 학습은 심리적 과정의 하나로 사람의 행동에 영향을 미치는 중요한 심리적 요인인 성격, 동기, 태도 등에 커다란 영향을 미친다.

결국 학습이란 주변세계를 이해하여 체계화하는 과정으로 이에 대한 이론에는 ① 행동학파이론, ② 인지학파이론이 있다.

첫째, 행동학파이론에는 ① 고전적 조건화이론(classical conditioning), ② 도구적 조건화이론(instrumental conditioning)이 있다. 고전적 조건화 학습이론의 대표적인 모델로는 Pavlov Model(개실험)이 있다. 도구적 조건화 학습이론 모델로는 Skinner Model(강화/소거/망각)이 있다.

둘째, 인지학파모델에는 Kohler Model(침팬지실험)이 있다.

한편 이러한 학습의 원천에는 ① 학습원으로서 경험, ② 학습원으로서 정보가 있다. 특히 정보 원천에는 ① 상업적 원천(기업의 광고 등), ② 중립적 원천(언론매체의 기사 등), ③ 개인적 원천(가족, 친지, 친구 등의 구전)이 있다.

다) 성격(personality)의 영향

성격(personality)은 한자 의미로는 '살아있는(生) 마음(心)의 틀(格)'을 말한다. 따라서 성격은 외환경적 자극에 대해 비교적 일관적이고 지속적인 반응을 가져오는 개인의 심리적 특성으로 개인마다 다르다고 할 수 있으나 학자들의 견해를 종합해 보면 대체로 유형적인 특성이 있다.

이러한 성격이 어떠하냐에 따라 사람의 행동이 달라진다. 개인의 성격을 규명하기 위한 많은 연구들이 등장하였는데 몇 가지 이론을 요약해서 살펴보도록 한다.

첫째, 심리적 분석이론으로 Freud의 심리분석에 의한 것으로, 사람의 성격시스템은 '원초자아'(Id), '자아'(Ego), '초자아'(Super ego)로 구성되며, 이 중 두 부분, 즉 성적·공격적 본능으로 구성된 원초자아와 도덕·양심으로 구성된 초자아는 끊임없는 갈등상태에 있다. 이때 자아는 이러한 갈등상태의 조정역할을 담당한다. 이러한 원초자아와 초자아의 갈등, 즉 양자 간의 상대적인 힘의 세력과 자아의 조정역할 정도가 개인의 성격 차이와 행동을 유발하게 된다는 이론이다.

둘째, 사회심리이론으로 이는 개인의 성격 형성에 있어 사회적 관계가 중심이 된다는 이론이다. 이러한 관점에서 Horney(1945)는 유아들의 행동관계를 바탕으로 이들의 성격을 ㉠ 순응형(complience), ㉡ 공격형(aggressiveness), ㉢ 독립형(detachment)으로 구분하여 설명하고 있다. 여기서 공격형 성격은 다른 사람에게 대항하여 그들을 이기고 뛰어넘으려고 한다. 따라서 힘 또는 권력 지향적이며 성취에 큰 비중을 둔다. 그리고 독립형 성격은 타인들로부터 멀리 떨어지려 하며 독립, 자주, 의무로부터의 해방을 추구하려 한다.

셋째, 특성이론으로 이는 개인의 성격이 독특한 특질로 구성되고 그 구조가 개인의 행위를 결정한다는 이론이다. 특질(trait)이란 한 개인의 행위를 시간과 상황에 걸쳐 일관성이 있으면서 또 개인별로 독특성을 갖게 하는 결정적 소질이다. 그리고 이들의 총체가 개인의 성격이 된다. 따라서 특질이론에서는 개인 간의 차이가 있는 몇 가지 특질 차원을 찾아내 성격을 묘사하려고 한다. 예를 들어, Cattell은 성격이 16개의 기본차원으로 구성된다고 주장하고 있다. 그는 이것을 기본 특질(source traits)이라고 명명하였다. 여기에는 예컨대, 지배-복종, 보수-진보, 자신감-소심함 등의 차원이 포함된다.

넷째, 자아개념이론으로 개인은 누구나 자기 자신에 대한 자기이미지(self image) 또는 자아개념(self concept)을 지니게 되는데 이러한 자아개념이 개인의 성격에 있어 핵심적 부분이 된다는 이론이다. 이것은 개인이 사회적 환경과 여러 준거집단(reference group)과의 상호작용을 기초로 개발된다. 개인에게 있어서 자신의 가치평가와 관련된 가장 중요한 판단은 자기 자신이 자기에 대한 남들의 평가를 어떻게 지각하는 가에 기초하게 된다. 사람의 행동 중 많은 것은 '자아방어적' 이며, '자아고양적' 인데, 즉 어떠한 대가를 치르더라도 사람들은 자기이미지를 보호하고자 한다. 따라서 사람활동의 기본적 목적은 자기개념을 보호·유지·고양시키는 것이다.

한편 관광객들이 지닌 다양한 성격에 따라 관광행동도 달라지게 된다. Plog(1972)은 관광객의 성격유형을 ① 정태형(Psychocentrics), ② 준정태형(Near Psychocentrics), ③ 중간형(Mid Centrics), ④ 준활동형(Near Allocentrics), ⑤ 활동형(Allocentrics)의 5가지 유형으로 구분하여 선호관광지를 연구하였다.

라) 태도(attitude)의 영향

태도는 사람들의 행동에 영향을 미치는 중요한 심리적 요인들 가운데 하나이다. Fishbein은 태도를 "어떤 주어진 대상에 대하여 일관성 있게 우호적으로 또는 비우호적으로 반응하려는 학습된 선유경향"으로 정의하였다. 즉 관광태도는 관광지나 관광상품에 대한 태도로 일관성 있는 좋고 나쁨을 말한다.

이러한 태도는 첫째, 일관성이 있다는 것이다. 사람들은 특정 사물 또는 특정 행동에 대해 한번 형성한 태도를 지속하려는 경향이 있을 뿐만 아니라 비교적 쉽게 잘 바뀌지 않는다는 것이다. 둘째, 태도는 학습된다는 것이다. 태도는 자신의 직접 경험이나 사회로부터 획득한 정보, 매스미디어로부터의 노출에 의해 학습한 결과로 형성된다.

태도는 3가지 요소, 즉 ① 인지적 요소(cognitive component), ② 정감적 요소(affective component), ③ 행동적 요소(behavioral component)로 구성된다. 첫째, 인지적 요소는 대부분 태도 대상(attitude objects)에 대한 신념과 지식으로 구성된다. 둘째, 정감적 요소는 특정 대상에 대한 신념(인지적 요소)들로 사람이 지각하는 대상이 지닌 속성들의 각각에 관한 것이므로 다차원적(multi dimension)이지만 일반적으로 각 속성에 대한 감정적 반응들의 종합된 결과이므로 단일차원(one dimension)이다. 이러한 요소는 특정 대상에 대한 사람들의 전반적 평가로 그 대상이 '좋다'로부터 '나쁘다' 등의 평가를 말한다. 셋째, 행동적 요소는 특정 대상물에 대하여 사람들이 반응하려는 경향으로서 일반적으로 그 대상물은 선택하려는 의도(intention)를 말한다.

한편 일반적으로 소비자들은 새로운 브랜드가 시장에 출시되면, 특정 시점에 그 브랜드를 인지하는 집단과 인지하지 못하는 집단으로 나뉜다. 이러한 소비자들에게 인지된 브랜드는 크게 ① 고려대안조(evoked set), ② 비활성조(inert set), ③ 불호조(inept set)로 나눈다. 이러한 관계를 살펴보면, 다음 그림과 같다.

〈그림 6-11〉 브랜드 세트

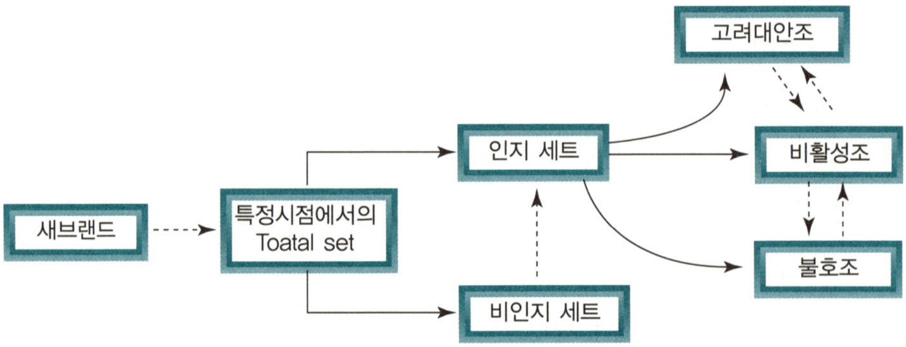

자료 : Narayama and Markin(1975).

Narayama and Markin(1975)의 연구에 의하면, 특정 브랜드에 대한 구매의도 조사에서 인지 세트가 10.6%일 때, 고려대안조가 3.5%, 비활성조가 4.7%, 불호조가 2.4%인 것으로 나타났다. 또한 이들의 연구에 의하면, 일반적으로 소비자들은 구매를 고려하는 브랜드 수(고려대안조)는 대개 3개 내외인 것으로 나타났다.

일반적으로 인지적 요소(cognitive), 정감적 요소(affective component), 행동적 요

소(behavioral component)로 구성되는 관광객 태도가 형성되는 모델로는 ① 선형보상모델(linear compensatory composition rule)이 있다. 이는 개인의 특정 대상에 대한 중요도×평가점수(criteria rating)로 태도가 형성된다고 보는 모델이다. ② 사전편집식 모델(lexicographic composition rule)이 있다. 이는 개인의 특정 대상에 대한 중요도를 중심으로 개인의 태도가 형성된다고 보는 모델이다. ③ 속성결합모델(conjunctive composition rule)이 있다. 이는 개인의 특정 대상에 대한 최소수용기준(cut off points)을 중심으로 개인의 태도가 형성된다고 보는 모델이다. ④ 기타 모델로 비속성결합모델(disconjunctive composition rule)이 있으며, 하나 또는 두 개의 속성기준으로 태도가 형성된다고 보는 모델이다.

일반적으로 소비자들은 불호조(inept set)를 여과하기 위해서는 비보상모델을 사용하고, 나머지 브랜드(3개 내외)를 평가하기 위해서는 보상모델을 사용하는 것으로 나타났다.

마) 준거집단·사회계층·문화·가족의 영향

준거집단(reference group)은 특정 개인의 신념, 태도 및 행동을 형성하는데 있어 그 개인의 준거점으로 작용하는 집단을 말한다. 이러한 준거집단은 관광객에게 영향을 미치는 특성을 가지고 있다. 첫째, 준거집단은 패션, 식생활습관 등 규범을 갖고 있다는 점이다. 둘째, 준거집단은 개인에게 부과된 기능(생물학적 역할, 반생물학적 역할, 제도적 역할, 일시적 역할, 배역역할)으로 역할이 있다. 셋째, 준거집단은 지위를 갖는다는 점이다. 넷째, 준거집단에 속함으로써 학습을 통해 사회화된다는 점이다. 다섯째, 준거집단은 전문성, 준거력(동질성), 보상력 등의 파워(power)를 갖는다는 점이다. 한편 이러한 준거집단의 유형에는 ① 회원집단, ② 열망집단이 있다.

사회계층(social class)은 직업, 교육, 소득 등의 사회적 척도에 따른 개인이나 가족의 위치를 말한다. 이러한 사회계층의 측정 변수(Warner' s index of status characteristics)에는 ① 직업, ② 소득원, ③ 주택의 형태, ④ 주거지역 변수가 있다. 이러한 사회계층의 영향 사례로 자아 지각(self perception)의 경우 상위계층으로 갈수록 자아개념이 명확한 것으로 나타나고 있다. 부모-자녀 관계의 경우 하위계층으로 갈수록 가족유대가 더 좋은 것으로 나타나고 있다. 부부관계의 경우 상위계층으로 갈수록 부부역할의 구분이 덜 한 것으로 나타나고 있다. 촉진(promotion)에 대한 반응(잡지광고매체, 매체청취 특성)으로서 상위계층으로 갈수록 뉴스와 다큐멘터리를 선호하는 것으로 나타났으며, 하위계층으로 갈수록 연속극(soap opera)를 선호하는 것으로 나타났다.

문화(culture)와 하위문화(sub culture)는 공통된 유형의 행동을 초래하는 규범, 신념, 관습의 총체로 사회로부터 학습된다. 한편 하위문화에는 ① 연령별 하위문화, ② 지역별 하위문화, ③ 국적별 하위문화, ④ 인종별 하위문화, ⑤ 종교별 하위문화 등이 있다. 이러한 문화와 하위문화를 비교·연구하는 것을 비교문화연구(cross cultural analysis)라 한다.

5 관광행동 영향요인으로서 라이프스타일 및 애호도

1) 라이프스타일

라이프스타일(life style)이란 개인이 어떻게 시간을 보내는가(활동 : activity), 자신의 일상생활에서 무엇이 중요하다고 생각하는가(관심 : interest), 자신과 주변세계에 대하여 어떠한 생각을 가지고 있는가(의견 : opinion)로 확인되는 생활양식을 말한다. 이러한 라이프스타일은 라이프사이클(life cycle)상 형성된 고유한 개인적 특징의 작용이므로 라이프스타일은 사회적 요인으로서 문화, 사회계층, 준거집단, 가족에 의해 영향을 받으며, 개인의 심리적 요인인 지각, 학습, 성격, 동기, 태도의 영향을 받는다.

〈표 6-2〉 라이프스타일의 정의와 개념

A.I.O. 요소	정의	라이프스타일 제개념
활동 (activities)	매체의 시청, 쇼핑, 새로운 상품이나 서비스에 대한 이웃과의 대화 등과 같은 구체적 행동	취미, 동아리활동, 오락, 스포츠, 쇼핑, 계모임, 종교활동 등
관심 (interests)	어떠한 사물, 사건 또는 화제에 대하여 특별하고 계속적인 주의를 가지고 흥분하는 정도	가족, 유행, 음식, 매체, 성취, 여가 등
의견 (opinion)	자극적인 상황에 대한 반응으로서 개인의 언어적, 문학적 정도	자아개념, 사회문제, 정치, 경제, 특정 제품, 비즈니스, 뉴스 등

이러한 라이프스타일에 대한 연구로는 소비자행동의 라이프스타일 개념을 최초로 도입한 Lazersfeld(1935) 이후 Plummer(1972)에 의해 라이프스타일 측정모델(AIO 모델)이 개발되었으며, 이후 Reynolds & Darden(1974)에 의해 AIO 모델을 체계화하였다.

이러한 라이프스타일의 유형은 학자들에 따라 다르게 분류되지만 관광현상과 관련된 대표적인 사례로 Wells(1974)의 라이프스타일 유형 연구에서 ① 정태형 여행자(peace & quiet travelers)의 경우 미국인의 2/3가 여기에 해당되며, 정태형 여행자들은 "조용한 호숫가의 통나무집은 여름 보내기 좋은 곳"이라고 여기며, 자녀지향형이며, 청교도주의의 특징을 가지고 있는 것으로 나타났다. ② 해외여행자(overseas travelers)의 경우 평소 의견선도자(opinion leader)로서 활동적이고 적극적이며, 새로운 경험과 패션에도 관심이 많으며, 사회활동을 많이 하며, 자기확신(self confident)을 갖고 있는 것으로 나타났다. ③ 역사여행자(historian travelers)의 경우 전통지향적인 특징이 있는 것으로 나타났다. ④ R.V. 여행자(recreational vehicle travelers)의 경우 야외활동 및 우아한 생활(가든 파티, 외식 등)을 선호하며, 여가윤리(leisure ethic)가 강할 뿐만 아니라 신체적으로 활동적이며, 체력이 좋은 편인 것으로 나타났다. ⑤ 후불형 여행자(travel now/pay later travelers)의 경우 주로 젊은 층인 것으로 나타났다.

한편 Berney(1970)는 해외여행자에 대한 라이프스타일 연구에서 ① 활동형(move and shakers) 라이프스타일, ② 가정지향형(homebodies) 라이프스타일로 구분하였다.

나) 태도변수로서 애호도

애호도(loyalty)는 소비자 태도변수로 해외여행상품 구매의사결정에서 매우 중요한 역할을 한다. 이때 애호도는 일명 충성도라고도 하며, 일관된 선호성향을 말한다(박중환, 2010). 1980년대 이후 서비스산업의 확대와 서비스품질의 중요성 부각 등으로 인하여 서비스 애호도와 관련된 연구들이 최근에 많이 이루어지고 있다(박진영, 2008). 1950년대 이후의 애호도의 개념은 행동적 애호도(Brown, 1952)에 초점을 두었다.

핵심적 애호 고객(hard core loyals) 항상 하나의 상표만을 구매하는 소비자로 A, A, A, A, A, A의 구매행태와 같이 상표 A에 대해 끊임없이 애호도를 가짐

유연한 애호 고객(soft core loyals) 2개 또는 3개의 상표에 충성하는 소비자로 A, A, B, B, A, B의 구매행태와 같이 A와 B 사이에 분열된 애호도를 가짐

이동적 애호 고객(shifting loyals) 하나의 상표를 선호하다가 다른 상표를 선호하는 소비자로 A, A, A, B, B, B의 구매행태와 같이 상표 A에서 B로 애호도를 바꿈

비애호 고객(switchers) 어떤 상표에도 애호도를 보이지 않는 소비자

최근에는 이러한 애호도를 Gremler and Brown(1998) 비롯한 여러 국내외 학자들은 ① 행동적 애호도, ② 정감적 애호도, ③ 인지적 애호도, ④ 재구매의도 4가지의 구성요소로 보고 있다.

여기서 해외여행상품 구매의사결정에 있어서 관심을 가져야 할 애호도는 특정 여행상품에 대한 애호도라기보다는 특정 여행사(점포) 내지 브랜드에 대한 애호도임을 알아야 한다.

따라서 관광객의 태도변수로써 애호도 연구는 크게 세 가지 관점으로 첫째, 태도적 접근방법으로 특정 브랜드에 대한 호의적 태도 관점, 둘째, 행동적 관점으로 반복적 구매행동 관점, 셋째, 태도와 행동의 복합적 접근방법이 있다(박중환, 2010).

특히 이러한 애호도가 중요한 것은 고객의 애호도가 결국 특정 회사 내지 브랜드에 대한 단골고객으로 이어지기 때문이다. 이러한 단골고객은 관광사업 관점에서 보면, 수익창출 효과가 상대적으로 비애호도 고객보다 크기 때문이다. 이러한 사례는 다음 그림과 같다.

〈그림 6-12〉 단골고객이 더 수익을 낼 수 있는 이유

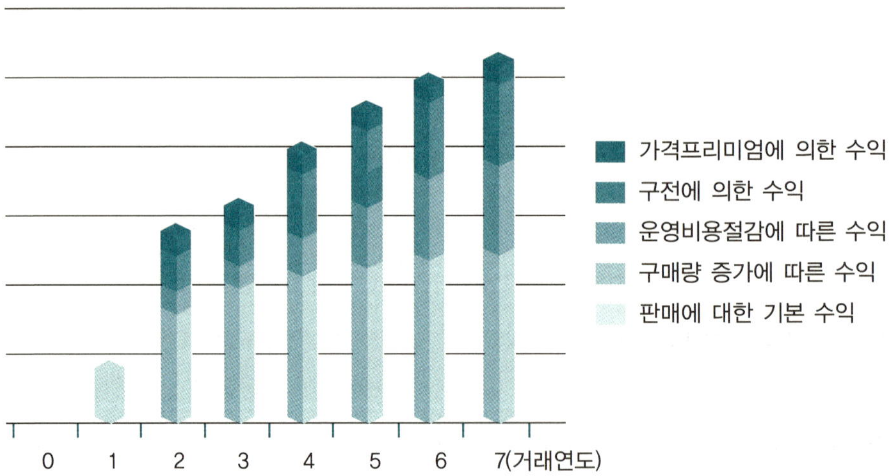

자료 : Reichheld and Sasser, Jr.(1990)

그림에서와 같이 단골고객의 경우 고객과의 거래연도가 늘어남에 따라 구매량이 늘어나며, 운영비 절감 수익, 구전에 의한 수익 등이 증가하는 것으로 나타나고 있다.

제2절 | 관광수요예측

수요는 사전적 의미로 일반적으로 정해진 특정 상품에 대하여 구매자가 구입하고자 하는 수량, 즉 수요량을 말한다. 이 의미에서의 수요를 유효수요라고 한다. 유효수요와 대비되는 말로 잠재수요가 있으며, 이는 구매력의 뒷받침 없이 단지 욕구만 있는 수요이다. 현실적으로 문제되는 것은 유효수요이지만 잠재수요도 상황에 따라 유효수요로 바뀔 수 있다. 수요량은 상품의 단위가격이 하락하면 증가하고 단위가격이 상승하면 감소하는 성질이 있다(http://www.naver.com).

수요는 구매자의 욕구상태, 소득, 가격 등에 의하여 결정된다. 관광수요에는 유효수요(effective demands), 현시수요(expressed demands), 잠재수요(letent demands), 유도수요(induced demands)(김광근 외, 2011)가 있다. 특히 현시수요는 유효수요과 같이 관광활동에 직접 참가하는 현재수요를 말한다. 그리고 유도수요는 현재 관광활동에 참가하고 있는 수요로 판매자의 행동에 따라 수요로 이어질 수 있는 수요를 말한다.

1 관광수요 영향요인

좀 더 구체적인 용어로, 특정한 여행지에 대한 여행 수요는 출발지와 도착 지역 간의 연결에 대한 사람의 여행에 대한 경향(성향)과 저항의 기능 또는 요소에 의하여 결정된다.

D(수요) = f{(+)촉진요인, (−)저항요인, (±)상황요인}

첫째, 관광수요 촉진요인에는 ① 개인의 관광욕구나 관광동기, 개인 소득, 여가, 가치관, 여행사 애호도 등 개인적 요인, ② 여행상품 경쟁력 요인(품질, 다양성 등)이 있다. 둘째, 관광수요 억제요인으로 저항요인에는 관광비용 등 경제적 거리가 있다. 경제적 거리(economic distance)는 출발지에서부터 관광목적지까지 갔다가 돌아오는데 걸리는 시간 및 비용과 관련이 있다. 결국 경제적 거리가 클수록 그 여행지에 대한 저항이 높아져서 결국 수요는 줄어들게 된다.

셋째, 관광수요 상황요인에는 환율, 계절성, 문화적 거리가 있다. 환율로 우리나라 원화의 평가절하는 인바운드 관광객의 수요를 촉진하는 요인이며, 반대로 원화의 평가절상은 우리나라 국민의 해외여행의 촉진요인이 된다. 계절성 있는 테마관광상품의 경우에는 수요자에 따라 관광촉진요인이 되기도 한다. 또한 문화적 거리(cultural distance)는 여행자의 출발지 지역 문화와 여행 도착지 문화 간의 차이를 말하는데, 일반적으로는 문화적 거리가 크면 클수록 저항 또한 크게 되지만 색다른 이국적 문화를 추구하는 관광객에게는 관광촉진 요인이 되기도 한다.

2 관광수요 측정 및 예측모델

수요는 공급에 영향을 미치면서 공급에 의하여 제한을 받는다. 만약 공급 측면이 수요 수치를 고려하지 않는다면 특정 부분을 잘못 추정하게 된다. 즉 공급과잉에 따른 가격의 하락 및 무분별한 공급, 즉 품질의 저하를 가져오게 되지만, 다른 한편으로는 증가된 공급에 따라 또는 공급량의 증가에 비례하여 수요가 정비례하여 증가하게 되는 경우도 있게 된다.

일반적으로 수요에 맞추어 공급이 탄력적으로 운영되는 상관관계가 형성된다. 실제 수요 측정에는 ① 방문자 도착 수, ② 방문자의 방문기간 또는 방문 날짜, ③ 경비 지출 금액 등의 지표가 있다. 그리고 관광수요 예측은 관광지 관리, 관광상품의 품질관리, 고객만족 경영, 그리고 경영성과 극대화를 위한 전제라 할 수 있다. 일반적인 수요예측 방법은 ① 질적 연구의 바탕 위에 주관적인 판단을 주로 이용하는 정성적 예측 모델, ② 시계열자료를 활용한 예측이나 인과변수를 이용하는 정량적 예측 모델이 있다. 이러한 관광수요 예측방법을 간추려 보면 다음 표와 같다.

〈표 6-3〉 관광수요 예측모델의 유형과 특성

기법	이점	한계점
정성적 모델		
최고경영자 판단법	• 신속하고 간단함 • 상이한 부서의 전문지식이 있는 경영자들의 의견을 반영할 수 있음 • 신서비스상품 또는 혁신적 서비스상품에 유용함	• 자료가 전형적으로 서비스상품, 지역 등에 따라 나누어져야 함 • 최고경영자들의 시간이 소비됨 • 가장 전문지식이 있는 사람들에 대해 커다란 중요성이 부여되지 못함
판매원 의견합성법	• 수치를 제공함으로써 판매원에게 동기부여함 • 판매원들이 고객, 서비스상품 및 경쟁자를 알게 됨	• 판매원들이 개인적 이해관계를 갖고 있으므로 편의(bias)된 예측을 함

기법	이점	한계점
고객구매 의도조사	• 고객들로부터 직접 획득한 예측치를 근거로 함 • 세밀한 정보를 제공함 • 고객의 사고에 대해 통찰력을 제공함 • 신서비스상품에 사용됨	• 구매의도가 실제 구매로 이어지지 않을 수 있음 • 비용과다 • 시간이 소요됨 • 소수의 잘 정의된 잠재고객들이 있을 경우에만 유용함
Delphi 기법	• 예측자들이 집단의 압력에 압도되지 않음	• 시간이 소요됨 • 비용과다
정량적 모델		
시계열 분석	• 신속함 • 저렴함 • 수요와 환경요인이 안정적인 때 효과적임	• 미래가 과거의 연속선상에 있는 것으로 가정 • 마케팅계획이나 환경의 변화를 고려하지 않음 • 신서비스상품이나 혁신적 서비스상품에는 유용하지 않음
인과관계 분석	• 가장 정교한 예측기법 • 경제 전반변수, 마케팅조사에 의한 자료, 시계열자료가 광범위하게 활용됨	• 독립변수의 통제가 어려움 • 장기적으로는 정확성이 부족함
시장실험	• 구매의도보다는 실제 구매에 근거를 두기 때문에 보다 현실적인 정보를 제공함 • 마케팅계획의 효과를 평가할 수 있음 • 새롭거나 혁신적 서비스상품에 유용함	• 시간이 많이 소요됨 • 비용과다 • 자사의 계획이 경쟁자에게 주의를 환기시킴

자료 : 박명호·박종무·윤만희(1997)의 내용을 수정·보완함.

첫째, 정성적 예측모델로 ① 최고경영자의 판단법은 대개 계량적 예측방법으로부터 획득한 예측결과에 경영자의 판단이 추가되어 조정이 이루어진 뒤에 활용되는 방법이다. 이러한 최고경영자의 개인적 판단은 예측대상이 되는 장기적 사업구상과 재정이 많이 투입되는 새로운 서비스 상품의 개발에 관해 그들이 나름대로 확보하고 있는 정보와 통찰력 그리고 경험에 기초해서 이루어진다. ② 판매원의견합성법은 자사의 판매원 등 조직구성원으로 하여금 예측을 하도록 하고 이들의 예측결과를 조정·합계하여 판매예측을 하는 기법이다(김원수, 1989). 여행사나 호텔의 경우 판촉사원을 통한 예측도 있을 수 있으며, 특정 부서의 목표에 의한 관리(management by objective) 측면에서 현장 근무자를 중심으로 판매예측을 할 수도 있다. ③ 고객구매의도조사는 관광객이 일정한 조건하에서 어떤 관광상품을 이용하고자 하는지를 물어서 이를 바탕으로 구매의도를 예측하는 기법이다. ④ 델파이 기법(Delphi method)은 미래수요를 예측함에 있어 불확실한 특정문제에 관해 전문적인 지식을 가진 사람들의 견해를 기초로 해서 합의를 구하는 정성적 예측기법이다. 이 기법 또한 관광수요의 예측에 효과적이나 합의를 도출해 내기 위해서는 협의가 몇 차례 반복해서 개최되어야 하는 불편함이 있다.

둘째, 정량적 예측모델에는 크게 시계열분석법(time series analysis)과 인과관계분석법(causal analysis)으로 대별된다. 시계열분석법에는 비율분석(ratio analysis), 추세분석(trend projection), 지수평활법 등이 있으며, 인과관계분석법에는 회귀분석법, 시뮬레이션(simulation method) 등이 있다.

이러한 정량적 예측방법이 갖는 장점은 비교적 정확하게 수요를 예측할 수 있다는 점이다. 그러나 이 방법의 단점은 급격하거나 불규칙한 시장변동이 발생할 경우 과거의 모델 적용이 불가능할 수 있다는 점이다.

이들 중 관광산업 적용에 적절한 인과관계 분석기법에는 회귀분석(regression analysis) 기법이 있다. 즉 이 분석은 관광수요를 증감시키는 직접적인 원인이 무엇인가를 탐색하기 위해 경제성장, 경기변동 그리고 계절별 수요변동 등의 요소를 상호 관련 지워 분석함으로써 이들 변수 간의 함수관계(인과관계)를 찾아 수리적·통계적으로 합당한 관계식으로 정립하여 예측모형으로 사용하는 방법이다.

이때 회기식은 $y = \beta_0 + \beta_1\chi_1 + \beta_2\chi_2 + \cdots\cdots \beta_n\chi_n$ 식으로 표현된다. 여기서 y는 종속변수이고, χ는 독립변수이며, 독립변수의 영향력은 β값(회귀계수)으로 나타난다. 여기서 β값을 회귀식에 사용하며, β값은 요인의 상대적 중요도를 의미한다. 또한 t값은 β값/표준오차값이며, F값은 $(t값)^2$ 값이다.

제3절 | 관광시장조사

1 관광시장조사를 하는 이유

관광수요자인 관광객을 대상으로 한 관광시장조사의 목적은 첫째, 문제해결능력(의사결정 관점 및 부가가치생산 관점)을 키우기 위함이다. 관광마케터나 경영자는 경영의

사결정을 할 때 관광시장조사를 통한 정량적 데이터를 바탕으로 경영 효율성과 효과성 관점에서 의사결정이 필요하다. 또한 관광서비스 생산에 있어서 관광객의 욕구를 충족시키기 위해서는 관광시장의 욕구 파악이 매우 중요하다. 둘째, 관광사업의 경영정책 입안, 계획과 실행과정에서 필요하다. 셋째, 설득적 정보획득을 위해 관광시장조사가 필요하다. 넷째, 새로운 패러다임 개발을 위해 관광시장조사가 필요하다. 새로운 패러다임 개발 과정은 다음 그림과 같다.

〈그림 6-13〉 새로운 패러다임 개발 과정

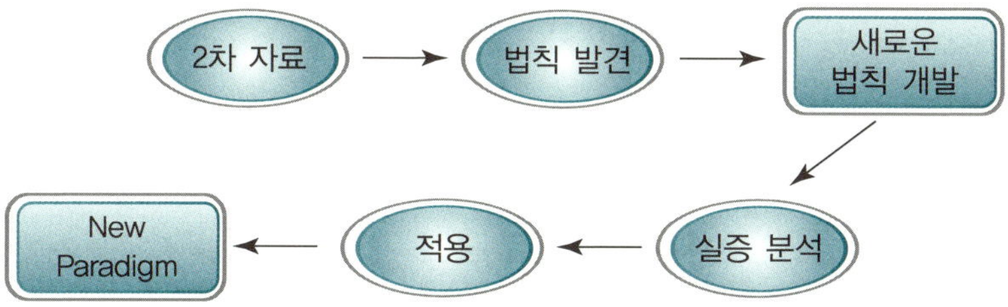

새로운 패러다임은 한마디로 공유가치, 즉 상식을 말하는 것으로 오늘날을 패러다임의 혁명의 시대라고 한다. 오늘날 정보사회에서의 소비자 패러다임은 빠르게 변화되고 있고, 관광객의 욕구나 동기, 태도 역시 빠른 속도로 변화되고 있다. 시장지향적 관점에서 관광객의 새로운 트렌드를 파악하려면, 시장조사가 필수불가결하다.

2 관광시장조사 기법

관광시장조사의 목적과 절차는 기업 내지 조사문제에 따라 상이하다. 일반적인 조사의 절차 내지 과정을 살펴보면 다음 그림과 같다.

〈그림 6-14〉 관광시장조사의 절차

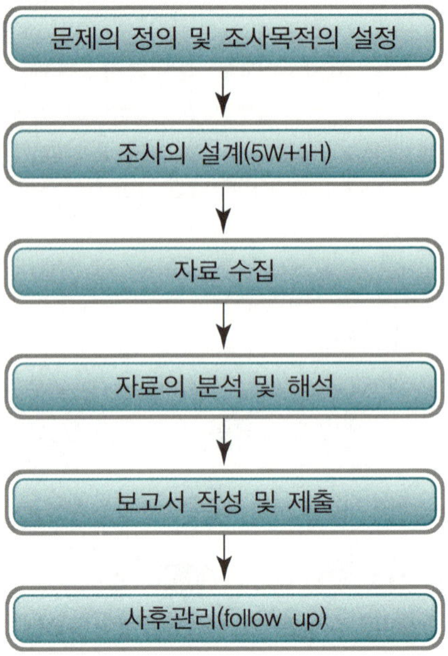

관광시장조사의 첫째 단계는 마케팅관리자 내지 최고경영자가 먼저 조사하고자 하는 문제가 무엇인지를 확인하는 것이다. 올바른 조사문제(research problem)를 설정하기 위해서는 조사를 통해 해결해야 할 경영문제 자체와 그러한 문제가 야기된 배경에 대한 분석이 병행되어야 한다. 이때 배경분석을 위해서는 상황분석, 문헌조사, 의사결정자와의 토의, 탐색조사 등이 이용할 수 있다. 이러한 조사문제가 결정되고 나면 이러한 문제를 설명하고 있는 용어들에 대한 개념적 정의(conceptual definition)를 내리고, 이를 계량적으로 검증하기 위한 조작적 정의(operational definition)를 내려야 한다.

관광시장조사를 위한 둘째 단계는 조사의 설계로 ① 조사의 종류, ② 자료원천, ③ 조사방법, ④ 조사수단, ⑤ 표본의 설계에 대한 계획을 수립하여야 한다.

첫째, 관광현상을 규명하기 위한 조사의 종류에는 ① 탐색조사, ② 기술조사, ③ 인과조사가 있다. 이러한 관광시장 조사의 종류를 살펴보면 다음 그림과 같다.

〈그림 6-15〉 관광시장조사의 종류

여기서 탐색조사(exploratory research)의 주된 목적은 문제의 규명에 있다. 결국 정확히 문제를 알지 못할 경우 탐색조사가 실시되며, 이를 통해 의사결정과 관련된 변수와 변수들간의 연관성을 개괄적으로 파악할 수 있다. 이들 중 표적집단면접조사(focus group interview)는 조사대상이 관광관련 소비자이며, 심층면접조사(depth interview)의 조사대상은 관광관련 전문가들이다.

또한 기술조사(descriptive research)는 크게 종단조사(longitudinal or time series analysis)와 횡단조사(cross sectional analysis)로 나뉜다. 여기서 종단조사는 시점을 달리하여 동일한 현상에 대한 측정을 되풀이 하는 조사방법으로 패널(panel : 고정응답자 집단)을 대상으로 하는 조사이며, 횡단조사는 조사가 특정 시점에 일회성으로 실시되는 조사이다.

인과조사(causal research)는 관광현상이 야기된 원인과 결과 사이의 관계를 밝히기 위한 조사이다. 이때 인과관계는 한 사상의 영향에 의해 다른 사상이 발생하는 것을 말하며, 성립조건은 다음과 같다: ① 원인이 되는 현상과 결과가 되는 현상이 항상 같이 존재해야 한다는 원인과 결과의 병발발생(concomitant)조건, ② 원인이 결과보다 먼저 일어난다는 시간적 우선순위(time order of occurrence)조건, ③ 밝히고자 하는 인과관계와 관련이 없는 다른 변수들을 완전히 통제해야 하는 외생변수의 통제(elimination of other possible causal factors)조건이 있다.

관광조사의 셋째 단계는 자료수집 단계이다. 관광시장조사의 자료에는 크게 1차 자료(primary data)와 2차 자료(secondary data)가 있다. 1차 자료는 조사자가 직접 관광객을 대상으로 획득한 자료이며, 2차 자료는 도서관 서베이 또는 인터넷을 통해 획득할 수 있는 기존의 자료를 말한다. 따라서 1차 자료보다는 2차 자료의 획득이 손쉽고 비용이 적게 든다고 할 수 있다. 1차 자료의 수집을 위해 조사자가 채택할 수 있는 자료 수집방법은 의사소통법, 관찰법, 실험법 등이 있다.

관광산업의 하나인 호텔에서는 일반적으로 서비스 품질 제고 차원에서 호텔 이용고객을 대상으로 1차 자료 수집을 위해 고객제안카드(guest comment card)를 활용하고 있다. 그 사례로 다음 〈표 6-4〉와 같다.

〈표 6-4〉 **호텔 고객제안카드(guest comment card)의 예**

RESERVATION/ARRIVAL 예약 및 도착

Is this the first time you have stayed with us? 저희 호텔에 처음 투숙하셨습니까?
□ Yes 예 □ No 아니오

Reservation was made 예약은 어떻게 하셨습니까?
□ Directly with the hotel 호텔로 직접 □ Via an airline 항공사경유
□ through travel agent 여행사경유 □ through the company 기업체경유 □ other 기타

Were your reservations and registration handled promptly and efficiently?
예약과 등록은 신속 정확하게 처리되었습니까?
□ Yes 예 □ No 아니오

GUEST SERVICES 접객 및 서비스

Did you receive friendly and courteous attention from:
아래 종사원들로부터 친절한 서비스를 받으셨습니까

	Excellent 훌륭하다	Fair 보통이다	Poor 나쁘다
Doorman 도어맨	☐	☐	☐
Bellman 벨맨	☐	☐	☐
Receptionist 접수계	☐	☐	☐
Cashier 수납원	☐	☐	☐
Telephone operator 전화교환원	☐	☐	☐
Room maid 객실청소원	☐	☐	☐
Laundry/Valet service 세탁물 주차원서비스	☐	☐	☐

Comments 조언 ______________________________

____

GUEST ROOMS 객실에 대하여

	Yes 예	No 아니오
Did you find your room 객실상태는	☐	☐
Clean and ready 깨끗하고 잘 정돈되어 있었다	☐	☐
Comfortable 편안했다	☐	☐

Was everything in working order in your room?
모든 시설물은 정상으로 작동되었습니까? ☐ ☐

If you checked no, what was not in working order?
이상이 있으시면 아래에 표기하여 주십시오.

Air Conditioning 에어컨	☐	Television 텔레비전	☐
Heating 난방	☐	Lighting 조명	☐
Hot Water 온수	☐	Others 기타	☐

Properly supplied(towels, soap, ashtrays, coat hangers. etc.)
수건, 비누, 재떨이, 옷걸이 등의 비품은 잘 갖추어져 있습니까?

☐ Yes 예 ☐ No 아니오

Comments 조언 ______________________________

____

Was there a particular employee who made your stay more enjoyable?
머무시는 동안 특별히 칭찬해 주고 싶은 직원이 있었습니까?

____

The above information will help correct the reported deficiencies.
위의 자료는 저희의 잘못을 시정하는데 도움이 될 것입니다.

Room Number 객실번호 ______________________________

Name 성함(Mr./Mrs./Ms.) ______________________________

Address 주소 ______________________________

Telephone Number 전화번호 ______________________________

Departure date 퇴숙일자 ______________________________

결국 대부분의 관광의사결정은 1차 자료에 의존하며, 특히 1차 자료는 비용이 많이 소요되는 문제점이 있지만 조사문제와 직접적으로 연관된다는 점에서 대단히 유용하다고 할 수 있다. 한편 1차 자료를 수집하는 방법에는 관찰법, 의사소통법, 실험법 등의 세 가지가 있다.

첫째, 관찰법은 조사대상자들의 행동을 관찰함으로써 필요한 자료를 수집하는 방법이다. 이 방법은 사람이 관찰하는 것이기 때문에 편의(bias : 偏倚)를 완전히 제거하기란 힘들며, 또한 관찰은 사건의 발생만을 알 수 있을 뿐이지 그 발생의 원인은 알 수 없다는 등의 단점이 있음을 유의해야 한다. 따라서 이 관찰법은 고객들의 동기, 태도, 의견을 조사하는 방법으로는 부적절하다.

둘째, 의사소통법은 공개적 내지 비공개적, 체계적 내지 비체계적 방법이 있으며, 우편, 전화, 대인면접, 인터넷조사를 통한 자료수집 방법이다.

이어서 관광시장 조사의 표본설계에서는 ① 표본의 크기, ② 표본추출 절차를 고려하여야 한다. 첫째로 표본의 크기는 얼마나 많은 사람을 대상으로 조사해야 하는가를 결정하는 문제로 큰 표본이 작은 표본보다 신뢰성이 있는 결과를 제공하는 것으로 알려져 있다[13]. 그러나 신뢰성있는 결과를 도출하기 위해 전체 집단을 표본으로 할 필요는 없다. 왜냐하면 표본추출의 절차가 믿을 만 하다면 모집단의 1% 미만을 표본으로 선정하여도 좋은 신뢰성을 보인다고 알려져 있다(Kotler, 1988).

〈표 6-5〉 모집단의 사이즈와 최소샘플 사이즈

모집단 사이즈	± 5%
무한	384
100,000	383
50,000	381
1,000	278
500	217
200	132
100	80
50	44

자료 : Veal(2006).

13) 이를 중심극한정리라 하며, 표본의 크기가 클수록 표본오차는 감소함.

둘째로 표본추출 절차에는 확률표본추출과 비확률표본추출 방법이 있다. 이 절차는 응답자를 어떻게 선정하느냐 결정하는 문제와 관련되며 일반적으로 대표성 있는 표본을 얻으려면 모집단으로부터 표본을 확률적으로 추출해야 된다. 관광시장조사자의 경우 대개 확률표본추출과 관련해서 비용과 시간 혹은 조사상황을 고려하여 비확률표본추출법을 사용할 수도 있다. 특히 관광현상의 경우 공간구조적 특성과 관광 속성 상 확률표본추출은 한계가 있으므로 편의표본추출과 할당표본추출법을 이용하는 것이 바람직하다.

관광조사의 넷째 단계는 자료분석 및 사후관리(follow up) 단계이다. 자료의 분석은 수집된 자료의 코딩과 편집과정이 끝난 뒤에 통상 통계적 기법을 이용하여 이루어진다. 또한 조사보고서는 조사결과와 결론을 관광시장조사 책임자에게 그들의 의사결정에 도움이 되도록 문자나 도표로 정리하여 제시하는 것이다.

제7장

관광자원·관광개발과 경영가치모델

제1절 | 관광자원과 경영가치모델

관광자원(tourism resource, tourism attraction)은 관광객의 관광동기나 행동을 유발시키는 관광대상을 통칭하는 말이다. 일부 학자들은 관광자원과 관광대상(tourism object)을 구분하여 관광대상을 관광자원과 관광시설(서비스 포함)로 정의하기도 한다(김태영, 1996 등). 본서에서는 관광자원을 관광시장의 욕구를 충족시켜주기 위해 제공되는 모든 것으로 정의한다. 따라서 여기서는 관광자원과 관광대상은 동일 개념으로 본다.

한편 이러한 관광자원은 ① 위락성, ② 관상성, ③ 다양성, ④ 계절성, ⑤ 교육과 학술성, ⑥ 역사성, ⑦ 희소성, ⑧ 접근성, ⑨ 경제성 등의 다양한 특성을 가지고 있어야 한다.

1 관광자원의 유형

관광자원은 크게 자연자원과 인문자원으로 대별된다. 여기서 인문자원에는 문화관광자원, 사회관광자원, 산업관광자원 그리고 관광레크리에이션자원으로 구분할 수 있다.

〈그림 7-1〉 관광자원의 유형

자연관광자원	*국립공원, 도립공원, 군립공원, 관광지, 산악, 해양, 내륙, 온천, 섬, 식물, 동물 등
문화관광자원	*문화재, 박물관, 생활단면, 건축물, 음식문화, 놀이문화 등
사회관광자원	*축제이벤트, 스포츠행사 *전시컨벤션(MICE)
산업관광자원	*1차 산업, 2차 산업, 3차 산업 등
관광레크리에이션자원	*관광객이용시설, 유원시설자원 *엔터테인먼트 어트랙션(theme park, 공연예술센터 등)

1) 자연관광자원

자연관광자원은 모든 관광자원의 기본을 이루는 요소이다. 이러한 자연관광자원에는 ① 지형(산악, 고원, 호소, 계곡, 폭포, 하천, 해안, 섬, 사막 등) ② 생물(동물, 물고기, 새, 수목, 꽃 등) ③ 기상 및 기후(눈, 상고대, 안개, 햇빛, 온도, 바람 등) ④ 천문(달, 별자리, 오로라, 신기루, 구름 등) ⑤ 광천 (온천, 냉천, 약수 등) ⑥ 지질(동굴, 화석 등) 등이 있다(동남레저산업연구소편, 2008).

이를 구체화해 보면, 관광진흥법 상의 지정 관광지, 자연공원으로서 국립공원, 도립공원, 군립공원, 그리고 생태·경관보전자원 등이 있다.

2) 문화관광자원

문화란 인간의 이상을 실현하는 하나의 과정으로서 역사성을 가진 생활 단면이다. 이러한 문화관광자원은 일정한 지역 공간의 공동체의 언어, 사상, 신앙, 예술, 정치, 사회제도, 의식주 상의 풍습 등과 관련 있다. 문화관광자원에는 문화재, 박물관, 생활단면, 건축물, 음식문화 등이 있다.

문화재의 경우 1962년 제정된 우리나라 문화재보호법에 의하면, ① 유형문화재, ② 무형문화재, ③ 기념물, ④ 민속자료로 나눌 수 있다. 첫째, 유형문화재는 국보(남대문 등 308개) 및 보물(동대문 등 1,508개) 등으로서 건조물, 도자기, 고문서, 그림, 조각, 기타 유형의 문화적 소산으로서 문화적 가치가 큰 것과 이에 준하는 고고자료를 말한다. 둘째, 무형문화재는 연극, 음악, 무용, 공예기술 등 문화적 유산으로서 역사상·예술상 가치가 큰 것을 말한다. 셋째, 기념물에는 천연기념물 등으로서 패총, 고분, 성지, 궁지, 요지, 유물포함층, 기타 사적 및 명승, 동물, 식물, 광물로서 역사상·예술상·학술상·관광상 가치가 큰 것이다. 넷째, 민속자료는 의식주, 신앙, 연중행사 등과 관련된 것으로 풍속과 이에 사용되는 의복, 기구, 가옥, 기타의 물건으로 일반 대중생활의 추이를 이해함에 있어 불가결한 것들을 문화재로 정의하고 있다. 또한 문화관광자원의 하나로 생활단면의 하나인 관광농원, 녹색농촌체험마을, 어촌관광자원, 산림관광자원, 다크투어리즘 대상으로서 안보관광지 등도 포함된다.

3) 사회관광자원

사회관광자원은 축제이벤트, 대규모 스포츠행사, 콘서트 그리고 전시컨벤션(MICE) 등이 있다. 2012년 기준 100만 명 이상이 참가한 대표적인 문화관광축제를 살펴보면, 다음과 같다. 그러나 표에서의 경제효과는 통계적으로 다소 미흡하다고 판단된다.

〈표 7-1〉 우리나라 문화관광축제 현황

축제명	기간	관광객(명)			경제효과 (백만 원)
		계	내국인	외국인	
부산자갈치축제	10.11.~10.14.	1,902,852	1,671,465	231,387	14,300
해운대모래축제	6.1.~6.4.	1,450,994	1,365,994	85,000	49,663
광주7080충장축제	10.9.~10.14.	1,240,370	1,229,140	11,230	31,265
화천산천어축제	1.7.~1.29.	1,448,100	1,422,379	25,721	99,500
천안흥타령축제	10.2.~10.7.	1,348,670	1,318,670	30,000	29,009
김제지평선축제	10.10.~10.14.	1,059,226	1,048,634	10,592	80,641
포항불꽃축제	7.27.~8.5.	1,530,000	1,525,000	5,000	110,861
진주남강유등축제	10.1.~10.14.	2,800,000	2,750,000	50,000	140,000
가고파국화축제	10.26.~11.4.	1,520,000	1,517,500	2,500	51,100

자료 : 문화체육관광부(2013).

4) 산업관광자원

산업관광자원이란 산업과 관련된 것으로 이러한 산업에는 1차 산업, 2차 산업, 3차 산업이 있다. 즉 특정 국가의 농업, 임업, 어업, 공업, 상업과 관련되는 산업시설과 기술 및 생산공정을 가리킨다. 이러한 산업관광(industrial tourism)의 시작은 문헌사적으로 1952년 프랑스에서 시작된 것으로 보고 있다. 그러나 실질적으로 동양에서는 「주역」의 역경 중에 "관국지광이용빈우왕(觀國之光利用賓于王)"이라는 글귀에서 시작되었다고 보는 것이 일반적인 견해라는 점을 고려할 때 관국지광, 즉 관광은 다른 나라의 발전된 문물(光)을 살핀다는 점에서 오래 전 Tour 시대 때부터 산업관광이 시작되었다고 할 수 있다. 산업관광의 대상에는 대규모 농업시설, 포스코나 현대자동차 등 공업단지, 신세계백화점 등 대규모 쇼핑센터, 대규모 농·축산 유통단지, 사회공공시설 등이 포함된다.

5) 관광레크리에이션자원

관광레크리에이션자원에는 그림에서와 같이 관광진흥법 상의 관광객이용시설(휴양시설, 자동차야영장, 관광유람선, 관광공연장 등), 유원시설자원, 그리고 엔터테인먼트 어트랙션 등이 있다. 이러한 관광레크리에이션자원에는 복합레포츠시설, 유원시설, 캠핑장, 수영장, 어린이대공원, 수렵장, 낚시터, 보트장, 카누장, 승마장, 나이트클럽, 경마장, 스키장, 골프장 등이 있다. 특히 관광레크리에이션자원은 다른 관광자원과 달리 시설지향적 성향이 강하다.

2 관광자원 가치 평가모델 및 평가요소

1) 관광자원 가치 평가모델

관광자원의 가치는 환경경제학적 관점에서 보면, 사용가치(use value)와 비사용가치(non use value)가 있다. 먼저 사용가치는 환경을 지속가능한 상태로 보전하면서 직·간접적으로 이용하여 얻는 사회적 혜택(social benefits)을 말하며, 이러한 가치에는 직접사용가치와 간접사용가치가 있다. 한편 비사용가치는 환경재가 보전되어 있다는 사실만으로 가지는 가치로 보전가치(preservation value)라고도 한다. 이러한 비사용가치에는 선택가치(option value), 존재가치(existence value), 유산가치(bequest value)가 있다(최나리, 2005). 이를 해수욕장의 관광자원가치를 중심으로 구체적으로 개념화해 보면, 다음 표와 같다.

〈표 7-2〉 해수욕장의 가치 예

사용가치		비사용가치		
직접사용가치	간접사용가치	선택가치	존재가치	유산가치
해수욕, 보팅, 모래놀이, 해변산책 등	해변 감상	잠재적인 미래의 사용가능성	해수욕장의 존재만으로도 가치가 있음	후손에게 물려 줄 자연유산

또한 관광자원 가치 평가모델에는 ① 여행비용법(travel cost method : TCM), ② 가상적 가치평가법(contingent valuation method : CVM), ③ 헤도닉 가격결정법(hedonic pricing method : HPM)이 있다. 첫째, 여행비용법은 관광객들이 관광자원 가치를 즐기기 위해 방문한 관광지에서 지출하는 비용분석을 통해 가치를 평가하는 기법이다. 이는 관광객이 특정 관광지를 방문할 때 소요된 여행비용 속에 특정 관광지에 대한 관광객의 가치평가가 내재되어 있다는 가정에서 출발한다. 둘째, 가상적 가치평가법은 특정의 관광자원과 직·간접으로 관련이 있는 사람들에게 가상적인 시장을 설정하여 조사하는 시뮬레이션 기법(simulated technique)으로 직접 인터뷰 방식을 통해 관광자원을 이용하는 대가로 얼마를 지불할 수 있는가 하는 지불의사액(payment intention)을 설문조사해서 추정하는 기법이다. 이를 조건부 가치평가법이라고도 한다. 셋째, 헤도닉가결결정법은 청정한 공기와 같은 환경의 질의 암묵적 가치(implicit value)를 추정하기 위하여 사용되는 재산가치접근법으로서 관광자원의 가치에 영향을 주는 환경적 속성을 경제적 가치로 환산하여 평가하는 기법이다.

2) 관광자원 가치 평가요소

관광자원 가치 평가요소를 여러 학자들(이광원, 1998 ; 이후석, 2005)의 견해를 종합해서 체계화하면 다음 표와 같다.

〈표 7-3〉 자연관광자원 평가 항목

구분	대상	평가항목
자연적 요인	• 산악/구릉 • 해양/도서 • 하천/호소 • 산림/수목 • 수목/화초 • 동물 • 온천	• 기후 : 온도, 습도, 강수량, 적설량, 풍속 등 • 지형 : 고도, 경사도, 접근 가능한 수원 등 • 수문 : 지표수 형태와 질, 배수경로 등 • 토양 : 단면, 지하수면 깊이 등 • 식생 : 종류, 나무높이, 나무간격, 공지비율 등 • 야생동물 : 종류, 서식빈도 등
		종의 다양성, 물의 투명도, 조망지점 환경, 야생동물 서식환경, 관람대상 분포상태, 원시성 정도 등
이용상태		이용상태이용자수, 이용밀도, 변동성, 성수기, 비수기 등
개발내용		기존시설, 요구시설, 접근성, 쾌적성, 만족수준, 관리상태, 보존상태 등
기타		소유권, 토지가격, 개발제약조건, 인근의 자원존재 여부 등

〈표 7-4〉 인문관광자원 평가 항목

구분	대상	평가항목
사회·문화적 요인	• 전통건축물 • 사적 • 공원/정원 • 관광시설 • 문화재/미술품 • 산업관광자원	• 인구구조 : 연령별, 성별구조, 인구추이, 세대수 등 • 경제구조 : 직업별 인구, 소득별, 지방재정, 산업통계 등 • 문화적 특성 : 박물관·미술관을 포함한 건축물과 기념물, 지역특산품, 축제이벤트, 향토역사, 농촌경관, 향토음식 등 • 교통망 및 통행량 • 관광인프라 : 전기, 상하수도, 가스, 전화, 인터넷 등
		주제(theme), 지역성, 문화성, 역사성, 향토성, 특이성, 교육효과 등
이용상태		이용자수, 이용밀도, 변동성, 성수기, 비수기 등
개발내용		기존시설, 요구시설, 접근성, 쾌적성, 만족수준, 관리상태, 보존상태 등
기타		소유권, 토지가격, 개발제약조건, 인근의 자원존재 여부 등

3 우리나라 관광자원 현황

우리나라 관광자원 현황(문화체육관광부, 2015)을 관광진흥법상의 지정관광지, 관광단지, 관광특구, 자연공원, 기타 관광자원을 중심으로 살펴보기로 한다.

1) 관광지

관광지는 관광자원이 풍부하고 관광객의 접근이 용이하며 개발 제한요소가 적어 개발이 가능한 지역과 관광정책상 관광지로 개발하는 것이 필요하다고 판단되는 지역을 대상으로 한다. 이곳에 관광객의 관광활동에 필수적인 진입도로, 주차장, 상·하수도, 식·음료대, 공중화장실, 오수처리시설, 관리사무소, 관광지 안내도 등 관광인프라(infrastructure)와 관광상부구조(superstructure)로서 야영장, 어린이 놀이시설, 청소년 수련시설, 체력단련장, 샤워·탈의장, 물품보관소 등 편의시설을 공공사업으로 추진하고 그 외 이용관광객의 편의를 위한 운동·오락시설, 휴양·문화시설, 숙박시설, 상가시설 등은 민간자본을 유치하여 개발하는 사업이다. 우리나라 정부에서는 주5일 근무제의 본격적인 시행과 국민소득 증가에 따른 관광수요 증가에 맞추어 관광지를 특화하여 개발함으로써 아름답고 쾌적한 환경을 조성함은 물론 관광을 통하여 국민의 삶의 질을 향상시키는 복지관광정책의 일환으로 활용하고 있다.

우리나라 정부에서는 관광개발의 선택과 집중, 네트워크화, 지방분권형 개발의 중요성을 인식하고 지역특성을 살린 관광지 개발을 촉진하기 위해 관광지 지정 및 조성 계획 승인권한을 2005년 4월 17일자로 시·도지사에 이양하였으며, 동시에 관광지 지정 등의 실효성을 제고하기 위해 지정 후 2년 이내 조성 계획 승인신청이 없거나 승인 후 2년 이내에 사업에 착수하지 않으면 관광지의 지정 또는 조성 계획 승인효력이 상실되도록 하였다.

〈표 7-5〉 우리나라 지정 관광지 현황

시도	지정개소	관광지명
부산	5	태종대, 황령산, 용호씨사이드, 기장도예촌
인천	2	서포리, 마니산
경기	13	대성, 용문산, 소요산, 신륵사, 신장, 한탄강, 산정호수, 공릉, 수동, 장흥, 백운계곡, 임진각, 내리
강원	40	춘천호반, 고씨동굴, 무릉계곡, 망상해수욕장, 화암약수, 고석정, 송지호, 장호해수욕장, 팔봉산, 삼포 · 문암, 옥계, 맹방해수욕장, 구곡폭포, 속초해수욕장, 주문진해수욕장, 삼척해수욕장, 간현, 연곡해수욕장, 청평사, 초당, 화진포, 오색, 광덕계곡, 홍천온천, 후곡약수, 석현, 등명, 방통약수, 용대, 영월온천, 어답산, 구문소, 직탕, 아우라지, 유현문화, 동해 추암, 여월 마자탄광촌, 평창 미탄마하 생태, 속초 척산온천, 인제 오토테마파크
충북	22	천동, 다리안, 송호, 무극, 장계, 칠금, 충온온천, 능암온천, 교리, 온달, 수옥정, 능강, 금월봉, 속리산레저, 계산, 괴강, 제천온천, KBS제천촬영장, 만남의 광장, 충주호체험, 구병산, 늘머니과일랜드
충남	26	대천해수욕장, 구드래, 신정호, 삽교호, 태조산, 예당, 무창포, 덕산온천, 곰나루, 용연저수지, 죽도, 안면도, 아산온천, 마곡온천, 금강하구둑, 마곡사, 칠갑산도림온천, 천안종합휴양, 공주문화, 춘장대해수욕장, 간월도, 난지도 왜목마을, 남당, 서동요역사, 만리포
전북	21	남원, 은파, 사선대, 방화동, 금마, 운일암 · 반일암, 석정온천, 금강호, 위도, 마이산회봉, 모악산, 내장산리조트, 김제온천, 웅포, 모항, 왕궁보석테마, 백제가요정읍사, 미륵사지, 오수의견, 벽골제, 변산 해수욕장
전남	28	나주호, 담양호, 장성호, 영산호, 화순온천, 우수영, 땅 끝, 성가동, 화동, 녹진, 지리산온천, 도곡온천, 도림사, 대광해수욕장, 율포해수욕장, 대구도요지, 불갑사, 한국차소리문화공원, 마한문화공원, 화산연꽃방죽, 홍길동테마파크, 아리랑마을, 정남진 우산도-장재도, 신지명사십리, 해산장보고, 문주사, 영암 바둑테마파크, 사포
경북	34	백암온천, 성류굴, 경산온천, 오전약수, 가산산성, 경천대, 문장대온천, 울릉도, 장사해수욕장, 고래불, 청도온천, 치산, 도산온천, 용암온천, 탐산온천, 문경온천, 순흥, 호미곶, 풍기온천, 예천온천, 선바위, 상리, 하외, 다덕약수, 포리, 풍기 창락, 청송, 주왕산, 대가야 역사테마관광지, 부석사, 청도 신화랑, 울릉개척사, 회상나루, 도산온천, 예천온천
경남	23	부곡온천, 도남, 당항포, 표충사, 미숭산, 마금산온천, 수승대, 오목내, 합천호, 합천보조댐, 중산, 금서, 가조온천, 농월정, 송정, 벽계, 장목, 실안, 신청 전통한방휴양, 사등, 하동 묵계(청학동), 사천 비토, 거가대교
제주	16	돈내코, 용머리, 김녕해수욕장, 함덕해안, 제주남원, 봉개휴양림, 토산 묘산봉, 미천굴, 오라, 수망, 표선, 금악, 제주돌문화공원, 곽지
계	230	

자료 : 문화체육관광부(2015).

2) 관광단지

관광단지는 관광산업의 진흥을 촉진하고 국내외 관광객의 다양한 관광 및 휴양을 위하여 각종 관광시설을 종합적으로 개발하는 관광거점 지역을 말한다. 「관광진흥법」에 의하여 2011년까지 33개소가 지정되었으나 강화 종합리조트관광단지(7월), 한원춘천관광단지(6월), 고성 대명설악 관광단지(5월)가 추가로 지정되어 2014년 12월 기준 35개의 관광단지가 지정되어 있다. 한편 에버랜드 관광단지는 2014년에 지정취소되었다.

우리나라 주요 관광단지 현황을 간추려 보면, 다음과 같다.

가) 경주 보문 관광단지

경주 보문 관광단지는 경주지역을 우리나라의 대표적인 사적관광지로 조성하기 위하여 신라고도 경주시내 곳곳에 산재하고 있는 귀중한 문화재의 보존발굴사업과 함께 경주관광종합개발사업의 일환으로 국제적 수준의 관광단지를 조성하고자 1973년부터 개발 중에 있다. 관광단지의 위치는 경주시 신평동 및 천군동 일대이며 단지 면적은 8.515㎢이다. 단지 내의 조성계획으로는 공공편익시설지구(도로, 주차장 및 편의시설, 관광홍보관, 공공시설 등), 숙박시설지구(특급호텔, 소형호텔, 콘도, 소형숙박시설 등 총 4,500실), 상가시설지구, 운동오락시설지구(골프장, 승마장 등), 휴양문화시설지구(신라촌, 관광양어장 등)이 있으며, 2012년 12월 기준으로 도로, 동사무소와 같은 공공시설을 비롯하여 특급호텔, 소형호텔 등 총 3,630실의 숙박시설, 상가시설, 운동오락시설, 휴양문화시설 등이 완공되었다. 향후 다양한 숙박시설 확충, 종합스포츠시설 등을 건립·개장하고, 자연휴식공간, 체력단련장 등 국민여가시설을 확충하고, 국제적인 행사에 대비한 컨벤션센터를 건설할 예정이다.

나) 제주 중문 관광단지

제주도의 독특한 자연경관과 지리적 조건을 활용하여 국제적인 휴양지로 개발하고자 1978년부터 제주도 종합개발계획에 의하여 단계별로 제주도 서귀포시 색달동, 중문동, 대포동 일대에 국내외관광객을 위한 국제 수준의 관광단지를 조성하고 있다. 정부는 기반시설 건설에 일부 투자하고, 한국관광공사는 개발 사업의 주체가 되어 사업을 추진하고 있으며, 숙박시설, 상업시설 등은 민간자본을 유치하여 개발하고 있다. 개발면적은 1985년 3월 7일 제주도 특정지역 종합개발계획에 의거하여 3.74㎢로 확정되었으나 1996년 8월 실지적에 의한 개발면적과 천제연 계곡 등 보전지역을 포함하여 총 개발면적을 3.562㎢로 변경하였다.

다) 평창 용평 관광단지 및 알펜시아 관광단지

평창 용평 관광단지는 해외자본 유치에 의한 국제적인 관광단지 조성과 동계스포츠 시설 완공으로 외국인 관광객의 유치를 확대하고, 레저 및 문화 활동에 직접 참여하는 관광행태 변화를 수용하며 국민의 여가활동 공간을 제공하기 위해 추진되고 있다.

강원도 평창군 도암면 용산리, 수하리 일원 16.367㎢를 개발 대상지로 지정한 동 단지의 주요 도입시설로 관광호텔, 가족호텔, 휴양콘도, 골프콘도 등 숙박시설과 박물관, 자연학습장, 체력 단련장, 컨벤션센터, 테마파크, 스키장 등 휴양·놀이운동시설 및 공공편익시설 등을 조성할 계획이다.

라) 동부산 관광단지

동부산 관광단지는 남해안 관광벨트의 중추적인 기능을 수행하는 관광거점으로 해운대관광특구와 연계한 사계절 체류형 관광단지를 조성하고자 국책사업으로 추진하고 있다. 2005년 1월 동부산 관광단지 개발에 최대 걸림돌이었던 개발제한구역이 해제됨에 따라 2005년 3월에 부산광역시 기장군 기장읍 시랑리, 당사리, 석산리, 청강리, 연화리 일원에 산과 바다가 잘 어우러진 3.638㎢를 관광단지로 지정하였으며, 사업비는 총 11,266억 원이다. 2006년 3월에 관광단지 조성 계획을 승인하였으며, 2007년 12월 진입도로 1, 2단계 공사를 완료하였고, 2008년에는 테마파크 개발 사업자를 선정하여 편입부지의 토지수용 협의를 완료하였다. 관광단지 개발 콘셉트는 건강과 위락을 주 기능으로 하는 웰니스 리조트(wellness resort)로서 주요 도입시설은 테마파크, 골프장, 관광호텔, 아울렛몰, 콘도 등이다.

이 밖에도 해남 오시아노 관광단지, 평창 피닉스파크 관광단지, 원주 오크밸리 관광단지, 감포 관광단지, 김천 온천 관광단지, 용유·무의 관광단지, 안동문화 관광단지, 화양 관광단지, 횡성 두원 관광단지, 어등산 관광단지, 성산포 해양관광단지, 송도 관광단지, 홍천 비발디파크 관광단지, 신화역사공원 관광단지, 팜파스 종합휴양 관광단지, 고흥 우주해양 관광단지, 무릉도원 관광단지, 평택호 관광단지, 강동 관광단지, 마우나오션 관광단지, 여수 경도 해양관광단지, 제주 헬스케어타운 관광단지, 신영 관광단지, 설악 한화리조트 관광단지, 예래 휴양형 주거단지 관광단지, 창원 구산 해양관광단지,

천안 골드힐카운티리조트 관광단지, 강화 종합리조트 관광단지, 한원 춘천 관광단지, 고성 대명 설악 관광단지가 있다.

3) 관광특구

관광특구는 외국인 관광객의 유치 촉진을 위하여 관광시설이 밀집된 지역에 대해 야간 영업시간 제한을 배제하는 등 관광활동을 촉진하고자 1993년에 도입된 제도이다. 「관광진흥법」 제2조에서는 외국인 관광객의 유치 촉진 등을 위하여 관광활동과 관련된 관계법령의 적용이 배제되거나 완화되고, 관광활동과 관련된 서비스·안내체계 및 홍보 등 관광여건을 집중적으로 조성할 필요가 있는 지역으로서 관광진흥법에 의하여 지정된 곳' 이라고 정의하고 있다. 문화체육관광부는 2004년 10월 「관광진흥법」을 일부 개정하여 특구 지정권한을 시·도지사에게 이양하고 특구에 대한 국가 및 지방자치단체의 지원근거를 마련하였으며, 관광특구진흥계획의 수립·시행 및 평가를 의무화하는 등 특구제도의 실효성을 확보하기 위한 다양한 제도적 장치를 도입하였다.

〈표 7-6〉 관광특구 지정현황

시도	특구명	지정지역	면적(㎢)	지정시기
서울(5)	명동남대문 북창·다동·무교동	중구 소공동·회현동·명동·북창동·다동·무교동 일원	0.87	2000.03.30 (변경 2012.12.27)
	이태원	용산구 이태원동·한남동 일원	0.38	1997.09.25
	동대문패션타운	중구 광희동·을지로 5~7가·신당1동 일원	0.58	2002.05.23
	종로 청계	종로구 종로1가~6가·서린동·관철동·관수동·예지동 일원·창신동 일부 지역(광화문 빌딩·숭인동 4거리)	0.54	2006.03.22
	잠실	송파구 잠실동·신천동·석촌동·송파동·방이동	2.31	2012.03.15
부산(2)	해운대	해운대구 우동·중동·송정동·재송동 일원	6.22	1994.08.31
	용두산·자갈치	중구 부평동·광복동·남포동 전지역, 중앙동·동광동·대청동·보수동 일부 지역	1.08	2008.05.14
인천(1)	월미	중구 신포동·연안동·신흥동·북성동·동인천동 일원	3.00	2001.06.26
대전(1)	유성	유성구 봉명동·구암동·장대동·궁동·어은동·도룡동	5.86	1994.08.31
경기(2)	동두천	동두천시 중앙동·보산동·소요동 일원	0.39	1997.01.18
	평택시 송탄	평택시 서정동·신장 1·2동·지산동·송북동일원	0.49	1997.05.30

시도	특구명	지정지역	면적(㎢)	지정시기
강원(2)	설악	속초시·고성군 및 양양군 일부 지역	138.10	1994.08.31
	대관령	강릉시·동해시·평창군·횡성군 일원	428.26	1997.01.18
충북(3)	수안보온천	충주시 수안보면 온천리·안보리 일원	9.22	1997.01.18
	속리산	보은군 내속리면 사내리·상판리·중판리·갈목리 일원	43.75	1997.01.18
	단양	단양군 단양읍 매포읍 일원(2개읍 5개리)	4.45	2005.12.30
충남(2)	아산시온천	아산시 음봉면 신수리 일원	3.71	1997.01.18
	보령해수욕장	보령시 신흑동, 웅천읍 독산·관당리, 남포면 월전리 일원	2.52	1997.01.18
전북(2)	무주 구천동	무주군 실천면·무풍면	7.61	1997.01.18
	정읍 내장산	정읍시 내장지구·용산지구	3.45	1997.01.18
전남(2)	구례	구례군 토지면·마산면·광의면·신동면 일부	78.02	1997.01.18
	목포	북항·유달산·원도심·삼학도·갓바위·평화광장 일원(목포 해안선 주변 6개 권역)	6.89	1997.01.18
경북(3)	경주시	경주 사내지구·보문지구·불국지구	32.65	1994.08.31
	백암온천	울진군 온정면 소태리 일원	1.74	1997.01.18
	문경	문경시 문경읍·가은읍·마성면·농암면 일원	1.85	2010.01.18
경남(2)	부곡온천	창녕군 부곡면 거문리·사창리 일원	4.82	1997.01.18
	미륵도	통영시 미수1·2동·봉평동·도남동·산양읍 일원	32.90	1997.01.18
제주(1)	제주도	제주도 전역(부속도서 제외)	1,809.56	1994.08.31
13개 시·도 29개소			2,631.22	

자료 : 문화체육관광부(2015).

4) 자연공원

가) 국립공원

우리나라 국립공원은 우리나라를 대표할만한 자연생태계보유지역 또는 수려한 자연경관지로 환경부장관이 지정한 곳으로 정의된다. 1967년 지리산국립공원이 최초로 지정된 후 1960년대에 지리산·경주 등 4개소, 1970년대에 설악산·속리산 등 9개소, 1980년대에는 다도해 해상 등 7개 공원을 포함하여 총 20개의 국립공원을 지정되어 있다.

〈표 7-7〉 **국립공원 지정현황**

지정순위	공원명	위치	공원구역		비고
			지정일	면적(㎢)	
1	지리산	전남·북, 경남	1967.12.29	483.022	
2	경주	경북	1968.12.31	136.550	
3	계룡산	충남, 대전	1968.12.31	65.335	
4	한려해상	전남, 경남	1968.12.31	535.676	해상 408.488
5	설악산	강원	1970.3.24	398.237	
6	속리산	충북, 경북	1970.3.24	274.766	
7	한라산	제주	1970.3.24	153.332	
8	내장산	전남·북	1971.11.17	80.708	
9	가야산	경남·북	1972.10.13	76.256	
10	덕유산	전북, 경남	1975.2.1	229.430	
11	오대산	강원	1975.2.1	326.348	
12	주왕산	경북	1976.3.30	105.595	
13	태안해안	충남	1978.10.20	377.019	해상 352.796
14	다도해상	전남	1981.12.23	2,266.221	해상 1,975.198
15	북한산	서울, 경기	1983.4.2	76.922	
16	치악산	강원	1984.12.31	175.668	
17	월악산	충북, 경북	1984.12.31	287.571	
18	소백산	충북, 경북	1987.12.14	322.011	
19	변산반도	전북	1988.6.11	153.934	해상 17.227
20	월출산	전남	1988.6.11	56.220	
21	무등산	광주, 전남	2013.3.4	75.425	
계				6,731.671	

자료 : 환경부(2014년 12월 31일 기준).

국립공원의 총면적은 6,656.246㎢(육상기준 전 국토의 3.9%)로서 이 중 육지면적은 3,902.537㎢, 해면면적은 2,753.709㎢이다. 한편 주요 국립공원의 탐방객 증가추이는 다음과 같다.

〈그림 7-2〉 주요 국립공원 탐방객 증가 추이

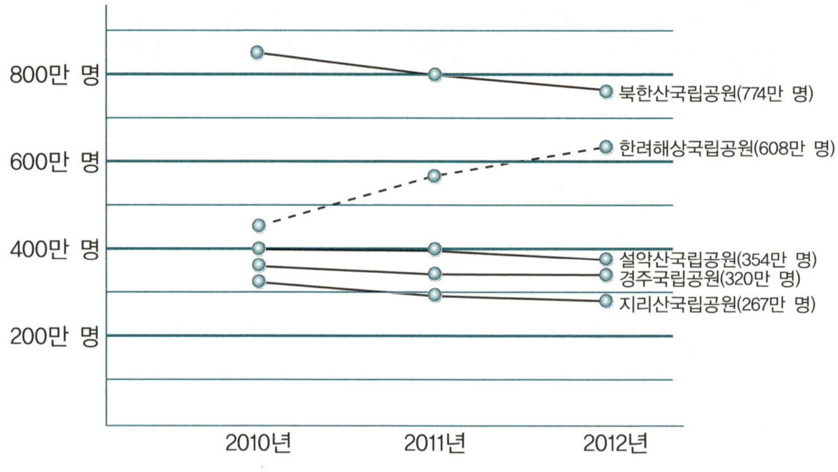

그림에서와 같이 북한산국립공원의 경우 2010년 851만 명을 기록한 후 탐방객 수가 계속 줄어들고 있는 상황이다. 설악산국립공원과 지리산국립공원, 경주국립공원의 경우 탐방객 수의 증체를 보이고 있는 상황이다. 이는 산악관광지와 내륙관광지로서 관광객수용력의 한계 및 관광자원의 다양성 부족 등에 기인한다고 볼 수 있다. 특히 지리산국립공원의 경우 2010년 300만 명을 기록한 후 탐방객 수가 260만 명선에서 정체를 보이고 있다. 따라서 지리산국립공원의 경우 현재 케이블카 설치를 논의 중에 있으나 지역 간 설치장소 문제로 갈등을 빚고 있는 지리산케이블카 건설을 서둘러야 할 필요가 있다. 경주국립공원의 경우 2010년 310만 명을 돌파 한 후 지속적인 정체를 보이고 있는 상황이다. 따라서 경국국립공원의 경우 '문화생태탐방로' 등의 활성화와 다양한 '문화관광축제' 의 도입 및 활성화를 통해 관광자원의 다양화를 시급히 실현해야 할 것이다. 한편 해안관광지의의 하나인 한려해상국립공원의 경우 관광자원의 다양성과 새로운 관광인프라 구축(미륵도 관광케이블카 및 여수 Expo 등) 및 지방정부(통영시, 여수시 등)의 적극적인 관광자원화 전략으로 매년 관광객이 증가하는 추세이다.

나) 도립공원

우리나라 도립공원은 특별시·광역시·도의 자연경관을 대표할 만한 국립공원 이외의 수려한 자연경관지로 지리산이 국립공원으로 지정된 지 3년 후인 1970년에 경상북도의 금오산이 최초의 도립공원으로 지정한 이래 1970년대에 13개소, 1980년대에 7개소가 지정되었고, 1990년대에 2개소, 2005년에 연인산 1개소, 2008년에 제주도의 행정구역개편으로 제주조각공원 등 6개 군립공원이 도립공원으로 편입되었고, 2009년 수리산 도립공원을 지정하였다. 2011년에 제주조각공원을 폐지하고 제주곶자왈 1곳을 추가로 지정하였으며, 2013년 무등산도립공원이 국립공원으로 승격되어 현재 30개소의 도립공원이 있다.

지역별로는 대구광역시 1개소(팔공산), 경기도 3개소(남한산성, 연인산, 수리산), 강원도 3개소(경포, 낙산, 태백산), 충청남도 3개소(덕산, 칠갑산, 대둔산), 전라북도 4개소(모악산, 대둔산, 마이산, 선운산), 전라남도 5개소(조계산, 두륜산, 천관산, 신안증도갯벌, 무안갯벌), 경상북도 3개소(문경새재, 금오산, 청량산), 경상남도 2개소(가지산, 연화산), 제주특별자치도 6개소(마라해양, 성산일출해양, 서귀포시립해양, 추자, 우도해양, 제주곶자왈)가 지정되어 있다.

다) 군립공원

우리나라 군립공원은 시·군의 자연경관을 대표할만한 국립공원 및 도립공원 이외의 수려한 자연경관지로 정의된다. 1981년 1월 7일 전라북도 순창군의 강천산이 최초 군립공원으로 지정된 이래 2012년 12월 31일 기준 27개소에 걸쳐 총면적 237.794㎢가 군립공원으로 지정되어 있다.

지역별로는 대구광역시 1개소(비슬산), 경기도 2개소(천마산, 명지산), 강원도 3개소(아미산, 대이리, 병방산), 전라북도 2개소(강천산, 장안산), 경상북도 5개소(보경산, 불영 계곡, 빙계계곡, 덕구온천, 운문산), 경상남도 14개소(상족암, 고소성, 거열산성, 웅석봉, 구천계곡, 입곡산, 호구산, 봉명산, 기백산, 황매산, 신불산, 화왕산, 방어산, 월성계곡)가 지정되어 있다.

라) 생태·경관보전지역

생태·경관보전지역은 「자연환경보전법」에 따라 ① 생태·자연도에 의하여 1등급 권역으로 분류된 지역, ② 자연 상태가 원시성을 유지하거나 생물다양성이 풍부하여 학술적 가치가 큰 지역, ③ 지형 또는 지질이 특이하여 학술적 연구 또는 자연경관 유지를 위하여 보전이 필요한 지역, ④ 멸종위기 야생동·식물 또는 보호야생 동·식물의 서식처·도래지 등으로서 보전의 가치가 있다고 인정되는 지역, ⑤ 각종의 다양한 생태계를 대표할 수 있는 지역, ⑥ 생태계의 표본지역을 환경부장관(육지) 또는 국토해양부장관(해양)이 지정하며, 시·도지사는 생태계보전지역에 준하여 보전할 필요가 있다고 인정되는 지역을 중심으로 지정한다.

2012년 국가가 지정한 생태·경관보전지역은 지리산 등 13개 지역이며, 시·도 생태·경관보전지역은 한강 밤섬 등 23개 지역 등 총 36개 지역이다.

5) 6차 산업으로서 기타 관광자원

가) 지속가능한 관광자원으로서 관광농원

관광농원은 농촌의 쾌적한 자연환경과 전통문화, 농림수산생산기반 등을 농촌체험·관광자원으로 개발하여 국민의 여가수요를 농촌으로 유치함으로써 도시와 농촌의 교류를 촉진하고 이를 통해 농촌지역과 농업인의 소득증대를 도모하는 사업이다. 이 같은 목적에 따라 전체 면적의 20% 이상(2,000㎡ 이상이면서 전체 면적의 20% 이상)은 반드시 과수·화훼·가축사육장·양어장 등 농업 및 농촌과 관련된 체험시설을 갖추도록 하고 농어업인, 농협, 수협, 한국농어촌공사 등과 같은 농업 관련단체가 운영하도록 하고 있다. 2012년 12월 말 기준 465개소의 관광농원이 운영 중이다.

나) 지속가능한 관광자원으로서 녹색농촌체험마을

녹색농촌체험마을 사업은 주5일 근무제와 수업제 등으로 증대되고 있는 도시민의 농촌관광 수요를 농촌으로 유치하여 농외소득증대 등 농촌 활력 증진을 도모하기 위한 목적으로 추진 중에 있다. 도시민의 다양한 수요에 맞는 휴양·체험공간으로 2012년까지 614개 녹색농촌체험마을을 조성·지원하여 농촌체험관광 및 도농교류의 거점으로 활용하고자 하였다.

다) 지속가능한 관광자원으로서 어촌관광자원

우리나라 정부에서는 쾌적한 연안환경 조성을 목적으로 연안조성사업을 추진하고 있다. 또한 기존의 어촌관광 개발 사업과 별도로 국민들의 소득 및 여가 증가와 주5일 근무제 확산 등으로 증가하는 어촌관광 수요에 대비하여 어촌만이 가지고 있는 자연경관, 어업자원, 역사·문화·생활방식 등의 고유한 특성과 기존 어항시설을 연계하여 어촌을 생산·주거·관광이 어우러진 종합공간으로 조성하고자 어촌관광모델사업' 을 수립하여 어촌·어항 복합공간(Ⅰ모델), 다기능어항(Ⅱ 모델), 어촌관광단지조성(Ⅲ 모델)의 3종의 어촌·어항관광모델개발 사업 24개소를 선정하여 투자할 계획이다.

〈표 7-8〉 시·도별 어촌체험마을 지정 현황 및 프로그램 요약

시·도	시·군	마을명	마을명주요 체험 프로그램
계		97개 마을 중 일부	
부산 (2)	기장군	공수마을(2001)	후릿그물, 바다낚시, 해변산책
	강서구	대항마을(2003)	육수장망(숭어), 대구잡이(호망), 김양식장체험, 갯바위낚시
경남 (18)	남해군	지족마을(2001)	죽방렴관람, 갯벌체험, 바다낚시, 개불채취, 승선체험
	남해군	문항마을(2002)	원시돌발어업, 낚시유어선, 갯바위낚시, 갯벌맨손체험
	고성군	동화마을(2003)	굴양식체험, 정치망체험, 공룡전시관견학, 갯벌체험
	남해군	냉천마을(2003)	갯벌체험, 각망어장체험, 야간횃불조업, 바다낚시
	통영시	유동마을(2004)	정치망·자망체험, 해조류말리기, 패충체험, 해상경관감상
	거제시	도장포마을(2004)	멸치건조, 조개캐기, 갯바위낚시, 유적지탐방, 해수욕
	사천시	다맥마을(2005)	굴따기, 전어잡기, 가두리낚시, 승선체험, 바다낚시
	하동군	대도마을(2005)	해상콘도식 낚시, 갯벌체험, 저인망 및 가두리양식체험
	창원시	고현마을(2006)	갯벌체험, 미더덕 까기체험, 바다낚시, 해수탕체험
	통영시	연명마을(2006)	바다목장견학, 몽돌지압체험, 바다낚시, 산행체험
	거제시	계도마을(2006)	낚시체험, 역사문화경관체험, 건강육성체험, 어업체험
	남해군	은점마을(2006)	갯벌체험, 스킨스쿠버, 일출광장 및 해안등산로체험
	통영시	궁항마을(2007)	어업체험, 바지락 및 전복채취, 갯바위 및 선상낚시체험
	사천시	대포마을(2007)	바지락채취, 갯벌탐사, 바다낚시체험, 야간횃불체험
	거제시	쌍근마을(2007)	정치망어업체험, 바다낚시체험, 바지락캐기, 돌게잡이
	남해군	유포마을(2007)	쏙잡기체험, 갯벌체험, 바지락캐기, 바다낚시
	거제시	이수도마을(2008)	낚시체험, 문어단지체험, 자망체험, 조개갯벌체험
	남해군	항도마을(2008)	정치망체험, 후릿그물체험, 낚시체험

자료 : 문화체육관광부(2014) 자료를 요약함.

라) 지속가능한 관광자원으로서 산림관광자원

① 산림휴양시설

산업화·도시화와 국민경제의 발전 등으로 급증하는 생태관광수요를 산림에서 적극적으로 흡수하기 위해 산림경관이 수려하고 국민이 쉽게 이용할 수 있는 지역에는 자연

휴양림을, 도심에서 가깝고 지역주민의 이용 빈도가 높은 지역에는 산림욕장을 조성하고 있다. 자연휴양림은 2012년에 4개소(공유)를 신규로 개장, 전국적으로 총 152개소를 운영하여 이용자 수가 1,164만 명에 이르고 있다.

산림욕장은 도시민들이 많이 이용하는 도시근교에 위치한 산림 안에 산책로, 자연관찰로, 탐방로, 간이 체육시설 등 산림욕과 체력단련에 필요한 기본시설을 조성하는 것으로 2012년에 10개소를 신규로 조성하여 총 173개소가 운영 중이다.

② 산림생태·문화체험단지조성

여가 및 소득의 증가로 국민의 산림휴양에 대한 다양한 요구와 산림 문화적 수요는 지속적으로 증가하고 있다. 가족중심의 체험형 산림휴양 수요, 생태관광 및 청소년의 자연학습·체험수요가 급격히 증가하는 추세이며 특히, 신세대 등 새로운 휴양수요는 자연휴양림 등 산림휴양시설이 단순한 휴식의 장소에서 휴식과 Forest Adventure가 공존하는 브랜드로의 전환을 요구하고 있다.

이에 따라 산림청에서는 자연휴양림, 산림욕장 및 수목원 등 개별사업에서 벗어나 산림생태계를 보전하면서 산림생태·휴양·문화·교육 등 산림의 다원적 기능을 한 곳에서 종합적으로 체험할 수 있는 기회를 제공하는 동시에 이를 주변 관광자원과 연계시키는 다목적 개념의 산림생태·문화체험단지를 조성하고 있다.

마) 평화관광 대상으로서 안보관광지

다크투어리즘 대상으로 안보관광지의 개발은 6·25 전적지와 민통선 일대에 잘 보전된 자연경관 및 전적지를 관광자원으로 개발·활용함으로써 전후 세대에게는 올바른 역사의식을 함양하는 장으로 활용하고, 우리나라를 방문하는 외국인 관광객에게는 특색 있는 관광경험을 제공하려는 것이다.

이러한 목적에 부합하기 위해 정부에서는 지금까지 통상적으로 제공해왔던 북한지역 전망위주의 안보관광에서 접적지역 북한지역을 전망할 수 있는 전망대 부근의 철책 일부를 직접 답사하는 체험식 관람이 방문객들에게 좋은 반응을 보여 차후에도 지속적으로 확대 시행할 예정이다.

바) 온천

온천(spa)은 국민의 심신휴양, 건강증진 등에 크게 기여하고 있는 관광자원 중 하나이다. 일반적으로 온천의 기준 온도는 25℃ 이상으로 정부는 1981년에 일반 지하수와는 달리 온천자원에 대한 적절한 보호와 효율적인 개발·이용 및 관리를 도모함으로써 공공의 복리증진에 이바지하기 위하여 「온천법」을 제정하였다. 동 법령의 규정에 따라 관할 자치단체로 하여금 온천발견신고·수리, 온천원 보호지구 또는 온천공보호구역지정, 온천 개발 계획수립·승인, 일일 적정 양수량에 의한 온천수이용허가 절차를 이행하게 하는 등 온천 개발·이용 및 관리 업무를 수행하고 있다. 2012년 현재 온천 현황은 보호지구 142개소, 보호구역지정 175개소 등을 포함하여 452개소가 있다.

6) 관광지 관련법 및 내용

아래 표에서와 같이 자연공원은 자연공원법에 의해 지정·관리되고 있으며, 유원지나 도시공원의 경우 동시계획법에 의해 지정·관리되고 있음을 알 수 있다. 최근에 수요가 늘고 있는 관광휴양지역은 국토이용관리법의 적용을 받는다. 즉 이는 우리나라 관광자원에 대한 통합적인 관리가 이루어지지 못하고 있음을 나타나낸 것으로 향후에는 이를 문화체육관광부에서 총괄함으로써 관광자원의 효과적이고 효율적인 관리와 지원이 이루어질 수 있을 것으로 판단된다.

〈표 7-9〉 **관광지의 관련법 및 내용**

구분		근거법령	내용
자연공원	국립공원	자연공원법	우리나라의 풍경을 대표할만한 수려한 자연풍경지로서 국민보건, 교화, 화술, 휴양, 정서생활에 기여하고자 지정한 지역
	도립공원	자연공원법	특별시, 광역시 또는 도내의 풍경을 대표할만한 국립공원 이외의 수려한 자연 풍경 지역
	군립공원	자연공원법	시 및 군 내의 풍경을 대표할만한 국·도립공원 이외의 수려한 자연풍경 지역
관광지		관광진흥법	자연적 또는 문화적 관광자원을 갖추고 있어 관광 및 휴양에 적합한 지역
관광휴양지역		국토이용관리법	국민여가선용을 위한 휴양시설과 자연경관·문화재 등을 탐방하는 관광객들을 위한 시설이 집단화되어 있거나 집단화되어야 할 지역
유원지		도시계획법	시민의 복지향상에 기여하기 위하여 설치하는 오락과 휴양시설 지역
도시공원		도시계획법	도시계획구역 내 자연경관의 보호와 시민의 건강·휴양 및 정서생활의 향상에 기여하기 위하여 조성된 지역

구분	근거법령	내용
관광단지	관광진흥법	관광지 중 관광산업의 진흥을 촉진하기 위하여 관광자원 밍 관광시설들을 중점적으로 개발하는 관광거점지역
관광농업지역	농어촌소득원 개발촉진법	도시민의 여가활용을 농촌으로 유치하여 도시민의 정서를 함양하고 농가의 소득증대를 기여하는 한편 농촌의 적합한 생활공간을 활용하여 농·어촌의 새로운 서비스산업으로 육성시키기 위해 조성한 지역
온천지역	온천법	온천원 부존지역을 중심으로 온천의 공공적 이용증진과 온천 이용시설 및 환경의 정비를 위해 지정한 지구

제2절 | 관광개발과 경영가치모델

1 관광개발 과정 및 과제

관광개발은 관광자원의 가치 증대, 관광레크리에이션의 촉진, 지역의 경제개발, 관광기업 활동의 확대 등의 효과 달성을 목표로 한다. 그러기 위해서는 충분한 타당성 분석에 바탕을 둔 계획의 결정이 필요하다(동남레저산업연구소편, 2008).

가) 조사분석 단계

관광개발 계획에 있어서 가장 먼저 해야 하는 일이 조사분석이다. 첫째, 관광개발이란 특수성을 고려하여 지리적 조건과 사회적 조건과의 적합성을 조사하고 다시 관광자원의 분포를 조사하여 그의 보호 및 관광대상화에의 가능성에 따라 관광자원의 가치평가를 행한다. 둘째, 거시적인 개발규모와 효과를 조사하고 환경평가를 실시한다. 관광개발이 파급시키는 그 지역의 자연적 영향, 경제적 영향과 사회적 영향을 조사 평가한다. 또 관광개발로 인한 관광공급의 관광객에 대해서도 욕구충족의 크기를 사전 평가한다. 셋째, 관광수요의 질과 기대되는 양을 조사해야만 한다. 이것은 관광개발의 방향성과 개발의 크기에도 관련되는 것으로 개발투자량의 기초가 된다. 넷째, 관광개발투자의 가능성과 그 양을 조사할 필요가 있다.

나) 추진주체의 선정 단계

추진주체는 개발이 유효한 사업추진에 적합한 조직을 갖고 있는가, 또 선정하지 않으면 안 되는 공공기관·민간기업 또는 제3섹터방식 등의 예를 들고 여러 방면에서 그 선정의 적합성을 조사, 결정한다.

다) 교통인프라의 건설과 정비계획 단계

관광수요지에서 관광지에 이르는 교통인프라 건설 및 정비 계획을 세운다. 이는 관광객의 접근성을 높이는 매우 중요한 과제이다. 여기에는 교통기관의 선택 및 그것의 개량정비 계획과 관광지 내 교통기관의 정비계획이 포함된다.

라) 관광객 이용시설의 건설과 정비계획 단계

숙박시설, 식사시설, 오락 및 스포츠시설 등의 정비계획이다. 이들 시설의 관광적·경제적 효과를 충분히 발휘하도록 계획한다. 또 관광지의 수용력을 결정하는 한편 관광대상으로 관광지의 관광평가에 영향을 주기 때문에 중시되는 사항이다.

마) 관광 정보매체 정비계획 단계

관광시장의 확인이란 개발사업의 한 부분으로 또 시장에 대한 관광커뮤니케이션 체제의 확립 때문에 계획이 필요하다. 관광마케팅 활동의 역할에는 두 가지 면이 있다. 첫째는, 새로운 관광욕구를 창출하는 것이고, 둘째는, 관광정보 제공에 의하여 관광효용 및 가치를 높이는 것이다. 이러한 역할은 전적으로 관광정보매체의 설치와 정보제공 시스템을 확립하는 계획이 매우 중요하다. 특히 스마트폰 시대에서 SNS 등의 소셜미디어를 활용한 관광정보는 새로운 패러다임으로 자리잡아가고 있다.

바) 관광통계 체제의 확립 단계

관광객의 유동, 체재량, 기타 관광사업에 필요한 통계의 수집·처리에 관한 체계의 확립이다. 관광통계는 관광개발 방법의 개선이나 정비에 이용되고 지역의 관광정책을 세우는데 항상 필요하다.

나아가 관광개발의 기본 과제로는 첫째, 관광개발과 수급의 균형이 매우 중요하다. 오늘날 관광은 관광대중화 속에서 대량의 수요와 다양한 관광행동에 대응하기 위하여 다양하고 많은 관광시설과 서비스를 필요로 한다. 그러나 이러한 관광수요는 탄력성이 강하고, 계절성이 크며, 도시화의 진전, 교통수단의 변화, 연령구조의 변화 등의 요인에 힘입어 더욱 더 변화되고 있으며, 또한 관광행동도 새로운 라이프스타일에 따라 다양하게 나타나고 있는 실정이다. 따라서 관광개발에 있어서 수요예측과 수급의 균형 유지는 관광자원 수용력과 지속가능성을 높이는 중요한 포인트이다. 특히 타 지방자치단체와의 수급균형 유지가 매우 중요하다. 현실적으로 선거를 의식한 지방자치단체장의 실적 내지 전시행정으로 인해 중복 및 과잉투자가 이루어지고 있는 실정이다.

둘째, 지역성을 살린 관광개발이 매우 중요하다. 많은 미래학자들이 앞으로의 세계는 문화가 이끌 것이라고 말하고 있듯 문화는 지구촌의 절대과제가 되어 세계인의 화합은 물론, 고부가가치산업의 자원으로 주목을 받고 있다. 가장 한국적인 것이 가장 세계적인 것(glocalization)처럼 가장 지방적인 것이 가장 한국적인 것이다. 과거 우리나라의 관광개발은 외화획득이나 지역경제편익 측면에 너무 치우쳐 단기적이고 획일적 개발이 되어 지역의 특성을 살리는 개발이 되지 못하였다. 따라서 관광개발은 문화를 바탕으로 문화융성의 관점에서 창의적으로 개발되어야 한다. 즉 지역문화 융성과 창조경제 차원에서 지극히 토속적이며 지역특성을 살리는 개발이 선행되어야 한다.

2 관광개발의 유형

일반적으로 관광개발의 유형에는 ① 자연자원 의존형 관광개발, ② 인문자원 의존형 관광개발, ③ 교통 의존형 관광개발, ④ 유명도 의존형 관광개발, ⑤ 관광대상 창조형 관광개발 등이 있다. 특히 두바이와 같은 관광대상 창조형 관광개발은 인류의 멋진 상상의 집합이라 할 수 있다.

〈그림 7-3〉 관광대상 창조형 관광개발 사례인 두바이

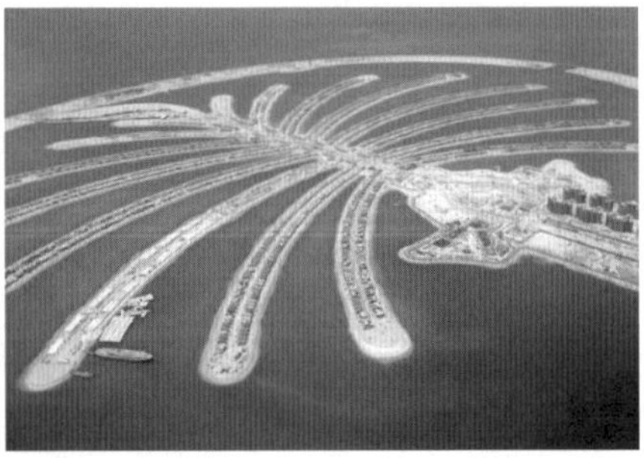

〈표 7-10〉 관광개발의 유형

관광개발 유형	관광개발 특징	관광지 예
자연자원 의존형 관광개발	자연관광자원을 활용한 개발	국립공원, 도립공원, 군립공원, 관광지, 산악관광지, 내륙관광지, 해양관광지, 온천지구 등
인문자원 의존형 관광개발	문화관광자원, 사회관광자원, 산업관광자원을 활용한 관광개발	관광농원, 녹색농촌체험마을, 어촌관광지, 산림관광지, 민속촌, 테마파크 등
교통 의존형 관광개발	교통기관 등의 접근도를 고려한 관광개발	항공편 의존 관광지, 철도의존 관광지, 여객선 의존 관광지 등
유명도 의존형 관광개발	유명도를 활용한 관광개발	축제이벤트관광지, 안보관광지, Expo관광지 등
관광대상 창조형 관광개발	100% 인공적인 관광대상 개발로서 관광레크리에이션 시설 등	유원시설, 창조형 테마파크 등

3 우리나라 관광개발 현황

가. 관광개발 기본계획

가) 수립배경

문화체육관광부(2015)가 수립하는 관광개발기본계획은 관광지, 관광단지 등 관광자원 개발을 추진함에 있어 전국적이고 장기적인 안목에서 개발계획을 수립하여 국제관광의 여건변화, 국민관광의 질적·양적 성숙 등에 원활히 대응할 수 있도록 하기 위함이다.

제1차 관광개발 기본계획(1992~2001)에 따른 제1차 권역별 관광개발계획(1992~1996)과 제2차 권역별 관광개발계획(1997~2001)을 시행하였고, 제2차 관광개발 기본계획(2002~2011)에 따른 제3차 권역별 관광개발계획(2002~2006)과 제4차 권역별 관광개발계획(2007~2011)을 시행하였다.

나) 제1차 관광개발 기본계획(1992~2001년)

관광자원을 효율적으로 개발·이용·관리·보전하고 관광객의 다양하고 새로운 관광욕구를 충족시키기 위하여 관광자원의 특성·교통권·지역실정 등을 감안하여 전국을 5대 관광권, 24개 소관광권으로 권역화하여 각각의 권역별 개발구상을 제시하였다.

다) 제2차 관광개발 기본계획(2002~2011년)

2차 관광개발 기본계획에서는 21세기 한반도 시대를 열어가는 관광대국 실현' 이라는 비전하에 이를 달성하기 위해 국제경쟁력 강화를 위한 관광시설 개발 촉진, 지역특성화와 연계화를 통한 관광개발 추진, 문화자원의 체계적 관광자원화 촉진, 관광자원의 지속가능한 개발 및 관리 강화, 지식기반형 관광개발 관리체계 구축, 국민 생활관광 향상을 위한 관광개발 추진, 남북한 및 동북아 관광협력체계 구축 등 7대 개발전략을 제시하였다.

라) 제3차 관광개발 기본계획(2012~2021년)

제3차 관광개발 기본계획(2012~2021년)' 은 제2차 관광개발 기본계획(2002~2011년)' 수립 이후 급변하는 환경변화에 대응하는 새로운 비전과 전략을 제시하며, 국제 경쟁력을 갖춘 관광발전 기반을 구축하고 국민 삶의 질과 지역발전에 기여하기 위해 전국 관광개발의 기본방향을 미래지향적으로 제시하는 계획이다.

〈그림 7-4〉 우리나라 관광광역권 현황

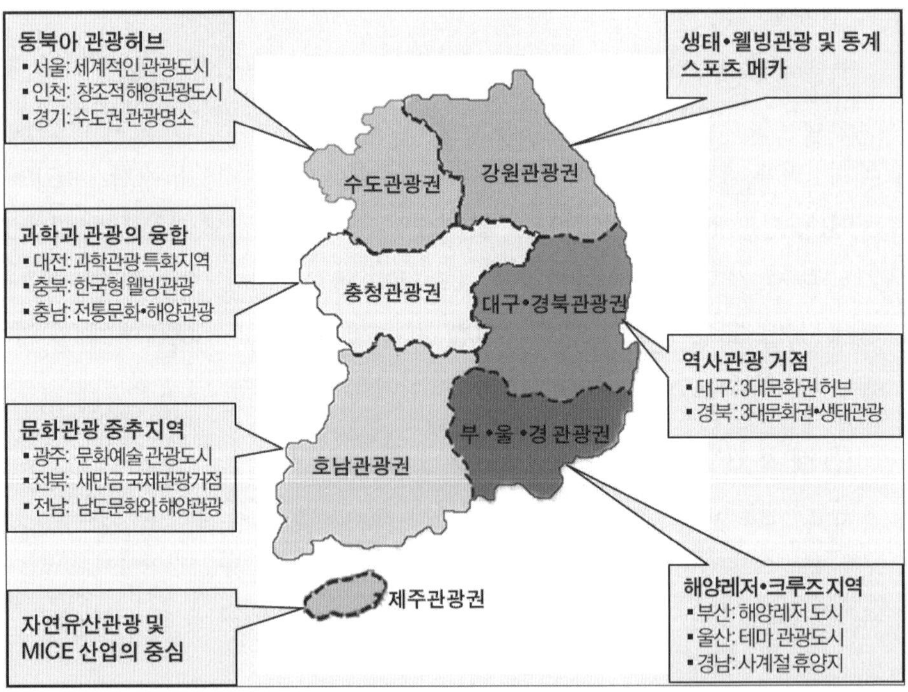

자료 : 문화체육관광부(2015).

동 계획에서는 글로벌 녹색한국을 선도하는 품격 있는 선진관광' 이라는 비전하에 이를 달성하기 위해 품격관광을 실현하는 관광개발 정책효율화, 미래 환경에 대응한 명품 관광자원 확충, 문화를 통한 품격 있는 한국형 창조관광 육성, 국민이 행복한 생활관광 환경 조성, 저탄소 녹색성장을 선도하는 지속가능한 관광 확산, 관광경쟁력 제고를 위한 국제 협력 강화 등 6대 개발전략을 제시하였다.

또한 해안을 중심으로 한 동·서·남해안 관광벨트 등 초광역 관광벨트 〈그림 7-5〉과 같이 설정으로 계획권역을 기능적으로 연계·보완하였다.

〈그림 7-5〉 우리나라 초광역권 관광벨트

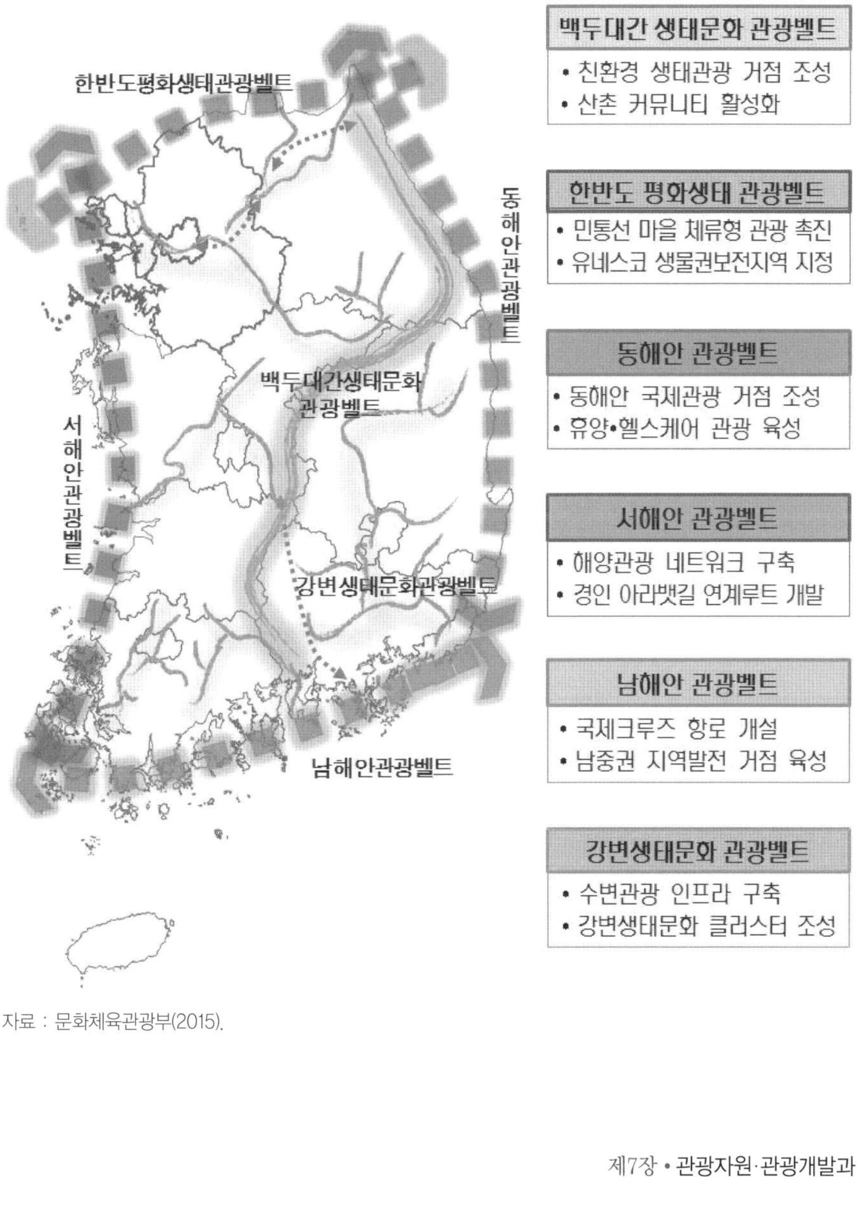

자료 : 문화체육관광부(2015).

동 계획에서 제시하는 권역별 관광개발 방향을 기초로 지방자치단체별로 권역별 관광개발계획(2012~2016)을 수립하여 시행 중에 있다.

나. 광역권 관광개발

문화체육관광부에서 정의하는 광역관광권이란 인접한 2개 이상의 시·도 관할구역의 전부 또는 일부가 동일한 특성을 가진 자연·문화·역사자원 등이 있어 연계 개발하고 관리하는 것이 자원의 개발·이용·관리 측면에서 특히 필요하다고 인정되는 지역이다.

가) 남해안권 관광클러스터 조성

남해안권 관광클러스터 조성 사업은 부산광역시와 경상남도, 전라남도를 대상으로 2009년에 완료된 남해안 관광벨트 사업의 후속사업으로 그 효과를 2012년 여수해양엑스포 이후까지 연장하고 지역관광개발 효과 제고 및 홍보를 위하여 재원과 역량을 단기간 내에 집중투자하고 있다. 특히 남해안 지역의 수려한 자연경관과 문화·역사 유적을 관광자원으로 개발하고, 국제적 수준의 해양관광 거점으로 육성하기 위함이다. 또한 남해안 지역이 갖고 있는 여러 가지 관광자원 중에서 타 자원에 비해 경쟁력이 높고 남해안을 대표할 수 있는 연계성이 높은 자원을 중심으로 이순신, 섬, 공룡, 습지, 크루즈의 5대 테마를 선정하여 추진 중이다. 동 사업은 부산, 전남, 경남 등 남해안 인접 27개 시·군·구를 대상으로 37개 개발 사업을 계획하여 추진하고 있다.

나) 지리산권 관광개발

지리산권 관광개발 사업은 지리산 인접 지역의 잠재 관광자원을 체계적으로 개발하기 위해 지리산권 7개 시·군(전북 남원시, 장수군, 전남 구례군, 곡성군, 경남 함양군, 산청군, 하동군)의 의견수렴 및 관계부처 협의를 거쳐 2006년 12월 추진이 확정되었다.

다) 서해안권 광역관광개발

서해안지역(경기도, 충남도, 전북도, 전남도에서 서해안과 연접한 20개 시·군)의 새로운 관광수요 증가에 부응하는 관광 인프라 구축 및 생태·개발, 서해안지역을 연계 개발하여 신 국민관광여가지대로 육성하고 보다 장기적으로는 동북아의 주요 관광목적지로 부각시킬 뿐만 아니라, 관광 인프라 구축을 통한 국토의 균형개발 및 지역경제 활성화를 도모하기 위하여 서해안권 광역관광개발을 추진하고 있다.

라) 동해안권 광역관광개발

동해안지역의 국제적 성장 가능성과 지역의 자원개발 잠재력을 토대로 지역(부산광역시 기장군, 울산광역시 북구, 남구, 동구, 울주군, 경상북도 포항시, 경주시, 울진군, 영덕군, 울릉군, 강원도 속초시, 강릉시, 동해시, 삼척시, 고성군, 양양군) 간 연계를 강화하는 광역관광권 개발 사업을 추진함으로써 지역경제 활성화 및 국가균형발전 실현, 나아가 동북아시대의 환동해권 중심지로의 도약을 실현하기 위해 동해안권 광역관광개발을 추진하고 있다.

마) 강변 관광레저기반 구축

기존의 관광인프라 사업은 대부분 해안과 산악자원에 집중되어 추진되었다면, 관광레저 기반구축 사업은 상대적으로 소외된 강변의 풍부한 문화관광 콘텐츠의 잠재력을 활용하여 강을 중심축으로 하는 새로운 강변 문화관광 및 레저공간 조성 사업이라고 할 수 있다. 「강변 문화관광개발 계획」(2010년)을 수립하여 강변 관광레저기반 구축 사업의 밑그림을 구상하고, 사업의 효율적 추진을 위하여 선도사업과 특화사업으로 구분하여 수변지역의 대표성을 갖는 11개 선도 사업을 2011년부터 우선 추진하고 있다.

바) 3대 문화권 문화생태 관광기반조성

문화체육관광부는 30대 선도 프로젝트 중 관광관련 사업에 포함된 3대 문화권 문화·생태 관광기반조성 사업' 기본구상 및 계획수립을 위한 연구용역을 추진하였다. 3대 문화권이란 신라, 가야, 유교 문화자원을 기반으로 하는 3개의 문화권역을 지칭하며, 해당 지역은 3대 문화적 토양 위에 백두대간, 낙동정맥 등 다양한 생태축을 보유하고 있어 문화와 생태가 공존하는 미래지향적 관광지역으로 발전이 기대되고 있다.

사) 한반도 생태평화벨트 조성

출입이 제한된 세계 유일의 대치지역인 DMZ(DeMilitarized Zone)가 전쟁 및 냉전의 유산이란 기존 인식을 개선하기 위하여 보다 개방적이고 확장된 평화·생명지대로 개념을 재정립하고 있다. 50년간 인위적 통제로 자연 생태를 간직하고 있는 민통선 출입 제한 지역 및 인근 지역의 역사 문화 생태 자원 등을 보다 체계적으로 관광자원화함으로써 향후 이 지역이 남북교류와 통일에 대비한 평화지대로서 의미를 지닐 수 있도록 평화생명지대(PLZ : peace life zone) 광역관광개발을 추진하고 있다.

아) 중부내륙권 광역관광개발 사업

중부내륙권(충청북도 충주, 제천, 음성, 단양, 괴산, 보은, 강원도 원주, 영월, 횡성, 정선, 평창, 태백, 경상북도 문경, 예천, 봉화, 영주, 상주)은 백두대간과 남한강·낙동강을 근간으로 하는 수려한 산악·수변자원과 유서 깊은 역사·문화자원이 풍부히 내재되어 있는 지역이나 입지적·환경적 제약으로 인해 각종 개발로부터 소외되어 왔다. 그 결과 청정자연을 보존한 지역이라는 이미지를 보유하게 되었고 최근 녹색관광에 대한 수요 증가에 따라 중부내륙권이 새로운 관광목적지이자 녹색관광실현의 최적지로 부각되고 있어 이에 대한 방안으로 중부내륙권 광역관광개발 사업을 추진하고 있다.

다. 생태·녹색 관광자원 개발

오늘날 관광객의 욕구 변화로 여유시간을 갯벌, 탐조, 동굴, 반딧불 등 자연 그대로의 모습을 보고 즐기고자 하는 관광객들의 수요는 날로 늘어나고 있다.

UN에서는 2002년을 '생태관광의 해'로 지정하였고, 최근 국내에서도 생태·녹색관광 수요의 증대로 체계적인 생태·녹색관광자원 개발 필요성이 대두함에 따라 정부는 생태자원을 최대한 보존하면서 환경 친화적인 관광개발을 통해 초보단계에 있는 생태·녹색관광을 정착시키고자 노력하였다. 이에 2003년부터 생태·녹색관광자원 개발 사업을 문화관광자원 개발 사업에서 분리해 추진하고 있다.

가) 이야기가 있는 문화생태 탐방로

이야기가 있는 문화생태 탐방로는 길 자원을 중심으로 지역의 역사문화, 자연생태자원을 체험할 수 있도록 조성·관리 및 상품화하는 사업으로, 점형으로 분포된 관광자원을 선형으로 네트워크화하고 도보관광 수요증가에 따른 새로운 여행문화 창출에 기여할 수 있는 사업이다. 또한 해파랑길, 가람길, 삼남대로 등 광역단위 탐방로 조성은 지역단위로 산재되어 있는 탐방로를 융합하여 관광객의 지역 간 이동을 자연스럽게 연결시키는 등 관광시너지 효과를 창출할 것으로 기대하고 있다.

2012년에는 '천연여행길', '선비문화탐방로', '태백산맥 문학기행길', '흥부길, 위례길' 등을 테마로 한 10개 노선을 선정하고, 탐방로 정비 및 안내체계 구축 등을 위해 예산을 지원하였다.

나) 슬로우시티

슬로우시티(citta slow) 운동은 느림의 미학 즉, 자연친화적 환경 속에서 지역 고유의 먹거리와 전통문화를 느끼며 삶의 질적 향상을 추구하고, 현대인들의 인간다움 회복 및 마음의 고향을 제공하고자 하는 운동으로 1999년 이탈리아에서 현대 사회의 상징인 패스트푸드에 대한 저항으로 슬로우푸드 개념에서 확장된 개념이다. 현재 유럽을 비롯한 25개국 161개 도시가 슬로시티 국제연맹에 가입되어 있다. 슬로우시티의 경우 환경, 경제, 사회 측면에서의 지속가능성(sustainablity)이 강조되고 있으며, 특히 지역주민의 경제적 지속가능성의 확보수단으로 육성하고, 슬로우시티를 새로운 관광목적지로 관광자원화하고 있다.

다) 한국형 생태관광 모델사업

한국형 생태관광 모델사업은 2008.12월 문화체육관광부와 환경부가 공동으로 「생태관광활성화 방안」의 6대 추진전략 사업에 포함시켰다. 이는 DMZ 등 우수 생태·문화·역사자원 보유지역을 대상으로 한국형 생태관광 세계화 모델을 창출하기 위해 생태계 보전계획, 인프라 설치, 프로그램 개발, 홍보 등에 대한 지원·육성 계획이다.

라. 문화관광상품 개발

가) 문화관광축제 육성

문화체육관광부가 추진하는 문화관광축제 지원 사업은 외국인 관광객 유치확대를 통한 세계적인 축제 육성 및 지역 관광 활성화를 기본방향으로 두고, 전국의 전통문화와 독특한 주제를 배경으로 한 지역축제 중 관광상품성이 큰 축제를 대상으로 1995년부터 해마다 지속적으로 확대 지원·육성하고 있는 사업이다.

선정방법은 각 특별시·광역시에서 3개 이내, 각 시·도에서 7개 이내의 축제를 추천하면 관광·축제 분야의 전문가들로 구성된 선정위원회에서 축제 프로그램 등 콘텐츠, 축제의 부가가치창출 효과, 국내외 관광객 유치실적 등을 기준으로 선정하게 된다.

나) 상설문화관광 프로그램

상설문화관광 프로그램은 전국 각 지역의 관광과 연계한 공연예술을 상설 관광상품으로 개발하여 국내외 관광객에게 다양한 볼거리 및 즐길거리를 제공하고, 이를 관광상품화 하여 외국인 관광객 유치확대 및 관광목적지 다변화를 위해 추진하고 있다. 문화

관광축제가 단기간 동안 관광객을 집중적으로 유치하기 위한 단속적인 행사라면, 상설 프로그램은 언제든지 관광객이 그 장소에 가면 동일한 공연을 볼 수 있도록 한다는 점에서 문화관광축제와 상호 보완적인 관광상품이라 할 수 있다.

다) 템플스테이

2002년 한·일 월드컵 당시 외래 관광객 숙박문제를 해결하기 위하여 시작된 템플스테이는 한국의 전통문화와 불교문화가 결합된 숙박시설로 정부의 재정지원과 민간(한국불교문화사업단, 개별 사찰 등)의 노력이 상호 결합하여 양적·질적으로 좋은 평가를 받고 있다. 2003년 시작된 템플스테이는 2014년 110개 사찰로 확대되었으며, 사찰의 시설개선과 프로그램 개발, 홍보 및 마케팅에 힘입어 2014년 기준 192,962명이 템플스테이를 체험한 것으로 나타났다.

〈그림 7-6〉 템플스테이 사례

라) 문화유산의 관광상품화

문화재는 우리 민족의 유구한 자주적 문화정신과 지혜가 담겨 있는 역사적 소산이며 우리의 문화를 소개할 수 있는 문화·관광 자원으로 「문화재보호법」에 의해 지정되며, 그 종류는 유형문화재, 무형문화재, 기념물, 민속자료로 구분된다. 이러한 문화재 중 가치가 큰 것을 지정하여 관리하는데 이를 지정문화재라 하며, 이 지정문화재는 국가지정문화재, 시·도지정문화재, 문화재자료로 구분된다.

마) 고택·종택 명품화 사업

문화체육관광부의 고택·종택 명품화 사업은 전통문화를 활용한 지역관광활성화를 적극 추진할 계획으로 시행하였다. 정부는 한국의 전통적 맛과 멋을 느낄 수 있는 고택·종택 등 한옥을 체험형 숙박시설로 활용하여 전통문화를 체험하는 '숙박+체험' 상품으로 개발하고, 전통한옥의 개보수, 편의시설 설치를 지원하고 종합관리지원 시스템을 운영하였다. 고택·종택 등 한옥체험 관광활성화 정책의 일환으로 2011년까지 364개 한옥에 대하여 전통한옥 개·보수 및 체험프로그램 운영예산을 지원하였다.

제3절 | 관광자원가치 증대전략

1 수용태세 평가 및 캡스톤 디자인을 통한 관광자원 가치증대

지방자치단체 등의 관광 수용태세는 관광자원의 가치 증대는 물론 관광자원의 매력성과 경쟁력을 높이는 중요한 수단이다. 우리나라 문화체육관광부에서는 2010년 지자체의 관광 수용태세 경쟁력을 진단할 수 있는 '관광 수용태세 경쟁력지수'를 개발하고, 이를 '관광 수용태세 경쟁력진단 표준매뉴얼'로 제작·보급하여, 지자체 스스로 관광 수용태세를 평가·개선할 수 있도록 지원하고 있다.

〈표 7-11〉 관광 수용태세 평가지표

대분류	중분류	체크 포인트
관광 인프라	1. 화장실	화장실 수/기본시설 비치 수준/시설물 관리/편의용품 비치/청소 상태 등
	2. 안내 및 표지판	관광안내도의 위치/관광안내소 종류/문화관광 해설사 수/안내정보자료 종류/관광지 설명도/상태/국내외 홍보/홈페이지 컨텐츠 등
	3. 조경 및 환경	조경의 관리상태/화분의 관리상태/쓰레기통 설치 상태 등
	4. 편의 및 안전시설	주차장 확보율/공중화장실 확보율/응급의료지원체계 관리수준/노약자 편의시설 유무/장애인 편의시설 유무/치안안전시설/자판기/편의점 등
	5. 기념품 및 쇼핑	특산품 판매소/기념품 판매소/외국어 표기/지역성 정도/가격 수준/종업원 외국어능력 등
	6. 숙박인프라	관광숙박시설 객실 수/일반숙박시설 객실
	7. F&B인프라	모범식당 수/지자체 웹등록 식당 수/특산음식 등록 수
	8. 교통시설	기차역/공항 관리수준/고속버스터미널 관리수준/시티투어
관광 서비스	1. 숙박서비스	가격대비 만족도/청결(위생) 만족도/시설(비품) 만족도/종업원 친절도/외국인 의사소통 만족도/장애인용시설/주차시설 등
	2. F&B서비스	가격대비 만족도/청결(위생) 만족도/주차서비스 만족도/종업원 친절도/외국인 의사소통 만족도/메뉴의 다양성/온도 및 조명/주방상태 등
	3. 관광지 지원서비스	주차장 만족도/화장실 만족도/편의시설 만족도(매점, 휴게공간 등)/관광환경 만족도/지역주민 환대성/외국인 의사소통 만족도
	4. 관광안내·정보서비스	웹정보 만족도/관광안내소 만족도/안내표지판 만족도/관광안내·정보 이용만족도
	5. 교통서비스	대중교통 이용편의성/자가용 이용편의성
	6. 쇼핑 및 기념품서비스	가격대비 만족도/기념품(특산품) 만족도

이러한 관점에서 관광자원의 가치증대와 관광수용태세 제고를 위해서는 새로운 개념의 캡스톤 디자인 개념의 도입이 필요하다.

캡스톤 디자인(capstone design)은 한마디로 창의적 종합설계 프로그램을 말한다. 이 프로그램의 시작은 공학계열 학생이 현장에서 부딪히는 문제를 해결할 수 있도록 졸업논문 대신 대학 교육과정 중 배운 이론을 바탕으로 하나의 작품을 기획·설계·제작하는 전 과정을 경험토록 하는 종합설계 교육과정이다. 이 프로그램은 학생이 현장 업무에서 부딪히는 문제를 해결할 수 있는 능력을 갖출 수 있도록 마련된 제도로서 산업현장 업무에서 요구하는 창의성, 효율성, 안전성, 경제성 등의 모든 측면을 고려할 수 있는 통합적 기술인력 양성을 위한 종합 설계 교과과정 프로그램이다.

이 프로그램은 공학인증교육의 하나로 90년대 들어서면서 미국에서 활성화되기 시작했다. 국내에서는 지난 2002년부터 산업통상자원부와 한국산업기술재단이 이 사업을 추진하고 있다.

최근 캡스톤 디자인 개념이 확대되고 있는데, 인문학이나 사회과학, 관광경영학에서의 캡스톤 디자인의 핵심 콘셉트는 '문제해결능력'을 키우기 위함이다. 즉 인문학의 경우 브로슈어 영어표기를 글로벌 스탠다드에 맞게 수정하는 것 등이 될 수 있다. 또한 사회과학의 경우 대표적인 사례가 넛지 마케팅(nudge marketing) 사례가 될 수 있다. 그리고 관광경영학의 경우 관광수용태세 개선 제안 설계가 대표적인 사례이다.

〈그림 7-7〉 **관광 캡스톤 디자인 사례**

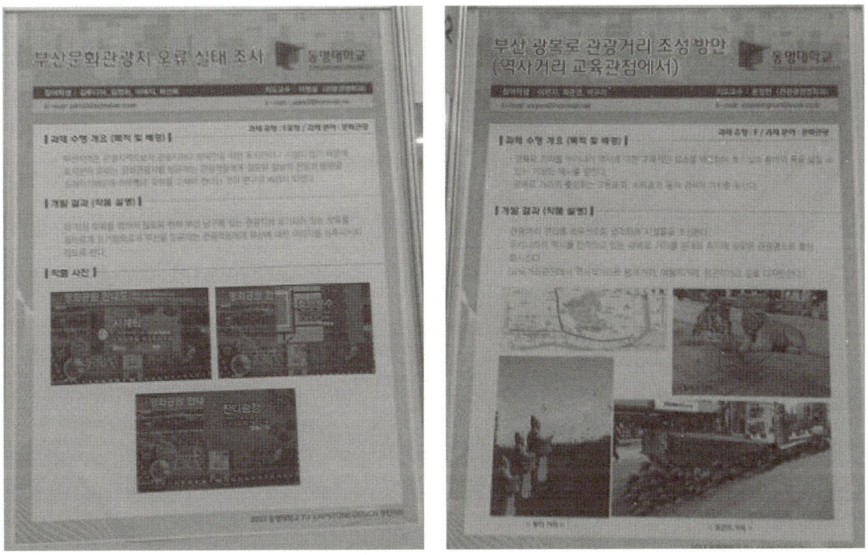

2 스토리텔링을 통한 문화관광컨텐츠 개발 및 관광자원화

최근에는 지방화 시대를 맞아 문화요소의 하나로 스토리텔링(storytelling)이 주목받고 있다. 다시 말해 기존의 스토리를 가공하여 새로운 문화컨텐츠 개발 및 관광자원 개발과 관광상품화를 추구하고 있다. 여기서 스토리(story)는 Trice 모델의 문화요소이론에 의하면, 실제적인 사건에 약간의 허구를 강조한 이야기를 말한다. 이러한 스토리텔링 개념도는 다음 그림과 같다.

〈그림 7-8〉 스토리텔링 개념도

실제적인 사건에 약간의 허구를 강조한 이야기인 스토리텔링의 개발은 첫째 단계에서는 스토리 조사, 연구, 정리가 실행된다. 둘째 단계에서는 대표스토리 선정 및 스토리텔링 콘텐츠 개발이 이루어진다. 셋째 단계에서는 스토리의 커뮤니케이션 수단으로서 스토리텔링 북 및 지도 등 제작이 이루어진다. 넷째 단계에서는 스토리텔링의 결과물의 부가가치 창출을 위해 영화, 드라마, 웹툰 소재 제공은 물론 관광자원화 및 관광상품화가 이루어진다. 결과적으로 이러한 스토리텔링 단계를 거쳐 기존의 스토리는 문화관광 콘텐츠가 되고, 나아가 관광자원 및 관광상품화가 된다. 이때 관광지 및 지역사회는 관광객이 선호할 수 있는 킬러 콘텐츠(killer contents)를 개발하는 것이 매우 중요하다.

3 관광자원화전략으로서 PPL 전략과 팬덤화 전략

1) PPL 전략

PPL(product placement)은 Balasubramanian(1994)에 의하면, “영화나 텔레비전 프로그램 속에 브랜드제품의 등장을 계획적으로 그리고 눈에 띄지 않게 하여 영화나 텔레비전 오디언스에게 영향을 줄 목적으로 하는 대가성의 제품메시지”로 정의하고 있다. 한편 일부 학자들(Nebenzahl & Secunda, 1993; Cuperfain & Clarke, 1985)은 PPL을 역하 커뮤니케이션(subliminal communication)의 한 형태로 보고 있다.

이러한 PPL의 역사는 문제사적으로 볼 때, 1945년 미국 헐리우드 영화인 'Mildred Pierce' 에서 'Joan Crawford' 가 버번 위스키를 마시는 장면(Nebenzahl & Secunda, 1993)에서 시작된 이후로 오늘날에는 IMC(integrated marketing communication)의 한 수단으로 발전하고 있는 실정이다. 그러나 우리나라의 경우 '간접광고' 로 간주하여 엄격히 규제(방송심의규정 제63조 : 간접광고 등 금지)하고 있는 실정이다. 이에 대한 찬반양론이 있는 것도 사실이나 본 연구에서의 연구대상인 특정 영화촬영 장소는 '장소 협찬 PPL' 로서 이는 방송심의규정에서 말하는 "경쟁상품 관계" 가 아니므로 특별한 문제의 소지가 없다는 측면에서 연구가치가 있다.

영화와 관련된 PPL 사례로 강제규필름이 제작한 영화 '쉬리' 는 장소 PPL의 대표적 사례라 할 수 있다. 영화 '쉬리' 는 제주신라호텔과 공동마케팅을 펼치기로 하고 제주신라호텔의 벤치를 PPL하여 이곳을 관광명소로 만들었다. 호텔 측은 '쉬리의 촬영장소로 쓰였던 벤치' 라는 안내 표지판을 세우고, 심지어 '쉬리 패키지' 상품을 내놓기도 하였다. 영화와 다른 드라마 PPL로서 하나의 사례로 2000년 9월 18일부터 11월 17일까지 방영된 KBS2-TV의 '가을동화' 의 경우 강원도 속초시 청호동의 '아바이마을' 이 드라마의 인기에 힘입어 새로운 관광명소로 부상하기도 했다(하진희, 2001). 이러한 영화나 드라마를 통해 커뮤니케이션 된 장소들이 새로운 한류의 명소로 등장하고 있기도 하다.

2) 팬덤화 전략

팬덤(fandom)이란 산업사회의 대중문화에서 일반적으로 나타나는 현상으로서 자발적으로 모인 사람들이 대량생산되어 대량분배된 오락의 레퍼토리 가운데서 특정 연기자나 서사체 혹은 장르를 선택하여 자신들의 문화 속에 수용하는 현상을 의미한다(김형곤, 2002). 팬덤(fandom)이란 영어 'fan' 과 'dom' 의 합성어로서 'fanatic' 의 줄임말인 팬(fan)에서 유래된 것으로 특히 19세기 후반 이후에 대중매체가 발달하면서 '팬' 의 의미는 급속히 확장되어 스포츠나 상업적 오락에 대해 열정적인 사람들을 지칭하게 되었다(Jenkins, 1992).

결국 이러한 팬들은 일반 수용자에 비해 자기의 취향을 보다 적극적으로 추구하는 집단이라 할 수 있다. 예컨대 팬덤 대상에 대한 정보를 수집하고 이를 즐길 수 있는 공간을 쫓아 다니며, 공공연하게 열광적인 애정을 표시하는 행동들이 그러하다. 다시 말해 포괄적으로 팬이라는 현상과 팬으로서의 의식을 포괄적으로 지칭하는 개념으로 사용되고 있다(김창남, 1998). 따라서 합한족(哈韓族 : 하한쭈), 한미(韓迷 : 한미) 등을 통한 팬덤(fandom)화 전략으로는 최근 중국인 대학생들의 한류열풍으로 한국유학이 급증하고 있는 점을 고려하여 이들을 중심으로 이들 영화·드라마 촬영지에 대한 지속적인 Fam. 투어를 실시하여 하한쭈, 한미 시장 확대 및 한국문화의 접변·확산을 도모하는 것이 필요하다.

제8장

"관광사업과 경영가치모델"

제1절 | 관광사업의 유형과 특성

1 관광사업의 개념

일반적으로 관광사업은 관광주체(관광객)와 관광객체(관광자원) 사이에 존재하는 관광매체로서 관광을 촉진시키는 일체의 활동을 말한다. 이러한 관광사업의 초점은 첫째, 관광객(관광주체)에 대한 부가가치 생산활동이다. 둘째, 관광자원(관광객체)에 대한 부가가치 생산활동이다. 셋째, 관광매체로 관광사업자(이해관계자집단 : stakeholder)에 대한 부가가치 생산활동이다. 그리고 넷째, 관광 전반, 즉 관광진흥에 대한 부가가치 활동이다. 다시 말해 관광객 측면에서는 관광수요를 창출하고, 관광서비스 만족을 극대화하는 것이다. 관광자원 측면에서는 관광자원의 개발, 즉 이용가치 극대화와 관광자원 보존 등 지속가능한 관광자원화를 의미한다. 관광사업 측면에서는 영리사업과 비영리사업의 본질적 목적 실현으로 영리사업의 경우 이윤의 극대화를 의미하며, 비영리사업의 경우 그 사업의 합목적성을 달성하는 것이다.

우리나라 관광진흥법(제2조 1항 및 2항) 상의 정의를 살펴보면, 다음과 같다.

1. "관광사업"이란 관광객을 위하여 운송·숙박·음식·운동·오락·휴양 또는 용역을 제공하거나 그 밖에 관광에 딸린 시설을 갖추어 이를 이용하게 하는 업(業)을 말한다.
2. "관광사업자"란 관광사업을 경영하기 위하여 등록·허가 또는 지정(이하 "등록등"이라 한다)을 받거나 신고를 한 자를 말한다.

우리나라 관광진흥법 상의 관광사업의 정의는 영리관광사업에 한정되어 있다는 점에서 개념 및 정의의 확대가 필요하다.

2 관광사업의 유형

가. 관광사업의 일반적 유형

일반적으로 관광사업은 영리관광사업과 비영리관광사업이 있다. 이러한 비영리관광사업에는 정부 및 공공기관이 주체인 관광사업이 있으며, 영리관광사업에는 호텔, 여행사, 항공사, 크루즈, 레스토랑, 컨벤션회사, 카지노 등 우리나라 관광진흥법 상에 정의된 관광사업이 있다. 또한 관광진흥법 상의 관광사업은 아니지만 관광상품과 연관이 있는 기타 관광관련사업이 있다. 이러한 기타 관광관련사업에는 크루즈, 렌트카업, 리조트, 스키장, 의료관광협력병원, 자연휴양림 등이 있다.

〈그림 8-1〉 관광사업의 유형

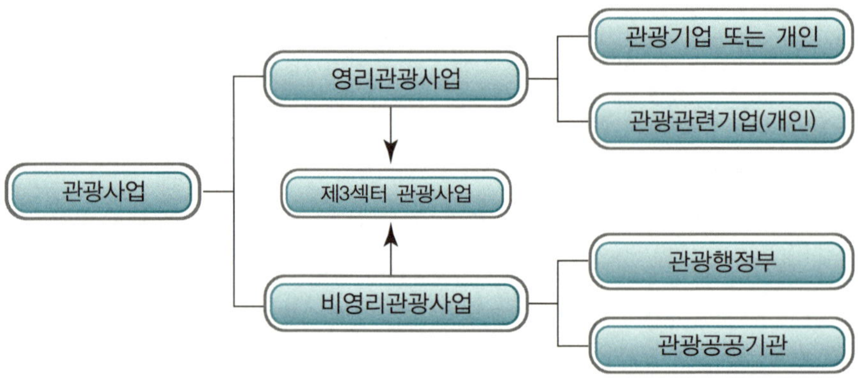

나아가 관광사업에는 On-Line과 Off-Line 관광사업이 있다.

나. 관광진흥법 상의 관광사업의 유형

우리나라 관광진흥법 상의 관광사업의 유형은 다음 표와 같다.

〈표 8-1〉 관광진흥법 상의 종류 및 주요 정의

<table>
<tr><th colspan="3">관광사업의 종류</th><th>주요 정의</th></tr>
<tr><td colspan="2" rowspan="3">1. 여행업</td><td>1) 일반여행업</td><td>내외국인 대상</td></tr>
<tr><td>2) 국외여행업</td><td>해외여행(outbound) 대상</td></tr>
<tr><td>3) 국내여행업</td><td>내국인 대상 국내여행업</td></tr>
<tr><td rowspan="8">2. 관광 숙박업</td><td rowspan="7">호텔업</td><td>1) 관광호텔업</td><td>15년 4월 1일부터 5성, 4성, 3성, 2성, 1성 호텔로 구분</td></tr>
<tr><td>2) 수상관광호텔업</td><td>수상구조물 또는 선박을 이용한 숙박시설</td></tr>
<tr><td>3) 한국전통호텔업</td><td>한국전통의 건축물 및 부대시설</td></tr>
<tr><td>4) 가족호텔업</td><td>가족단위 관광객을 위한 숙박시설</td></tr>
<tr><td>5) 호스텔업</td><td>배낭여행객 등을 위한 숙박시설</td></tr>
<tr><td>6) 소형호텔업</td><td>관광객의 숙박에 적합한 시설을 소규모로 갖추고 숙박에 딸리는 음식·운동·휴양 또는 연수에 적합한 시설</td></tr>
<tr><td>7) 의료관광호텔업</td><td>의료관광객의 숙박에 적합한 시설로 외국인관광객 대상</td></tr>
<tr><td>휴양콘도미니엄업</td><td colspan="2">회원이나 공유자, 그 밖의 관광객에게 제공</td></tr>
<tr><td colspan="2" rowspan="6">3. 관광객 이용시설업</td><td>1) 전문휴양업</td><td>관광객 휴양 등을 위한 시설로 숙박시설이나 음식점 시설 1종을 갖추어 관광객 이용</td></tr>
<tr><td>2) 종합휴양업</td><td>① 제1종 종합휴양업(숙박시설 or 음식점시설 과 전문휴양시설 2종 이상)
② 제2종 종합휴양업(숙박시설 or 음식점시설과 전문휴양시설 1종 이상(민속촌, 동식물원 등)</td></tr>
<tr><td>3) 자동차야영장법</td><td>자동차를 이용하는 여행자의 야영·취사 및 주차에 적합한 시설</td></tr>
<tr><td>4) 관광유람선업</td><td>① 일반관광유람선업
② 크루즈업</td></tr>
<tr><td>5) 관광공연장업</td><td>관광객을 위하여 공연물을 공연하면서 식사와 주류 판매</td></tr>
<tr><td>6) 외국인전용관광기념품판매업</td><td>외국인 전용 관광기념품 판매</td></tr>
<tr><td colspan="2" rowspan="2">4. 국제회의업</td><td>1) 국제회의시설업</td><td>국제회의를 개최할 수 있는 시설을 설치하여 운영하는 업</td></tr>
<tr><td>2) 국제회의기획업</td><td>국제회의의 계획·준비·진행 등의 업무를 위탁받아 대행하는 업</td></tr>
<tr><td colspan="2">5. 카지노업</td><td colspan="2">전문 영업장을 갖추고 주사위·트럼프·슬롯머신 등 특정한 기구 등</td></tr>
</table>

관광사업의 종류		주요 정의
6. 유원시설업	1) 종합유원시설업	유기기구 또는 유기시설 6종 이상
	2) 일반유원시설업	유기기구 또는 유기시설 1종 이상
	3) 기타유원시설업	안전검사 비대상 유기기구 또는 유기시설
7. 관광 편의시설업	1) 관광유흥음식점업	유흥주점허가, 한국전통분위기, 음식, 노래, 춤 감상 또는 춤을 추게 하는 업
	2) 관광극장유흥업	무도시설 포함
	3) 외국인전용 유흥음식점업	외국인관광객에게 주류나 그 밖의 음식을 제공하고 노래와 춤을 춤을 추게 하는 업
	4) 관광식당업	관광객에게 특정 국가의 음식을 전문적으로 제공하는 업
	5) 시내순환관광업	버스를 이용하여 관광객에게 시내와 그 주변 관광지를 정기적으로 순회하면서 관광할 수 있도록 하는 업
	6) 관광사진업	외국인 관광객과 동행하며 기념사진을 촬영하여 판매하는 업
	7) 여객자동차 터미널시설업	여객자동차터미널시설 및 휴게시설·안내시설 등 편익시설을 제공하는 업
	8) 관광펜션업	숙박시설 및 자연 · 문화 체험관광에 적합한 시설업
	9) 관광궤도업	궤도운송법에 의거 주변 관람과 운송에 적합한 시설을 갖추어 관광객에게 이용하게 하는 업
	10) 한옥체험업	한옥(주요 구조부가 목조구조로서 한식기와 등 고유의 전통미를 가 있는 건축물과 그 부속시설)에 숙박 체험에 적합한 시설업
	11) 외국인관광 도시민박업	주택을 이용하여 외국인 관광객에게 한국의 가정문화를 체험할 수 있도록 숙식 등을 제공하는 업

첫째, 여행업은 “여행자 또는 운송시설·숙박시설, 그 밖에 여행에 딸리는 시설의 경영자 등을 위하여 그 시설 이용 알선이나 계약체결의 대리, 여행에 관한 안내, 그 밖의 여행편의를 제공하는 업”을 말한다.

둘째, 관광숙박업은 호텔업과 휴양 콘도미니엄업으로 구분된다. 먼저 호텔업은 “관광객의 숙박에 적합한 시설을 갖추어 이를 관광객에게 제공하거나 숙박에 딸리는 음식·운동·오락·휴양·공연 또는 연수에 적합한 시설 등을 함께 갖추어 이를 이용하게 하는 업”을 말한다. 휴양 콘도미니엄업은 “관광객의 숙박과 취사에 적합한 시설을 갖추어 이를 그 시설의 회원이나 공유자, 그 밖의 관광객에게 제공하거나 숙박에 딸리는 음식·운동·오락·휴양·공연 또는 연수에 적합한 시설 등을 함께 갖추어 이를 이용하게 하는 업"을 말한다.

셋째, 관광객 이용시설업은 다음 각 목에서 규정하는 업을 말한다.

가. 관광객을 위하여 음식·운동·오락·휴양·문화·예술 또는 레저 등에 적합한 시설을 갖추어 이를 관광객에게 이용하게 하는 업

나. 대통령령으로 정하는 2종 이상의 시설과 관광숙박업의 시설(이하 "관광숙박시설"이라 한다) 등을 함께 갖추어 이를 회원이나 그 밖의 관광객에게 이용하게 하는 업

넷째, 국제회의업은 "대규모 관광 수요를 유발하는 국제회의(세미나·토론회·전시회 등을 포함한다. 이하 같다)를 개최할 수 있는 시설을 설치·운영하거나 국제회의의 계획·준비·진행 등의 업무를 위탁받아 대행하는 업"을 말한다.

다섯째, 카지노업은 "전문 영업장을 갖추고 주사위·트럼프·슬롯머신 등 특정한 기구 등을 이용하여 우연의 결과에 따라 특정인에게 재산상의 이익을 주고 다른 참가자에게 손실을 주는 행위 등을 하는 업"을 말한다.

여섯째, 유원시설업(遊園施設業)은 "유기시설(遊技施設)이나 유기기구(遊技機具)를 갖추어 이를 관광객에게 이용하게 하는 업(다른 영업을 경영하면서 관광객의 유치 또는 광고 등을 목적으로 유기시설이나 유기기구를 설치하여 이를 이용하게 하는 경우를 포함한다)"을 말한다.

일곱째, 관광 편의시설업은 위의 6가지 "관광사업 외에 관광진흥에 이바지할 수 있다고 인정되는 사업이나 시설 등을 운영하는 업"을 말한다.

3 관광사업의 특성

1) 복합성

관광사업은 첫째, 정부 및 지방자치단체 등의 공공기관과 민간기업, 개인이 참여하는 복합된 사업으로 관광사업 주체의 복합성 특징을 가지고 있다. 둘째, 관광활동, 즉 관광 출발에서 도착까지 일련의 과정에 다양한 관광사업이 참여해야 관광행위가 성립되는 특징을 가지고 있다. 그 구체적인 내용은 다음 그림과 같다.

〈그림 8-2〉 관광시스템과 관광사업 참여관계도

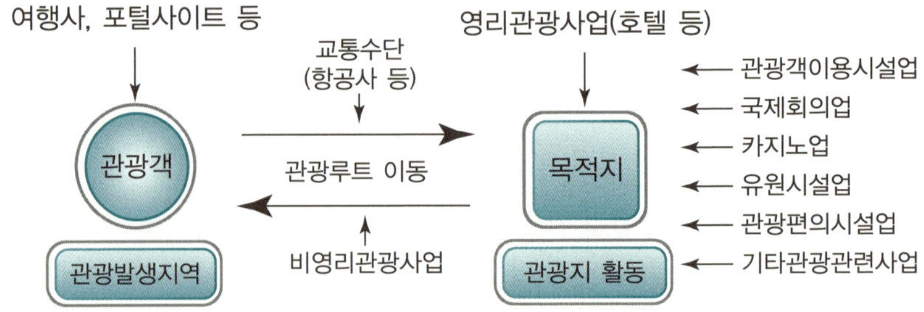

2) 입지 의존성

대개의 관광사업은 관광자원 내지 관광입지를 중심으로 이뤄지기 때문에 이에 대한 의존성이 매우 크다. 특히 관광지나 관광사업의 입지(location)는 시장성(marketability), 즉 시장의 크기(도시의 인구규모 등) 및 접근성을 결정하는 매우 중요한 요인이다. 또한 이러한 입지는 관광자원 내지 관광상품의 매력성(attractions)을 결정하는 중요한 요소인데, 그 이유는 앞에서 논의된 거리마찰효과 때문이다. 새로운 관광사업의 경우 시장지향적 관점에서의 시장의 크기와 수요의 양과 질, 관광객 접근성, 관광객 수용력, 관광자원 가치 등을 종합해서 타당성 분석을 하는 것이 매우 중요하다. 관광사업의 경우 한번 결정된 입지는 변경이 거의 불가능할 뿐만 아니라 대체로 초기 투자자본이 매우 크기 때문에 매우 과학적인 사업타당성분석이 필요하다. 하나의 사례로서 적자가 누적되고, 미래 가능성이 없는 영암 F1경기장이 좋은 예이다.

〈그림 8-3〉 영암 F1경기장

3) 공익성 및 기업성

관광사업은 ① 비영리관광사업, ② 영리관광사업으로 크게 구분할 수 있다. 이때 비영리관광사업의 주체는 정부 및 공공기관으로 그 기본 목적은 관광인프라 조성이다. 이는 공익성에 초점을 두고 있다는 의미이다. 한편 영리관광사업으로 관광기업이나 개인은 이윤추구에 초점을 두고 있다고 할 수 있다. 이를 관광사업의 기업성이라고 한다. 또한 관광기업은 이윤추구는 물론 관광객 가치개발과 관광자원 가치개발, 그리고 관광진흥에도 관심을 가져야 한다. 한편 관광기업의 사회적 책임문제는 또 다른 논쟁거리가 될 수 있다.

4 관광사업의 생산품으로 관광상품

일반적으로 관광상품에 대한 명확히 정의가 확립되어 있지 않은 실정이다. 첫째, 미국을 중심으로 한 미국마케팅학회(American Marketing Association) 및 대표적인 학자들의 정의를 종합해 보면, 1960년대 후반 "시장의 욕구를 충족시켜주기 위해 제공되는 것"(Kotler & Levy)에서 출발하여 오늘날에는 광의의 제품 정의, 즉 "유형재(tangible goods), 서비스, 이벤트, 사람, 장소, 조직, 아이디어 혹은 이들의 결합물 등"(Kotler & Armstrong, 2008)의 정의로 확대되었다. 따라서 제품은 '시장의 1차적 욕구 또는 2차적 욕구를 충족시켜주기 위해 제공되는 모든 것'으로 정의되고 있다. 이는 서비스 등을 포함하는 광의의 포괄적인 개념이다.

한편 독일학계의 정의는 미국학계의 포괄적 정의와는 다소 차이가 존재한다. 즉 독일학계의 정의는 독일경제학에서 말하는 재화(goods)와 용역(service)에서 출발하여 제품(product)을 물품(commodity)과 동일 개념으로 보고 있으며, 제품을 서비스에 대비되는 개념으로서 "기술생산품"으로 협의적 정의를 하고 있다. 이러한 상품 개념은 본래 물품(commodity)에서 출발하여 자연생산물(produce)과 기술생산품(product)이 상업의 객체, 즉 상거래 대상이 되었을 때를 말한다(한희영, 1987).

나아가 관광학계 또는 관광산업에서 사용하고 있는 관광상품의 개념은 제2차 세계대전 이전 독일학계의 영향을 받은 일본학계의 영향으로 인해 관광상품 용어로 통용되고 있다고 할 수 있다. 이러한 독일학계의 정의를 중심으로 살펴보면, 관광상품이란 관광과 관련된 자연생산물과 기술생산품이 상업의 객체가 될 경우를 말한다. 결국 독일학계의 정의는 관광현실을 반영하기 어려우며, 또한 관광상품을 체계적으로 정의하는데도 나름 한계가 있다고 볼 수 있다.

따라서 관광상품을 미국학계의 정의를 중심으로 광의의 포괄적 개념 관점에서 정의하면, '관광시장의 1차적 욕구 또는 2차적 욕구를 충족시켜주기 위해 제공되는 모든 것' 으로 정의할 수 있다. 한편 관광상품 용어 사용의 경우 일부 학자 중에는 관광제품이라고 표현하는 학자도 있으나 본서에서는 관광산업에서 일반적으로 통용되고 있는 관광상품으로 통일하기로 한다. 우리나라 관광진흥법 상의 관광사업의 종류를 중심으로 관광상품의 유형을 살펴보면, 다음 그림과 같다.

〈그림 8-4〉 **관광상품의 유형**

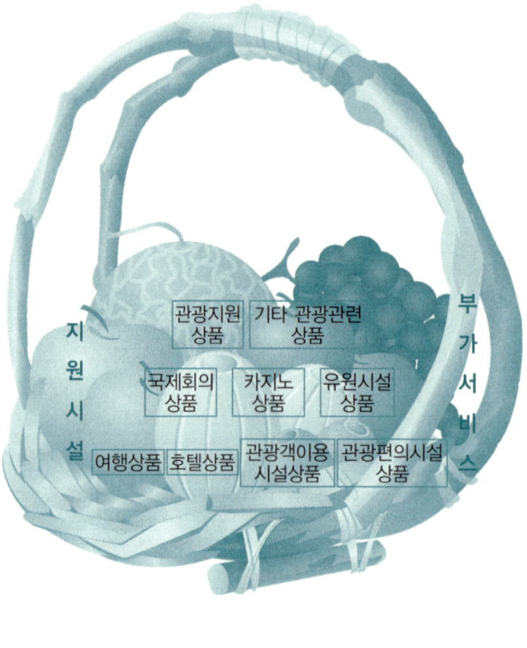

첫째, 여행상품에는 기본적으로 ① 국내여행상품, ② 인바운드여행상품(Inbound tour), ③ 해외여행상품(Outbound tour) 등이 있다. 그리고 해외여행상품에는 패키지상품(package tour), 주문상품, 소매상품이 있다.

둘째, 호텔상품에는 ① 객실상품, ② F&B상품, 그리고 ③ 부대시설상품이 있다.

셋째, 관광사업과 관련된 상품으로 관광객이용시설상품, 관광편의시설상품, 국제회의상품, 카지노상품, 유원시설상품, 관광자원상품이 있다.

넷째, 기타 관광관련상품에는 ① 항공사, 렌트카 등 교통수단상품, ② 백화점, 면세점 등 쇼핑상품, ③ 병원 등 의료관광상품, ④ 낚시, 스쿠버, 템플스테이 등의 테마관광상품이 있다.

이러한 관광상품은 부가서비스(관광안내, 문화관광해설서비스 등 인적 서비스)와 지원시설(주차장, 화장실, 편의시설 등과 같은 관광지 지원시설, 안내표지판, 관광안내소 등과 같은 관광안내정보서비스 시설 등)의 뒷받침이 전제되어야 한다.

그리고 이러한 관광상품 믹스에는 ① 구색 머천다이징(assortment merchandising), ② 품목 머천다이징(item merchandising), ③ 촉진상품 머천다이징(promotional merchandising), ④ 계절상품 머천다이징(seasonal merchandising), ⑤ 유행상품 머천다이징(fashion merchandising), ⑥ 중요상품 머천다이징(staple merchandising)이 있다.

1) 관광상품의 레벨

다양·다종한 관광상품은 크게 세 가지 수준에서 하나의 상품, 즉 "혜택의 묶음"(bundle of benefits) (Enis and Roering, 1981)으로 이루어진다고 할 수 있다.

첫째, 핵심제품(core product)으로 상품은 관광상품의 본질로서 그 상품이 가지고 있는 제품 콘셉트이자 핵심적 혜택이 존재해야 한다. 즉 관광상품의 핵심적 혜택은 '관광을 통한 행복'이라고 할 수 있다. 관광은 행복에 이르는 최고의 수단으로써 일상을 떠나 아름다운 경치를 만나고, 맛있는 음식을 먹고, 좋은 사람들과의 새로운 만남이 있고, 멋진 추억을 만들고, 남들과는 다르다는 자존감도 생겨나는 활동이기 때문이다.

〈그림 8-5〉 관광상품의 레벨

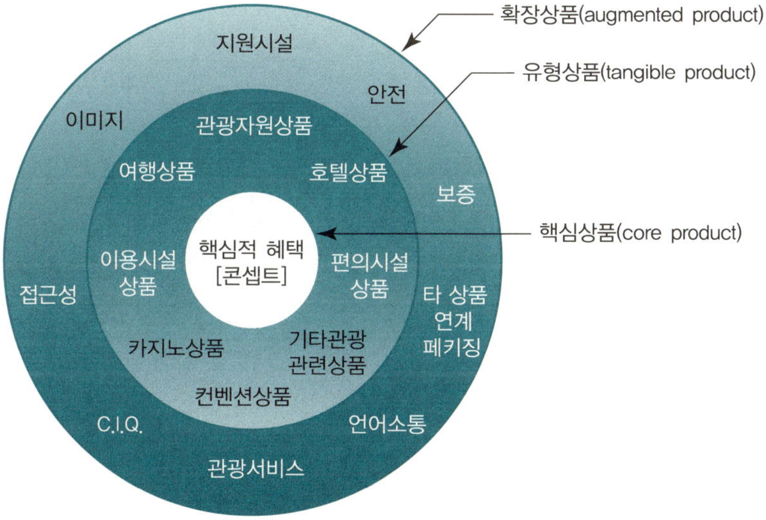

둘째, 유형제품(tangible product)은 실체제품으로서 ① 여행상품, ② 호텔상품, ③ 관광객이용시설상품, ④ 관광편의시설상품, ⑤ 국제회의상품, ⑥ 카지노상품, ⑦ 유원시설상품, ⑧ 관광자원상품, ⑨ 기타 관광관련상품이 있다.

셋째, 확장제품(augmented product)은 인적 관광서비스와 관광지원시설, 관광상품 이미지, 접근성, 출입국제도(C.I.Q. : Customs, Immigration, Quarantine), 보안, 보증, 언어소통 등이 있다.

2) 관광상품의 라이프사이클

모든 유기체는 탄생, 성장, 성숙, 노화, 소멸이라는 생로병사의 과정을 거쳐야 한다. 이러한 과정을 라이프사이클(life cycle)이라 한다. 이러한 라이프사이클 단계는 학자들에 따라 4단계 혹은 5단계로 구분하기도 한다. 이러한 단계는 관광지 발전단계와도 관계가 있다. 따라서 관광상품라이프사이클 단계와 관광지 발전단계를 종합적으로 살펴보면, 다음 그림과 같다.

〈그림 8-6〉 라이프사이클

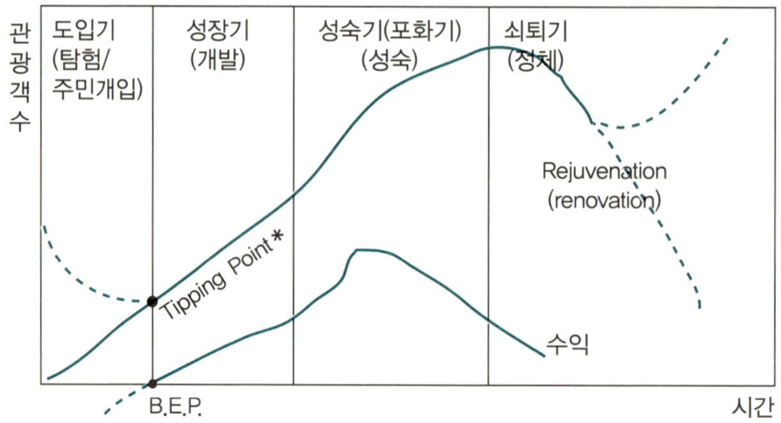

첫째, 도입기에는 새로 개발한 제품의 판매는 일반적으로 처음에는 천천히 증가하게 된다. 그 이유는 아직 혁신 고객(innovator)이 적고 효과적인 커뮤니케이션을 하지도 못한 상태이며, 생산능력도 한계가 있기 때문이다. 도입기에는 신제품을 개발하는데

* Tipping Point란 어떤 상황이 미미하게 진행되다가 한 순간에 변화되는 극적인 순간을 말함. 다시 말해 매출이 급속도로 증가하는 시점.

최초의 고정자산 투자비가 많이 들었을 뿐만 아니라 제품에 대한 촉진을 많이 하게 되므로 촉진비용 등과 같은 투자가 많아 이익이 아예 생기지 않는다. 일반적으로 도입기에서 성장기로 변화하는 기준시점을 일반적으로 손익분기점(BEP : break even point)[14]으로 보기 때문이다.

그러나 관광상품이나 관광지의 경우 〈그림 8-6〉에서와 같이 도입기 초기 단계의 점선이 시사하는 뜻은 일반 제조기업 제품과 달리 최초 시장진입 시점에서 관광객 수가 상대적으로 많을 수 있다는 것이다. 이는 관광객의 새로움 추구(novelty) 동기에 기인한다고 할 수 있다. 또한 관광객은 새로운 관광상품 내지 관광지에 대해 탐험 내지 모험을 추구하게 되며, 지역주민 역시 관광에 개입하게 됨으로써 행복한 단계(euphoria stage)가 된다.

둘째, 성장기에는 혁신 고객(innovator)과 얼리어답터(early adopter)의 주도로 많은 대중소비자가 신서비스상품을 구매하게 되어 판매가 크게 증가하기 시작한다. 이러한 시점을 Tipping Point라 한다. 이때부터 상품차별화나 시장세분화로 시장이 확대되고 경쟁자가 진입하며 유통경로도 확대된다. 대량생산으로 인해 단위당 비용은 줄어들고 판매량은 지속적으로 증가하게 된다.

셋째, 성숙기에서는 시장포화로 인해 판매증가율은 완만해지거나 정체된다. 그러나 성숙기 초기 단계에서 수익이 극대화되며 이를 정점으로 수익이 하락하게 된다. 시장다변화나 시장세분화로 상품라이프사이클을 확장시키려는 노력을 하게 된다. 한정된 시장을 노려 많은 경쟁자들이 치열한 경쟁을 하게 되므로 가격인하, 촉진활동 강화 등 투자가 많아진다. 관광상품의 경우 관광객이나 지역주민 역시 무관심 단계(apathy stage)로 접어들게 된다.

넷째, 쇠퇴기에는 새로운 기술혁신이 출현하고 고객의 취향이나 유행이 변하면 판매는 급속히 하락하게 되며 수익도 크게 줄어든다. 잔여시장을 놓고 경쟁이 치열하게 되어 가격인하가 일어나 결국은 능력이 없는 기업은 퇴출되게 된다. 쇠퇴기에는 지역주민 역시 외래관광객에 대해 적대적 감정을 가지는 단계(antagonism stage)로 진입하게 된다. 관광상품이나 관광지의 경우 관성의 법칙에 따라 소멸하든지 아니면 회복(rejuvenation)을 위한 재투자(renovation)가 이루어져야 하는 시점이다.

---

14) 손익분기점은 이익도 손해도 나지 않는 영(even)의 시점을 말함.

3) 관광상품의 가치사슬

관광상품의 가치는 어떻게 구성될까? 관광상품의 가치는 크게 총관광객가치와 총관광객비용 간의 상쇄작용에 의해 결정된다. 이를 도식화해 보면, 다음 그림과 같다.

〈그림 8-7〉 관광상품의 가치사슬

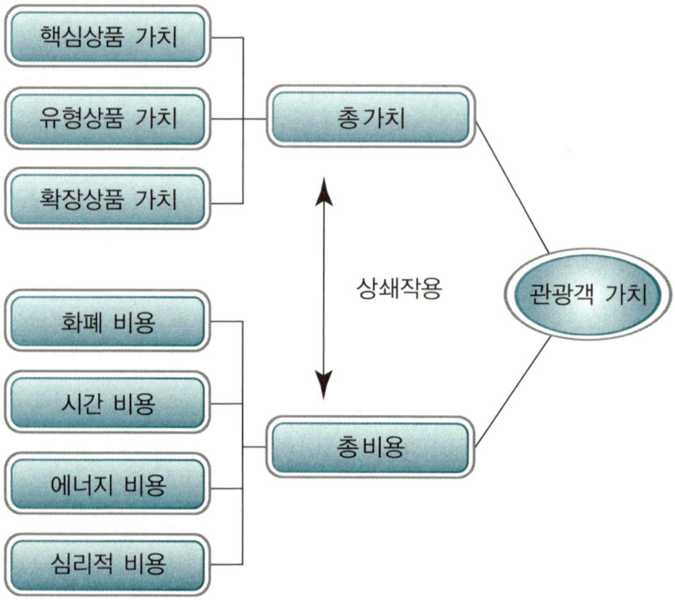

그림에서와 같이 총고객 가치는 ① 무형상품 가치, ② 유형상품 가치, ③ 확장상품 가치로 구성된다. 총고객 가치는 앞서 관광상품 수준에서 논의된 바와 같이 "혜택의 묶음"(bundle of benefits)으로 핵심적 혜택으로 핵심상품(core product)으로 가치, 여행상품과 같은 유형상품(tangible product) 가치, 인적 관광서비스와 관광지원시설과 같은 확장상품(augmented product) 가치의 결합인 것이다.

한편 관광객 총비용은 ① 관광객이 지불하는 화폐 비용, ② 관광객의 시간 비용, ③ 관광객의 에너지 비용, 그리고 ④ 관광객의 심리적 비용으로 구성된다.

한 예로서 유명 관광지 신혼여행의 경우와 가까운 근교 관광지 신혼여행의 경우를 비교해보면, 유명 관광지의 경우 화폐 비용은 많이 들겠지만 확장상품 가치로 이미지 가치가 큼므로 '평생 자랑거리'가 될 수 있다. 따라서 심리적 비용은 관광객 총가치와 관광객 총비용의 상쇄효과로 인해 많이 들지 않는다고 할 수 있다. 반대로 근교 관광지 신혼여행의 경우 "평생 한번뿐인데!..."에 함몰되어 평생 동안 바가지를 긁히게 되어 심리적 비용의 누적 효과는 실로 상상하기 어렵다. 결국 현명한 소비자라면, 평생 한번의 신혼여행은 좋은 데로 가야 한다. 따라서 관광마케터는 이러한 신혼여행 상품 개발 시 관광객 총가치와 관광객 총비용을 고려해야 하며, 오히려 고가의 고품질 관광상품이 소구력(appeal point)도 클 수 있다는 점을 간과해서는 안 된다.

4) 관광상품의 본질로써 서비스

학술적으로 관광사업이나 관광자원 그리고 관광관련사업에서 생산되는 관광상품의 본질은 결과적으로 서비스이다. 이러한 서비스의 모습은 다음 〈그림 8-8〉과 같다.

〈그림 8-8〉 관광서비스의 진실의 순간

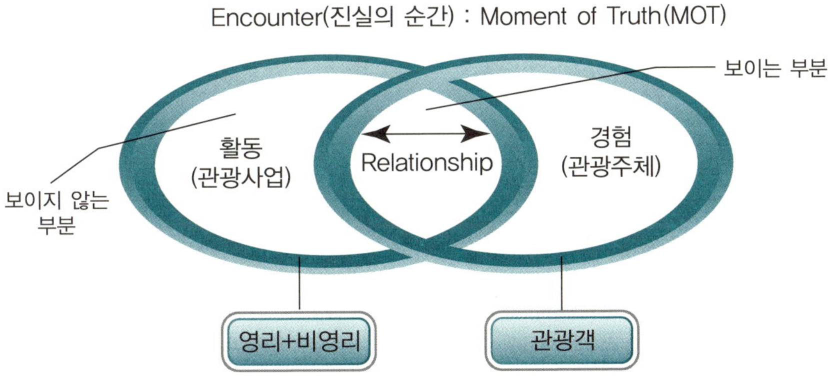

관광서비스는 "관광사업자와 관광객 간의 활동과 경험"(Bitner 1992; King 1992)으로 정의할 수 있다.

5) 관광서비스 특성과 대응전략

관광서비스의 특성에 대해 Zeithaml, Parasuraman, & Berry(1985)는 선행연구들에서 제시된 서비스 특성을 목록화하여 제시하였다. 이들의 연구결과는 〈표 8-2〉와 같다.

〈표 8-2〉 관광서비스의 특성

특성				
무형성	이질성 (비표준화)	생산과 소비의 동시성	소멸성 (재고불가능성)	
○		○	○	Bateson(1977, 1979)
○	○		○	Bell(1981)
○	○	○	○	Berry(1975, 1980, 1983)
○	○	○		Bessom and Jackson(1975)
○		○		Booms & Bitner(1981, 1982)
○	○	○		Carmen & Langeard(1980)
○		○		Davis, Guiltinan, and Jones(1979)
○		○	○	Donnelly(1976, 1980)
○	○	○		Eiglier and Langeard(1975, 1976)
○		○		Gronroos(1977, 1978, 1979, 1983)
○	○	○		Johnson(1969, 1981)
○		○		Judd(1968)
○	○	○	○	Knisely(1979a, 1979b, 1979c)
○		○		Lovelock(1981)
○	○	○	○	Rathmell(1966, 1974)
○	○	○	○	Sasser(1976) 등
○	○	○		Shostack(1977a, 1977b)
○	○		○	Thomas(1978)
○	○	○	○	Uhl & Upah(1980)
○	○	○		Zeithaml(1981)

자료 : Zeithaml, Parasuraman, & Berry(1985)의 내용을 요약함.

표에서와 같이 대표적인 관광서비스 특성은 ① 무형성(intangibility), ② 이질성(heterogeneity), ③ 생산과 소비의 동시성(inseparability of production and consumption), ④ 소멸성(perishability)이 있다.

첫째, 무형성의 특성의 한 예로서 관광상품은 항공기 탑승, 유람선 관광, 미술관 관람, 산악 및 해안 구경, 식사, 나이트클럽, 호텔에서의 숙박 그리고 더 많은 것이 포함된다. 이들 관광상품은 관광객의 경험이다. 결국 관광객은 경험에 따르는 무형적인 혜택, 즉 즐거움, 휴식, 편의, 흥미, 추억 만들기 등 행복을 위해 지불하는 것이다. 따라서 관광기업은 무형의 유형화 전략이 요구된다. 예를 들면, 무형의 혜택을 지속하기 위한 방법으로 가장 대표적인 것이 현지 기념품이나 사진 등이 좋은 예가 될 수 있다. 또한 소셜 커뮤니티를 만드는 것도 좋은 사례가 될 수 있다.

둘째, 이질성(heterogeneity)의 특성으로써 다양한 관광상품은 관광사업(호텔, 여행사, 항공사 등)이나 관광자원(자연관광자원, 문화관광자원 등) 관광관련사업(항공사, 쇼핑시설, 의료기관 등) 등의 "혜택의 묶음"(bundle of benefits)이다. 그리고 관광상품은 유·무형의 복합적 특성도 있다.

셋째, 생산과 소비의 동시성 특성이다. 이는 시간적 측면과 공간적 측면에서 살펴보아야 한다. 시간적 측면에서 관광서비스는 생산(관광사업 활동, 관광자원 활동 그리고 관광관련사업 활동)과 경험시점 간의 시간적 갭이 제조기업의 제품과 달리 차이가 거의 없다는 점이다. 공간적 측면에서도 역시 생산공간(관광사업 공간, 관광지 등 그리고 관광관련사업 공간)과 경험공간이 동일공간이라는 점이다. 여행사, 호텔, 레스토랑 등 관광기업은 프랜차이즈화 내지 체인화함으로써 공간적 제약을 벗어나 상품가치를 극대화할 수 있다.

넷째, 소멸성(perishability) 특성이다. 이는 관광상품의 경우 재고가 불가능하다는 것이다. 즉 관광상품의 경우 공급탄력성이 떨어진다는 것으로 관광기업은 수익관리(yield management) 모델을 개발해야 하며, 전략적 제휴와 공동마케팅이 요구된다. 예를 들면, 공생마케팅(symbiotic marketing), 하이브리드마케팅(hybrid marketing), 공동브랜드마케팅(co-brand marketing) 전략을 수립해야 한다.

6) 관광서비스 품질 측정모델

관광서비스 품질에는 ① 생산품질(production quality), ② 지각품질(perceived quality)이 있다. 첫째, 생산품질은 레시피(recipe)에 맞도록 생산하는 것(Beeck, 1985)을 말한다. 둘째, 지각 품질(perceived quality)은 관광객 지각 기능으로 관광객이 느끼는 상태로 관광객의 태도변수(attitudinal variables)의 하나이다. 특히 관광객의 태도변수로 지각품질 측정모형에는 대표적으로 ① P.Z.B.(Parasuraman, Zeithaml, Berry) 모델{서브퀄(SERVQUAL)모형=f(지각된 서비스-기대한 서비스)}이 있다. ② 크로닌· 테일러(Cronin, Jr. & Taylor) 모델{서브퍼프(SERVPERF)모형=f(성과)}이 있다. 이들 두 모형을 비교해 보면 다음 예와 같다.

예) 서비스 지각품질 측정 모델별 값 비교

	전혀 동의하지 않는다				보통이다				확실히 동의한다
** 현재 이용 중인 호텔은 서비스가 좋다	1 ☐	2 ☐	3 ☐	4 ☐	5 ☐	6 ☐	7 ☐	8 ☐	9 ☐
** 현재 이용 중인 호텔은 시설이 뛰어나다	1 ☐	2 ☐	3 ☐	4 ☐	5 ☐	6 ☐	7 ☐	8 ☐	9 ☐
** 현재 이용 중인 호텔은 가격이 저렴하다	1 ☐	2 ☐	3 ☐	4 ☐	5 ☐	6 ☐	7 ☐	8 ☐	9 ☐

〈표 8-3〉 서브퀄(SERVQUAL) 모형과 서브퍼프(SERVPERF) 모형 비교 사례

	서브퀄(SERVQUAL)	서브퍼프(SERVPERF)
인적 서비스	5-8=-3	7
물적 서비스	6-8=-2	8
시스템적 서비스	6-7=-1	7
평균	-2	7.3

먼저 서브퀄(SERVQUAL) 모델은 갭 분석모형으로 서비스 품질 속성 요인으로 유형성, 신뢰성, 반응성, 보증, 감정이입 5개 요인을 체계화하였다는 점에서 매우 큰 의미를 가지고 있다. 그러나 서비스 품질 측정항목수가 늘어날 경우 기대 값(t_1 시점)의 측정항목과 현재의 성과 값(t_2 시점)의 측정항목수가 배로 늘어날 수 있다는 점과 일반적으로 해외여행의 경우 관광객의 기대가 크다는 점을 고려할 때, 특히 고관여 해외관광상품의 경우 상대적으로 기대값이 높아짐으로써 결국 합산하면 0(zero) 미만이 됨으로써 서비스 지각 품질이 나쁜 것으로 나올 수 있다는 점에서 다소의 한계점이 있다.

서브퍼프(SERVPERF) 모델은 성과 값으로만 측정하는 모형으로 현재 관광객이 지각하고 있는 상태를 측정하는 모형이다. 따라서 이 모형은 서브퀄(SERVQUAL)모델에 비해 측정항목수가 반으로 줄어드는 특성이 있다.

또한 표에서와 같이 특정 고객이 현재 이용하는 호텔의 인적 서비스의 경우 서브퀄(SERVQUAL) 모델에서는 -3점(5-8)으로 나쁜 품질의 서비스로 나타나지만, 서브퍼프(SERVPERF) 모델로 계산하면, 9점 만점에 평균 7점으로 우수한 서비스로 나타난다. 전체적으로도 서브퀄(SERVQUAL) 모델에서는 평균 총 -2점으로 나타나 좋지 않

은 서비스 품질로 나타나며, 서브퍼프(SERVPERF) 모델에서는 평균 7.3으로 나타나 좋은 서비스 품질로 나타난다는 점에서 서브퍼프(SERVPERF)모델이 상대적으로 우수하다고 할 수 있다.

7) 관광서비스 태도변수의 모호성

관광에 참여하는 관광객의 만족 역시 태도변수로서 모호성을 가지고 있다. 〈그림 8-9〉에서와 같이 만족한 관광객일지라도 불평 행동을 할 수 있으며, 반대로 불만족한 관광객일지라도 불만해소를 위한 대응행동을 모색하면서도 계속이용을 할 수 있음을 나타내고 있다.

〈그림 8-9〉 관광객의 만족/불만족 행태

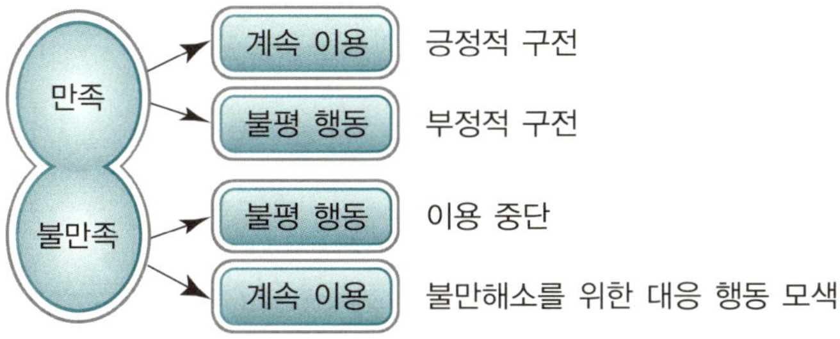

이러한 만족 혹은 불만족 개념은 관광상품의 이질성 내지 복합성 등의 다양한 특성과 관광객의 태도의 모호성에서 발생한다고 할 수 있다.

태도모델로서 관광객의 지각품질, 만족 등 태도변수의 인과관계 모호성이 존재한다. 관광객의 태도변수의 인과관계 방향은 크게 두 가지의 방향에서 연구가 이루어지고 있다(박중환, 1999). 첫 번째의 인과관계는 서비스품질이 고객만족에 영향을 미치며, 또한 고객만족이 재구매의도(repurchase intention)에 영향을 미친다는 구조적 관계(예, 지각품질 → 고객만족 → 구매의도)이다. 이러한 구조적 관계에서 고객만족과 재구매의도 간의 관계연구와 관련된 연구자로는 Bearden and Teel(1983), LaBarbera and Mazursky(1983), Oliver(1980), Oliver and Swan(1989) 등이 있으며, 이들 관계에 서비스품질 변수를 추가한 대표적인 연구자로는 Woodside, et al.(1989), Taylor and Baker(1994) 등이 있다. Woodside, et al.은 이들 변수들 간의 구조적 관계연구를 통해 고객만족이 서비스품질 평가와 구매의도 간에 매개변수 역할을 한다고 밝히고 있다. 한편 Taylor and Baker는 구매의도에 대한 영향요인으로 만족과 서비스품질 그리고 이들 변수 간의 상호작용 변수를 제시하고 있다.

두 번째의 인과관계는 고객만족이 서비스품질에 영향을 미치며, 그리고 서비스품질이 재구매의도에 영향을 미친다는 구조적 관계(예, 고객만족 → 지각품질 → 재구매의도)이다. 이러한 인과모형의 대표적인 연구자로는 Bitner(1990)와 Bolton and Drew(1991a) 등이 있다. Bitner의 연구에서는 고객만족이 지각된 서비스품질에 영향을 미치는 것으로 밝히고 있으며, 또한 서비스품질이 재구매의도에 영향을 미치는 것으로 밝히고 있을 뿐만 아니라 고객만족 역시 재구매의도에 영향을 미치는 것으로 밝히고 있다. 그리고 Bolton and Drew도 자신들이 개발한 다단계모형에서 고객만족이 서비스품질에 영향을 미치며, 이러한 서비스품질은 행동의도(재구매의도)에 영향을 미친다고 주장하고 있다.

결국 이는 변수들 간의 개념구조를 어떻게 설정하느냐 하는 문제와 어떠한 태도변수를 도입하는가 하는 문제로서 인과관계 모호성 존재 이유는 개인의 태도(마음 상태) 모델이기 때문이다.

제2절 | 비영리관광사업과 경영가치모델

1 비영리관광사업의 개념

비영리관광사업의 핵심은 관광인프라(infrastructure) 사업을 말하며, 이러한 관광인프라는 사회간접자본의 하위 개념이다. 인프라(infrastructure)라는 용어는 기반시설로 사용되며, 이는 건설 측면이나 물리적 시설 측면을 강조한 사회간접자본의 하나이며, 반면 S.O.C.(social overhead capital)는 기능적인 측면을 강조하는 사회간접자본의 하나이다. 이러한 두 개념을 묶어 사회간접자본이라고 한다. 따라서 비영리관광사업을 이해하기 위해서는 사회간접자본에 대한 이해가 필요하다.

사회간접자본에 대한 개념은 A. Smith 이후 여러 학자들이 정의하여 사용해왔으나 그 개념 자체가 편의적 용어이고 어느 것도 사회간접자본의 포괄 범위를 명확히 규정하고 있는 것은 아니다.

A. Smith는 공공사업(public works)이라는 용어로 표현한 바 있다. 1950년대 개발경제학자들 사이에도 사회간접자본 또는 하위조성 또는 기반조성이라고 하는 용어가 사용되었다.

이러한 사회간접자본의 개념이 다양하게 정의되어 왔으며, 그 범위도 일정하지는 않지만 이 개념들 속에는 다음과 같은 세 가지 기본적인 인식이 깔려 있다고 볼 수 있다.

첫째, 사회간접자본을 직접생산력이 있는 생산자본에 대비한 개념으로 보아 간접적으로 생산자본의 생산력을 높이는 기능을 갖는 자본으로 보는 시각이다. 다시 말해 생산 활동에 필요한 자본 중에 기업이 직접비용을 지불하지 않아도 되는 자본을 사회간접자본으로 보는 것이다.

둘째, 재화의 특성으로 보아 인간생활에 필수불가결한 재화로 공동소비성, 비배제성과 같은 재화의 특성 때문에 시장에 의해서 충분한 공급을 기대하기 어려운 것을 사회간접자본으로 보는 시각이다. 이는 재화의 특성에 따라 사회간접자본의 범위를 설정하는 것으로 이론적인 개념으로 정의하려는 성향이 강한 것이다.

셋째, 사회간접자본을 단순히 재화 및 서비스를 공급하는 주체를 기준으로 할 때 공공부문에 의해서 공급되는 것으로 보는 것이다.

따라서 실제로 사용되고 있는 사회간접자본의 개념을 협의의 개념과 광의의 개념 두 가지로 나누어 정리할 수 있다.

첫째, 협의의 사회간접자본 개념은 사회경제적 필요성에 따라 공공부문이 제공하는 시설을 말한다. 이는 제도적인 관점에서 재화 및 서비스의 공급 주체를 기준으로 사회간접자본을 정의하는 것으로 도로, 항만시설, 공항시설 등 정부가 직접 제공하는 부문과 KTX, 전기시설, 통신시설, 전기시설, 상·하수도시설 등 정부 투자기업이 제공하는 시설을 포함하여 협의의 사회간접자본으로 정의하는 것이다.

둘째, 광의의 사회간접자본 개념은 공공투자의 사회간접자본 개념과 유사한 시설과 기능을 가진 민간시설까지 포함하는 것을 말한다. 예를 들어 민간철도, 사립학교, 사립병원 등도 사회간접자본으로 포함시키는 것을 의미한다.

2 비영리관광사업으로서 사회간접자본의 유형

〈그림 8-10〉 주요 사회간접자본의 유형

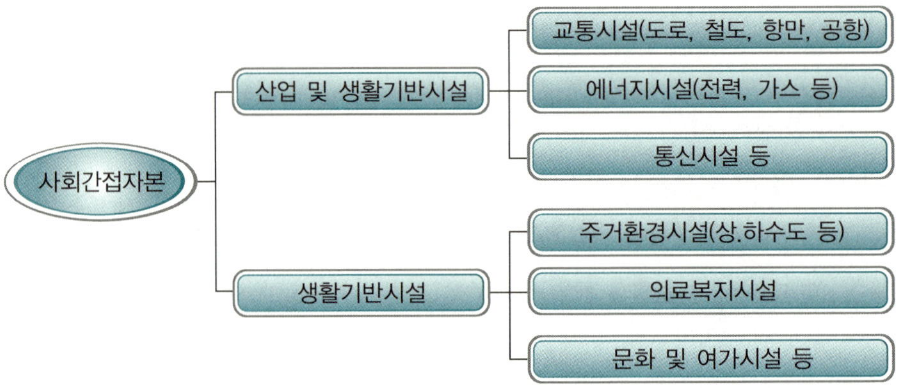

3 비영리관광사업으로서 관광자원개발

비영리관광사업에는 정부부처로 문화체육관광부의 관광자원 개발이 대표적인 사례이다. 문화체육관광부가 수립하는 관광개발기본계획은 〈그림 8-11〉에서의 주요 사회간접자본의 유형에서 제시된 바와 같이 관광산업기반시설이라고 할 수 있다. 즉 관광지, 관광단지 등 관광자원 개발 등이 이에 포함된다.

따라서 관광산업기반시설과 관련하여 문화체육관광부의 관광개발 계획을 중심으로 살펴보면 다음과 같다(문화체육관광부, 2015).

제1차 관광개발기본계획(1992~2001)에 따른 제1차 권역별 관광개발계획(1992~1996)과 제2차 권역별 관광개발계획(1997~2001)이 시행되었고, 이어서 제2차 권역별 관광개발계획(2002~2011)에 따른 제3차 권역별 관광개발계획(2002~2006)과 제4차 권역별 관광개발계획(2007~2011)이 시행되었다. 관광개발계획의 실질적인 추진을 위해 정부에서는 1993년에 「관광진흥법」을 개정하여 관광개발계획(기본계획 및 권역계획)을 법정계획으로 규정하였으며, 1994년 「관광진흥법시행령」을 개정하여 기본계획은 10년, 권역계획은 5년 주기로 수립하도록 제도화하였다. 한편 2012년부터 2021년까지 시행될 제3차 관광개발기본계획을 2011년 12월에 정부계획으로 확정하였으며, 이에 따른 제5차 권역별 관광개발계획(2012~ 2016)을 시·도별로 수립·시행 중에 있다.

문화체육관광부의 '제3차 관광개발기본계획(2012~2021년)' 에서는 급변하는 환경 변화에 대응하는 새로운 비전과 전략을 제시하며, 국제 경쟁력을 갖춘 관광발전 기반을 구축하고 국민 삶의 질과 지역발전에 기여하기 위해 전국 관광개발의 기본방향을 미래지향적으로 제시하고 있다. 동 계획에서는 '글로벌 녹색한국을 선도하는 품격 있는 선진관광' 이라는 비전하에 이를 달성하기 위해 품격관광을 실현하는 관광개발 정책효율화, 미래 환경에 대응한 명품 관광자원 확충, 문화를 통한 품격 있는 한국형 창조관광 육성, 국민이 행복한 생활관광 환경 조성, 저탄소 녹색성장을 선도하는 지속가능한 관광 확산, 관광경쟁력 제고를 위한 국제 협력 강화 등 6대 개발 전력을 제시하였다. 또한 관광권역 설정에 있어 제3차 관광개발기본계획에서는 16개 시·도, 광역경제권, 초광역 개발권 등 변화하는 행정 위계를 반영한 '다층적 지역 관광발전 전략' 을 도입하여 시 ·도 관광권과 더불어 5+2 광역경제권을 계획 관광권역으로 설정하였으며 해안을 중심으로 한 동·서·남해안 관광벨트 등 초광역 관광벨트 설정으로 계획권역을 기능적으로 연계·보완하였다. 또한 동 계획에서 제시하는 권역별 관광개발 방향을 기초로 지방자치단체별로 제5차 권역별 관광개발계획(2012~2016)을 수립하여 시행 중에 있다. 따라서 비영리관광사업으로서 문화체육관광부의 주요 추진 전략을 요약하면, 다음 표와 같다.

〈표 8-4〉 **제5차 권역별 관광개발계획 주요 추진전략**

주요 추진전략	내용
전략 1 : 품격관광을 실현하는 관광개발 정책 효율화	• 지속가능한 관광자원 재생정책 추진 - 관광지 리모델링, 관광단지 민자 유치 활성화 - 관광자원의 효율적 개발 및 관리를 위한 관광자원 등급제 도입 • 관광개발 민간참여 확대 - 민자 유치선도 프로젝트 개발·자원으로 민간부문의 참여 유도 - 공모절차 개선, 전문 인력 육성 등 관광개발 사후 운영·관리 활성화 정책 추진 • 관광 R&D 기능 강화 - 내·외부적으로 개방적인 통합적 관광 R&D 지원시스템 구축 - 안전사고, 자연재해, 재난에 대비한 위기관리 대응체계 도입

주요 추진전략	내용
전략 2 : 미래 환경에 대응한 명품 관광자원 확충	• 新 관광개발 영역 발굴 – 해양관광 인프라 확충 및 권역별 거점 해양관광도시 지정·육성 – 우주관광시대에 대비한 우주체험 관광지대 육성 및 인프라 확충 • 복·융합 관광개발 확대 – MICE, 의료, 크루즈, 쇼핑, 음식 등 복·융합 관광개발 집중 추진 • 산업관광 활성화 – 산업관광 전략 거점으로 잠재성 높은 지역 개발, 산업관광 벨트로 확대 – 산업유산과 유휴문화시설을 활용한 복합문화공간 개발
전략 3 : 문화를 통한 품격 있는 한국형 창조관광 육성	• 문화가 흐르는 도시 관광 구축 – 도시 내 쇼핑시설, 역사문화자원, 교통시설 등 도시 인프라의 관광자원화 – 생태관광도시·문화 관광도시, 테마별 예술관광 특화지구 지정 및 육성 • 지역문화에 기반을 둔 신규 관광자원 개발 – 농·산·어촌 지역의 고유문화를 활용한 문화관광마을 육성 – 폐교, 폐광, 폐염전 등 유휴시설의 관광자원화 • 한국문화의 브랜드화 – 한류문화와 관련된 콘텐츠와 시설을 연계한 한류문화의 전당 조성 – 5대 고궁을 각각 특성화하고 연계하여 글로벌 관광 명소로 육성 – 유네스코 지정 세계 문화·자연·기록·무형 유산의 관광자원화
전략 4 : 국민이 행복한 생활 관광 환경 조성	• 관광객 수용태세 확충 및 개선 – 다양한 숙박시설의 확충 및 선진화 – 관광 교통수단 간 연계 지원 프로그램 개발 – 스마트폰 기반 관광안내 정보서비스 확충
전략 4 : 국민이 행복한 생활 관광 환경 조성	• 취약계층의 관광향유를 위한 여건 조성 – 노인·장애인 등의 관광편의성 제고를 위한 무장애 관광지역 선정·지원 – 여행바우처 수혜대상 범위 확대 등 여행지원 • 국민 생활관광 활성화 – 관광 커뮤니티 비즈니스(TCB) 모델로서 국민 가족휴양촌 조성 – 리조트형 실버복합타운 조성, 청소년 수련시설 확충 및 노후시설 리모델링 지원
전략 5 : 저탄소 녹색성장을 선도하는 지속가능한 관광확산	• 지속가능한 관광기반 구축 – 관광자원의 특성과 수용력을 고려하여 저탄소 녹색관광 모델 선정·개발 – 관광사업자에 대한 정기 교육프로그램 개설 및 시행 – 관광개발의 절차, 적용 가능한 친환경 공법 등에 대한 가이드라인 제시 – 관광지 및 관광사업체에서 사용하는 에너지 저감 방안 마련 • 저탄소 녹색관광의 실현과 확산 – 생태관광거점지역을 국제 생태관광 명소로 집중 육성 – 탄소 발생을 최소화하는 탄소중립 관광지(carbon neutral area) 지원 및 육성 – 관광지 및 관광시설의 에너지원을 대체에너지로 단계적 전환 유도

주요 추진전략	내용
전략 6: 관광경쟁력 제고를 위한 국제협력 강화	• 남북한 연계 관광개발 기반 구축 – 관광대표부 설치, 관광자원 공동조사 등 남북관광 협력채널 구축 – 남북한 관광 주요거점과 중국, 러시아 등을 연계하는 초광역적 관광벨트 설정 등을 통한 북한관광 활성화 기반 마련 – DMZ 국제 생태투어 프로그램, 남북 주요 관광지 연계코스 등 한반도 공동 관광상품 개발 • 동아시아 관광교류 협력체계 구축 – 동아시아 관광객 접근 편의성 개선, 관광 인적자원 교류사업 추진 등 역내 관광교류 촉진 – 동아시아 통합 관광자원 데이터베이스 및 공동 관광지 평가 시스템 구축 등 동북아 공동 R&D 프로그램 운영 – 동아시아 국가 간 관광협의회·심포지엄 등의 개최를 통한 네트워크 구축

자료 : 문화체육관광부(2013)의 내용을 정리함.

표에서와 같이 제3차 관광개발기본계획의 주요 추진전략으로는 ① 품격관광을 실현하는 관광개발 정책 효율화, ② 미래 환경에 대응한 명품 관광자원 확충, ③ 문화를 통한 품격 있는 한국형 창조관광 육성, ④ 국민이 행복한 생활관광 환경 조성, ⑤ 저탄소 녹색성장을 선도하는 지속가능한 관광확산, ⑥ 관광경쟁력 제고를 위한 국제협력 강화가 있다. 또한 비영리관광사업으로서 제5차 권역별 관광개발 기본계획을 요약하면, 다음 표와 같다.

〈표 8-5〉 제5차 권역별 관광개발 기본계획

관광권역	시 · 도	목표 및 전략 등 주요 내용
수도 관광권	서울특별시	–비전 : 세계인이 찾고 싶은 관광도시 서울 –목표 : 세계관광경쟁력 Top 15 –전략 : 열린 서울, 매력 서울, 만족 서울, 활력 서울 –관광 수요(2016년 기준) : 관광총량 110,884천 명
	인천광역시	–비전 : “세계인이 교류하는 창조적 해양관광도시” –목표 : 창조 관광도시, 해양녹생 관광도시, 관광교류 거점도시 –전략 : 인천형 창조관광 진흥, 해양
	경기도	–비전 : 경기도의 품격을 높이는 창조관광 여건조성과 사업 창출 –목표 : 동북아 관광경쟁력 강화를 위한 관광사업 구상 등 –전략 : 지역별 공유된 자원을 테마화 등 차별화 실시, 동아시아 경제권의 확대 및 중국관광시장 급부상에 따른 경쟁력 확보 등
충청 관광권	대전광역시	–비전 : 웰빙 · 창조관광을 선도하는 녹색 과학 관광도시 대전 –목표 : 녹색웰빙 관광도시, 창조과학 관광도시, 체험문화 관광도시 –전략 : 체험형 녹색관광환경 조성, 대전형 웰빙관광환경 조성, 역사문화자원 연계 관광사품 개발, 첨단의료관광산업 육성 등

관광권역	시·도	목표 및 전략 등 주요 내용
충청 관광권	충청북도	-비전 : 백두대간의 중심축, 중부내륙의 보석 테마형 관광충북 실현 -목표 : 21C 친환경 녹색관광의 중심지, 충북관광의 대내외적 경쟁력제고 등 -전략 : 테마형 친환경 관광체계 구축, 권역별 거점관광 활성화 추진 등
	충청남도	-비전 : 국민관광으로 도민과 관광객에게 희망을 주는 愛鄕 충남 -목표 : 국토중심 전 국민이 찾는 '국민관광', 균형성장하는 '산업관광' 등 -전략 : 국민관광지 조성촉진 및 관광루트 활성화, 지역 문화권관광 사업화, 녹색 산업관광 육성 등
호남 관광권	광주광역시	-비전 : 느끼고 싶은 문화·예술 관광도시 창조 -목표 : 구체적인 문화·예술 관광도시 조성, 30만 외래관광객 유치 등 -전략 : 도시관광 거점명소 개발, 근교 녹색생태문화관광 자원개발, 축제 및 MICE산업 육성 등
	전라북도	-비전 : 21세기 동북아 시대를 위한 한국형 관광수도, 전북 -목표 : 관광자원의 폭 확대, 국제적 수준의 관광 인프라 구축 등 -전략 : 복·융합관광을 통한 관광시장 확대 등
	전라남도	-비전 : 동북아 생태·해양관광 중심지 "전라남도" -목표 : 해안·섬·갯벌이 어우러진 해양휴양관광지대 조성 등 -전략 : 해양도서자원의 휴양·여가지대 기반조성 등
대구·경북 관광권	대구광역시	-비전 : 3대문화권의 지식관광 중심도시 -목표 : 지역매력 발산, 삶의 질 제고, 자긍심 고취, 부가가치 창출 -전략 : 대경권 지식관광 중심지화 등
	경상북도	-비전 : 전통과 자연, 인간이 빚어낸 한국 대표 문화관광지대 -목표 : 문화·생태 융합형 Fun 컨텐츠 발굴 등 -전략 : 머무는 관광지 조성을 위한 3대 문화권 글로벌화, 재미와 감동을 주는 소프트 관광콘텐츠 개발 등
부산 울산 경남 관광권	부산광역시	-비전 : 글로벌 해양 엔터테인먼트 관광도시 부산 -목표 : 강·바다 체험 해양관광도시 등 -전략 : 해양레포츠 관광시설 확충을 통한 블루투어리즘 기반조성, 신성장 관광산업(영상, 의료, 컨벤션) 기반조성 등
	울산광역시	-비전 : 체험과 배움, 감동이 있는 감성체험 신관광도시 울산 -목표 : 생태와 산업이 결합된 브랜드형 신흥관광도시 등 -전략 : 고래 테마의 관광상품 체계화, 산업관광의 네트워크화, 태화강의 녹색관광 상품화 등
	경상남도	-비전 : 동북아 사계절 관광·휴양 중심지 -목표 : 국제적 수준의 관광지 창출, 꼭 한번 가고픈 경남-Only One!, 매력과 활력 넘치는 경남관광 등 -전략 : 동북아 관광의 거점지 구축 외 3개 전략, 한려해상의 수려한 경관을 체험할 수 있는 해양관광 기반 구축 등
강원 관광권	강원도	-비전 : 글로벌 생명·건강관광 메카(동북아 관광휴양거점) -목표 : 순환과 재생의 발전기반 구축, 지역 어메니티를 살린 관광환경조성 등

관광권역	시·도	목표 및 전략 등 주요 내용
제주 관광권	제주도	-유네스코 자연·문화유산 확대 및 관광자원화 -제주 고유의 자연환경과 문화를 활용한 관광콘텐츠 개발 -지역고유 농수산물을 활용한 음식·쇼핑관광 육성 등

자료 : 문화체육관광부(2013)의 내용을 요약함.

제5차 권역별 관광개발 기본계획의 주요 핵심은 ① 지역특화 테마관광 활성화, ② 지역문화 관광상품화, ③ 녹색관광 활성화, 그리고 ④ 최근 정부정책의 비전인 창조경제의 핵심인 창조와 혁신을 통한 새로운 일자리 창출(인천광역시, 경상북도, 광주광역시 등) 등이다.

결론적으로 우리나라 비영리관광사업의 성패는 중앙정부와 지방정부의 관광정책 의지와 투자에 달려있다.

제3절 | 제3섹터 관광사업과 경영가치모델

1 제3섹터 관광사업의 개념

제3섹터란 용어는 원래 1970년대 초부터 미국과 일본에서 사용되기 시작하였는데, 미국에서는 공공부문과 민간부문의 어디에도 속하지 않는 교육·종교·자선 등의 비영리 자원봉사조직의 집합체(Levitt, 1973)를 제3섹터라고 부르고 있다. 한편 일본의 제3섹터는 미국의 개념에서 유래하였으나 실제로는 전혀 그 내용을 달리하고 있다. 즉 일본에서는 제3섹터 개념은 일반적으로 정부와 민간이 공동출자하여 설립하는 사업체로서 협의로 상법상의 법인을, 광의로는 상법상의 법인 외의 민법상의 법인까지 포괄하는 개념으로 파악하고 있다(宮本憲一, 1991).

여기서 일본에서의 제3섹터 개념을 구체적으로 살펴보면 다음과 같다(공공투자ジャーナル社(編), 1989). 첫째, 제3섹터를 공공부문(제1섹터)과 민간부문(제2섹터)이 공동으로 출자한 사업 경영형태로 규정한다. 둘째, 공사, 협회, 기금, 주식회사 등 그 명칭여하에 관계없이 민법, 상법에 근거한 법인으로 하나의 자치단체가 25% 이상 출자하

고 있는 법인을 의미한다. 따라서 일본의 경우 제3섹터를 공공이 아닌 민간부문에 가까운 것으로 주로 민관공동출자 사업체를 의미하는데 비하여 미국에서는 공공부문에 가까운 것으로 주로 공익적 활동을 하는 제단체를 의미한다는 점에서 차이가 있다(오희환, 1993).

우리나라에서는 1980년대 후반부터 일본의 지방공사제도를 도입, 활용하는 과정에서 제3섹터라는 용어가 나타나기 시작하였고, 본격적인 지방자치제 실시와 함께 다양해지는 지방행정수요에 대처하기 위한 방안의 하나로 지방공기업법(제49조에서 제75조의 3)에 제3섹터 방식의 지방공사에 관한 규정을 마련하였으며, 1992년 12월에 지방공기업법(53조제2항)을 개정하여 민법과 상법에 의하여 법인을 설립할 수 있도록 하여 민간부문에 적극 참여할 수 있도록 유도하고 있다.

첫째, 우리나라에 있어서도 제3섹터의 개념은 논자에 따라서 약간의 차이가 있다. 우선 지방자치단체와 민간이 공동으로 출자하고 경영하는 형태의 지방기업을 공사혼합기업 또는 제3섹터라 한다(이기우·김상미, 1991).

둘째, 지방자치단체와 민간이 공동으로 자금을 출자하여 경영하는 기업의 형태를 민관공동출자사업이라 한다(배용수 외, 1992).

셋째, 국가, 지방자치단체, 정부관계기관 등의 공공 부문과 민간부문이 공동으로 출자한 경영 형태를 공사 혼합기업이라 규정하고 있다(이상희, 1992).

또한 용어의 표현에 있어서도 민간공동출자사업, 공사혼합기업, 제3섹터, 제3섹터형 공기업 등 여러 가지 용어로 사용되고 있는데, 그 이유는 이 제도를 소개하는 과정에서 주로 일본의 여러 문헌 등을 번역, 소개하면서 각각의 용어를 그대로 적용하여 사용했기 때문이다(하종근, 1993). 그러나 정부 내에서는 이 제도를 법제화시키는 과정에서 민관공동출자사업이라는 용어를 사용하고 있다.

위와 같이 제3섹터의 용어는 다양하게 사용되고 있으나 우리나라의 경우 그 구분이 개념적으로나 기능적으로 큰 의미가 없기 때문에 총칭하여 제3섹터로 표현하기로 한다. 일본의 경우 이러한 제3섹터를 민·관공동의 사업체로서 국가, 지방자치단체와 그 외곽단체인 공사, 공단 등이 일부 출자하고 있는 주식회사 형태로 보는 협의의 견해도 있지만, 명칭의 여하에 관계없이 공공부문과 민간부문이 공동으로 출자하여 설립한 법인조직이나 단체를 제3섹터라고 칭하는 광의의 견해가 다수이다(高寄昇三, 1991).

현재 우리나라는 지방공기업법 제49조에서 제75조의 3까지 지방공사제도를 명문화하고 있어서 공식적으로 이를 인정하고 있다. 그러나 동법은 다시 제79조의 2에서 지방공사. 공단 외의 출자·출연법인을 인정하고 있어서 이를 제3섹터로 파악하는 범위 내에서는 구별개념으로 의미가 있다. 따라서 지방공사와 제3섹터는 대상사업의 성격 즉, 공공성과 기업성의 정도에 따라 자치단체의 출자비율을 결정할 것이 요구된다. 그것은 지방공사와 제3섹터 운영의 탄력성 정도에서 차이가 있어야 하기 때문이다.

따라서 제3섹터를 "지방자치단체와 민간이 공동으로 출자하여 경영하는 기업으로 하나의 지방 자치단체가 25% 이상 50% 이하로 출자한 민법·상법상의 법인"으로 정의한다.

2 제3섹터 관광사업의 등장배경

제3섹터의 등장 배경에는 ① 재정수요의 증대, ② 작은 정부 지향, ③ 공공부문과 민간 부문의 역할분담, ④ 지역경제 활성화 등의 이유로 등장하게 되었다.

첫째, 정부실패와 시장실패에 따른 재정수요의 증대요인으로 제3섹터의 등장배경에 대한 논의는 먼저 정부실패(government failure)와 시장실패(market failure)에서 시작된다. 미국의 대공황 이후 정부가 시장에 적극적으로 개입하여야 한다는 케인즈의 주장은 자본주의의 모순을 수정하기 위한 처방으로 받아들였었다. 정부는 전통적인 체제 유지기능 외에 시장실패의 폐해로부터 공동체 구성원을 보호하는 역할까지 맡게 된 것이다. 그러나 한 세기 가까이 진행된 정부의 팽창이 그에 걸맞은 사회 전체의 행복을 증진시키지 못했다는 지적을 받고 있는 실정이다. 특히 서구의 경우 '지나친 복지비용의 증대'와 국민의 조세에 대한 저항이 복지국가의 위기(welfare state in crisis)를 초래했다고 인식되고 있다. 즉 시장 메카니즘의 약점을 정부가 보완해주기를 기대했으나 정부 역시 그 기대에 미치지 못하였다는 것이다.

이러한 시장실패의 유형들 중 제3섹터의 논의와 관련하여 가장 큰 의미를 갖는 것은 공공재의 존재와 자연독점의 문제이다. 공공재란 소비에서의 비경합성과 비비제성을 지니는 특수한 재화로, 비용이나 편익을 특정인에게 귀속시킬 수 없다. 이런 재화의 공급을 시장에만 맡겨 둘 경우 과소공급의 문제와 무임승차(free rider)의 문제를 발생시킨다. 또한 자연독점의 경우에는 최초의 투자가 막대하여 경제적 시장참여가 어렵고 독점으로 인한 비효율적인 자원 배분과 재화의 공급이 이뤄진다. 이러한 시장실패로 인하여 정부개입의 근거가 제공되는 것이다. 즉 정부는 시장에 의한 공급이 어려운 재화, 즉 비경제적, 비배제적 성격을 갖는 공공재와 자연독점이 이루어지는 사업에 개입하여 서비스를 제공함으로써 자원의 효율적 분배를 실현시키고 분배적 불평등을 시정하려 한다. 그러나 이러한 정부개입 역시 비효율성을 나타내고 있는데 이를 정부실패라고 한다.

이와 같이 우리나라의 경우 1990년대 지방재정 자립도가 60% 대에서 보편적 복지정책으로 인해 2011년에는 58% 대에 불과한 것으로 보고서가 나왔다. 재정자립도가 50%대 수준이라면 지방정부의 살림살이가 쪼들리고 있음은 물론이거니와 주민들이 세부담 압박을 받게 된다는 것이다. 따라서 재정압박이 심화되고 있는 지방정부는 최소의 비용으로 최대의 행정서비스를 공급하기 위하여 독립채산방식의 기업경영방식의 도입과 함께 민간부문의 자금 및 기술 등을 활용해야 하는 시점에 이르렀다. 이러한 지방정부의 문제를 해결하기 위한 대안 중의 하나가 제3섹터라 할 수 있다.

둘째, 작은 정부 지향 요인으로 선진국에서는 과거부터 '작은 정부' 에로의 공감대가 형성되어 왔다. 이러한 작은 정부의 개념은 앞서 논의된 '정부실패' 의 개념에서 출발한다. 즉 불필요하거나 비효율적인 정부의 기구나 사업을 축소해 예산을 절감하려는 것으로 작지만 능률적인 정부를 지향하는 개념이다. 이러한 작은 정부 지향은 공적인 성격의 일을 보다 민주적이고 효율적으로 수행할 수 있는 공·사 간의 역할분담에 관한 시각과 개념의 확립이 전제되어야 한다. 이러한 맥락에서 부문 간의 역할 재조정과 정부기능의 민영화, 민간기업에 대한 정부규제의 완화와 민관협력의 확대가 작은 정부를 실현하는 중요한 정책수단으로 등장하게 되었는데, 이러한 개념이 제3섹터 개념이다.

셋째, 공공부문과 민간 부문의 역할분담 필요성으로 인해 제3섹터가 등장하게 되었다. 오늘날 정부의 기능이 사회환경의 변화에 능동적으로 대처하고 민간의 자율성을 신장시키기 위해서는 공공부문과 민간부문에 역할분담에 관한 다음과 같은 기본 시각이 전제되어야 한다. ① 앞서 논의된 바와 같이 작은 정부의 지향이 전제되어야 한다. 즉 적정규모의 행정기능을 통하여 서비스의 공급비용을 절감하고 행정의 능률적 수행을 도모하여야 한다는 것이다. ② 민간의 자율성과 창의성의 신장이 전제되어야 한다. 이것은 민간부문을 활성화하고 그 기능을 최대한 발휘할 수 있도록 행정규제 제도의 운영을 합리화하는 것이다. 따라서 민간의 자율성과 창의성을 적극 신장하여 지속적인 지역 경제의 발전과 민주화를 도모하는 것이다.

결국 공공과 민간의 역할분담론은 궁극적으로 수익과 부담의 관계로 귀착된다. 즉 지방정부와 주민과의 책임구분경제는 주민이 행정서비스에 필요한 경비부담을 어느 정도 하느냐에 따라 달라진다. 주민이 세금을 많이 부담해서라도 행정에서 해주기를 바라면 행정이 직접 수행하는 영역은 확대되고, 그렇지 않는 경우는 사적 영역이 확대될 수 밖에 없는 것이다.

넷째, 지역경제의 활성화를 위한 대안으로 제3섹터가 등장하였다. 지방정부는 '정부실패', '시장실패' 등의 다양한 문제로 인해 지역주민의 참여를 통한 경제 및 사회기반 재창조가 필요하게 되었다. 즉 지역주민이나 기업이 참여하는 지방자치를 통해 지역의 개성과 창의가 발현되고 지역자원의 효율적 이용과 지역경제의 활성화를 도모할 수 있기 때문이다. 이러한 관점은 정부와 민간의 협력에 의한 시너지효과(synergy effect)를 높일 수 있다는 것이다. 즉 지방정부와 지역주민들이 거시환경인 사회환경과 경제환경의 변화를 적절하게 수용하고, 각 주체들이 사회를 위해 기여해야 한다는 이념을 공유하게 되면 지역사회의 문제해결과 발전에 있어서 시너지 효과를 높일 수 있다는 것이다.

3 제3섹터 관광사업의 유형 및 필요성

일본에서는 제3섹터를 세분화하여 중앙 또는 지방자치단체와 주민 간의 혼합부문을 제4섹터라 하며, 지역주민과 기업 간의 혼합을 제5섹터, 중앙 또는 지방자치단체와 기업, 주민 간의 혼합부문을 제6섹터라 분류하기도 한다(이원일, 1998).

〈그림 8-11〉 제3섹터 관광사업의 위계

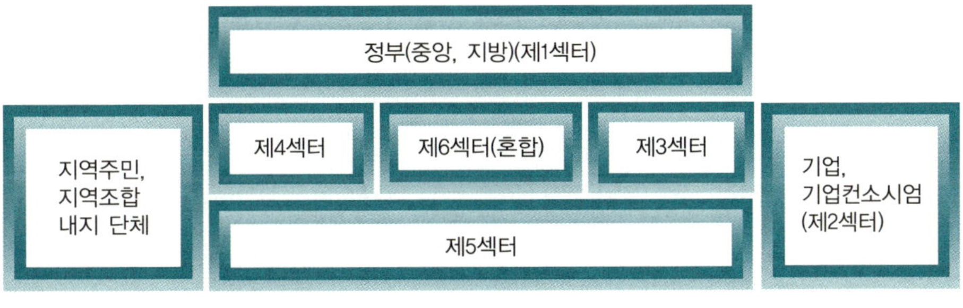

또한 제3섹터의 유형은 그 기준에 따라 다양하게 분류할 수 있다. 따라서 본서에서는 첫째, 일본 등의 가장 보편적인 유형기준에 해당되는 목적별, 기능별 유형을 중심으로 살펴보고자 한다. 둘째, 제3섹터의 유형으로 시설 투자 관점과 운영관리 관점에서 살펴보고자 한다.

먼저 제3섹터는 그 목적 기능에 따라 분류하면 지역개발형, 기업경영형, 시설운영형으로 나누어진다.다.

지역개발형은 다시 지역개발형과 지역진흥형으로 구분한다. 지역개발형으로는 공공시설정비를 목적으로 하는 제3섹터를 들 수 있다. 이러한 예로는 항만정비, 공업단지, 철도건설 등 공공시설의 정비를 주된 목적으로 하는 제3섹터이다. 대체로 이해조정행으로 기울어지기 쉽지만, 공공시설의 정비이기 때문에 공공주도형이고 규제완화 및 자금조달형의 색채를 띠고 있다.

지역진흥형은 지역개발형과 비교할 때 상업경영의 측면이 강조되고 기반정비는 부수적인 것이다. 리조트개발이나 주제공원(theme park)의 예에서 볼 수 있듯이 개발 후의 경영형태는 민간주도형이 대부분이다. 그러나 초기의 건설단계에서는 용지취득, 환경평가 등의 이해조정, 규제완화의 필요성이 있기 때문에 관민협동형으로 출발하게 된다.

한편 기업경영형은 사업목적에 따라 사업추진형과 기획개발형으로 나누어진다. 사업추진형은 재개발 빌딩의 건설이나 특정지구의 재개발사업에서 볼 수 있는 것처럼 특정 프로젝트를 주 내용으로 하고 있지만 동시에 건설 후의 시설운영을 주된 목적으로 하고 있다. 따라서 경영주체는 상당한 이해조정을 도모해야 하고 동시에 시설완공 후의 빌딩경영 등에 민간의 경영노하우를 활용하려는 의지가 강하기 때문에 대체로 주식회사의 형태를 취하게 된다. 지하상가나 버스, 여객터미널처럼 공공적 시설이기 때문에 민간에게 불하해서 순수한 주식회사로 경영하기에 적합하지 않은 것들이 여기에 해당한다.

이것에 비해 기획개발형은 기업경영의 노하우를 기업 설립·운영 등에 전반적으로 활용하려는 제3섹터로서 경영의 주체는 민간주도형을 택하고 있다. 지역 특산관광상품개발과 판매, 관광정보서비스의 제공 등 최근의 고향재생, 마을 가꾸기, 지역산업진흥에서 많이 채택되고 있다. 또한 특정지역 관광단지나 리조트개발의 경우 프로모터형이며, 민간주도형인 동시에 다분히 개발형의 성격을 띠는 반면에 기획개발형은 민간기업의 경영정보, 기술에 더 많이 의존하고 있기 때문에 소프트형이라고 할 수 있다.

한편 시설운영형은 시설위탁형과 공익창출형으로 양분할 수 있다. 시설위탁형은 관광시설관리, 카지노, 유스호스텔 등 위탁운영에서 그 사례를 찾아볼 수 있으며, 공익창출형은 민간부문의 에너지를 유도·활용하는 사회적 기업이나 스포츠센터 등이 좋은 사례이다. 스포츠센터의 경우 단순한 시설의 관리위탁이라면, 공사방식으로 충분하지만 숙박시설을 함께 갖춘 스포츠클럽, 레저시설형의 경우에는 보다 고도의 경영기법이 요구되기 때문에 제3섹터 방식을 택하게 된다. 단지 순수한 레저시설이면 지역진흥형이나 사업추진형의 어느 하나로 분류해야 하겠지만 공익창출형은 이러한 서비스의 제공을 통해 사회에 공헌한다는 사업목적을 중시하고 있기 때문에 단순한 시설운영과는 달리 공익형으로 분류할 수 있다. 이에 따른 제3섹터의 목적 및 기능별 분류는 다음과 같다.

〈표 8-6〉 **제3섹터의 목적 및 기능별 분류**

구분	사업목적	경영주체	사업기능	사례
지역 개발형	지역개발형 지역진흥형	공공주도형 민간공동형	자금조달형 포로모터형	공항건설, 도로건설, 항만건설 등 관광단지개발, 리조트개발 등
기업 경영형	사업추진형 기획개발형	공공주도형 민간공동형	이해조정형 노하우활용형	관광재개발사업, 여객터미널건설 관광특산품개발, 컨벤션센터 등
시설 운영형	시설위탁형 공익창출형	관민공동형 민간주도형	경비절감형 공사결합형	관광시설관리, 카지노, 유스호스텔 등 사회적 기업, 스포츠센터 등

또한 하드(hard)계 제3섹터와 소프트(soft)계 제3섹터 유형이 있다. 종래 일본의 제3섹터는 주로 막대한 투자재원이 소요되는 자본집약적 사업부문에 주로 활용되어 왔다. 그 예로는 공항건설, 도로건설, 항만건설, 관광단지개발, 리조트개발 등을 들 수 있는데, 이것을 하드계 제3섹터라 한다. 그러나 최근에는 지식집약적인 산업에 대해서도 제3섹터 방식의 사례가 증가하고 있다. 이 경우에는 그렇게 많은 투자재원을 필요로 하는 것도 아니고, 네트워크(network)나 노하우(know-how)를 회사의 재산으로 하고 있는 것을 볼 수 있는데 이러한 제3섹터를 소프트계 제3섹터로 분류하고 있다.

하드계 제3섹터는 공공사업이 민영화되어 가는 과정에서 흔히 볼 수 있다. 철도, 석유비축시설, 도로건설 등의 사업은 막대한 자본투자에 의한 시설건설을 전제로 하고 있다. 본래는 국가, 지방자치단체 혹은 특수법인에 의해서 운영되는 것이지만 공공부문에서 운영할 경우 의사결정이나 자금조달에 기동성이 결여되고 또한 조직체가 지켜야 할 자기관리의 자세가 확립되지 않기 때문에 제3섹터 형태가 채택되고 있는 것이다.

소프트계 제3섹터는 최근에 많이 볼 수 있는 U-city 관광, 증강현실(augmented reality)을 이용한 관광앱 등의 사업분야에서 많이 볼 수 있는데 설비투자가 그렇게 많이 필요하지 않으며, 공공적 성격도 미약하다고 할 수 있다. 소프트계 제3섹터는 보통 지역산업진흥을 목적으로 한 경우가 많은데, 공공적 성격이 빈약한 반면에 민간기업처럼 수익성을 중시할 수 있는 이점이 있다.

그리고 제3섹터 관광사업에는 ① 공사형과 ② 주식회사형이 있다. 한 연구에 의하면, 공사형 제3섹터 관광사업의 경우 '작은 정부 지향'에 대한 실천을 거의 하지 않는 것으로 나타났으며, 주식회사형 제3섹터 관광사업의 경우는 오히려 '작은 정부 지향'을 상당한 수준으로 실천하는 것으로 나타났다.

〈표 8-7〉 **제3섹터 관광사업의 필요성과 효과**

필요성	효과
재정수요 증대	• 투자자본 확충 용이 • 민간자본 활용한 최대 행정서비스 공급
작은 정부 지향	• 관료조직의 확대 방지 • 예산 증가 방지 • 공무원 인력 증가 방지
공공부문과 민간부문 역할분담	• 정부공공기관의 행정력 지원 및 규제 회피 • 대규모 지역개발 가능 • 민간기업의 기술, 정보력 활용 가능 • 기업적 경영방식 도입
지역경제의 활성화	• 지방자치단체 세수증대 • 사업의 수익성 확대로 지역경제 확대 • 관광승수(고용, 소득 등) 효과 • 관광수요 확대

한편 일본, 우리나라 등을 중심으로 발전해오던 제3섹터 관광사업이 시들해진 근본 이유는 제3섹터 방식이 가지고 있는 본래의 목적이나 효과를 극대화하지 못했다는 점이다. 다시 말해 정부나 공공기관은 통제에 초점을 두었던 반면 민간기업은 빠른 성과와 이윤 극대화에 초점을 두었기 때문이다. 또한 제3섹터 관광사업이 활성화되지 못하고 있는 이유는 참여자들이 특정 관광사업의 공익성과 지역경제 활성화 그리고 역할 분담을 간과했기 때문이기도 하다.

제9장

"호텔과 경영가치모델"

제1절 | 호텔의 개념 및 유형

1 호텔의 개념

호텔은 Webster Dictionary에서는 "대중을 위하여 객실과 식사 그리고 서비스를 제공하는 건물 또는 기관"(a building or institution providing lodging, meals and service for the public)라고 정의하고 있다.

그러나 오늘날 호텔의 개념은 지역사회의 문화공간으로서 도시 속의 도시(a city within a city)이다. 다시 말해 단순히 숙박과 음식을 제공하는 영리목적의 시설뿐만 아니라 사회공공에 기여하는 하나의 공익사업의 성격을 갖춘 동시에, 다수의 일반 대중을 대상으로 운영하는 복합적인 성격을 갖는 조직적 생산체(cooperative production entity)라고 할 수 있다.

2 호텔의 유형

가. 관광진흥법 상의 분류

1) 호텔업

가) 관광호텔업

관광객의 숙박에 적합한 시설을 갖추어 관광객에게 이용하게 하고 숙박에 딸린 음식·운동·오락·휴양·공연 또는 연수에 적합한 시설 등(이하 "부대시설"이라 한다)을 함께 갖추어 관광객에게 이용하게 하는 업(業)을 말한다. 이러한 관광호텔의 등록기준은 욕실 또는 샤워시설을 갖춘 객실이 30실 이상으로 정하고 있다. 특히 외국인에게 서비스 제공이 가능한 체제를 갖추고 있을 것과 대지 및 건물의 소유권 또는 사용권을 확보하고 있을 것을 요구하고 있다. 또한 회원을 모집하는 경우에는 소유권을 확보하여야 한다는 조건이다. 그러나 관광호텔의 이용대상이 관광객에 한정된 협의의 정의라 할 수 있다. 따라서 관광객을 포함한 비즈니스맨, 지역주민을 포괄하는 포괄적 개념의 정의가 필요하다.

우리나라의 관광호텔은 2015년부터 등급기준에 따라 5성 호텔, 4성 호텔, 3성 호텔, 2성 호텔, 1성 호텔로 분류하고 있다.

나) 수상관광호텔업

수상에 구조물 또는 선박을 고정하거나 매어 놓고 관광객의 숙박에 적합한 시설을 갖추거나 부대시설을 함께 갖추어 관광객에게 이용하게 하는 업을 말한다. 수상관광호텔의 등록기준은 호텔이 위치하는 수면은 공유수면관리법 또는 하천법에 따라 관리청으로부터 점용 허가를 받을 것을 요구하고 있다. 또한 욕실 또는 샤워시설을 갖춘 객실이 30실 이상일 것과 외국인에게 서비스 제공이 가능한 체제를 갖추고 있을 것, 수상오염을 방지하기 위한 오수 저장·처리시설 및 폐기물처리시설을 갖추고 있을 것, 구조물 및 선박의 소유권 또는 사용권이 있을 것 등을 요구하고 있다.

다) 한국전통호텔업

한국전통의 건축물에 관광객의 숙박에 적합한 시설을 갖추거나 부대시설을 함께 갖추어 관광객에게 이용하게 하는 업을 말한다. 한국전통호텔의 등록기준은 건축물의 외관은 전통가옥의 형태를 갖추고 있을 것을 요구하고 있으며, 이용자의 불편이 없도록 욕실 또는 샤워시설을 갖추고 있을 것, 외국인에게 서비스 제공이 가능한 체제를 갖추고 있을 것, 대지 및 건물의 소유권 또는 사용권을 확보하고 있을 것 등을 요구하고 있다. 특히 한국전통호텔업은 한국 고유의 전통양식에 한국적 분위기를 느낄 수 있는 객실과 정원을 갖추고 한국전통요리를 제공하도록 하는 것이 특징이다.

라) 가족호텔업

가족단위 관광객의 숙박에 적합한 시설 및 취사도구를 갖추어 관광객에게 이용하게 하거나 숙박에 딸린 음식·운동·휴양 또는 연수에 적합한 시설을 함께 갖추어 관광객에게 이용하게 하는 업을 말한다. 가족호텔의 등록기준은 가족단위의 관광객이 이용할 수 있는 취사시설이 객실별로 설치되어 있거나 층별로 공동취사장이 설치되어 있을 것을 요구하고 있으며, 욕실 또는 샤워시설을 갖춘 객실이 30실 이상일 것, 객실별 면적이 19㎡ 이상일 것, 외국인에게 서비스 제공이 가능한 체제를 갖추고 있을 것 등이 있다.

마) 호스텔업

배낭여행객 등 개별 관광객의 숙박에 적합한 시설로서 샤워장, 취사장 등의 편의시설과 외국인 및 내국인 관광객을 위한 문화·정보 교류시설 등을 함께 갖추어 이용하게 하는 업을 말한다.

바) 소형호텔업

관광객의 숙박에 적합한 시설을 소규모로 갖추고 숙박에 딸리는 음식·운동·휴양 또는 연수에 적합한 시설을 함께 갖추어 관광객에게 이용하게 하는 업을 말한다. 소형호텔의 경우 최소 객실 수를 20실로 완화하되 두 종류 이상의 부대시설을 갖추도록 하여 일반 '모텔'과 다른 관광숙박시설로서의 차별성을 두도록 하고 있다.

사) 의료관광호텔업(meditel)

의료관광호텔의 경우 우리나라를 방문한 환자 및 그 동반자가 불편함이 없도록 19㎡ 이상의 면적을 가진 20실 이상의 객실을 갖추도록 하였으며, 장기체류하는 의료관광객의 식사에 대한 애로사항을 반영하여 취사도구를 갖추도록 하였다.

우리나라 호텔의 경우 관광진흥법상의 정의에서는 기본적으로 호텔이용고객(guest)의 개념을 관광객(tourist)으로 한정하고 있다는 점이다. 따라서 관광진흥법상의 호텔의 정의에서 고객 개념의 확대가 필요하다. 왜냐하면 일반적으로 호텔을 이용하는 고객은 관광객을 포함하여 비즈니스맨과 지역주민 등이 있기 때문이다.

나. 경영형태에 따른 분류

일반적으로 호텔은 체인호텔(chain hotel)과 비체인호텔(independent hotel)로 나눈다.

〈그림 9-1〉 경영형태에 따른 호텔의 분류

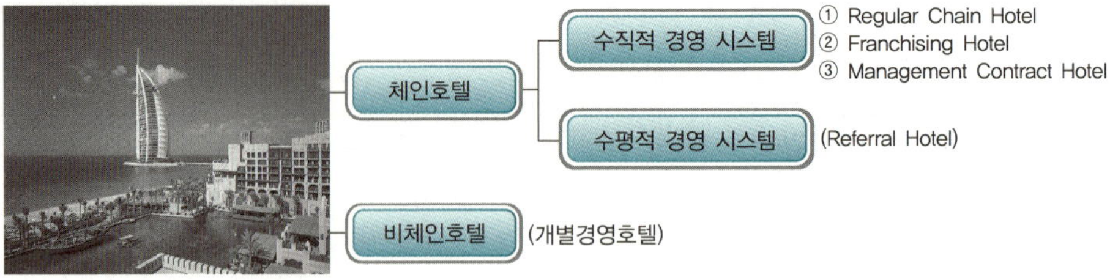

그림에서와 같이 체인호텔의 경우 수직적 경영시스템호텔에는 ① Regular Chain Hotel, ② Franchising Hotel, ③ Management Contract Hotel이 있다. 일반적으로 Regular Chain Hotel은 소유직영방식이며, 프랜차이징호텔(franchising hotel)은 경영 노하우(know how)나 호텔브랜드를 이용하는 경영방식이며, 위탁경영호텔(management contract hotel은 총지배인 등 체인본부에서 인적자원을 파견하는 경영방식이다.

한편 이러한 세계적인 호텔체인에는 ① Marriott International, ② Hilton Hotels & Resorts, ③ Starwoodhotel 체인, ④ Hyatt International, ⑤ Accor Group 등이 있다. 이들 체인호텔들은 목표시장(target market)전략 측면에서는 완전포괄 내지 선택적 전문화를 추구하고 있으며, 브랜드 파워를 이용한 시장선도력 유지, 규모의 경제를 실현하고 있다.

1) Starwoodhotel Chain

Sheraton Hotel은 1904년 창립되어, 힐튼호텔과 함께 세계 최대의 호텔 체인을 형성하고 있다. 대공황 이후 Henderson이 1930년대에 인수하여 발전을 거듭해 1980년대 미국 및 해외에 약 400개의 호텔망을 가지게 되었다. 1967년 복합기업체로 유명한 ICTT의 산하에 들어갔으며, 1977년 한국의 워커힐(주)이 프랜차이즈체인 계약을 체결, 쉐라톤워커힐(주)을 발족시켰다(http://www.naver.com).

스타우드호텔 체인의 하위 브랜드(sub brand)는 다음 그림과 같다.

〈그림 9-2〉 스타우드호텔 체인의 하위 브랜드

2) Marriott International

세계적으로 고급호텔과 숙박시설 및 프랜차이즈체인을 운영하는 업체이다. 1927년 5월 Marriott 부부가 워싱턴에서 연 음식점이 모태가 되었다. 1992년 메리어트인터내셔널이 창립되었으며, 이후 1998년 호텔 체인업체인 Ritz Carlton Hotel을 인수하였다. 전 세계 68개국에 3,150개, 북아메리카에만 2,300개가 넘는 호텔과 리조트를 운영한다(http://www.naver.com 중 두산백과). 메리어트 인터내셔널의 하위 브랜드는 다음 그림과 같다.

〈그림 9-3〉 메리어트 인터내셔널의 하위 브랜드

3) Hilton Hotels & Resorts

Hilton Hotels & Resorts는 1919년에 Hilton이 세운 미국의 호텔기업으로, 모회사는 힐튼 월드와이드이다. 2010년 현재 힐튼호텔 체인은 76개국에 540개가 넘는 호텔 지점을 두고 있으며, 여러 항공사 및 차량 임대 업체와 제휴를 맺고 있다. 특히 1954년에 스타틀러 호텔을 인수하면서, 동종 업계에서 세계에서 가장 큰 기업이 되었다(http://www.naver.com). 힐튼호텔 앤 리조트의 하위 브랜드는 다음 그림과 같다.

〈그림 9-4〉 힐튼호텔 앤 리조트의 하위 브랜드

4) Hyatt International

하얏트의 역사는 1957년 Pritzker가 로스앤젤레스 국제공항 인근의 하얏트 하우스 모텔을 인수하면서 시작되었고, 그 후 1962년에 주식시장에 상장되어 1968년 하얏트 인터내셔널이 시작되었다. 2012년 6월 31일 현재 하얏트 인터내셔널은 전 세계 492곳의 브랜드 호텔을 보유 중이다(http://www.naver.com).

하얏트 인터내셔널(www.hyatt.com) 체인의 하위 브랜드는 다음 그림과 같다.

〈그림 9-5〉 하얏트 인터내셔널 체인의 하위 브랜드

5) Accor Group

아코르 그룹은 퍼스트 클래스급인 소피텔(Sofitel), 비즈니스 클래스급인 노보텔(Novotel), 비즈니스 클래스(business class)급인 머큐르(Mercure), 이코노믹 클래스급인 이비스(Ibis) 등 최고급 호텔 브랜드에서 Budget호텔까지 다양한 호텔 체인망을 갖고 있다. 현재 90개국에 3,800개의 호텔이 있다(http://www.naver.com). 아코르 그룹(www.accorhotels.com) 체인의 하위 브랜드는 다음 그림과 같다.

〈그림 9-6〉 **아코르 그룹 체인의 하위 브랜드**

그외 세계적인 체인 호텔로는 Intercontinental Hotel Group, Best Western International, Four Seasons Hotels and Resorts, Shangrila Hotels and Resorts 등이 있다.

이러한 Chain Hotel의 장점은 첫째, 대량생산(mass production)에 의한 대량구매와 이에 따른 구매교섭력(bargaining power)이 커지게 됨으로써 원가절감 효과 등 규모의 경제(economy of scale)를 달성할 수 있다는 점이다. 둘째, 대중마케팅에 의한 대량 판매(mass sales)가 가능할 뿐만 아니라 브랜드 인지도를 활용하기 쉽다는 점이다. 그러나 비체인호텔의 경우 Hart, Spizizen, Wyckoff(1984)의 연구에서와 같이 책임서비스와 고접촉(high contact)을 통한 서비스 차별화와 호텔의 개성 및 틈새시장(nitche market)에 맞는 차별화된 상품콘셉트(product concept)를 살림으로써 차별화된 경영을 실현할 수 있다는 점을 간과해서는 안 된다.

제2절 | 호텔경영관리와 경영가치모델

1 호텔서비스관리

가. 호텔서비스의 의의 및 구조

호텔은 하나의 조직적 생산체 및 계속기업(cooperative production entity & going concern)으로서 생산품은 서비스이다. 이러한 호텔서비스에는 ① 인적 서비스, ② 물적 서비스, ③ 시스템적 서비스가 있다. 이를 구체적으로 제시하면 다음 그림과 같다.

〈그림 9-7〉 호텔서비스의 유형 및 생산 · 배달과정

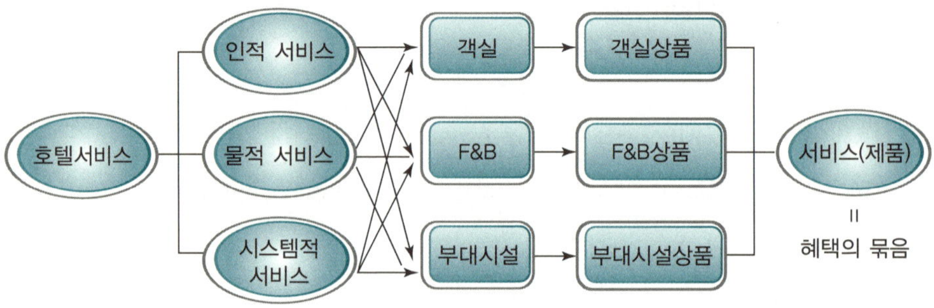

따라서 호텔이 생산하는 객실상품이나 F&B상품, 부대시설상품들은 결국 서비스(혜택의 묶음)이다.

호텔서비스는 한마디로 '활동과 경험'으로서 호텔고객이 특정 호텔을 이용함에 있어 인카운터(encounter : 접점)하는 유·무형의 인적·물적·시스템적 활동과 경험이라고 정의할 수 있다(박중환 1995, 1997a, 1997b, 1999; Bitner 1990; King 1992). 이때 서비스 활동의 주체는 주로 호텔(호텔종사원 포함)이며, 상대적으로 서비스 경험의 주체는 주로 호텔고객이 된다. 특히 이들 활동과 경험은 상호 공통분모를 갖고 있을 뿐만 아니라 상호작용 관계라 할 수 있다.

〈그림 9-8〉 호텔서비스의 구조

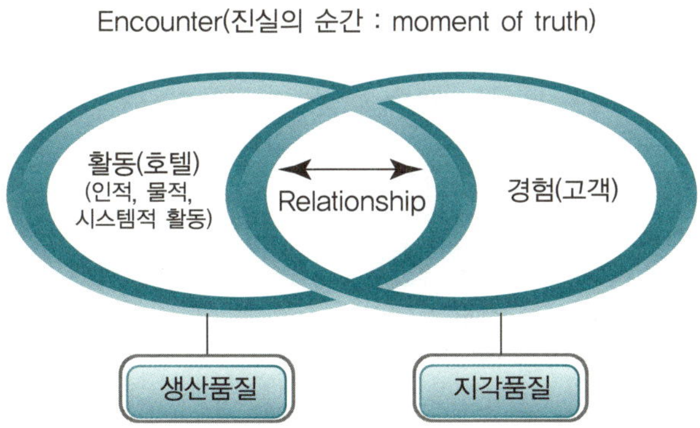

호텔서비스의 본질로 서비스품질에는 ① 생산품질, ② 지각품질(perceived quality) 이 있다. 첫째, 호텔서비스 생산품질은 레시피(recipe)에 맞도록 생산하는 것을 의미하는 것(박중환, 1995; Garvin, 1987 등)으로 I.S.O.(International Standard Organization)에 의하면, 서비스의 표준화이다. 둘째, 호텔서비스 지각품질은 "보는 사람(beholders)의 관점"으로 서비스 인카운터에서의 경험의 총체이기 때문에 고객태도 변수의 하나라 할 수 있다(박중환, 1995; Czepiel, 1987 등).

덧붙여 호텔고객의 만족은 ① 거래중심적 만족(transaction specific satisfaction), ② 누적적 만족(cumulative satisfaction) 개념이 있다. 첫째, 거래중심적 만족은 Oliver (1993)에 의하면, 개별거래에 대한 성과(performance)와 기대(expectation)의 비교에 의해 만족이 결정된다는 관점이다. 둘째, 누적적 만족은 Anderson, Fornell (1994)에 의하면, 개별거래 각각에 대한 경험들이 모여서 브랜드 또는 점포에 대한 전체적인 평가결과에 의해 만족이 결정된다는 관점이다. 즉 호텔고객 만족은 태도개념의 하나로 특정호텔 이용과 관련된 불일치 경험(거래중심적 만족 개념)에 따른 전반적인 감정적 반응(누적적 만족 개념)으로 정의할 수 있다. 또한 고객만족 극대화를 위해서는 서비스 품질의 고도화 및 고객만족의 극대화도 매우 중요하지만 이러한 서비스를 생산하는 생산자(호텔종사원 등)의 만족 역시 중요하다고 할 수 있다. 즉 호텔의 내부마케팅(internal marketing)이 요구된다. 호텔의 내부고객인 종사원들의 욕구를 만족시키는 것은 대고객 서비스품질 향상으로 이어지며, 고객에 대한 서비스 지향성이 높아지며, 나아가 외부고객의 욕구를 충족시키는 것이라고 보는 것이다. 또한 호텔종사원들에게 서비스 품질 및 생산성을 높이기 위해서는 업무에 대한 권한 위임(committment)이 잘 이루어져야 한다.

〈표 9-1〉 일선 종사원의 업무 역량 결정 요인

결정요소	설명력(퍼센트)
고객욕구에 부응하기 위해 주어진 재량권	36.6
고객에 대한 봉사권한	19.2
고객에게 봉사하는 지식과 기술	12.9
고객서비스에 대한 보상	7.3
관리자들의 고객만족에 대한 높은 우선순위	4.2
생산 소요량과 고객 서비스의 합리적인 균형	3.1
만족스러운 전반적인 감독	2.8
만족스러운 교육훈련 비용	2.1
기타 결정요소	11.8
합계	100.0

자료 : 헤스켓 외(2000), 「서비스수익모델」, 182에서 재인용함.

표에서와 같이 호텔고객의 욕구에 부응하기 위해 주어진 재량권과 봉사권한을 부여하는 것이 매우 중요함을 알 수 있다.

나. 호텔서비스 실패와 회복

호텔서비스 생산 및 배달에서 가끔 서비스 실패(service failure)를 경험하게 되는데, 이는 서비스 과정이나 결과에 있어서 무언가 잘못된 것(something wrong)을 말한다. 특히 호텔서비스 실패는 고객의 좌절로 귀결된다. 일반적으로 호텔고객의 경우 불만을 이야기하지 않는 경우가 많은 것으로 나타나고 있다. 그 이유로는 ① 항의하기가 번거롭고 귀찮아서, ② 다음에 안 오면 되니까, ③ 항의해도 들어줄 것 같지 않아서, ④ 마음에 없는 서비스는 받고 싶지 않아서, ⑤ 동반객의 체면을 생각해서, ⑥ 다른 고객이 이상하게 볼 것 같아서, ⑦ 나의 품위를 생각해서 등의 이유인 것으로 나타났다(김천서, 2003의 내용을 응용함). 결국 호텔서비스 실패는 고객의 좌절로 이어지고, 불만과 불평행동이 생기게 됨으로써 호텔은 이러한 고객의 좌절을 극복하기 위해서는 서비스 회복 노력이 필요하다. 이때 서비스 회복(service recovery)은 서비스의 생산과 배달에서의 실패를 수정하려는 회사의 노력을 말한다. 선행연구들에 의하면, 고객의 불평에 반응하는 시점이 늦을수록 고객의 만족도와 애호도가 유의적으로 감소하는 것으로 나타났을 뿐만 아니라 불만족한 고객의 경우 재구매의도가 줄어드는 것으로 그림에서와 같이 나타났다.

〈그림 9-9〉 **불만족 고객의 재구매의도 비율**

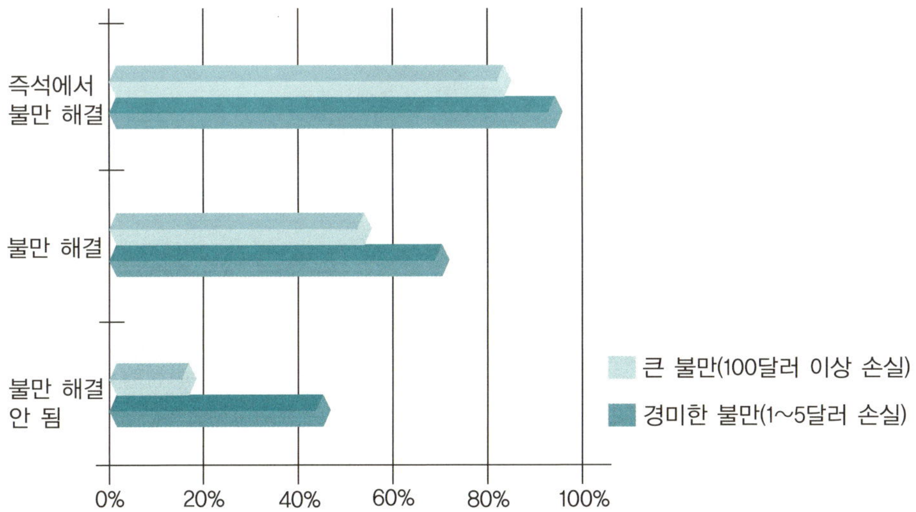

자료 : U. S Office of Consumer Affairs(1986).

한편 서비스 회복을 위한 호텔의 필요 조치 유형은 크게 4가지가 있다(Bowen and Johnston, 1999). ① 응대(response)가 있다. 즉 문제발생의 시인, 사과, 감정이입, 빠른 대응, 경영적 헌신이 있다. ② 정보(information)제공이 있다. 이는 서비스 실패에 대한 설명, 해결을 위한 그들의 의견 경청, 해결책에 동의, 재발하지 않겠다는 보증, 사과문이 있다. ③ 행동(action)으로서 실패 인정, 장차 실패를 피할 변화과정의 단계적 이행, 차후 조치를 검토하는 약속이행 행위가 있다. ④ 보상(compensation)으로서 상품권, 동일 보상, 변상, 과다(big gesture) 보상이 있다.

2 호텔인적자원관리

1) 호텔인적자원계획 및 교육훈련

호텔은 계속기업(going concern)으로서 경영활동을 수행하기 위해 '일하는 사람' (human ware)을 필요로 한다.

호텔의 인적자원 확보는 성공적인 경영활동에 필요한 인적자원을 기업의 내·외부로부터 공급받는 과정으로 내·외부로부터 인적자원을 모집과 선발을 통해 부족한 인적자원을 충당할 수 있다. 우리나라 호텔의 경우 신규채용 등에 따르는 부담을 줄일 목적으로 초과근무, 아르바이트나 임시직, 계약직 등 비정규직 고용, 리스(lease)고용, 아웃소싱(outsourcing)을 하는 경우도 있다(박성부, 2009).

교육훈련호텔의 채용과정의 특징은 인사부서 담당자가 지원자의 자격요건을 확인한 후 인사담당자의 면접으로 채용하는 경우가 많으며, 주로 수시채용을 많이 한다.

한편 호텔경영에 있어서 교육훈련이 매우 중요하며, 호텔의 교육훈련의 종류는 다음과 같다.

〈표 9-2〉 **호텔의 교육훈련의 종류와 내용**

교육훈련의 종류	내 용
사내교육 (on the job training)	① 계층별 교육 • 기본교육–신입사원교육, 승진자 교육훈련 • 육성교육–직무개발훈련, 전산교육, 업무개선교육, 지배인교육 ② 직무교육 • 직급별 업무교육, 서비스 능력향상교육, 서비스 표준화교육 ③ 외국어교육 ④ 기타 소양교육
사외교육 (off the job training)	외부전문가들에 의해 실시되는 직무 및 소양교육
자기계발 (self development)	종사원들이 개별적인 노력으로 자기능력개발
해외교육	① 우수종사원 해외연수 ② 호텔체인본부 위탁교육

2) 인사고과관리, 급여관리, 인사이동관리

인사고과관리는 종사원이 기업의 목적달성에 얼마나 기여하고 있는지 혹은 기여할 수 있는지에 대한 평가과정이다. 이러한 인가고과는 능률평정(efficiency rating), 종사원평정(employee rating), 근무평정(service rating), 성과평정(performance rating) 등으로 불린다.

한편 호텔 인사고과의 평가유형과 평가방법에는 ① 직속상사에 의한 평가가 있다.

이는 가장 많이 사용되는 고과방법이다. ② 차상급자 평가 방법이 있다. 이는 제2차 고과자에 의한 평가라고도 한다. ③ 자기평가 방법이 있다. 이는 본인 스스로 평가하는 방법이기 때문에 직무수행과 직무성과에 관련된 정보의 양이 풍부하다는 것이 가장 큰 장점이다. 그러나 이러한 평가방법은 자신의 성과를 다른 평가자들보다 높게 평가하는 경향의 단점도 있다. ④ 동료에 의한 평가 방법이 있다. 이는 상사에 의한 평가보다 신뢰도·타당도가 높은 것으로 알려져 있다. 동료에 의한 평가는 상사가 하급자들의 성과행위에 대한 관찰기회가 부족한 경우에 적합하다. 또한 팀워크가 강조되고 종사원의 참여문화가 정착된 조직의 경우에 적합한 방법이다. ⑤ 부하에 의한 평가 방법이 있다. 이는 상향식(bottom up) 평가로 부하가 상사의 업무수행태도·능력 및 부하와의 관계 등을 평가하는 것이다. 최근 현상으로 부하들의 경우 상사의 행위를 직접적으로 관찰할 수 있다는 이유로 점차 확산되고 있다. 결국 이는 쌍방향 평가의 시작이라 할 수 있다.

급여관리는 크게 급여수준의 관리, 급여체계의 관리, 급여형태의 관리 등 세 가지 측면으로 구분되며, 급여수준의 적정성, 급여체계의 공정성, 급여형태의 합리성이 상호보완적으로 작용할 때 최대의 효과를 얻을 수 있다. 한편 2013년 최근에 우리나라 대법원에서 판결된 '통상임금' 의 개념 역시 이러한 급여관리에서 중요한 포인트이다.

호텔인사이동관리란 종사원이 특정 호텔에 채용되어 특정한 직무에 배치된 이후, 능력이나 직무내용의 변화 또는 호텔운영상의 여러 가지 여건변화에 따라 수직적·수평적으로 배치상의 변화를 가져오는 인적자원관리상의 절차를 의미한다. 호텔의 인사이동에는 배치전환, 승진, 이직관리 등이 있다. 특히 호텔의 경우 조직문화의 특성상 이직(turn over)관리가 매우 중요하다. 이러한 이직은 호텔과 종사원 간의 근로계약 종결에 따른 인사이동으로 이직을 결정하는 주체 여부에 따라 자발적 이직과 비자발적 이직으로 구분된다. 특히 종사원의 팀워크가 요구되는데 과다한 이직으로 인해 호텔경영이 어려움에 봉착하기도 한다. 따라서 호텔에서는 자발적 이직을 감소시키는 방안을 수립하는 것이 필요하다. 따라서 호텔이 이직관리를 위해서는 종사원들을 위한 고충처리기구 또는 인사상담제도를 활용하여 이직에 대한 사전 예방을 강화하고, 교육훈련 등을 통하여 이직을 최소화하는 노력을 기울여야 한다. 또한 사내 친목단체 활성화를 통하여 인간적인 유대관계를 강화하여 건전한 사내분위기를 형성해야 할 것이다. 그리고 조직의 수직 및 수평적 의사소통을 원활하게 유지해야 하며, 건전한 노사관계를 형성하여 대립보다는 타협과 협력을 통한 노사문화를 정착시켜 합리적인 기업문화를 만들어야 한다.

3) 복리후생관리 및 노사관계관리

호텔의 복리후생제도는 기업에게는 서비스품질의 향상, 생산성의 향상, 노사관계의 안정, 건전한 기업문화의 발전을 가져다주며, 종사원에게는 생활수준 향상, 건강증진, 근로생활의 질(quality of work life) 향상, 즐거운 삶을 유지시켜주는 기능을 가진다. 이와 같이 기본 급여와 수당 그리고 성과급 이외에 종사원들의 경제적 안정과 생활의 질을 향상시키기 위한 간접적인 보상을 복리후생이라고 한다.

이러한 호텔의 복리후생의 형태는 첫째, 법정 복리후생제도가 있다. 이는 기업이 종사원의 개인적 의사나 기업의 자율적 방침과는 관계없이 법률에 의해서 의무적으로 실시되어야 하는 복리후생시설이나 제도를 말한다. 여기서는 국민건강보험제도, 국민연금보험제도, 재해보험제도, 고용보험제도 등이 있다.

둘째, 비법정 복리후생제도가 있다. 이는 기업이 자체적으로 실시하는 임의적인 복리후생이기 때문에 호텔의 규모나 특성 및 경영자의 의지에 따라 그 제도가 많은 차이가 있다. 일반적으로 비법정 복리후생제도(fringe benefits)로는 주택대여와 주택소유를 위한 재정적 지원, 종사원과 가족의 교육비 지원, 급식·통근·구매 등 소비생활의 보조, 예금·융자와 같은 금융제도 등을 들 수 있다.

호텔 노사관계는 근로자와 사용자와의 관계, 노동조합과 사용자 사이의 조직적인 관계를 말한다. 즉 노사관계는 고용주와 피고용자의 관계인 동시에 경영자와 노동조합과의 관계인 것이다.

우리 헌법 제31조에는 노동자의 3권인 단결권, 단체교섭권, 단체행동권을 보장하고 있고, 보장받은 단결권에 의해 조직되며, 그 목적을 달성하기 위하여 경제적 기능, 공제적 기능, 정치적 기능 등으로 나누어 그 활동을 전개하고 있다.

한편 부당노동행위의 종류는 노동조합 및 노동관계조정법에 의하면 단체교섭의 거부, 불이익 대우, 보복적 불이익 취급 등이 있다.

3 호텔회계

호텔은 1년 365일 연중무휴의 영업 특성으로 인하여 매일 하루의 매출을 확정하는 일일영업회계 원칙을 고수하고 있다. 또한 호텔의 영업회계는 업장이 다르고, 빈번하게 거래가 발생할 뿐만 아니라 짧은 시간에 신속하고 정확하게 계산되어야 한다. 특히 호텔 매출계정은 다양한 수익부문과 업장별 영업시간의 차이 때문에 상당히 번거롭고 복잡하다.

호텔회계는 일반적으로 재무회계, 관리회계, 영업회계, 세무회계로 분류된다. 이는 다음 그림과 같다.

〈그림 9-10〉 **호텔회계의 유형**

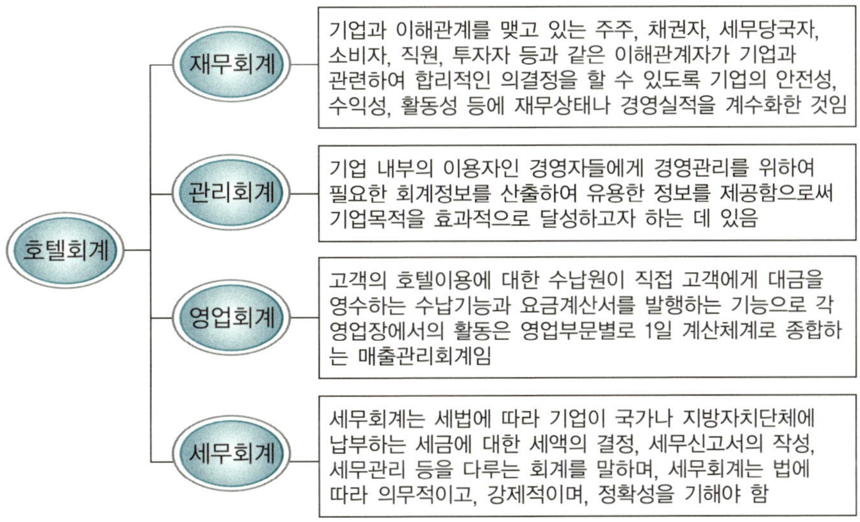

자료 : 박성부(2009).

호텔 재무회계는 기업의 외부이해관계자에게 유용한 정보를 제공할 것을 목적으로 작성되며, 반드시 외부감사인의 감사를 받아서 외부에 공개하여야 한다.

한편 호텔의 관리회계의 영역은 넓고 다양하지만, 원가계산, 예산, 원가·조업도·이익 분석이 주된 영역을 이룬다. 이때 고려해야 할 개념이 원가(cost)와 비용(expense) 개념이다. 여기서 원가는 급부(재화와 서비스) 생산을 위하여 희생되는 가치를 뜻하며, 그 가치를 화폐단위로 표현한 것을 말한다. 한편 비용은 수익 창출을 위한 대가의 개념으로 수익에 대응되는 개념(수익-비용=이익)이다. 이러한 개념들의 관계를 도식화해 보면 다음 그림과 같다.

〈그림 9-11〉 **원가 및 비용 개념도**

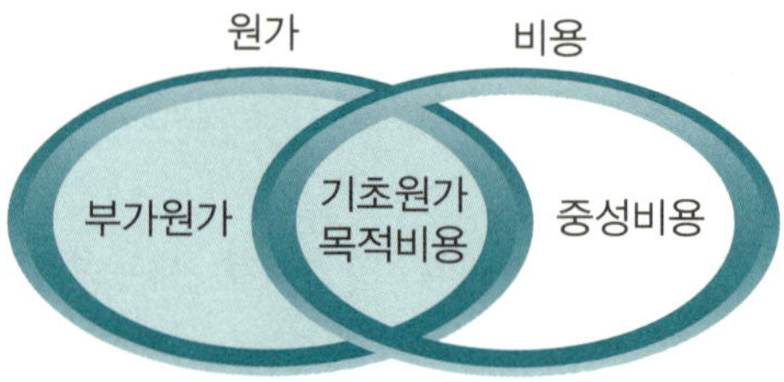

그림에서와 같이 원가에는 기초원가와 부가원가가 있다. 이때 기초원가는 원가이면서 비용에 해당된다. 한편 부가원가는 원가에는 해당되지만 비용에는 포함되지 않는 것으로 예를 들면 개인기업의 사업주의 보수가 여기에 해당된다. 또한 비용에는 목적비용과 중성비용이 있다. 여기서 목적비용은 비용이면서 원가에 해당된다. 한편 중성비용은 비용에는 해당되나 원가에는 포함되지 않는 것으로 예를 들면 이자비용이 있다. 따라서 대부분의 경우 원가인 동시에 비용에 해당되는 경우가 많으므로 재료원가 또는 재료비로 혼용하여 사용하는 실정이다.

원가계산은 그 주된 목적이 표준원가(단위원가)를 구하는 것으로, 표준원가(단위원가)를 알아야 판매가격을 책정할 수 있기 때문이다. 원가의 구성요소는 재료원가, 노무원가, 경비로 나눌 수 있고, 원가양태에 따라서 고정원가와 변동원가로 나눌 수 있다.

한편 예산은 결산과는 달리 미래를 대비하여 작성되는 회계로서, 자본예산과 종합예산으로 나눌 수 있다. 자본예산은 유형자산의 구매 여부 또는 유형자산의 대체를 결정하기 위하여 이용되는 회계이다. 종합예산은 기업의 수익, 비용, 이익에 관한 예산이다. 가장 먼저 기업의 수익예산을 설정해야 하며, 이는 정확한 수요예측이 필수적이다.

종합예산에서 고려해야 할 것은 두 가지가 있다. 즉 체계적 위험과 비체계적 위험이다. 비체계적 위험은 수익의 측정 시에 기업 내부의 불안요인, 즉 노동쟁의 등에 의한 요인으로 이는 기업의 수익에 영향을 미친다. 체계적 위험은 개별기업의 내부요인이 아니라 외적인 요인에 의해 민감하게 영향을 받는 위험을 말한다.

한편 호텔 영업회계는 일반제조기업과 상이한 성격을 가지고 있다. 첫째, 호텔 객실

부문 영업회계업무로 고객이 투숙하면 고객원장과 함께 인쇄된 고객등록카드를 기록하게 한 다음 고객원장은 프런트 캐시어(front cashier)에게 보낸다. 프런트 캐시어는 고객원장(guest ledger)을 보관하였다가 각 영업장에서 고객에 의해 발행된 계산서를 POS CRT에 전기(posting)하거나 전산시스템으로 자동으로 계산하게 된다.

둘째, F&B 부문은 영업장별로 계산하는 것을 기본으로 한다. 각 영업장에서 주문을 받을 경우 주문서(order pad)는 캐시어의 계산서 작성용, 주방용, 식음료 영업장 보관용 등 3매 1조를 원칙으로 작성하여, 고객의 주문에 따른 서비스를 제공한다. 각 영업장 캐시어는 업무 마감 시 업무 중 발행된 계산서에 의해 일일보고서를 작성하게 된다.

4 호텔마케팅 관리

1) 호텔마케팅의 STP전략

호텔은 시장 여건의 변화에 창조적으로 적응하기 위해서는 환경변화에 대한 지속적인 모니터링과 그 시장의 욕구와 특성에 맞는 호텔상품 생산과 마케팅전략[15)]을 개발해야 한다.

호텔마케팅의 출발은 외부환경 분석을 통해 기회(opportunity)과 위협(threats)을 파악해야 하며, 또한 내부환경 분석을 통해 강점(strengths)과 약점(weakness)을 철저히 파악해야 한다. 그 다음 STP(segmentation, targeting, positioning)전략을 수립해야 한다.

첫째, 시장세분화는 비슷한 성향을 가진 사람들을 다른 성향을 가진 사람들의 집단과 분리하여 하나의 집단으로 묶는 과정으로 결국 동질성을 가진 고객 집단으로 묶는 것(clustering)을 말한다. 이러한 시장세분화 기준은 다음 표와 같다.

---

16) 전략(strategy)이란 개인이나 조직의 목적을 달성하기 위한 광범위한 원리 내지 원칙을 말함. 이러한 전략에는 경영전략(기업전략, 사업단위전략, 직능전략 등), 경쟁전략이 있음. 하위 개념으로 전술(tactics)이 있음.

〈표 9-4〉 시장세분화 기준

변수	예
지리적	지역(서울, 호남, 영남), 도시규모, 인구밀도, 기후 등
인구통계적	국적, 나이, 성, 가족규모, Family Life Cycle, 소득, 직업 , 학력, 종교, 인종 등
심리도식적	사회계층, 라이프스타일, 개성 등
행동적	경우(정규적/특수적), 혜택(benefit), 사용률, 애호도 등
이용상황	개별고객, 단체고객, 인센티브관광객, 신혼여행객, 비즈니스관광객, 컨벤션 참가자, 장기투숙객, 멤버십고객 등

둘째, 시장세분화를 실시한 다음 특정 세분시장(market segment)이 기업이 충족시키고자 하는 표적 내지 목표시장으로 적합할 것인지를 결정하는 것이다. 이때 마케팅관리자는 세분시장의 규모가 진입하기 적당한 규모인지를 파악해야 하고, 성장성과 매력성이 있어야 하며, 특정 세분시장이 기업의 장기적 목표와 부합되는지를 검토해야 한다.

셋째, 일반적으로 마케팅관리자는 특정 표적시장 내에서 다른 경쟁사들과 차별적인 우위를 점할 수 있도록 자사상품이나 브랜드를 포지셔닝하게 된다. 이때 포지셔닝(positioning)이란 용어는 '시장 내 고객들의 마음에 위치잡기' 를 의미한다. 이는 특정 호텔이나 브랜드에 대한 이미지 메이킹이기도 하다.

2) 호텔마케팅믹스전략

호텔은 STP 과정이 완료되면 목표시장의 욕구충족과 호텔의 마케팅목표를 달성하기 위해 마케팅믹스를 개발해야 한다. 이는 호텔을 둘러싸고 있는 환경적 영향력의 제약하에서 호텔이 통제 가능한 전략적 요소들을 최적으로 배합하여 기업의 목표달성이 가능하도록 마케팅활동을 조정하는 수단을 말한다. 이때 마케팅믹스 수단에는 대표적으로 상품(product), 가격(price), 촉진(promotion), 유통(place)이 있다.

가) 호텔상품(product)

호텔상품은 크게 3가지 개념으로 이루어져 있다. 즉 이러한 개념에는 ① 핵심제품, ② 실체제품, ③ 확장제품 개념이 있다.

〈그림 9-12〉 호텔상품의 개념

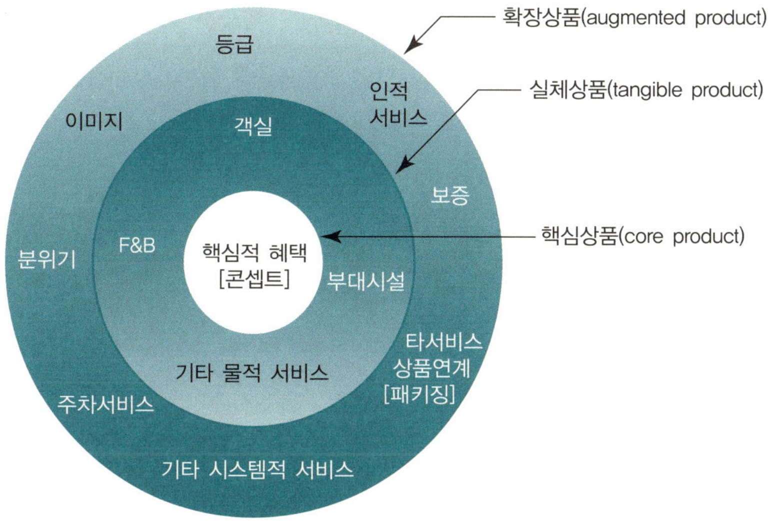

여기서 호텔객실상품의 핵심적 혜택은 '쉼(휴식)'이며, 휴식을 통한 '즐거움'이다. 한편 F&B상품의 핵심적 혜택 역시 '맛'과 먹는 즐거움을 통한 '행복'인 것이다. 결국 호텔상품이 주는 핵심적 혜택은 '행복'이다(박중환, 1998). 한편 호텔상품은 호텔에 따라 그 종류가 다양하나 이를 간추려 보면, 다음 그림과 같다.

〈그림 9-13〉 호텔서비스상품의 유형

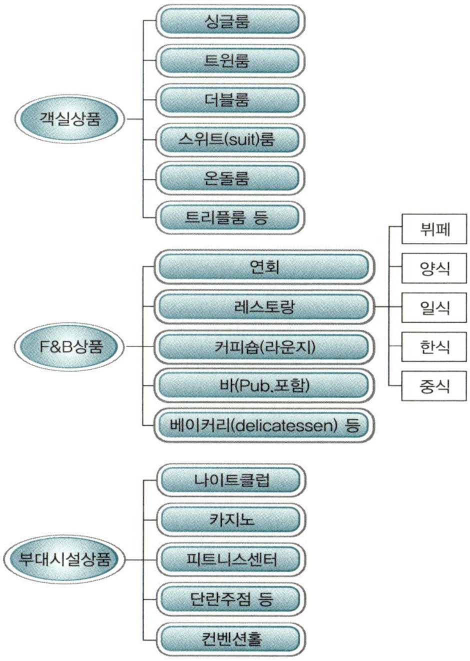

그리고 최근 호텔상품의 추세는 One Stop Shopping 개념의 상품과 패키징이다. 또한 호텔상품은 호텔을 이용하는 고객(경험)과 호텔에서 생산한 서비스(활동)가 만나게 된다. 이를 서비스 인카운터(encounter)라 한다. 이는 달리 서비스 접점이라고도 하며, "진실의 순간"(moment of truth : MOT)이라고도 한다. 실제로 호텔서비스 인카운터는 호텔예약에서부터 호텔을 떠난 후까지 발생한다. 이러한 과정을 요약하면 다음 그림과 같다.

〈그림 9-14〉 호텔서비스 인카운터 과정

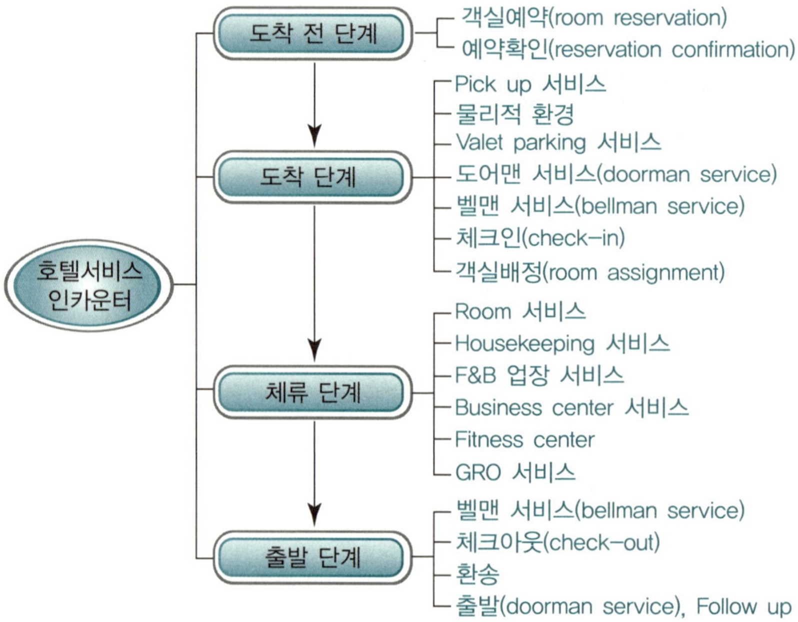

한편 호텔F&B 서비스는 식음료의 제공방법에 따라 테이블 서비스(table service), 셀프서비스(self service), 뷔페 서비스(buffet service), 카운트 서비스(counter service) 등으로 구분할 수 있다.

첫째, 테이블 서비스는 음식 서비스의 가장 전형적인 서비스의 형태로 종사원이 고객으로부터 직접 주문을 받고, 식음료를 제공하는 서비스를 말한다. 테이블 서비스의 종류는 방법에 따라 프렌치 서비스, 러시안 서비스, 아메리칸 서비스, 패밀리 서비스로 나눌 수 있다. ① 프렌치 서비스(French Service)는 화려하고 정중하여 주로 고급식당에서 제공되는 서비스이다. 프렌치 서비스는 고객이 앉은 테이블 앞에 조리기구와 재료가 준비된 사이드 테이블(side table)에서 종사원이 직접 조리하여 각각의 플레이트에 담아 서비스한다. ② 러시안 서비스(Russian service)는 생선이나 가금류를 통째로 조리하여 아름답게 장식한 후, 고객에게 서비스하는 방법이다. ③ 아메리칸 서비스(American service)는 음식을 접시에 담아 고객에게 직접 서브하는 플레이트 서비스와 고객이 많을 때 음식이 담긴 접시들을 트레이(tray)를 사용하여 고객에게 서브하는 트레이 서비스(tray service)로 구분된다. ④ 패밀리 서비스(family service)는 아메리칸 서비스를 일부 변경한 서비스로 볼 수 있다. 특히 패밀리 서비스는 가족고객이나 단체고객에게 서비스하는 방법으로 대부분 적은 종사원을 이용하여 제공할 수 있다. 서비스 방법은 음식을 주방에서 보울(bowl)이나 플레이트에 담아 식탁중앙에 놓거나 종사원이 도와서 서비스하고 남은 요리를 식탁 위에 놓아두면 고객 스스로가 요리를 분배해서 식사를 하는 방법이다.

둘째, 셀프 서비스(self service)는 일반적으로 카페테리아(cafeteria)나 뷔페(buffet) 서비스처럼 다량의 음식을 진열하여 놓고 고객이 직접 가져다 먹을 수 있도록 시설과 분위기를 제공하는 서비스이다.

셋째, 카운터 서비스(counter service)는 고객이 조리사와 붙어 있는 카운트를 식탁으로 사용하면서 직접 조리하는 모습을 지켜보며 식사를 할 수 있는 서비스 방법이다. 따라서 카운트 서비스는 음식을 신선하고 빠르게 제공할 수 있으며, 고객이 보는 앞에서 조리를 하므로 시각적 서비스를 높임으로써 고객의 만족도를 높일 수 있다.

나) 호텔요금(price)

호텔요금은 가격경쟁의 중요한 포인트로서 고객이 구매의사결정 시 가장 현실적으로 고려하게 되는 요인이며, 특정 호텔의 가격전략은 시장에서의 경쟁우위의 원천이다. 첫째, 미국식 요금제도(American plan : AP)는 객실요금에 American Breakfast, 점심, 저녁요금을 포함하여 계산하는 방식으로 유럽에서는 미국식 요금제도와 유사하게 Full Pension이라고도 하는데, 이 역시 객실요금에 3식이 포함되어 있는 요금제도로 주로 호화크루즈나 휴양지호텔에서 적용된다. 그리고 수정된 미국식 요금제도(modified American plan : MAP)는 객실요금에 아침과 주로 저녁식사 요금만 포함된 1박 2식 요금제도를 말한다. 둘째, 유럽식 요금제도(European plan : EP)는 객실요금과 식사요금을 별도로 계산하는 방식으로 고객이 자유로이 호텔상품을 선택할 수 있는 제도이다. 대체로 식당과 편의시설이 많은 시내 중심가의 비즈니스 호텔들은 이 요금방식을 채택하고 있다. 셋째, 대륙식 요금제도(continental plan : CP)는 대륙식 아침식사(continental breakfast) 요금을 포함하여 계산하는 요금제도이다. 아침식사는 주로 룸 서비스(room service)로 제공되며, 식사 내용은 롤빵이나 토스트에 커피나 홍차를 마시는 간단한 아침식사이다.

가격목표가 수립되면 다음은 적정한 가격을 결정해야 한다. 호텔의 가격결정전략에 영향을 미치는 주요 요인은 호텔등급, 원가, 수요, 경쟁, 촉진 등이다.

첫째, 경쟁중심 가격결정 방법으로 호텔요금은 1차로 등급에 의해 가격 범주가 결정되며, 이러한 범주 내에서 자사의 여건, 경쟁호텔의 가격 등을 고려하여 경쟁 중심으로 가격결정이 이루어지는 경우가 많다. 이는 호텔등급별 가격의 수준을 비교해 보면 쉽게 알 수 있다. 예를 들어 명성가격 결정(prestige pricing)은 서비스상품 이용자의 가격에 대한 감정적 반응을 고려한 심리적 가격전략이다. 즉 "가격은 품질이다"(price equals quality)(Mayo & Jarvis, 1981)가 적용된다. 호텔은 경쟁에 대응하여 명성가격전략을 사용할 수도 있으며, 반대로 중저가의 대중가격전략을 구사할 수도 있다.

둘째, 촉진 가격결정 방법으로 이는 서비스상품의 차별화, 인적판매, 여타의 마케팅 믹스와 마찬가지로 판매를 촉진하는 수단으로 이용되기도 한다. 촉진가격은 고객을 끌기 위해 저가격 혹은 다양한 할인가격을 이용하는 것이다. 이러한 가격전략에는 심리적 가격결정법으로 단수가격결정법(odd number pricing)과 할인가격결정법, 패키징 요금이 있다. 특히 가격할인(price discount)은 잠재고객을 유인하여 서비스 상품 이용을 확대시키는 방법 중의 하나이며, 이러한 방법에는 ① 오프 시즌 레이트(off-season rate), ② 멤버십 할인의 커머시얼 레이트(commercial rate), ③ 단체 할인요금(group rate), 이외에도 패밀리 플랜(family plan), 패키지 할인 등이 있다. 이러한 할인 시 고려될 수 있는 전술 중 하나가 ① 절대 프레임 할인(원 단위 할인으로 고가격일 때 유리함), ② 상대 프레임 할인(% 단위 할인으로 저가격일 때 유리함)이 있다(김은정, 2001; 이은아, 2004). 또한 촉진가격결정 방법 중 효과적인 것의 하나가 미끼상품(loss leader)을 이용하는 것이다. 고객을 유인하기 위해 특정 서비스상품을 저가격으로 때로는 원가 이하로 파는 경우이다. 이것은 싼 서비스상품에 만족한 고객으로 하여금 다른 서비스상품을 제값대로 구매하게 하는 것이다. 대표적인 예가 호텔에서 이용하고 있는 손님이 없는 한가한 시간의 Happy Hour 서비스가 있다.

한편 호텔의 가격전략으로는 ① 신서비스상품 가격전략, ② 비수기 가격전략 등이 있다. 첫째, 호텔의 신상품의 가격결정은 마케팅 전략수립에 있어 핵심부분이 된다. 만일 가격결정에 대한 규제가 없다면 호텔은 두 가지의 가격결정전략이 있을 수 있다. 즉 상층흡수전략(skimming strategy)과 침투전략(penetration strategy)이다. 상층흡수전략은 고가전략으로써 새로운 서비스상품이 경쟁호텔과 차별화되는 주요 혁신 서비스상품이고 독특한 특성을 갖고 있는 경우나 호텔의 시장선도력 내지 고급 콘셉트를 지향하고자 할 경우에 적합한 가격전략이다. 이 전략은 먼저 호텔의 등급이 5성급이어야 하는 전제를 가지고 있다. 침투전략은 모든 잠재 고객들에게 어필할 수 있을 정도로 합리적 가격(reasonable price)을 사용해 신서비스상품이 쉽게 일반화될 수 있게 하는데 있다. 이 전략은 특히 호텔의 규모가 대규모로서 규모의 경제가 적용되는 호텔일 때 유리하다.

둘째, 호텔상품은 그 특성상 소멸적이고, 계절적 수요변동이 크며, 저장이 불가능하기에 비수기 때 수요를 창출시키는 방법으로 비수기 가격전략이 있다. 특히 리조트호텔의 경우 계절적 수요탄력성이 매우 크기 때문에 오프 시즌 레이트(off season rate) 전략이 매우 필요하다.

다) 촉진(promotion)

일반적으로 호텔이 표적시장에서의 효과적인 통합 마케팅 커뮤니케이션(integrated marketing communication)을 위해서는 광고, 홍보, 판매촉진, 인적판매의 촉진수단을 사용한다.

〈표 9-5〉 호텔 촉진의 수단

광고
정의 : 호텔(광고주)에 의한 매체를 통한 촉진활동, 유료활동, 풀(pull)전략 주체 : 호텔 목적 : 서비스상품과 호텔의 인지도 제고, 욕구의 자극 광고 예 : TV광고, 라디오광고, 직접우편, 간판, 신문광고, 잡지광고 등
홍보
정의 : 호텔이 직접 지불하지 않는 매체를 통한 촉진활동, 무료활동 주체 : 언론매체 목적 : 인지도 제고와 긍정적인 이미지 창출 홍보 예 : 호텔 내지 신서비스상품에 대한 기사 등

판매촉진
정의 : 단기적인 판매유인책으로 광고, 홍보, 인적판매로 분류되지 않는 여타 촉진활동 목적 : 즉각적인 구매행동을 유발하기 위해 직접 인센티브 제공 판매촉진 예 : 이벤트, 프리미엄, 컨테스트, 구매시점(POP : point of purchase) 진열 등

인적판매
정의 : 판촉사원을 통한 판매촉진활동, 푸시(push)전략 목적 : 서비스상품제시, 구매의사결정 시점에 결정적 영향. 인적판매 예 : 연회판촉, 호텔 Membership 회원모집 등

이러한 호텔 촉진수단을 적절히 믹스하면, 효과적이고 효율적인 통합 마케팅 커뮤니케이션 효과를 거둘 수 있다.

라) 유통(place)

호텔서비스는 일반 제품과는 달리 공간적 측면과 시간적 측면에서 생산과 소비가 동시에 일어나는 서비스의 성격 때문에 중간상이 존재하지 않는 경우가 많다.

호텔서비스 상품의 유통경로를 이해하기 위해서는 서비스상품의 소비 내지 이용권의 흐름 관점에서 보면 먼저 글로벌마케팅 콘셉트의 바탕 위에서 분석돼야 한다. 왜냐하면 호텔상품의 경우 객실서비스 상품은 대개 60% 정도가 외국인 고객이며, F&B서비스 상품의 경우 대개 60% 정도가 내국인 고객이라는 점 때문이다.

호텔과 최종 소비자로서 호텔고객 간의 호텔서비스 상품의 소비 내지 이용권의 흐름을 담당하는 유통경로기관은 일반적으로 도매상과 소매상이라고 하는 두 가지 범주를 벗어날 수 없으나 예약대행사와 특별유통업자로서 회원회사 및 비서클럽 등이 있는 것이 특징이며, 또한 최근에는 SNS와 e-커머스로 진화하고 있다.

5 호텔정보 시스템

호텔정보 시스템은 다른 산업과는 달리 다양한 종류의 정보시스템으로 구성되어 있다. 첫째, 객실의 전반적인 업무를 관장하는 Front Office System, 둘째, 일반적인 경영분석업무를 관리하는 Back Office System, 셋째, 영업장 및 부대시설 업무를 처리하는 POS System, 넷째, 모든 시스템을 하나의 시스템으로 통합하는 Interface System으로 구성되어 있다.

〈그림 9-15〉 호텔정보시스템의 구성

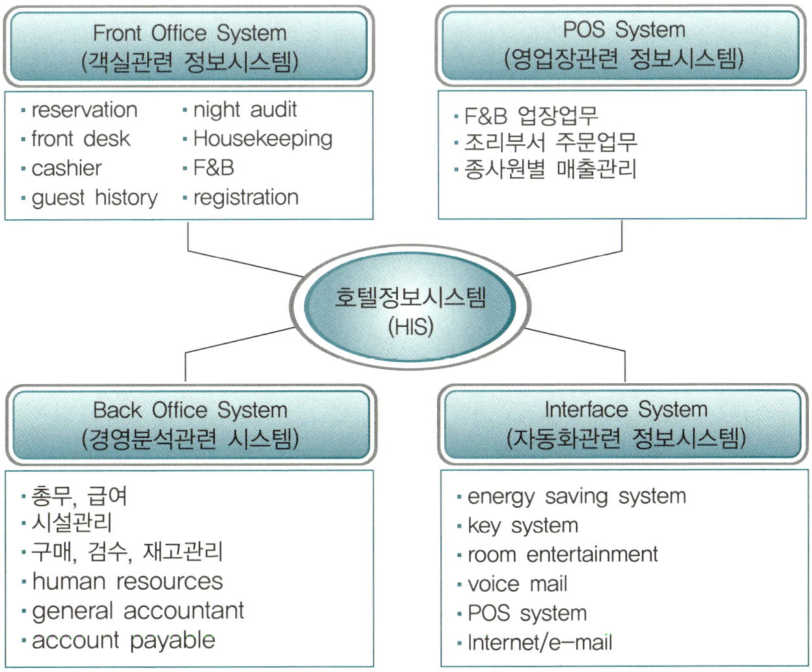

자료 : 박성부(2009).

Front Office System은 호텔예약, 객실관리, 연회예약 등을 처리하는 시스템을 말하며, Back Office System은 인사, 급여, 구매, 자재관리 등을 처리하는 시스템을 말한다. 특히 POS System은 식음료 영업장, 조리부서, 부대시설영업 등의 영업회계, 주문, 조리법 등을 관장하는 영업장 관리시스템이며, Interface System은 모든 시스템을 호환시켜 통합하는 기능을 가지고 있는 시스템이다.

제3절 | 호텔실무

1 호텔사업을 위한 타당성 조사 및 법적 절차

호텔 사업타당성조사는 사업계획에 따른 투자의사결정에 필요한 기술적·경제적·상업적 그리고 투자환경에 요구되는 기초적 정보를 제공하는 데 있다. 그 구체적인 내용은 다음 표와 같다.

〈표 9-6〉 타당성보고서의 일반적 내용

1) 지역특성분석

도시/권역 특성분석-도시공간구조 특성, 주민 및 거주특성, 지역경제특성

주변지역 특성분석-개발특성, 이용자특성, 개발규제

2) 교통특성분석

대중교통 및 보행특성분석-역세권분석, 보행자여건분석, 기타 대중교통수단분석

차량교통 접근성분석-교통망체계분석, 교통서비스분석

3) 상권분석

상권범위-상권범위설정

경쟁환경분석-경쟁업체, 경쟁조건

고객특성분석-구매/시설 이용분석, 고객분석

4) 부지조건분석

부지물리적 조건분석-대지분석, 도로와의 관계, 인접대지와의 관계

권리관계분석-부지권리특성, 지가분석

부지규제 사항분석-용도규제, 규모/배치규제, 부대시설규제

5) 장래성분석

도시개발정책-성장잠재력

주변지역장래성-주변지역 개발계획

개발사례분석-국내외 개발사례

6) 사업의지분석

사업의 의지분석-자금동원능력, 투자회수 기대수준

개발 이미지-개발상징성, 건축수준

기존사업과의 연관성-기존경영자원/노하우 활용, 신규사업 진출의향

7) 계획지침분석

계획설계지침-용도별 배치, 건물형태 및 배치, 건축이미지, 부대시설계획

개발규제지침-용도지역지구규제, 도시설계규제, 건축규제, 부대시설규제

8) 사업환경분석

시장수요분석-후보사업시장규모, 후보사업성장전망

경영환경분석-관련업체분포, 관련업체시설분석, 관련업체경영상태

9) 사업수지분석

투자비 산정-부지비, 공사비, 부대비

수입·비용추정-수입추정, 비용추정

손익분석-손익분기점분석

자료 : 박성부(2009)

한편 호텔사업의 법적 투자절차는 사업계획서의 수립에서 승인 신청 및 착공, 영업 개시에 이르기까지 많은 기간이 소요되고 있다. 호텔의 건설을 위한 행정절차는 대체로 사업계획승인, 건축허가, 준공검사, 관광숙박업등록 및 개관 등의 단계로 크게 구분할 수 있다. 다시 말하면 호텔사업을 하고자 하는 자는 타당성 조사 등 전반적인 사업계획이 수립되면 사업계획서를 작성하여 사업계획승인을 받아야 한다. 사업계획의 승인을 받은 때에는 승인 후 6개월 이내에 건축허가를 받아 건물을 건축하여야 한다. 건물이 완공되면 준공검사를 거친 후 90일 이내에 관광숙박업 등록을 하여 관광호텔사업을 운영할 수 있게 되는 것이다.

2 호텔업무

1) 호텔프런트업무

호텔프런트(front office)는 호텔의 얼굴로 차바퀴의 중추라고도 한다. 이러한 호텔프런트의 기능으로는 ① 고객의 예약과 접객(reception), ② 고객의 등록과 객실 배정, ③ 우편물 혹은 메시지 전달, ④ 정보 제공, ⑤ 현금출납과 신용카드 취급 안내, ⑥ 고객 환송 등이 있다. 또한 인적구성으로는 첫째, Front Office Manager(야간에는 duty manager가 대신함), 둘째, Concierge(agent)로 ① Room Clerk(객실의 예약, 판매, 객실준비 등을 담당), ② Key Clerk(키[16] 관리를 함), ③ Night Clerk(night audit, 현관의 야간업무 총괄, 호텔계산업무, 객실영업보고서 작성), ④ Front Cashier 등이 있다.

나아가 현관접객 서비스(uniformed service)는 ① 클로크 룸(cloak room) 혹은 체크 룸(check room) 서비스, ② 도어 맨(door man) 혹은 벨맨(bell man) 서비스, ③ 벨릿 파킹 서비스(valet parking service) 등이 있다. 객실 관련 어메니티는 Towel (wash towel, hand towel, bath towel), Shower Cap, Bath Robe 등이 있다.

2) 객실업무로서 하우스키핑(housekeeping)과 룸 서비스(room service)

객실청소 및 관리를 포함하여 식당, 회의실, 복도, 현관, 화장실 등의 공유지역(public area)의 청결, 안전, 시설유지, 수리 및 관리는 것으로 인적구성은 ① 하우스키핑을 담당하는 룸 메이드(room maid), ② 룸 메이드 역할 이외의 하우스키핑을 담당하는 남성으로 하우스 맨(house man)이 있다.

---

16) 호텔의 키에는 Guest Key, Pass Key, Master Key, Grand Master Key 등이 있음.

또한 룸 서비스는 객실 고객의 주문에 의해 F&B 메뉴를 객실로 배달해주는 서비스로서 Room Service부서에서 담당하는데, Room Service는 대개 07:00~익일 02:00까지이다.

3) F&B 비품 및 Table d'hote(full course) 메뉴 내용

F&B 비품에는 ① 기물류(ware류, 예 : China ware, silver ware, glass ware) 및 Hollow ware(예 : sauce boat, bread basket, cradle 등), ② 가구류, ③ Linen류(테이블 cloth류, 냅킨류, drapes 등), ④ Cart류(gueridon, trolley, wagon 등), ⑤ Sign류(안내판) 등이 있다.

Table d'hote(full course) 메뉴 내용으로는 첫째, 전채 요리(appetizer : hors d'oeuvre)는 식사를 촉진을 위한 소품요리(과실류, 주스, 칵테일, 까나페(canapes), 레리쉬(relishes) 등으로 ① 찬 전채(예 : foie gras, salame, caviar, smoked salmon, asparagus, shrimp cocktail 등), ② 더운 전채(escargot, baked oyster, broiled lobster, mussel 등)가 있다. 특히 세계 3대 전채에는 ① Caviar(철갑상어 알), ② Foie Gras(거위 간), ③ Truffle(truffe, 송로버섯)이 있다.

둘째, Aperitif(식전주)으로는 Sherry Wine(스페인산 백포도주), Vermouth Wine(alco. 17~21%), Bitters(alco. 48%), 리큐르(liqueur), 칵테일은 Martini, Manhattan 등이 있다.

셋째, 수프(soupe : potage)에는 ① Potage Clair(consomme), ② Potage Lie(크림, 퓌레(puree) 등이 있다.

넷째, 생선요리(fish : poisson)의 방식에는 ① 굽기(baking : 적당한 온도로 물기 없이 오븐에서 구워내는 방식), ② 삶기(boiling), ③ 끓이기(stewing : 물로 장시간 끓이는 방식), ④ 뽀사즈(pochage : 생선을 소량의 스톡에 포도주를 넣고 졸임), ⑤ 브로일링(broiling : 직열로 구워내는 석쇠구이 방식), ⑥ Frying, ⑦ 볶기(sauting) 방식으로 뮤니엘(meuniere : 생선에 밀가루 묻혀서 버터구이함), 브로쉐테(brochette : 쇠꼬챙이 구이), 에스콜로프(escolopes : 밀가루, 푼 달걀, 빵가루를 묻혀서 볶음) 방식이 있으며, ⑧ 찌기(steaming), ⑨ 그라땅(gratin : 생선에 빵가루, 버터, 치즈 등을 뿌려 누렇게 구움) ⑩ 훈제(smoked) 방식 등이 있다.

다섯째, 앙뜨레(entree)는 일명 Main Dish로서 육류의 종류에는 Beef, Veal, Pork, Poultry, 엽조·엽수류, Lamb 등이 있으며, 특히 쇠고기에는 Tenderloin(안심 : Chateau briand, Fillet 등), Sirloin(등심), Rib Steak(갈비등심), T-Bone Steak(허리등심) 등이 있다.

여섯째, 소스(sauce)에는 ① 생선요리에 쓰는 베사멜 소스(Bechamel sauce), ② 에스파뇰 소스(Espagnoll sauce), ③ 아메리칸 소스(American sauce) 등이 있다.

일곱째, Salad의 드레싱에는 ① French Dressing(vinegar성 드레싱), ② Thousand Island Dressing(마요네즈 드레싱), ③ Mustard Cream Dressing, ④ Oil & Vinegar Dressing, ⑤ italian Dressing 등이 있다.

여덟째, Beverage로서 커피에는 ① Roasted Bean, ② Ground, ③ Granule이 있으며, 알코올성 유무에 따라 ① 비알코올성 커피와 ② 알코올성 커피(Irish, Royal (brandy), Mine Hosts(cointreau), Cafe Monks(Beneditine), Highland(Scotch)가 있다.

아홉째, 음료의 종류에는 ① Hard Drink(알코올성 음료)로 ㉠ 양조주(포도주, 맥주, 과실주 등), ㉡ 증류주(brandy, whisky, 보드카, 럼, 진 등), ㉢ 혼성주(liqueur, fruit, plants)가 있다. ② Soft Drink(비알코올성 음료)로서 영양음료, 청량음료, 기호음료(커피, 차) 등이 있다. 또한 Hard Drink로서 Whiskey는 보리(barley), 호밀(rye), 밀(wheat), 옥수수(corn), 귀리(oat) 등 곡류(grain)를 주원료로 발효, 증류, 숙성의 과정을 거쳐 만들어진 술이며, 대표적 위스키로는 ① Scotch Whisky, ② American Whiskey(일명 bourbon whisky), ③ Irish Whiskey, ④ Canadian Whisky(호밀이 주원료임)가 있다. 한편 Brandy의 주산지 ① 꼬냑(Cognac), ② 아르마냑(Armagnac)이 있다. 리큐르(liqueur)는 과실류나 곡류를 발효시킨 주정을 기초로 한 증류주로 식물성 초·근·목·피·실을 배합하여 만든 술로 ① Beneditine D.O.M.(De O Optimo Maximo), ② Irish Mis, ③ 드람뷰이(Drambuie), ④ Campari, ⑤ Galliano, ⑥ 코인트로(Cointreau), ⑦ Apricot Brandy, ⑧ Kahlua, ⑨ Sloe Gin 등이 있다. 맥주는 B.C 4,200년경 바빌론(현 이라크)의 슈멜인에 의해 시작된 것으로 보며, 종류에는 ① 하면발효맥주(저온발효맥주)로 Lager Beer(병맥주), Draft Beer(생맥주), 독일 흑맥주 등이 있으며, ② 상면발효맥주로 Porter, Ale(고온발효맥주), Stout Beer 등이 있다.

열째, 칵테일은 I.B.A.(International Bartender Association)의 설에 의하면, 멕시코 캄페체 항구에서의 영국상선 선원과 소년 바텐더 사이의 커뮤니케이션상의 오해에서 생겼다는 설이 있으며, ① Glass의 종류는 다음 그림과 같다.

〈그림 9-16〉 Glass의 종류

칵테일을 만드는 법에는 ⓐ Shake, ⓑ Stir, ⓒ Build(한가지씩), ⓓ Blend(거품류) 등이 있으며, 칵테일 단위에는 ⓐ Dash(한방울), ⓑ Ts(티 스푼), ⓒ Oz(약 30ml), ⓓ Jigger(2oz), ⓔ Gill(4oz), ⓕ Cup(8oz), ⓖ Pint(16oz), ⓗ Quart(32oz) 등이 있다. 그리고 칵테일용 기구에는 ⓐ Shaker, ⓑ Squeezer(레몬즙 짜는 기구), ⓒ Muddler(stir용 막대), ⓓ Straw, ⓔ Ice Pail(얼음통), ⓕ Ice Tongs(얼음집게) 등이 있으며, 칵테일의 구성에는 ㉠ 기주(spirit: base), ㉡ 부재료(liqueur), ㉢ 첨가재료(garniture), ㉣ Chaser(독한 술을 희석시키는 재료) 등이 있다.

제4절 | 호텔의 미래와 경영가치모델

1 아웃소싱 전략

1997년 IMF 사태와 미국의 서브프라임모기지 사태 이후 최근 호텔은 변화된 환경 속에서 살아남기 위하여 다운사이징(downsizing)과 같은 감량경영, 사업재편 등 다양한 경영전략을 펼치고 있는데, 그 중에서도 핵심역량만 남기고 외부에 업무를 위탁하는 아웃소싱(outsourcing)에 관심을 가지게 되었다.

우리나라 호텔들은 인력감원 등 인건비 삭감 등을 통해 감량경영을 해오고 있다. 그러나 지속적인 인건비 상승과 서비스 품질 저하, 그리고 세계경제의 침체는 호텔산업의 경영 패러다임 변화를 요구하고 있으며, 이에 따라 호텔들은 아웃소싱에 관심을 가지게 되었다. 우리나라 호텔업계에서는 오래전부터 보안 및 경비, 주차관리와 일부 시설관리를 외부에 용역을 주고 있으며, 이외에 세탁실이나 기물관리와 같은 단순직 또는 DM발송이나 텔레마케팅, 디자인 업무나 광고대행사, 홍보대행사를 선정 프로젝트별로 대행시키는 경우도 자주 찾아볼 수 있었다(김경환·차길수, 2002).

미국의 경영전문지 포춘(Fortune)지는 21세기 기업의 모습에 관해 기존 조직은 해체되고 생산방식도 자유계약에 의해 이루어지는 프리랜서 경제 시대가 도래할 것이라고 전망했는데 프리랜서 경제란 기획, 인사, 조직, 판매, 경영관리 등의 주요업무를 외부 전문공급업체에 위탁하는 아웃소싱을 말한다(김경환·차길수, 2002). 우리나라 호텔들은 현재진행형의 경기침체와 저성장 기조에 창조적으로 적응하기 위해서는 부분적으로나 아웃소싱을 통해서 고정비를 변동비화시키고 기업의 유연성을 제고하기 위해 구조조정의 일환으로 아웃소싱을 적극 검토할 필요가 있다.

〈표 9-7〉 아웃소싱의 형태

형태		목적
비용절감형 아웃소싱		비용절감을 위해 중요치 않는 기능들을 아웃소싱
분사형 아웃소싱	이익추구형 (profit-center)	사내에서는 크게 중요하지 않으나 나름대로 전문성을 확보하고 있는 기능을 외부화하여 수익률을 제고시키려는 아웃소싱
	스핀오프형 (spin-off)	- 자사보유의 일정기술, 역량 등을 분사화 하여 비즈니스화 - 핵심역량 자체는 아웃소싱하지 않는 형태
네트워크형 아웃소싱		- 핵심역량 이외의 모든 기능을 아웃소싱하고 이들 공급업체와 네트워크를 형성하여 시너지 효과를 제고시키는 형태 - 복수의 주체가 각각 서로 경영자원을 공유하고 상호보완적으로 활용하는 코소싱(co-sourcing)형태
핵심역량 자체의 아웃소싱		핵심역량 자체를 외부화시켜 경쟁에 노출시킴으로써 핵심사업의 경쟁력을 더욱 높이려는 아웃소싱

자료 : 김경환 · 차길수(2002).

우리나라 신라호텔과 쉐라톤워커힐호텔 등 대부분의 1성급 호텔에서는 외부청소, 보안경비, 룸메이드, 시설설비, 주차관리, 셔틀버스, 기물관리, 쓰레기장, 소독관리, 연예연주, 세탁, 직원식당, 외식사업, 원예조경, 디자인 부문에서 아웃소싱이 이루어지고 있는 것으로 나타났다. 특히 디자인, 외식사업, 세탁, 하우스키핑 부문 등은 분사제도를 도입하고 있는 실정이다.

2 전략적 제휴 전략

전략적 제휴(strategic alliance)의 일반적 의미는 경쟁관계에 놓여 있는 기업이 일부 사업 혹은 경영기능에서 경쟁기업과 일정 기간에 걸쳐 상호이익을 창출하기 위해 협조 및 동반관계를 체결하는 것을 말한다. 전략적 제휴의 근본적인 원리는 상호호혜성(reciprocity)이다. 즉 사업파트너끼리 상호이익을 위해 각자 보유한 경영자원들을 공유, 교환, 통합하는 조직적 접근을 일컫는다. 전략적 제휴의 예를 들면 미국의 Hilton Hotels Corporation과 영국의 Hilton International은 Hilton Hotels & Resorts 브랜드의 가치를 극대화하고 영업효율성 및 효과성을 향상하기 위해 마케팅 및 광고홍보, 객실예약시스템 등에 대한 전략적 제휴를 체결하여 현재 큰 효과를 거두고 있다.

〈그림 9-17〉 전략적 제휴의 형태

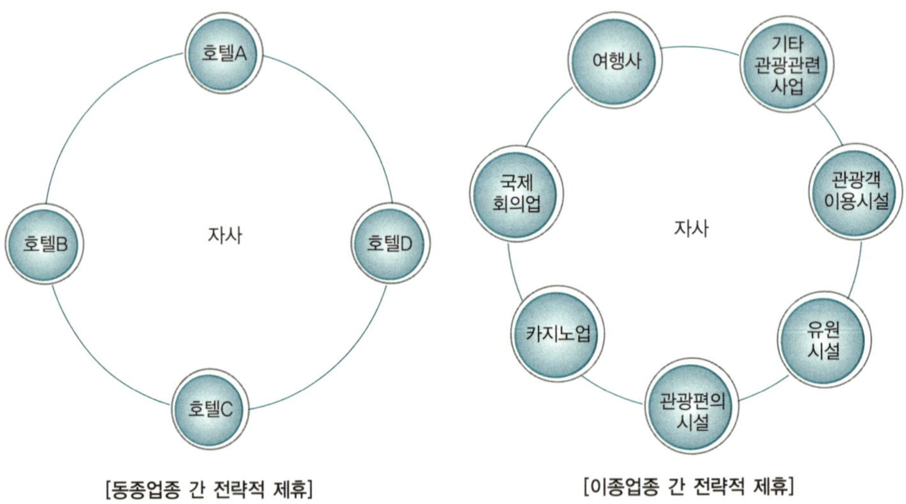

성공적인 전략적 제휴는 더욱 확대된 시장, 규모 및 범위의 경제, 브랜드의 인지도 증가, 상호마케팅 등과 같은 혜택을 파트너들에게 제공하며, 또한 자본투자의 최소화와 상호강점·약점보완 등의 이점을 제공한다. 일반적인 전략적 제휴의 목적은 신상품 개발과 시장진입에 대한 노력 및 시간절약, 상호보완적인 기술의 공유 및 활용, 경영자원과 위험의 공유 등이라고 할 수 있다.

호텔, 외식업체, 여행사, 컴퓨터 및 통신업체, 은행 등은 협력을 통해 파트너가 될 수 있는 방법들을 창조하고 있다. 전략적 제휴는 다양한 목표에 의해 수립되고 있다.

3 소셜커머스 전략

소셜커머스는 일반적으로 '온라인상에서 재화와 서비스를 사고파는 행위에 있어서 소셜미디어 및 온라인 미디어를 연계하여 소비자의 인맥을 마케팅에 활용하는 형태의 e-커머스'라고 정의하고 있다. 따라서 호텔의 소셜커머스는 소셜네트워크 등 소셜미디어를 활용하는 e-커머스라 할 수 있다.

최근에 호텔들은 정보기술을 적극적으로 이용하여 호텔고객의 가치는 물론이고, 기업의 가치를 향상하는데 많은 노력을 기울이고 있다.

정보기술의 혁신 중에서도 인터넷을 둘러싼 많은 호텔기업들의 노력이 더욱 부각되고 있다. 즉 e-커머스와 전자상거래를 활용하여 고객서비스를 강화하고 운영효율을 향상하여 경쟁우위를 창출하려고 하고 있다. 이제 향후 호텔기업의 성공은 고객들에게 고유한 가치를 제공하기 위해 인터넷 기술을 응용하여 새로운 비즈니스모델을 창출하는 능력에 달려있다고 한다. 상품판매에 있어서 전통적인 장애물이었던 시간, 거리, 물리적 공간에 대한 제약이 사라지면서 새로운 소셜커머스 전략은 점점 가치를 더하고 있다. 즉 B2C 및 B2B 등의 전자상거래를 통하여 고객 및 기업을 둘러싼 이해당사자들과 새롭고 효율적인 관계를 구축하여 윈윈(win-win)관계를 이룩해야 할 것이다.

국내호텔도 e-커머스 시스템 구축에 박차를 가하고 있으며, 이를 통해 고객서비스를 강화하고 경영효율성을 향상하고 있다김경환·차길수, 2002).

4 다국적화 전략

1990년대 중반 이후부터 계속해서 이루어지고 있는 기업 인수합병(M&A : merger & acquisition)의 영향에 의해 세계 호텔산업도 타 산업과 같이 점차 체인화되고, 또 대규모(mega)화되고 있다. 이러한 현상은 대규모화함으로써 규모의 경제(economy of scale)뿐만 아니라 시장 선도력을 갖기 위함이다. 그 대표적인 예가 앞서 논의된 바와 같이 Marriott International, Hilton Hotels & Resorts, Starwoodhotel Chain, Hyatt International, Accor Group 등 초국적 호텔체인의 등장이다.

그러나 국내에서는 아직 다국적기업이라는 명칭에 어울리는 호텔이 전무한 실정이며, 대한항공, 대우 등의 국내기업이 몇몇 해외에 호텔을 보유하고 있으나 규모나 호텔의 객실 수 등에서 아직 초보적인 단계에 머무르고 있다. 그러나 국내 호텔산업이 더욱 성장·발전하려면 해외진출을 모색할 시점이 왔다고 할 수 있다.

우리나라 호텔의 해외진출 시 고려될 수 있는 변수로는 먼저 진출국의 국제무역시스템이라고 할 수 있으나 대개의 국가들의 경우 시장개방화 추세를 따르고 있기 때문에 수교가 되어 있는 정치적 환경 속에서는 별 문제가 되지 않는 것으로 볼 수 있다. 오히려 이러한 환경적 요인으로서 보다 구체적인 과실송금 여부 및 투자 인센티브와 같은 외자정책, 산업 및 무역구조 그리고 노동력의 양적인 측면과 질적인 측면에서의 분석이 선행되어야 한다. 다음으로 고려해야 할 것이 진출국의 결정인데, 우리나라의 경우 중국 및 동남아를 중심으로 한 역내 진출이 바람직하다고 볼 수 있다. 그리고 진출방법의 결정이 이루어져야 하는데, 이 역시 먼저 수직적 경영시스템으로 할 것인지 혹은 수평적 경영시스템으로 할 것인지 여부를 먼저 결정하여야 한다. 그 후 라이센싱(licencing)의 형태로 프랜차이징(franchising)과 위탁경영(management contract), 합작투자(joint venture), 직접투자 혹은 리퍼랄 조직(referral association)경영을 할 것인가를 결정하여야 하며, 기업의 자원이 풍부한 기업은 수직적 경영시스템이 바람직하며, 자원이 풍부하지 않은 기업은 오히려 국제 간 리퍼랄 방식이 경제성을 가질 수 있다(박중환, 1998).

제10장

"여행사와 경영가치모델"

제1절 | 여행사의 기능과 경영가치모델

1 마케팅중간상인 수탁자(agent)로서 여행사

여행사는 대리이론(agency theory)에 의하면, 관광 관련 서비스상품 위탁자(principal)로부터 관광서비스상품을 위탁받아 이를 대신 판매하는 수탁자(agent)를 말한다. 이러한 개념은 마케팅중간상(marketing intermediary)으로 다양한 관광서비스상품을 유통시키는 업무에 초점을 두고 있다. 한편 우리나라 관광진흥법 제3조에 의하면, 여행업이란 "여행자 또는 운송시설·숙박시설, 그 밖에 여행에 딸리는 시설의 경영자 등을 위하여 그 시설 이용알선이나 계약체결의 대리, 여행에 관한 안내, 그 밖의 여행 편의를 제공하는 업"이라 정의하고 있다. 이들 개념들은 기본적으로 마케팅중간상 관점에서 정의된다. 그러나 오늘날 여행사는 마케팅중간상의 기능만이 아니라 패키지 여행상품의 생산의 기능이 더욱 확대되고 있다. 특히 우리나라의 경우 항공사의 항공권 판매 수수료(commission)가 2010년에 없어졌다는 점에서 여행상품의 개발 기능이 더욱 중요해졌다. 또한 여행사에서 개발하는 여행상품은 그 특성상 복합성을 가지고 있기 때문에 더욱 더 공급업자인 프린시펄로서 호텔 등과의 긴밀한 연계가 중요하다. 즉 여행상품은 특정한 요인에 의해 구성되는 것이 아니고 교통, 숙박, 여행지, 식사, 안내, 인적서비스 등이 결합되어 만들어지기 때문이다.

이러한 위탁자(principal)과 수탁자(agent)로서 여행사의 관계를 살펴보면, 다음 〈그림 10-1〉과 같다.

〈그림 10-1〉 수탁자로서 여행사

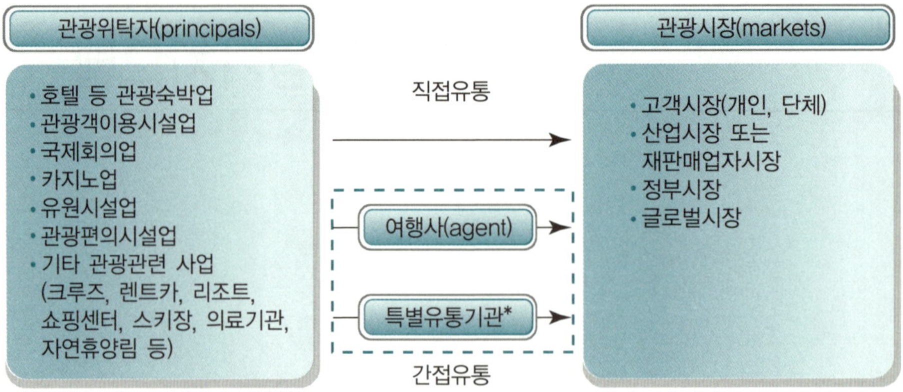

주 : *는 인터넷포털, 랜드사, 체인본부, 판매대행사, 컨벤션기획자, 협회(단체) 집행부 등

2 산업재시장으로서 여행사

여행사는 프린시펄로부터 관광서비스상품을 수탁받아 판매하는 수탁기능만을 하는 것은 아니다. 우리나라의 경우 2010년부터 항공사의 항공권 판매 수수료가 없어지면서 여행사의 주요 수입 원천이 줄어들게 됨으로써 이에 여행사의 여행상품의 개발 기능뿐만 아니라 산업재시장으로서의 기능이 더욱 중요해졌다고 할 수 있다. 또한 여행사에서 개발하는 여행상품은 다인자의 복합성, 즉 교통수단+숙박시설+외식업+관광자원+이벤트+쇼핑+지원시설+여행서비스의 결합이기 때문에 더욱더 공급업자인 프린시펄과의 긴밀한 연계가 중요하다.

다시 말해 여행사는 중간상의 기능을 수행하기도 하지만, 프린시펄의 관점에서 보면, 산업재시장으로 여행상품을 결합·생산하는 생산자이기도 하다.

3 여행사의 유형

여행사의 유형은 일반적으로 첫째, 유통형태에 따른 분류이다. 둘째, 관광진흥법 상의 분류이다. 셋째, ICT의 발달로 전통적인 오프라인 여행사와 온라인 여행사의 개념이 있다.

가. 유통기관으로서 유통형태에 따른 분류

여행사는 유통형태에 따라 종합여행사(tour operator), 도매여행사(tour wholesaler), 소매여행사(tour retailer), 랜드사(land operator), 할인항공권 전문여행사(consolidators) 등으로 분류된다.

첫째, 종합여행사는 국내여행 및 국외여행과 관련된 모든 업무를 포괄적으로 수행하는 여행업으로 직판, 도매 및 소매는 물론이고 타사의 여행상품도 병행하여 판매하고 있다.

둘째, 도매여행사는 다양한 여행상품을 다수의 소매여행사를 대상으로 판매하는 여행사를 말한다. 이런 유형의 여행사는 여행상품 기획, 상품화, 객실 및 항공권 확보 등에서 경쟁력을 확보하여 소매여행사를 지배할 수 있을 경우에 발전할 수 있다. 그러나 우리나라의 경우 여행상품 유통이 직판 영업이 일반화되고 있어 학술적인 의미로 도매여행사로써 독립된 기능을 수행하는 여행사는 없는 실정이다.

셋째, 소매여행사는 도매여행업자로부터 여행상품을 제공받아 최종 소비자인 관광객을 대상으로 판매하는 업을 말한다. 여기서 소매업자는 다수의 도매업자로부터 여행상품을 제공받기 때문에 다양한 상품을 취급할 수 있는 장점이 있다. 이 경우 소매여행사는 도매여행사로부터 일정한 수수료를 받는다.

넷째, 랜드사는 우리나라에서 정착된 독특한 유통기관의 하나이다. 랜드사는 다른 여행사로부터 의뢰를 받아 여행목적지의 여행활동과 관련된 숙박, 식사, 교통, 여행, 안내 등을 대행해 주는 지상수배업자를 뜻한다. 일반적으로 항공좌석은 여행사가 수배하고, 다른 모든 수배 및 안내업무는 랜드사가 담당하는 경우가 대부분이다. 따라서 랜드사는 불특정 여행객이 아니라 여행사를 대상으로 영업한다(황현철·김규헌·윤정헌, 2003).

다섯째, 할인항공권 전문여행사(consolidators)도 있다. 이러한 여행사는 항공권을 할인된 운임으로 판매하는 여행사이며, 항공사와 계약을 맺고 특정 지역의 항공권을 유통시키는 여행사이다. 또한 할인항공권 전문여행사는 Wholesaler기능과 Retailer 기능을 동시에 수행한다(Goeldner, Ritchie, McIntosh, 2000).

나. 관광진흥법의 분류

우리나라 관광진흥법에 의하면, 우리나라 여행업은 크게 일반여행업, 국외여행업, 국내여행업으로 나누어진다. 2015년 기준 관광진흥법 시행령 2조 1항에서 살펴보면, 다음과 같이 정의되고 있다.

일반여행업 국내외를 여행하는 내국인 및 외국인을 대상으로 하는 여행업[사증(visa)을 받는 절차를 대행하는 행위를 포함한다]

국외여행업 국외를 여행하는 내국인을 대상으로 하는 여행업(사증을 받는 절차를 대행하는 행위를 포함한다)

국내여행업 국내를 여행하는 내국인을 대상으로 하는 여행업

우리나라 관광진흥법상의 여행사 분류는 기본적으로 유통기관으로써 여행사의 기능 중심 분류가 아니라 오히려 어떤 업무를 수행할 수 있는가를 중심으로 업무범위별로 분류하고 있는 특징이 있다.

첫째, 일반여행사는 국내 또는 국외를 여행하는 내국인 및 외국인을 대상으로 영업활동을 전개하는 업을 말하며, 내국인의 국내여행과 관련된 업무, 내국인의 해외여행(아웃바운드 관광)과 관련된 업무, 외국인의 국내여행(인바운드 관광)과 관련된 업무를 모두 포괄적으로 수행할 수 있다. 우리나라 관광진흥법상의 일반여행사 등록기준(2011.10 기준)은 자본금(개인의 경우 자산평가액)이 2억 원 이상이다. 국외여행사는 해외를 여행하는 내국인(장기체류 외국인 포함)을 대상으로 여행상품의 판매, 예약, 수배 및 알선, 안내 등의 서비스를 제공하는 업을 말하며, 여권 및 비자를 받는 절차를 대행하는 행위가 포함된다. 우리나라 관광진흥법상의 일반여행사 등록기준(2011.10 기준)은 자본금(개인의 경우 자산평가액)이 6천만 원 이상이다. 국내여행사는 국내를 여행하는 내국인(장기체류 외국인 포함)을 대상으로 여행상품의 판매, 예약, 수배 및 알선, 안내 등의 서비스를 제공하는 업을 뜻한다. 우리나라 관광진흥법상의 일반여행사 등록기준(2011.10 기준)은 자본금(개인의 경우 자산평가액)이 3천만 원 이상이다.

다. 인터넷과 여행사 유형

정보통신기술(information communication technology)의 발달로 인해 최근에는 여행산업에도 인터넷을 통한 e-Biz시대가 도래하였다. 기존의 여행사들은 On-line을

통한 e-Biz로 사업 개념을 확장하고 있는 상황이며, 또 한편으로는 순수한 On-line 여행사도 등장하고 있다. 이러한 On-line 여행사는 인터넷을 이용하여 여행정보 제공, 패키지여행상품 예약 등의 업무를 수행하고 있다. 대표적인 On-line 여행사에는 「worldventures.com」, 「expedia.com」, 「travelocity.com」, 「priceline.com」, 「zuji.com」, 「orbitz.com」, 「www.tourexpress.com」, 「www.nextour.co.kr」, 「www.onlinetour.co.kr」 등이 있다. 오늘날의 인터넷과 스마트폰의 대중화로 인해 기존의 Off-line 개념의 여행사 시대에서 On-line 개념의 여행사 시대로 전환되고 있는 시점이다. 그리고 기존의 Off-line 여행사가 On-line 개념을 추가함으로써 두 개념이 결합된 On-Off line 통합여행사 시대가 되고 있다. 최근에는 이러한 통합개념의 여행사를 업계 은어로 브릭스 & 클릭스(Bricks & Clicks)라는 용어로 통용되기도 한다(한국관광학회편, 2009). 즉 브릭스는 Off-line 여행사를 의미하며, 클릭스는 On-line 여행사를 말한다.

대부분의 국내 여행사들은 기존의 오프라인 판매방식과 온라인 판매방식을 병행하고 있는 실정이다.

4 여행상품의 구성요소 및 개발과정

1) 여행상품의 개념 및 유형

일반적으로 관광상품과 여행상품은 구분된다. 관광상품이란 관광기업이 관광객의 욕구를 유발시키고 충족시켜줄 관광대상을 바탕으로 각종 서비스를 제공하는 유·무형의 서비스를 말한다. 즉, 관광기업이 제공하는 재화, 서비스, 정보를 관광객에게 판매하는 것을 말한다(황현철·김규헌·윤정헌, 2003). 관광상품을 크게 분류하면, 여행상품(여행사의 패키지상품), 호텔상품(숙박상품, F&B상품, 기타 부대시설상품), F&B관광상품(각종 식당 및 음식), 교통관광상품(항공, 기차, 자동차, 선박, 크루즈 등), 쇼핑관광상품, 테마관광상품(축제이벤트상품 등) 기타 관광상품 등으로 나눌 수 있다. 따라서 여행상품은 관광상품의 하위개념이 된다. Wahab은 여행상품을 여행(동태적 부분)과 목적지의 체류(반동태적 부분)를 이루는 전체적 결합에 상호보완적 요소의 혼합체라고 정의하였다. UNWTO에서는 여행상품을 관광목적지, 숙박, 시설, 보조서비스, 관광자원을 결합시킨 것으로 정의하고 있다. 이상의 내용을 정리해 보면, 여행사가 아이디어에 의하여 사전에 관광객의 욕구나 경제성 등을 고려하여 교통, 숙박, 음식, 기타 여행 관련시설 및 관광자원 등의 여행소재를 조화롭게 결합하여, 이를 제공하는 서비스와 함께 조립하여 경제적 선택의 대상물로 만든 무형의 상품이라고 정의할 수 있겠다(황현철·김규헌·윤정헌, 2003).

최근 새로운 관광현상은 관광주체 측면의 관광문화 내지 의식의 변화라 할 수 있다. 특히 1960년대 이후 활발히 의식화되어 온 컨슈머리즘(consumerism)의 정착과 활성화라 할 수 있다. 앞에서 논의된 뉴 투어리즘 현상과 함께 컨슈머리즘의 활성화는 관광현상에서의 삶의 질의 추구 및 행복 추구 확대와 생태 지향적 소비문화, 로하스(LOHAS) 문화를 정착시키는 새로운 계기가 되고 있다. 또한 관광객들은 일련의 관광과정에서 소비하는 사람들이므로 소비자들의 특성, 특히 인구통계학적인 변화에 따라 소비형태도 변하게 된다. 소비자들은 시대적으로 사회적 가치관, 태도 등이 변하게 된다. 그 중에서 인구통계적인 변화는 사회, 경제적으로 커다란 의미를 함축하고 있으며 관광에도 직접적인 영향을 미친다. 가령, 의료서비스와 경제의 발달로 인한 고령인구의 증가는 실버관광객에게 적합한 관광패키지상품을 제공하도록 관광정책 및 관광산업에 영향을 미친다.

이처럼 현재의 여행시장은 다양한 욕구와 특정 주제의 수요(테마관광)를 가진 잠재 여행객으로 인해 다양한 형태의 여행상품이 개발되고 있다. 이러한 관점에서 여행상품을 일반화해 보면, 〈그림 10-2〉와 같이 정리할 수 있다. 기본적으로 여행상품은 ① 국내여행상품, ② 인바운드여행상품(inbound tour), ③ 해외여행상품(outbound tour)으로 분류된다. 그리고 해외여행상품에는 패키지상품, 주문상품, 소매상품이 있다.

〈그림 10-2〉 여행상품의 종류

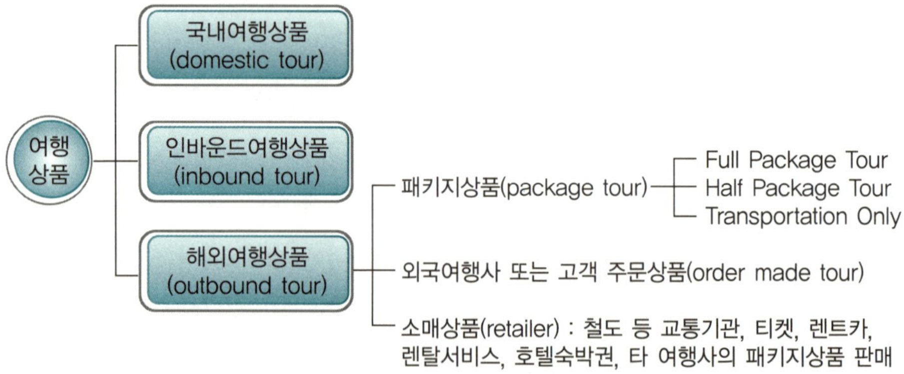

여기서 패키지여행상품은 개념적으로 여행사가 프린시펄로부터 사전에 여행상품 인자들(교통수단, 숙박상품, 외식상품, 관광자원상품, 축제이벤트상품, 쇼핑상품, 여행서비스 등)을 사전 구입하여 여행의 전 과정을 한 단위로 기획·서비스화를 통해 상품화시킨 여행상품이다. 이러한 패키지관광상품의 종류에는 첫째, 상품내용에 따른 분류로서 ① 완전상품(full package tour)이 있다. 이는 포괄 패키지여행상품(all inclusive package)이라고도 한다. ② 부분 패키지여행상품(half package tour)이 있다. ③ 교통편만 이용(transportation only)하는 패키지여행상품이 있다. 또한 이러한 패키지상품은 여행사가 기획·생산한 것으로 ① 개인용 패키지상품, ② 단체용 패키지상품(ready made package tour)이 있으며, 그리고 ③ 외국여행사 또는 고객주문상품(order made package tour)이 있다.

이러한 패키지상품은 기획주체에 따라 분류되기도 한다. ① 여행사 단독주최상품, ② 여행사 공동주최상품, ③ 여행사와 프린시펄의 공동주최상품이 있다.

이러한 패키지상품은 대량구매, 단체 송객을 통하여 원가절감(cost down)이 가능하기 때문에 여행사 관점에서는 가격경쟁력이 있으며, 소비자 관점에서는 가격의 저렴화 효과가 있다. 또한 패키지상품은 '공급이 수요를 창출한다' 는 관점에서 비수기(off season) 및 Shoulder Season에 수요를 환기시키는 방법으로 활용할 수 있다.

2) 여행상품의 구성요소

여행사는 제조업처럼 상품을 생산할 특별한 설비나 재료 등을 갖고 있지 않다. 다만 인적자원을 바탕으로 아이디어에 근거하여 여행상품을 생산하고 있다. 이러한 여행상품은 다양한 소재가 결합되어 하나의 상품으로 완성된다. 여행상품을 구성하는 다양한 소재는 시설업자나 관광지에서 제공하는 것이 대부분이다.

〈표 10-1〉 여행상품의 구성요소

범주	핵심요소	세부내용
관광자원		자연관광자원, 문화관광자원, 사회관광자원(스포츠행사, 전시컨벤션 포함), 산업관광자원, 관광레크리에이션자원 등
관광사업	관광숙박업	호텔, 메디텔, 콘도, 관광팬션, 여관, 게스트하우스, 체험한옥, 외국인관광도시민박, 오토캠핑장, 자연휴양림, 크루즈 등
	관광객이용시설업	전문휴양시설, 종합휴양시설, 자동차야영장, 관광유람선, 관광공연장, 외국인전용관광기념품판매점
	국제회의업	전시컨벤션시설 등
	카지노업	카지노
	유원시설업	종합유원시설, 일반유원시설 등
	관광편의시설업	관광유흥음식점, 외국인전용유흥음식점, 관광식당 등
	기타 관광관련사업	교통수단, 쇼핑시설, 의료기관 등

결국 여행상품은 표에서와 같이 관광자원과 관광사업의 결합이다. 여행상품은 특정한 요소에 의해 구성되는 것이 아니라 교통, 숙박, 관광지, 식사, 안내, 인적 서비스 등이 결합된 다인자성의 복합상품이다. 이들 요소는 여행상품의 가치와 효용 그리고 여행상품가격을 결정짓는 중요 요인이다. 따라서 아이디어개발, 소재의 수배, 여행과정의 관리 등을 통해 여행상품의 품질관리에 각별히 주의를 기울일 필요가 있다.

3) 여행상품의 특징 및 개발과정

여행상품은 서비스상품으로서 유형재와 달리 독특한 특징을 가지고 있다. 대표적인 여행상품의 특징에는 무형성, 생산과 소비의 동시성, 계절성, 소멸성, 이질성, 모방의 용이성, 효용의 개인차, 다인자성 그리고 지각위험성(perceived risk)과 구매 후 의심(post purchase doubt) 가능성이 매우 크다는 것이다. 특히 해외여행상품 구매에서 구매자의 지각위험이 구매목적이나 구매결과와 상관없이 제조기업의 제품에 비해 상대적으로 큰 이유는 첫째, 무형성, 비분리성, 이질성, 소멸성 등의 특성으로 인해 구매자의 관점에서 보면, 관광행위 참여 이전에는 상품에 관한 구체적이고 가시적인 물증이나 정보의 양과 질이 부족하기 때문이다. 둘째, 구매자가 관광행위 참여 중에 다양한 여행서비스 인카운터에서의 이용경험에 의해 그 질과 가치가 형성되는 경험재의 성격(Rushton and

Carson, 1989)을 가지고 있기 때문이다. 셋째, 구매의사결정과 관광행동 간의 시간적인 갭이 크다는 점이다. 결국 관광객이 관광행위에 참여하기 전에는 구매자가 획득할 수 있는 여행상품에 대한 정보의 질과 양이 적기 때문에 관광행위 참여 전에 느끼게 되는 해외여행상품에 대한 불안감으로서 지각위험의 정도가 크다고 할 수 있다(박중환, 1999).

선행연구들에 의하면, 일반적으로 지각위험에 대한 정의는 크게 두 가지로 첫째는 '예상되는 손실' 개념이며, 둘째는 '부정적 결과' 개념이다. 예상되는 손실 개념의 대표적 학자로는 Murray and Schlacter가 있다. 이들은 여러 학자들(Bauer 1960; Cox 1967; Jacoby and Kaplan 1972; Roselius 1971)의 견해들(Murray and Schlacter, 1990)을 종합하여 지각위험을 "다차원 개념으로 특정 제품의 구매와 사용에서 발생하는 예상되는 손실의 유형과 정도로서 소비자의 구매 이전의 불확실성 경험"으로 정의하고 있다. 부정적 결과 개념의 대표적 학자로는 Bauer와 Cox 등이 있다. 특히 Bauer는 지각위험에 대해 "두 개의 차원, 즉 불확실성과 부정적 결과"로 정의하고 있다(Bauer, 1960). 해외여행상품 구매에서 구매자가 지각하는 지각위험에는 제품 범주 위험(product category risk)과 제품 관련 특정 위험(product specific risk)이 존재한다고 할 수 있다.

Mitchell(1999)과 이경환(2000)에 의하면, 제품 범주 위험은 특정 여행상품 범주를 소비하는데 있어서 본질적 위험에 대한 관광객 지각을 말하며, 제품 관련 특정 위험은 특정 여행상품 이용과 관련된 구체적 위험이라 할 수 있다. 또한 해외여행상품 구매에서 발생될 수 있는 지각위험은 가치함수의 특성 중 하나인 손실 회피성 관점에서도 설명할 수 있다.

대표적 학자로 Tversky & Fox(1995), Tversky & Kahneman(1991)은 행동경제학적 관점에서 인간이 쾌락을 얻는 구조 중 가장 중요하고 큰 특징은 플러스적인 자극보다도 마이너스적인 자극에 훨씬 민감하다는 것이다. 한편 유사개념으로서 소비자 의사결정에서 나타나는 불확실성은 구매의사결정이 이루어진 후에도 나타날 수 있는데, 이를 구매 후 부조화(post purchase dissonance)라 한다.

구매 후 부조화의 하나로 구매 후 의심(post purchase doubt)은 해외여행을 떠나기 전 혹은 돌아올 때 모두 발생할 수 있다(Mayo & Jarvis, 1981). 특히 해외여행상품의 경우 일반제품뿐만 아니라 국내여행과 달리 구매경험이 많지 않고, 여행경험을 하기 전에는 자신의 구매의사결정에 대한 확신이 부족하기 때문에 광고나 구전을 통해 구매하기 쉽다(신상준, 2004)는 측면에서 구매 후 의심이 많아질 수밖에 없다.

이들 특성은 여행업 경영에 제약요인으로 작용하여 어려움을 가중시켜준다.

〈그림 10-3〉 여행상품의 개발과정

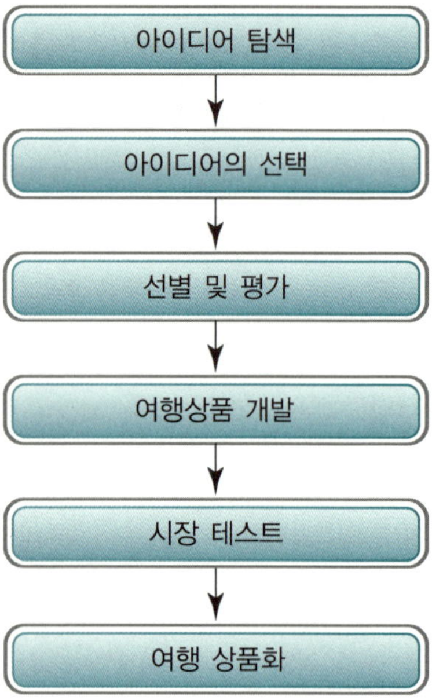

이어서 〈그림 10-3〉은 일반적인 여행상품개발 과정을 도식화한 것으로 아이디어의 탐구에서 시작된다. 아이디어 탐구는 잠재여행객이 욕구를 발견하고 그 욕구를 충족시킬 수 있는 다양한 아이디어를 내는 것을 의미한다. 아이디어의 선택은 제안된 많은 아이디어 중 의미 있는 아이디어를 추출하여 선택하는 것을 말한다. 선별 및 평가는 선택된 아이디어 중에서 실행가능하고 유익한 것을 선별하고 평가하는 것을 뜻한다. 개발은 최종 평가를 거쳐 가장 좋은 아이디어에 기초하여 구체적인 상품화 계획을 수립하고 개발하는 것을 말한다. 테스트는 개발된 상품을 직접 잠재 여행객을 대상으로 테스트하여 상품의 가치를 최종적으로 평가하고 수정하는 것을 의미한다. 상품화는 모든 테스트과정을 거친 후 실질적으로 시장에 도입하는 것을 말한다.

또한 여행상품을 개발하는 과정에서 다음에서 설명하는 내용을 충분히 검토할 필요가 있다. 첫째, 구매가치를 창출할 수 있어야 한다. 둘째, 여행동기를 유발할 수 있어야 한다. 셋째, 가치 있는 상품 하나가 가치 없는 상품 열 개보다 낫다는 파레토의 법칙을 가질 필요가 있다. 넷째, 시장침투력을 가진 상품이어야 한다. 다섯째, 독특한 소구력(appeal points)을 보유할 필요가 있다. 여행상품은 주제나 내용, 종류에 관계없이 독특한 개성을 가질 필요가 있다. 여행상품이 독특할수록 차별화는 강화되고 유인력은 커진다. 셋째, 가능하면 연중 균등한 수요를 발생시킬 수 있는 상품이 좋다. 이는 계절성을 극복할 수 있기 때문이다.

제2절 | 여행사의 주요 업무와 경영가치모델

여행사는 외형적 규모에 비해 매우 다양한 업무를 수행하여 관광객의 편의에 부응하고 있다. 국내여행업, 국외여행업, 일반여행업은 물론이고 국내여행부, 국외여행부, 외래여행부, 해외지사도 공통업무로서 여정작성업무, 원가계산업무, 상담업무, 판매업무를 수행하고 있다.

〈그림 10-4〉 여행사의 주요 업무

구분	국내여행팀	해외여행팀	인바운드여행팀	항공팀
팀 업무	·수배 업무 ·여행상품 개발 ·각종 티켓판매 ·차량알선	·첨승 업무 ·수배 업무 ·수속대행 업무 ·여행상품 개발	·통역안내 업무 ·수배업무 ·여행상품 개발 ·의료기관 알선	·항공권관련 업무 ·Hard Block 및 Soft Block 관리 ·화물탁송 서비스
주요업무	여정작성 업무, 원가계산 업무, 상담 업무, 판매 업무, 온라인 업무(홈페이지 관리, 포털사이트 관리, 소셜미디어 및 소셜커머스 관리)			

여행사의 주요업무로는 국내여행팀 내국인의 국내여행과 관련된 수배업무 및 여행상품 개발업무, 각종 티켓판매 등이 있으며, 해외여행팀은 첨승(T/C)업무, 수배업무, 수속대행업무 등이 있다. 인바운드여행팀은 가이드업무로 칭해지는 통역안내업무, 수배업무, 여행상품개발, 의료관광의 의료기관 선정 등을 수행한다. 또한 해외지사는 독

립된 하나의 여행업체로서의 기능을 수행하면서 본사가 요구하는 예약·수배업무, 정보 수집 및 보고, 내국인의 국외여행과 관련된 안내 및 지원업무 등을 수행한다. 최근에는 항공권 발권과 관련하여 항공팀의 중요성이 부각되고 있는데, 항공기 좌석의 공급 제한에 따른 Hard Block 관리업무 및 Soft Block 관리업무를 주로 다룬다.

1 여행사의 주요업무

여행업의 주요 업무로는 ① 여정작성업무, ② 원가계산업무, ③ 상담업무, ④ 판매업무, ⑤ 온라인업무가 있다. 이들 업무내용은 다음과 같다.

1) 여정작성업무

여정작성업무는 출발에서 도착까지의 모든 과정과 관련된 업무이다. 이 업무의 핵심사항은 ① 여행목적, ② 여행일수, ③ 여행비용과 관련된다. 여정작성 시 고려해야 할 사항은 다음과 같다.

- 여행목적에 알맞은 경로나 여행지의 순서를 정할 것
- 일정한 일수로 할당하여 숙박장소를 결정할 것
- 여행에 필요한 비용을 고려해 둘 것
- 식사의 배분은 지방색이나 내용에 변화를 줄 것
- 여행객의 욕구에 따름과 동시에 자사의 방침을 고려할 것 등

2) 원가계산업무

원가계산업무는 주로 패키지 투어, 하프 메이드 투어, 주문상품을 판매하는 경우에 적용된다. 특히 패키지 상품은 사전에 모든 여정이 작성되고 원가를 기초로 한 여행상품가격이 결정되어 제시되어야 한다.

〈그림 10-5〉 주요 투어 코스트 요인

일반적으로 원가항목은 교통요금, 지상경비, 기타의 경비로 대별되지만 가격은 이익에 해당하는 일정률의 알선수수료가 포함되어야 한다. 여행업 경영자는 사전에 목적지별로 핵심요소를 선별하여 원가를 계산해 두면 단시간에 가격을 산출하여 여행객에게 제시할 수 있을 것이다(황현철·김규헌·윤정헌, 2003).

① 교통요금

여행상품의 가격 중 가장 많은 비중을 차지하는 영역이 교통요금이다. 교통요금은 항공료, 철도, 선박 등이 있을 수 있으나 탑승인원의 수에 따라 할인됨으로 원가는 달라질 수 있다. 교통요금 중 가장 대표적인 것은 역시 항공료이다. 이러한 항공료는 항공사의 요금표 또는 국제항공운송협회(IATA : International Air Transport Association)가 규정하고 있는 가격표(tariff)를 기준으로 산출된다. 이때 목적지, 탑승인원, 여행조건 등이 동시에 고려되어 산출된다. 또한 여행객의 신분, 연령, 좌석의 등급, 인솔자 할인, 계절할인 등의 적용도 받을 수 있다.

② 지상경비

지상경비(land fee, ground charge)는 여행상품의 가격에서 국제 간의 이동과 관련된 비용을 제외한 여행목적지 내에서의 시설 및 서비스 이용, 여행비 등을 말한다. 지상경비는 그 내용에 따라 결정되며 통일된 요금이 없다. 다만 지상경비를 구성하고 있는 핵심적인 요소인 숙박비, 식사비, 지상교통비, 여행비, 세금, 트랜스퍼비, 포터비,

가이드나 운전기사의 수당 등의 여행상품에 포함여부 및 품질에 따라 매우 다양할 수 있다. 또한 숙박비의 경우 객실요금에 봉사료 및 세금이 포함되는 경우가 많다. 다만 식사는 American Plan, Modified American Plan, European Plan인지를 확인하여 코스트를 산출하는 것이 좋다. 식사비는 여행일정에 따라 1일 3식 또는 2식이냐에 따라 달라질 수 있고, 식사장소와 메뉴의 종류 및 품질, 기내식이냐 아니냐에 따라 많은 차이가 있음으로 원가산출 시 주의를 요한다. 또한 등급, 투숙인원의 수, 성수기 및 비수기 여부, 환율 등에 따라 가변적인 경우가 많음으로 주의를 기울일 필요가 있다.

지상교통비는 여행목적지에 도착한 후 이동 간에 발생하는 교통비를 말한다. 전세버스는 이동거리와 이용기간에 따른 요금기준에 좌석 수, 차체의 설비, 면허의 유무(관광버스, 일반대절버스 등)에 따라 요금은 다른 경우가 많다. 기차와 선박은 속도 및 시설의 등급, 좌석의 등급, 예약의 유무에 따라 상이하며, 렌터카는 임대기간, 차종의 종류, 운전자의 유무 등에 따라 달라진다. 여행비(sightseeing charge)는 관광지 입장료, 가이드 요금, 기념사진 대금 등을 말한다. 그러나 옵션투어 여행비에 포함되지 않으며, 특별히 통역이 필요할 경우 통역비가 추가될 수 있다.

③ 기타 비용

기타 비용은 여행상품의 원가에 포함될 비용과 여행객이 개인적으로 지불해야 할 비용으로 나눌 수 있다. 원가에 포함될 비용으로는 ① 안내원의 운임 및 육상경비, 출장비 등의 비용, ② 여행사가 가입한 여행객의 화물에 대한 보험료, ③ Tour Conduct(T/C)의 항공료 등의 제비용, ④ 각종 인쇄비 및 선전비 ⑤ 여행보험비(상해보험, 질병보험 등) 등이 있다. 그러나 ① 여권비, 비자수수료, 예방주사비, 임의보험료, ② 선물비 ③ 술값, 전화사용료, 세탁비 등의 개인적인 여비, ④ 여행과 관련된 팁 등은 여행상품의 원가에 포함되지 않는다. 때로는 원가항목의 불명확성으로 인해 여행객의 불만을 초래할 수 있음으로 약관이나 여행계약서에 명확히 명시하는 것이 좋다.

3) 상담업무

상담업무는 여행객의 카운트 방문, 전화, 인터넷 등을 이용하여 질문할 경우 이에 응하여 여행과 관련된 정보를 제공하고 구매를 설득하는 업무이다. 모든 여행업종은 상담업무를 매우 중시하여 경력 있는 요원을 카운트에 배치하고 있다. 상품의 판매는 상담을 통해 구매로 연결되고, 때로는 정보제공을 통해 후일 고객으로 연결된다는 측면에서 상담업무는 매우 중요하다.

4) 판매업무

일반적으로 판매는 고객이 상품이나 서비스를 구매하도록 판매자가 원조하거나 설득하는 인적 내지 비인적 과정을 말한다. 여행업은 영리기업으로서 판매업무를 통하여 목표 매출액을 달성하려고 한다. 판매업무는 크게 접객업무, 관리업무, 고유의 판매업무로 나누어진다. 여기서 관리업무는 주로 경리업무와 관련된 것이 대부분이다. 유가증권의 일종인 항공권의 보관, 입출금에 대한 책임, 판매보고서의 작성, 판매금에 대한 적기 송금, 여권발급 등의 제정리 사항의 기록 및 보관 등의 업무가 해당된다. 고유의 판매업무는 직접판매와 간접판매에 따라 업무의 성격이 조금 다르다. 직접판매는 여행사가 능동적으로 여행객을 대상으로 여행상품을 설명하거나 목적지 선정 또는 일정의 작성 등을 통하여 제시하는 형태의 판매를 말한다. 간접판매는 여행객이 여행목적지 또는 여행일정을 대략적으로 작성하여 가져오면 그들의 요청을 수용하고, 그대로 수배 및 예약을 해 줌으로서 판매되는 형태이다.

그리고 어떤 방법으로 여행상품을 판매할 것인가도 매우 중요한 문제이다. 일반적으로 여행업 경영자가 채택할 수 있는 판매방법은 크게 두 가지로 대별된다. 첫째는 인적 판매로서 창구판매, 방문판매, 샘플제시판매, 전화판매방법이 있다. 둘째는 비인적 판매로서 광고, PR, 판매촉진, 인터넷판매, 진열 등의 방법이 있다.

2 여행사의 부문별 업무

여행사의 주요 부문별 업무에는 예약·수배업무, 안내업무 등이 있다.

1) 예약·수배업무

예약·수배경로는 매우 다양하다. 물론 규모나 능력을 고려하여 자사에 가장 적합한 유통경로를 선택하면 된다. 현지에 지사나 영업소가 있을 경우는 그곳을 통해 모든 예약과 수배를 수행하면 된다. 특히 중·소규모의 여행사의 경우 국내에 있는 일명 랜드사라 불리는 랜드 오퍼레이터를 통해 모든 예약과 수배업무를 의뢰하고 있는 것이 현실이다. 국내의 랜드 오퍼레이터는 현지의 투어 오퍼레이터에 다시 의뢰할 수 있고, 아니면 직접 현지의 호텔, 레스토랑, 버스회사, 항공사, 관광시설업자에게 예약과 수배를 할 수 있다.

첫째, 호텔 등 관광숙박업 예약·수배 업무는 일반적으로 호텔의 예약·수배는 항공좌석의 예약과 동시에 수행되는 것이 바람직하다. 여행객이 여행 중에 경유지나 목적지에서 체재할 숙박시설, 특히 인기가 높은 특급호텔 객실을 확보하는 일은 항공편의 좌석을 확보하는 일만큼이나 중요하다. 따라서 사전에 여행자의 취향과 요구에 맞는 숙박시설을 예약하는 것은 중요한 업무 중의 하나이다. 숙박시설의 예약은 여행객의 특별한 요구 사항이 없을 경우 여행의 목적, 종류, 여행자의 성향 등을 고려하여 가능한 예산 범위 내에서 예약을 하는 것이 좋다.

숙박시설에 대한 예약·수배를 의뢰할 때 호텔에 통보할 내용으로는 숙박기간, 객실형태, 고객명단, 성별, 인원수, 도착시간, 숙박요금, 희망 객실 수, 무료객실의 유무, 연회장 사용유무, 식사관계 등이 있다.

호텔예약 시 주의사항으로는 단체가 호텔에 늦게 도착할 수도 있으며, 이러한 경우에는 예약이 취소되지 않도록 유의해야 한다. 따라서 호텔 도착이 늦어질 경우에는 사전에 호텔에 연락을 해야 한다. 한편, 성수기(on season)에는 각 호텔의 초과예약(overbooking)이 보편화되어 있으므로 사전에 보증금을 예치하는 것이 안전하다.

둘째, 교통기관의 예약·수배업무로서 여행은 이동을 필수적으로 수반하기 때문에 교통기관에 대한 예약·수배는 매우 중요하며, 항공기 좌석의 경우 여행사 경영에서 가장 중요한 문제가 되고 있다. 우리나라를 방문하는 인바운드관광객과 해외여행객의 약 95% 이상이 항공편으로 입·출국하고 있고, 항공기 좌석의 수급은 원활하지 못하기 때문이다. 따라서 여행사 경영에서 항공예약과 좌석 확보는 매우 중요한 업무영역이다. 여행사는 여행객으로부터 항공예약을 요청받았을 때에는 탑승자명, 탑승일, 탑승구간, 항공권 발권일, 연락처 등을 항공사에 통보하고 예약을 의뢰한다. 항공권 판매시스템은 하드블록(hard block) 시스템과 소프트 블록(soft block) 시스템이 있다. 하드블록(H/B)은 좌석당 일정금액을 Deposit하고 지정목표(70~80%)에 미달 시 페널티(penalty)를 지불하는 방식이다. 하드블락 판매된 항공권들은 천차만별의 가격으로 소비자들에게 판매될 뿐 아니라 출발 직전에는 '땡처리' 의 형태로 시장에 풀리기도 한다. 이러한 하드블록 판매는 여행시장에서의 공급탄력성이 작은 항공사의 횡포로 이어지기도 하며, 시장의 거래질서를 교란시키는 결과를 초래하기도 한다. 다시 말해 대규모 여행사의 경우 기존의 항공권 판매실적이 뛰어나 거래 교섭력(bargaining power) 크기 때문에 상대적으로 유리하다고 할 수 있다.

소프트 블록(S/B)은 항공사가 여행사의 수요비중을 인정하고 Deposit 없이 좌석을 배정해 주는 방식으로 대한항공(KE)에서는 ① 오래된 대기예약(6개월 전의 우선대기 예약 등)부터 자동으로 좌석 OK를 내보내는 방식, ② D-14일 09:55분 이전부터 최근 대기 순서로 자동 OK를 내보내는 방식, ③ D-14일 09:55분 누구나 예약하도록 좌석을 띄우는 방식 등이 있다. 따라서 여행사는 공급탄력성이 작은 항공권 확보 문제가 여행상품 개발 및 판매에서 가장 중요한 요소이기 때문에 전담 부서 내지 전담직원을 배치할 정도이다.

셋째, 기타 예약·수배업무로서 내외국인의 국내외 여행 중의 식사관련 예약·수배도 매우 중요하다. 예약·수배 담당자는 여행 일정표에 명시된 시간을 참고하여 가장 이용하기 쉽고 편리한 장소의 식당을 예약·수배해야 한다. 더불어 식당의 시설이나 맛도 고려하여 예약·수배함으로써 식사 관련 컴플레인(complaint)이 발생하지 않도록 해야 할 것이다. 기타의 대부분의 예약·수배업무는 내외국인 관광객이이 입출국하기 전에 완료되지만, 일부분은 그들의 도착 후에 발생되는 경우도 있다. 즉 원래의 일정에는 없었지만 현지에 도착해서 고객의 요청에 의해 발생되는 옵션투어(option tour)로서 골프, 승마, 수렵, 낚시, 극장, 연극관람의 예약 · 수배 등이 이에 속한다.

2) 안내업무 중 하나로써 Tour Escorter(tour conductor : T/C) 업무

투어 에스코트(tour escorter)는 일명 투어컨덕터(Tour Conductor : T/C)라고도 하며, 해외 단체여행 시 단체와 동행해서 현지에 있어서 여행 운영에 필요한 일체의 업무를 담당하는 자로 여행을 총괄하는 여행안내자이다. 이러한 투어 에스코트에는 ① 여행사의 일반사원, ② 여행사의 Conductor 전문사원, ③ 여행사의 촉탁 Conductor, ④ Free Conductor 등이 있다. 이들의 업무성격은 첫째, Manager로서의 역할을 수행한다. 둘째, 여행단체의 리더로서의 역할을 수행한다.

훌륭한 투어 에스코트가 되기 위해서는 여행 출발 전까지 관광목적지 현지사정에 대한 연구를 하는 것이 중요하며, 또한 사전 미팅을 통해 팀과의 커뮤니케이션을 원활히 하는 것이 중요하다. 또한 공항의 항공사 카운터에서의 좌석지정, 탑승수속, 여권서류 체크 등과 관광목적지 입국수속으로 검역(quarantine), 입국관리(immigration), 통관(customs), 외화환전 등을 체계적으로 수행해야 한다. 셋째, 사고발생(상해, 항공기 지연, 분실 및 도난 등) 후 처리를 잘해야 한다. 일반적인 출국수속 절차는 여행객 → 여권·사증의 취득 → 항공권의 구입 → 예방접종 → 탑승수속 → 세관수속 → 출국확인 → 탑승 순서이다. 반대로 해외여행객의 입국 절차는 검역(quarantine) → 입국확인(immigration) → 통관(customs)으로 이루어진다.

3) 여권 및 사증(visa) 수속 업무

여권이란 자국인 또는 국적이 없는 외국인에게 해외여행을 위해 주는 공식서류로 외국을 여행하는 자의 국적, 신분을 증명하고, 여권 소지인에게 대하여 필요한 편의와 보호를 요청하는 문서이다. 한편 사증(visa)은 여행하고자 하는 나라로부터 입국허가를 인정하는 공문서로써 여행하고자 하는 국가의 대사관에서 발급한다. 이러한 사증은 사용회수에 따라 ① 단수비자(single entry visa), ② 복수비자(multiple entry visa)로 나뉜다. 또한 통과여행객의 경우 TWOV(transit without visa : 통과여객의 무비자입국) 제도가 있다. 외교관계가 수립된 국가의 국민으로 유효한 여권과 목적국의 비자, 그리고 목적국까지의 예약 확인된 항공권을 소지한 여행자에게 일정 기간 동안 단기체류를 허용하는 제도이다. 한편 비자면제협정 제도가 있다. 이는 외교관계가 있는 나라끼리 자국민의 상대방국가 입국 시 비자발급을 면제해 주는 제도(체류기간과 조건은 협정에 따라 다름)이다.

우리나라의 비자(사증) 면제협정 체결국가 수는 2013년 7월 현재 166개국인 것으로 나타났다.

〈표 10-2〉에서와 같이 쉥겐조약 또는 쉥겐협약은 유럽지역 26개국이 여행과 통행의 편의를 위해 체결한 협약으로 룩셈부르크 쉥겐에서 조약이 맺어짐으로써 그 이름이 명명되었다. 특히 이 조약은 국경에서의 검문검색 폐지는 물론 여권 검사 면제 등 인적 교류를 확대하자는 취지에서 국경철폐를 선언한 국경개발조약이다. 문제는 개인이 비자협정에 따라 쉥겐국을 여행할 때, 고려해야 할 점은 나라마다 적용일수가 조금씩 다르다는 것이다. 예를 들어 쉥겐국가 중 하나인 스위스를 90일간의 여행을 마치고 프랑스로 여행하려고 할 경우 프랑스의 경우 쉥겐국 합산일을 우선 적용함으로써 총여행일 수가 90일을 초과하게 됨으로 쉥겐조약 위반이 되어 입국이 불허된다. 만약 관광객 개인이 26개 쉥겐국을 장기여행할 때는 이러한 점을 고려하여 여행일정을 설계해야 한다.

〈표 10-2〉 비자(사증) 면제협정 체결현황

<table>
<tr><th>총체결국</th><th>적용대상</th><th colspan="3">국가명</th></tr>
<tr><td rowspan="7">99개국
(90일)</td><td>외교관(4개국)</td><td colspan="3">우크라이나(90일), 우즈베키스탄(60일), 중국(30일), 투르크메니스탄(30일)</td></tr>
<tr><td>외교관/관용
(33개국)</td><td colspan="3">가봉(90일), 라오스(90일), 러시아(90일), 몰도바(180일 중 90일), 몽골(90일), 미얀마(90일), 방글라데시(90일), 베넹(90일), 베트남(90일), 벨라루스(90일), 벨리즈(90일), 볼리비아(90일), 사이프러스(90일), 아르메니아(90일), 아르헨티나(90일), 아제르바이잔(30일), 알제리(90일), 앙골라(30일), 에콰도르(외교 : 업무수행기간, 관용 : 3개월), 우루과이(90일), 이란(3개월), 이집트(90일), 인도(90일), 일본(3개월), 조지아(90일), 카자흐스탄(90일), 캄보디아(60일), 크로아티아(90일), 키르기즈(30일), 타지키스탄(90일), 파라과인(90일), 파키스탄(90일), 필리핀(무제한)</td></tr>
<tr><td rowspan="5">외교관/관용/
일반
(64개국)</td><td rowspan="5">90일
(64개국)</td><td>아주지역
(4개국)</td><td>태국, 싱가포르, 뉴질랜드, 말레이시아</td></tr>
<tr><td>미주지역
(25개국)</td><td>바베이도스, 바하마, 코스타리카, 콜롬비아, 파나마, 도미니카(공), 도미니카(연), 그레나다, 자메이카, 페루, 아이티, 세인트루시아, 세인트키츠네비스, 브라질, 세인트빈센트그레나딘, 트리니다드토바고, 수리남, 안티쿠아바부다, 니카라과, 엘살바도르, 멕시코, 칠레, 과테말라, 베에수엘라(외교·관용 30일, 일반 90일), 우루과이</td></tr>
<tr><td rowspan="2">구주지역
(30개국)</td><td>[쉥겐국(26개국 중 슬로베니아 제외)]
그리스, 오스트리아(외교 · 관용 180일), 스위스, 프랑스, 네덜란드, 벨기에, 룩셈부르크, 독일, 스페인, 몰타, 폴란드, 헝가리, 체코, 슬로바키아, 이탈리아, 라트비아, 리투아니아, 리히텐슈타인, 포르투칼(60일)(이하 180일 중 90일), 에스토니아, 핀란드, 스웨덴, 덴마크, 노르웨이, 아이슬랜드</td></tr>
<tr><td>[비쉥겐국]
영국, 아일랜드, 불가리아, 루마니아, 터키</td></tr>
<tr><td>중동 · 아프리카 지역(5개국)</td><td>모로코, 라이베리아, 이스라엘, 튀니지(30일), 레소토(60일)</td></tr>
</table>

자료 : http://www.naver.com

제3절 | 여행수요와 경영가치모델

1 여행시장의 특성 및 관광수요 증가요인

여행시장은 기본적으로 일반적인 제품시장과 동일한 특성을 가지고 있지만, 고유의 특성도 함께 내포하고 있다. 여행시장의 특성으로 ① 고객중심의 시장, ② 여행시장의 글로벌화, ③ 높은 계절성 및 가격 탄력성, ④ 높은 성장 잠재력 등을 들 수 있다.

첫째, 고객중심의 시장이다. 고객중심의 시장이란 여행상품을 공급하는 여행사가 주도하는 시장이 아니라 소비자인 관광객(관광주체)이 주도하는 시장을 뜻한다. 다시 말해 여행상품의 개발단계부터 최종 참여단계를 거처 사후관리까지의 모든 업무의 중심에 고객이 자리하고 있다. 따라서 여행사는 시장지향적 경영은 물론 시장의 수요 트렌드를 항상 주시할 필요가 있다.

둘째, 여행시장의 글로벌화이다. 세계는 뉴데탕트 시대와 인터넷 시대를 맞아 국경 없는 지구촌 시대를 맞고 있다. 관광수요 역시 국내시장에 한정된 것이 아니라 국제시장으로 확대되고 있으며, 이러한 현상은 민족고유 문화의 상품화 및 관광상품의 비교우위화도 촉진하고 있는 상황이다. 따라서 여행사는 시대적 변화에 창조적으로 적응하고, 여행사의 발전을 위해 경영 범위를 범세계적으로 확대할 필요가 있으며, 세계적인 브랜드화도 필요한 시점이다.

셋째, 높은 계절성 및 가격탄력성이다. 여행시장은 본질적으로 계절의 영향을 많이 받는다. 여행하기 적합한 계절에 휴가가 실시되는 경우는 더욱 그렇다. 따라서 여행사는 국제시장을 대상으로 계절을 달리하여 외래관광객을 유치하는 등의 비수기 전략이 필요하다. 한편 가격탄력성은 여행상품의 가격변화에 따른 수요의 변화 정도를 말하는 것으로 가격민감도라고도 한다. 여행상품을 구매하는 여행객은 일반적으로 여행상품의 가격 변동에 민감하며, 타 상품 간의 표면적인 가격비교가 용이하기 때문에 더욱 그렇다.

$$\text{가격탄력성} = \frac{\text{수요의 변화율}}{\text{가격의 변화율}}$$

넷째, 여행시장은 개인의 경제적 요인과 사회문화적 요인 등의 발전으로 인한 높은 성장 잠재력을 들 수 있다. 여행시장은 우리나라 『관광동향에 관한 연차보고서』 등에 의하면, 국제관광시장은 연평균 4% 포인트 대의 지속적인 성장률을 보이며, 향후도 지속적인 상승세를 이어갈 것으로 예상하고 있다. 다음은 주요 인바운드 관광시장별 관광수요 증가요인 및 시장점유율을 살펴보기로 한다.

〈표 10-3〉 주요 인바운드 관광시장별 관광수요 증가요인 및 시장점유율

주요 인바운드 관광시장	관광수요 증가요인	시장점유율
일본	• 해외여행 수요 증가 • 쇼핑 수요 증가 • 음식 관심 증가 • K-POP 한류 확대 • 근거리 여행지 매력성 • 용이한 접근성 및 저가항공 좌석공급 확대	16.1%
중국	• 경제발전으로 해외여행 수요 증가 • 쇼핑관광 매력성 • 한국문화 관심 고조 • 방한 비자제도 개선 효과 • 중일 영토분쟁으로 인한 일본 여행 대체 수요 증가	43.1%
미국	• FTA 발효로 인한 비즈니스 수요 증가 • 타이항공 인천-L.A. 취항으로 스톱오버 관광객 증가 • FIT 관광객 증가	5.4%
대만	• 일본 방사능 유출로 인한 대체수요 효과 • 김포-송산 노선 및 타이베이-제주 노선 공급 확대 • 무비자(No Visa) 방한 기간 연장	4.5%

자료 : 문화체육관광부(2015).

제4절 | 여행사의 미래와 경영가치모델

1 인터넷마케팅 전략

인터넷마케팅 운영전략은 인터넷마케팅 목표의 설정과 인터넷마케팅 전략수립, 인터넷마케팅 믹스의 설계, 실행 및 평가로 구성된다. 그리고 인터넷 마케팅 전략수립에는 STP 전략으로 시장세분화 전략, 목표시장 전략(고객맞춤 전략), 포지셔닝 전략이 있다. 인터넷마케팅 믹스 설계는 역시 인터넷제품 전략, 인터넷가격 전략, 인터넷촉진 전

략, 인터넷유통 전략으로 나누어져 설계되고 또 적절히 믹스되도록 설계한다. 이러한 인터넷마케팅과 관련하여 여행사 웹사이트 설계과정과 웹사이트 디자인 과정에 대해 살펴보기로 한다.

1) 웹사이트의 설계

웹사이트의 설계는 설정된 콘셉트를 바탕으로 웹사이트의 기본방향과 이미지를 반영하는 콘텐츠, 구조, 네비게이션, 화면디자인 등을 설계하는 것을 말한다.

〈그림 10-6〉 **웹사이트 설계과정**

콘텐츠 설계	사이트 구조 설계	네비게이션 설계	페이지 구조화	화면 디자인
텍스터 설계 이미지 설계	컨텐츠 분류 사이트 조직화 정보 분배	메뉴, 링크 검색 브라우저	전경 정의 중경의 정의 배경의 정의	페이지 레이아웃 그래픽, 서체 색상

첫째, 여행사의 콘텐츠란 인터넷여행사가 고객에게 전달하고자 하는 기업이나 여행상품에 관한 정보를 의미하며, 고객에게 자사의 콘텐츠를 효율적이고 충실하게 전달하려는 노력을 콘텐츠 설계라 한다. 인터넷 비즈니스를 실행하는 모든 기업에 있어서 콘텐츠는 상품에 대한 정보일 수도 있고, 그 자체가 상품이 될 수 있음으로 콘텐츠 설계가 자치하는 비중은 매우 크다. 사이버 여행업의 웹사이트 콘텐츠는 사이트 자체에 대한 설명, 기업의 경영이념, 상품정보, 이용약관, 용어해설, 사이트 맵 등 다양한 내용이 포함될 수 있으며, 인터넷을 이용하는 고객 및 회원의 특성과 적절히 조화되지 않으면 안 된다. 콘텐츠 설계에는 크게 텍스트 설계와 이미지 설계가 있다.

둘째, 웹사이트의 구조설계는 콘텐츠의 분류, 사이트의 조직화, 정보의 분배라는 단계로 구분된다. 콘텐츠 분류는 해당 사이트에서 제공할 콘텐츠를 체계적이고 동질적인 카테고리로 분류하는 것이다. 콘텐츠를 분류하는 방법은 사전식, 시간에 의한 분류, 지역별 분류, 주제별 분류, 기능별 분류, 고객별 분류 등 매우 다양하다. 따라서 사이버 여행업의 웹사이트의 특성에 맞게 선택하는 것이 좋다. 웹 사이트의 구조화는 고객들이 보다 쉽게 자사 사이트를 서핑할 수 있도록 웹사이트에서 제공하는 콘텐츠를 체계적으로 배열하고 구조화하는 것을 말한다. 이러한 구조화는 전형적으로 홈페이지, 콘텐츠

페이지, 검색지원 페이지, FAQ 등의 상호작용 페이지로 구성된다. 조직화의 방법으로는 계열구조, 계층구조, 그리드 구조, 네트워크 구조, 혼합형 구조 등이 있다.

셋째, 네비게이션은 사용자가 웹사이트 내의 웹페이지를 이동하는 것을 지원하는 체계이다. 따라서 사이버 여행업의 네비게이션 체계는 방문자가 원하는 정보를 체계적으로 얻을 수 있도록 설계되어야 한다. 네비게이션 체계의 구축에 사용되는 기능들로는 메뉴, 검색, 링크, 부라우저 기능 등이 있을 수 있다. 네비게이션을 설계할 때는 다음과 같은 점을 고려하는 것이 좋다. 첫째, 비즈니스 모델이어야 한다. 여행사의 경우 여행상품 소개, 발권 등이 핵심이 될 것이다. 둘째, 웹사이트 구조이다. 정보를 체계화해 놓은 웹사이트의 구조도 고려해야 한다. 예를 들어 계열구조를 갖는 사이트라면 이전 페이지와 다음 페이지로의 이동을 가능하게 하는 링크가 요구되고, 계층구조 사이트라면 상위수준 및 하위수준으로의 이동이 용이한 네비게이션 구조가 필요할 것이다.

넷째, 웹페이지 구조화는 하나의 웹페이지에 들어가야 할 내용을 정의하고, 개략적인 화면위치를 결정하는 것을 말한다. 사이트구조나 네비게이션이 사이트 전체의 정보를 조직화하는 단계라면 페이지 구조는 개별 페이지를 조직화하는 것을 의미한다. 웹페이지를 구조화할 때 전경(fore-ground), 중경(middle-ground), 배경(back-ground)을 고려해야 한다.

다섯째, 화면디자인 단계로 화면을 설계할 때에는 고객이 내용을 쉽게 파악할 수 있도록 정보를 배치해야 하며, 페이지 요소를 적절한 형식으로 적합한 위치에 배치하는 레이아웃 설정과 짜여진 레이아웃 위에 그래픽과 글자를 삽입하는 과정으로 구성된다. 페이지 레이아웃(page layout)은 웹 페이지의 설계도와 같다. 즉, 전경, 중경, 배경, 그래팩 등 콘텐츠를 구성하는 요소들을 웹 페이지의 어디에 배치할 것인가를 결정하는 것이다.

2) 웹사이트 디자인

여행사는 멀티미디어 요소를 통해 상품 등에 관한 정보를 전달한다. 인터넷여행사 경영자의 입장에서 볼 때 이러한 정보들을 화면에 어떻게 표현하여 시각적인 효과를 줄 것인가는 매우 중요한 사항이다. 일반적으로 이러한 화면들을 웹사이트, 웹페이지라고 부른다. 따라서 웹사이트 디자인이란 화면에 시각적인 효과를 최대한 살리기 위해 웹페이지를 다양하게 구성하는 것을 뜻한다. 웹디자인을 통해서 사이버 여행업이 전달하고

자 하는 내용을 적절하게 표현하고, 고객들이 정보를 쉽게 이해할 수 있도록 구성하며, 사용에 불편이 없도록 설계되도록 해야 할 것이다.

여행사의 경영자는 웹사이트를 디자인하고자 할 때 전문 업체에 의뢰하던 안하던 기본적인 절차를 반드시 거치는 것이 좋다. 일반적으로 웹사이트 구축을 전문으로 하는 기업은 여행사에 대한 지식이 부족하다. 따라서 정보지식과 여행시장에 대한 지식이 믹스되어 사이트가 디자인되도록 해야 한다.

2 CRM과 조직혁신 전략

고객관리를 일명 고객관계관리(customer relationship management : CRM)로 표현하고 있다. 이러한 CRM은 1980년대에 등장한 고객관계 유지를 중시하는 관계마케팅(relationship marketing)과 고객만족(customer satisfaction : CS), 1990년대 등장한 데이터베이스마케팅(database marketing : DBM) 등이 진화하여 1:1 마케팅 또는 개인 맞춤 마케팅을 말한다. 이러한 CRM은 OLAP(on-line analytical processing)[17]이나 데이터 마이닝[18]과 같은 진보된 정보기술을 바탕으로 고객을 분석하는 데까지 진화하고 있다.

최근 CRM의 경우 인터넷과 스마트폰의 대중화에 따라 e-CRM이 관심의 대상이 되고 있다. 즉 e-CRM은 인터넷 환경 속에서 전개되는 것으로 온라인상에서 고객과 계속적인 커뮤니케이션을 통해 고객을 이해하고, 고객의 확보, 유지 및 수익성 향상을 위해 노력하는 것으로 고객과의 접점을 Off-line만이 아닌 On-line까지 개념이 확장되고 있다. 이러한 맥락에서 On-line 여행사의 경우 새로운 패러다임의 On-line 중심의 고객관계관리가 주류를 이룰 것으로 예상된다.

〈표 10-4〉 CRM의 유형

유형	핵심내용
운영적 CRM	• 마케팅, 영업, 고객서비스 등의 비즈니스 프로세스의 자동화를 위한 응용시스템의 통합 • 예약처리, 수배·알선, 회계 등의 비즈니스 프로세스와 연계되도록 통합

17) OLAP : 데이터웨어하우스의 데이터를 전략적인 정보로 변환하는 프로그램
18) 대량의 데이터베이스에 숨어 있는 유용한 정보를 통계적 기법을 이용하여 찾아내는 과정

유형	핵심내용
분석적 CRM	• 데이터 마이닝, 데이터 웨어하우스, OLAP 등의 기술이용 • 의사결정에 필요한 정보 추출 • 고객분석 및 세분화, 캠페인 관리, 고객 충성도 파악 및 확보
협력적 CRM	• 고객과 여행사 사이의 정보교환 • 콜센터, 웹을 이용한 판매 및 스마트폰 앱 등 다양한 인터넷 도구의 활용

여행사가 효과적으로 CRM을 실현하기 위해서는 여행객의 다양한 측면을 관리할 필요가 있다. CRM은 일반적으로 〈표 10-5〉에와 같이 3가지 유형이 있다. 운영적 CRM은 주로 여행사 내부의 사무 자동화를 통한 효율성 추구와 동시에 고객만족의 실현을 목적으로 한다. 분석적 CRM은 다양한 채널을 통한 고객정보를 수집하고 분석하는데 초점을 두고 있다. 협력적 CRM은 고객과의 친밀한 관계를 지속적으로 유지하는데 초점을 두고 있다. 여행사는 3가지 유형을 통합적으로 운영하는 것이 바람직할 것이다. 일반적인 CRM의 절차는 전략계획의 수립, 전략의 실행, 결과의 평가라는 과정에 정보시스템의 계획, 설계, 구축, 운영이라는 정보시스템의 개발과정이 결합된 형태가 된다. 이러한 관점에서 CRM의 구체적인 프레임웍은 〈그림 10-7〉에 제시된 것처럼 ICT를 기반으로 한 데이터 마이닝과 데이터 웨어 하우스[19], 고객과의 상호작용을 위한 네트워킹, 그리고 고객접점 및 이를 관리·지원하는 시스템으로 구성되어 있다.

〈그림 10-7〉 CRM의 프레임웍

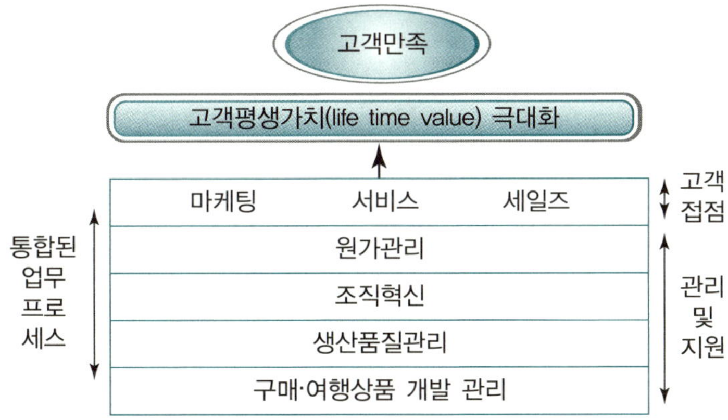

19) 방대한 분량의 고객 프로파일 데이터를 저장하는 정보창고

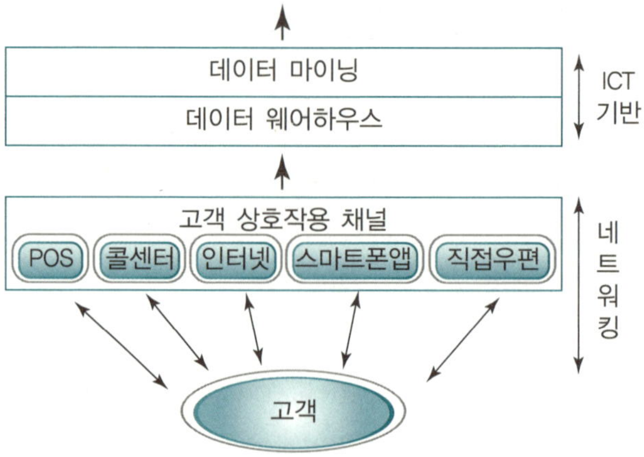

자료 : 삼성경제연구소(2000), 인터넷 시대의 고객관계관리(CRM)의 내용을 수정보완함.

CRM의 최종 목표는 크게 기존 고객유지 프로그램, 이탈 고객방지 프로그램, 신규 고객획득 프로그램이다. 이러한 목표를 달성하기 위해서는 여행사의 경우 조직혁신(organizational innovation)이 뒤따라야 한다. 여기서 조직혁신이란 조직이 새로운 아이디어를 창출하고 그것을 개발하여 실용화함으로서 시장이나 사회의 요구를 충족시키는 과정으로 볼 수 있다. 이러한 조직혁신에는 기술혁신, 관리혁신, 인적자원혁신 등이 있을 수 있다. 관리혁신은 조직이나 구조, 절차나 관리방식, 정보통제시스템의 분야에서 새로운 아이디어를 도입하여 실용화하는 것을 말한다. 인적자원혁신은 종업원의 태도나 가치, 업무능력 등에 있어서의 변화를 야기할 수 있도록 새로운 아이디어를 도입하여 실용화하는 것을 말한다.

3 중소규모 여행사의 전략적 제휴와 코 브랜드(co-brand) 전략

1990년대부터 제조기업을 중심으로 시작된 전략적 제휴(strategic alliance)는 2000년대 들어서는 서비스산업으로 확대되어 최근 항공사를 중심으로 새로운 패러다임으로 자리 잡고 있는 실정이다. 항공사의 전략적 제휴로서 스타얼라이언스의 경우 연간 수송승객 4억6천만 명을 비롯하여 스카이팀 3억 7천3백만 명을 운송하고 있다. 이는 여행산업에서도 전략적 제휴와 같은 새로운 개념의 비즈니스 모델이 필요함을 시사하고 있다.

최근 경제회복의 기대감, 환율회복 등의 영향으로 해외여행이 증가하고 있는 시점에서 대형 여행사로의 구매가 집중되는 쏠림 현상이 더욱 가속화되고 있는 것으로 나타나고 있다. 이러한 해외여행상품 구매자의 경우 대형 여행사로의 쏠림은 상품 구색과 가격 우위 그리고 여행사 신뢰성 문제에서 출발한다고 볼 수 있다.

현재 우리나라 중소규모 국외여행사들이 직면하고 있는 현실적 문제를 극복하기 위해서는 신성장동력화를 위한 새로운 패러다임의 전략적 제휴와 코-브랜드전략이 시급한 시점이다.

〈그림 10-8〉 **코-브랜드 네이밍 과정**

먼저 여행사의 전략적 제휴로는 공동상품 개발이 대표적인 사례이다. 관광분야에서의 전략적 제휴 연구는 김성혁·조인환(1999)의 항공사의 전략적 제휴에 의한 영업성과 차이분석에 대한 연구 정도가 있는 실정이며, 여행사 간의 전략적 제휴나 공동상품 개발에 대한 새로운 비즈니스모델 연구는 현재로서는 전무한 실정이다.

최근 우리나라 국민 중 해외여행자 중 약 40% 정도가 여행사를 통해 해외여행을 하는 상황에서 해외여행객이 여행사를 통해 해외여행상품을 구매할 때는 제품의 실체를 볼 수 없을 뿐만 아니라 여행사 상품 간의 차이가 크지 않기 때문에 오히려 여행사의 브랜드 가치가 중요한 역할을 하는 것으로 기존의 연구에서 밝히고 있다(박중환, 2009; 윤장렬·조효연·최종률, 2009)는 점이다.

따라서 전략적 제휴(strategic alliance)와 기업 거버넌스(governance) 개념을 바탕으로 한 중소규모 여행사 간의 공동 브랜드 개발이 필요하다. 이에 대한 기대효과로는 ① 새로운 패러다임의 국제경쟁력을 강화할 수 있는 Win-Win 모델을 구축할 수 있다. ② 중소규모 여행사의 경영건전성을 제고할 수 있다. ③ 지역여행사 간의 과당경쟁 억제 효과가 있다. ④ 지역 관광산업의 활성화를 기대할 수 있다. ⑤ 여행상품에 대한 신뢰성을 확보할 수 있다. ⑥ 여행소비자 피해를 최소화할 수 있다.

4 여행사의 소셜미디어와 소셜커머스 전략

소셜미디어(social media)는 SNS기반 위에서 개인의 생각이나 의견, 경험, 정보 등을 서로 공유하고 타인과의 관계를 생성 또는 확장시킬 수 있는 개방화된 온라인 플랫폼이다. 이러한 소셜미디어는 참여와 공유가 강조되는 UCC(user created contents), 개방형 블로그 그리고 소통을 강조하는 SNS(social network service)가 통합하여 발전하였다(한국인터넷진흥원, 2010). 관광산업에서의 관광 관련 UCC는 여행객이 직접 만든 콘텐츠를 의미하는 것으로 여행에 대한 소감이나 정보를 텍스트, 그림, 사진, 동영상 등 각종 정보를 만들어 인터넷 등을 통해 공유하는 것을 말한다. 이러한 사용자 제작 콘텐츠들은 공급자 혹은 정보 제공자에 의해 만들어지는 것보다 더욱 효과적이며, 특정 관광지나 레스토랑 메뉴 등 관광서비스에 대한 개인 UCC의 효과는 구전(word of mouth)효과를 공간적으로나 시간적으로 극복하고 함께 공유하는 효과를 갖고 있다. 또한 SNS 여행정보는 온라인상에서 SNS를 통하여 여행과 관련된 각종 정보를 제공하고 또 얻을 수 있다는 점에서 공유가치가 크다 할 수 있다.

〈그림 10-9〉 소셜미디어의 소셜화 단계

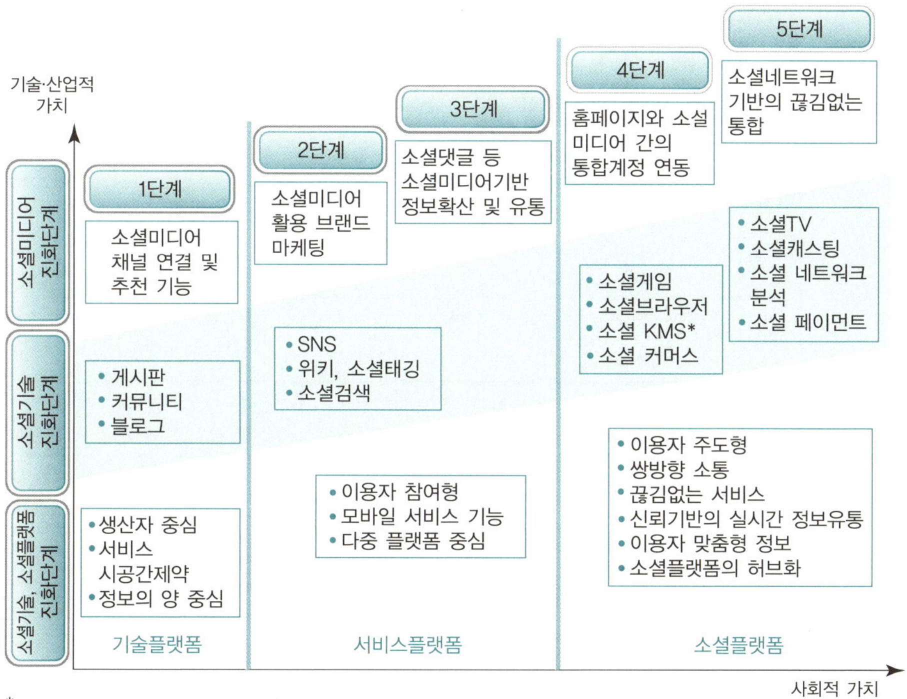

* Knowledge Management System

자료 : 한국인터넷진흥원(2012).

한편 소셜화는 기존 인터넷·정보 서비스에 사회적 관계, 평판, 추천 등의 소셜 기능을 활용·재구조화하여 정보의 신뢰성과 투명성을 제고하는 과정으로 정의할 수 있는데, 소셜화는 사회적 가치와 기술·산업적 가치의 진화정도에 따라 5단계로 점진적로 확대될 전망이다(한국인터넷진흥원, 2012).

한국정보화진흥원(2009)은 다음과 같이 블로그, 소셜 네트워크, 콘텐츠 커뮤니티, 위키피디아 그리고 팟캐스트로 구분한다.

〈표 10-5〉 소셜미디어 유형

구분	설명
블로그 (Blogs)	웹(web)+로그(log)의 합성어로 네티즌이 웹에 기록하는 일기나 일지를 의미하며 매일 15,000개 이상이 생성되고 있고, 전 세계적으로 그 수가 1,700만 개에 달함
소셜 네트워크 (Social Networks)	자신만의 온라인 사이트를 구축하여 콘텐츠를 만들고 친구들과의 연결을 통해 콘텐츠나 커뮤니케이션을 공유하는 것으로 가장 잘 알려진 소셜 네트워크의 예로는 1억 700만 명의 회원을 보유한 마이스페이스(MySpace)와 최근 전 세계적으로 확산되고 있는 트위터(Twitter) 등이 있음
콘텐츠 커뮤니티	특정한 종류의 콘텐츠를 만들고 공유하는 커뮤니티로 가장 인기 있는 콘텐츠 커뮤니티로는 Flicker(사진), Del.icio.us(북마킹), YouTube(비디오) 등이 있음
위키피디아 (Wikis)	편집 가능한 웹 페이지로 웹사이트상에서 콘텐츠를 추가하고 정보를 편집하여 공동의 문서나 데이터베이스처럼 운영되고 있으며 대표적인 서비스로 약 130만 개 이상의 영어문서를 가지고 있는 온라인 백과사전인 위키스를 들 수 있음
팟캐스트 (Podcasts)	방송(broadcast)과 아이팟(iPod)의 합성어로 인터넷을 통하여 사용자들이 새로운 오디오 파일(주로 MP3)을 구독할 수 있도록 함으로써 인터넷 라디오 방송

자료 : 한국인터넷진흥원(2009).

한편 마이스페이스(MySpace), 페이스북(Facebook), 트위터(Twitter), 유튜브(Youtube), 세컨드라이프(Secondlife), 네이버 블로그, 싸이월드 등 여러 소셜미디어 서비스들이 지속적으로 성장하고 있다.

한편 소셜커머스는 일반적으로 '온라인상에서 재화와 서비스를 사고파는 행위에 있어서 소셜미디어 및 온라인 미디어를 연계하여 소비자의 인맥을 마케팅에 활용하는 형태의 e-커머스' 라고 정의하고 있다. 따라서 여행사의 소셜커머스는 소셜네트워크 등 소셜미디어를 활용하는 e-커머스라 할 수 있다. 한국정보화진흥원(2010)에 의하면, 소셜커머스 유형은 〈표 10-6〉과 같이 세 가지로 나누고 있다.

〈표 10-6〉 소셜커머스 유형

마케팅의 부가적 수단	비즈니스 모델에 SNS 도입	커머스 플랫폼으로 활용
• 소셜 링크형 (소셜 플러그인) - 기존 커머스 사이트에 최소의 소셜플러그인으로 SNS 아웃바운드를 가능하게 한 형태	• 소셜 공동구매 플랫폼 - 원어데이쇼핑몰 같은 공동구매 쇼핑몰과 SNS을 결합시킨 플랫폼 - SNS의 바이럴 힘을 토대로 바잉파워를 높임 - 최근 제일 이슈되는 형태	• F-Commerce 플랫폼 - 페이스북에 쇼핑몰을 만든 형태 - 페이스북을 커머스 플랫폼으로 사용한 형태
	• 소셜커머스 플랫폼 (소셜웹형) - 커머스를 SNS의 로직을 적용, 소셜네트워크 활동이 구현되는 플랫폼 - SNS의 힘으로 쇼핑에 대한 소통을 강화	• 위치기반 소셜커머스 플랫폼 - 위치정보를 체크인하면 소셜네트워크를 통해 정보와 의견을 제공받음 - 현재 초기단계지만, 타 플랫폼과 결합 시 영향력이 커질 것임

자료 : 한국정보화진흥원(2010).

그림에서와 같이 첫째, 마케팅의 부가적 수단으로서 소셜 링크형 소셜커머스가 있다. 둘째, 기존의 비즈니스 모델에 SNS 도입하는 형태로서 소셜 공동구매 플랫폼 형태와 소셜커머스 플랫폼 형태가 있다. 셋째, 커머스 플랫폼으로 활용하는 형태로서 F-커머스 플랫폼 형태와 위치기반 소셜커머스 플랫폼이 있다.

제11장

"항공사·카지노·크루즈산업과 경영가치모델"

제1절 | 항공사와 경영가치모델

1 항공사의 일반적 업무

항공사의 일반적 업무에는 ① 영업 업무, ② 운송 업무, ③ 객실 업무, ④ 운항 업무, ⑤ 정비 업무, ⑥ 일반관리 업무 등이 있다(이선희·양정영·박철호·손병모·송경숙, 2002).

첫째, 영업 업무는 판매·예약·발권으로 나누어지며, 여기서 판매 업무는 다시 ① 항공사 직원이 직접 세일하는 직접판매 업무, ② 여행사, 대리점, 총대리점, 타 항공사 등을 통해 세일하는 간접판매 업무가 있다. 이는 마케팅 활동의 하나이다.

둘째, 운송 업무는 출발공항에서 탑승한 승객에 대한 탑승수속과 도착공항에서의 도착승객 안내 및 수하물 사고처리 등 공항에서 이루어지는 업무를 말한다.

셋째, 객실 서비스 업무는 탑승객에 대한 기내에서의 제반 서비스 제공의 업무로 좌석안내, 음료 및 기내식 서비스, 영화상영, 기내 판매, 입국서류 배포 및 작성 안내 등 객실승무원(cabin crew) 서비스 등이 있다.

넷째, 운항 업무는 항공기를 안전하고 효율적으로 운항하기 위한 일련의 업무로 직접 항공기를 운항하는 운항승무원(cockpit crew)과 지상에서 비행계획수립 및 각종 운항정보를 제공하는 운항관리업무이다.

다섯째, 정비 업무는 항공기가 항상 안전한 운항을 할 수 있도록 항공기체의 품질을 유지·향상시키는 점검·수리·검사·교화작업 등의 업무부문이다.

여섯째, 일반 관리 업무는 항공사의 고유업무를 지원하기 위한 지원업무로서 기획·총무·인사·노무·재무·회계·홍보·원자재와 수입관리·전산시스템 관리 등의 업무를 말한다.

따라서 본절에서는 이들 주요 업무 중 관광경영과 관련을 가지고 있는 항공사 승무원 업무와 예약 업무를 중심으로 살펴보기로 한다.

2 객실승무원

가. 객실승무원 업무

항공기에는 여객이 안전하고 안락한 항공여행을 할 수 있도록 서비스를 제공하는 인적 서비스 생산자로 승무원이 탑승한다. 항공승무원은 크게 운항승무원(cockpit crew)과 객실승무원(cabin crew)으로 대별할 수 있다(김경숙, 2003).

항공기운항 및 안전운항에 대한 책임은 기장에게 있으며, 기내서비스 등 항공기 운항과 무관한 사항은 사무장에게 책임이 부여된다.

객실승무원은 사무장, 부사무장, 일반승무원, 현지승무원(local crew)으로 구분되며 또한 승무원의 지휘계통은 기장, 사무장, 부사무장, 일반 승무원 순으로 이어진다.

일반적으로 항공승객이 흔히 접할 수 있는 승무원은 실제로 객실에서 서비스를 제공하는 스튜어드(steward) 및 스튜어디스(stewardess)이다. 그러므로 객실승무원의 서비스는 항공사의 서비스 품질 및 서비스 차별화를 판단할 수 있는 중요한 잣대이기도 하다.

객실승무원의 근무규정에 의하면, 엄격한 자격조건과 임무수행을 따라야 하며 객실승무원의 임무는 직책에 따라 다음과 같이 구별된다(김경숙, 2003).

1) 직책에 따른 업무 유형

가) 사무장(purser)

① 객실브리핑(briefing)을 주관하고 승무원 업무를 할당(duty assign)한다.

② 비행 전 기내설비 및 장비의 작동을 점검한다.

③ 기내서비스의 진행을 관리하고 감독한다.

④ 항공기 출입항 서류 및 Ship Pouch를 관리한다.

⑤ VIP 등 특별한 승객을 관리한다.

⑥ 비행 중에 발생하는 비정상적인 상황을 해결한다.

⑦ 퍼스트 클래스(first class)승객을 위한 서비스를 수행한다.

⑧ 비행안전을 위해서 제반조치를 취한다.

⑨ 해외 체재 시 승무원을 관리하고 해외 지점과의 업무연계를 유지한다.

나) 부사무장(assistant purser)

① 사무장 유고 시에는 임무를 대행한다.

② 보통석(economy class)의 승객서비스를 수행하고 관리한다.

③ 기내서비스 용품의 탑재 여부를 확인한다.

④ 비행안전에 대한 제반 업무를 수행한다.

⑤ 수습승무원의 지도 및 평가와 일반승무원의 업무도 수행한다.

다) 일반승무원(steward & stewardess)

승무 중에 할당 된 업무 이외에도 상기 열거된 사항을 공통적으로 수행한다.

라) 현지승무원(local cabin crew)

승무 중에 할당된 업무를 수행하고 해당 언어권 승객의 의사소통을 원활하게 해주고 비행 중의 모든 기내방송을 자국어로 실시한다. 최근에는 국제관광의 대중화로 현지승무원의 수요가 지속적으로 증가하고 있는 실정이다.

한편 국제선 객실승무원의 서비스 단계는 〈표 11-1〉에서 보는 바와 같이 비행 준비 단계, 지상업무 단계, 기내서비스 단계, 착륙준비 단계, 착륙 후 단계, 도착 후 업무 단계로 구분할 수 있다.

〈표 11-1〉 국제선 객실승무원의 서비스 단계

서비스 단계	객실승무원의 업무 내용
비행준비	• 출근 • Briefing • Show Up 및 용모, 복장 점검 • Perdium(현지체류비) 수령 • 객실 Briefing 등 • Baggage 탁송

서비스 단계	객실승무원의 업무 내용
지상업무	• Pre-Flight Check • Ground 서비스 준비 • 승객탑승 • Ground 서비스 실시 • Door Close & Welcome 방송 • Safety Demonstration • 이륙준비 • 승무원 착석
기내서비스 착륙준비	• 음료서비스 • Meal 서비스 • 입국서류작성 및 협조 • 기내판매 • 객실정리 • 입국서류 작성 확인
착륙 후 업무	• 담당구역 승객의 착륙준비 점검 • Door Open 및 승객 하기 • 기내점검
도착 후 업무	• 서비스 Item 인계 • Flight Coupon 인계 • 기내판매 대금 반납

자료 : 김경숙(2003)의 자료를 정리함.

2) 지상업무

국제선 객실승무원의 지상업무는 국내선과는 달리 운항성격 상 2개국 이상이 관련되어 있을 뿐만 아니라 비행시간이 장시간인 관계로 서비스의 내용은 복잡하고 다양하다. 구체적으로는 안전운항을 위한 비행점검, 기내서비스를 위한 각종 Item의 점검 등의 사전비행체크(pre-flight check)를 비롯하여 항공기가 이륙하기 전까지 이루어지는 국제선객실승무원의 서비스 준비 및 지상 서비스 업무가 포함된다.

첫째, 사전 비행체크 업무이다. 이는 비상 및 보안장비의 위치와 상태를 확인하고 승객좌석 및 객실주변의 청결상태 등을 점검하는 것이다. 또한 각 Compartment 청결, 정돈상태와 Galley(주방)의 점검과 기물, 기내식, 객실용품 등의 상태를 확인하는 것이다.

둘째, 지상서비스 준비 업무로서 ① Serving Cart 차림으로 신문과 잡지를 준비한다. ② 화장실용품(dry item drawer, compartment)을 확인하고 세팅을 한다. ③ F&B 및 와인과 브랜디 등 Hard Drink(알코올 음료)를 준비한다. ④ 기내판매용품의 종류 및 수량을 정확히 인수하고 보조용품을 확인한다. ⑤ No Smoking, Crew Seat Tag과 같은 기내부착물을 게시한다. ⑥ Boarding Music 및 Air show를 작동한다. 에어쇼(air show)는 비행속도, 고도, 현재위치, 외부온도, 목적지 현지시각 등 다양한 각종 운항관련 정보를 컴퓨터 그래픽으로서 기내스크린을 통하여 보여주는 시스템을 말한다.

셋째, 승객탑승이 시작되면 객실승무원은 환영인사와 함께 탑승권 확인 후 승객탑승 우선순서에 따라 승객을 좌석으로 안내한다. 또한 안전운항과 Check-in 승객의 미탑승을 방지하기 위하여 승객을 체크한다.

넷째, 지상서비스 업무로 ① Cart를 이용하여 신문 및 잡지의 종류를 소개하고, 승객의 주문에 의하여 서비스하고 비행 중에도 서비스한다. ② 볼거리(신문, 잡지) 서비스가 끝난 후에 Zone별로 Welcome Drink 서비스를 한다. ③ 항공기 기종에 따라 Serving Cart를 이용하여 Zone별로 부가 서비스한다.

다섯째, Door Close와 Welcome 방송을 실시한다. ① 사무장은 공항지상직원으로부터 운송관련 서류를 인수하고 승객탑승이 완료되면 항공기의 Door를 닫는다. ② Door Close 직후, 사무장의 방송에 맞추어 Slide Mode변경 후 Welcome방송에 맞추어 전체승무원은 해당 Door Side에서 승객을 향해 인사한다.

여섯째, Safety Demonstration을 실시한다. 비행 중 발생할 수 있는 비상사태에 대비하여 금연, 좌석벨트의 사용, 비상탈출구의 위치, 구명복(life vest)과 산소마스크의 위치와 사용법에 대하여 실시한다.

일곱째, 이륙준비 업무로 항공기가 이륙하기 전에 승무원은 담당구역별로 안전을 위하여 다음 사항을 확인한다. ① 승객의 안전벨트, 좌석 등받이, Arm Rest, ② 전자기기 사용금지 안내(우리나라의 경우 2014년 3월부터 가능함), ③ Door Side 및 Aisle의 청결, ④ 휴대 수하물 및 유동물건의 고정, ⑤ 객실 내 시설물의 안전상태, ⑥ Galley(주방), ⑦ 화장실, ⑧ 객실의 조명 등을 체크한다.

3) 주요 기내서비스

첫째, 음료서비스로 식욕을 돋우기 위한 식사 전의 음료서비스는 출발시간, 비행시간, 식사시간대에 따라 트레이, 카트(cart)를 이용하여 서비스하고 있다. 예를 들면, ① 카트 서비스로 비행시간이 3시간 이상, 예를 들어 SEL/HKG 구간을 비롯한 Flight에서 1st Meal 서비스를 실시하며 음료를 카트에 셋업(set up)하여 서비스한다. ② Early Bird 카트 서비스로 휴식을 취하고 있는 승객에게 커피와 같은 뜨거운 음료를 제공하는 것으로 2nd Meal 서비스가 있는 장거리 노선에서 식사서비스 전에 기종별 흐름에 따라 Zone별, Aisle별로 서비스한다. ③ Snack Bar 카트 서비스로 각종 음료와 스낵을 서빙카트에 준비하여 Door Side에 비치하고 영화상영 시부터 2nd Meal 서비스 시작 30분 전까지 제공한다. ④ 트레이 서비스(tray service)로 각종 주스류, Soft Drink(비알코올 음료), Beer를 준비하고 승객분포를 고려하여 큰 트레이에 각종 음료를 세팅하고 담당구역별로 서비스한다.

둘째, 기내식 서비스로 기내식은 양식이 주류이며, 대개 디너정식 코스를 하나의 트레이에 세팅하여 서비스하며, 한식으로는 불고기 정식이 서비스된다. 대개 아침식사는 American Breakfast Menu로 구성되어 있다. Economy Class 기내식은 아침, 늦은 아침, 점심, 저녁, 중참으로 분류하여 제공한다. 이때 ① 기내식 서비스 시는 앙뜨레(Entree) Heating 및 Setting, Wine Open, Bread Warming(soft roll, croissant 등), 카트 상단 세팅(beverage용 drawer, 고추장, hot water) 준비를 해야 한다. ② 기내식 트레이 서비스에는 양식, 한식, 특별서비스가 있으며, 양식의 경우 우선 승객의 seat table을 펴고 메인 메뉴로 앙뜨레의 종류와 내용을 설명한 뒤에 기내식을 선택하도록 한다. 이때 와인과 그 밖에 음료를 권한다. 한식의 경우 트레이는 한식 반찬과 밥이 승객 앞쪽에 놓이도록 하고 미역국 등과 생수를 서비스하고 또한 와인이나 그 밖의 음료를 권한다. ③ Water/Wine 리필 서비스의 경우 기내식 서비스가 끝난 후에 물과 와인의 잔량이 1/3 이하인 경우에 리필한다. ④ Hot Beverage 서비스 : 디저트와 함께 드실 수 있도록 승객의 식사 속도를 감안하여 반드시 2회 이상 리필하며, 항상 뜨거운 상태로 서비스한다. ⑤ 트레이 회수는 기내식 카트 상단에 리필용 물, 그 밖의 음료, 핸드 타월을 준비하고 회수한다.

4) 착륙업무

가) 착륙 전 업무

객실승무원의 착륙 전 업무로 ① 객실 정리·정돈 및 Aisle 담당승무원의 담당구역별로 aisle, 화장실, 승객좌석주변, seat pocket 등을 정리·정돈 업무가 있다. Galley 담당승무원의 경우 서비스용품을 정리하고, dry item 및 liquor inventory list를 작성한다. ② 입국서류 작성확인 업무로 전 승무원은 담당구역별로 서류작성에 협조하고 UM(under minor)과 TWOV(transit without visa) 승객 등 도움이 필요한 승객의 입국서류 작성을 도와준다. ③ Galley 내 Compartment Seal 및 Lock을 한다. ④ 승객의 착륙준비 점검 및 승무원 착석을 한다.

나) 착륙 후 업무

객실승무원의 착륙 후 업무로 ① 승객의 안전을 위하여 Taxing 중에는 반드시 착석하도록 한다. ② 사무장의 방송에 따라 전 승무원은 Slide Mode를 변경하고, Cross Check한 후에 사무장에게 수신호를 보낸다. ③ Door Open 및 승객하기 시 사무장은 fasten seat belt sign이 꺼진 것을 확인한 후에 지상직원에게 door open 허가사인을 주어 door를 열도록 한다. 또한 운송담당직원에게 ship pouch를 인계한다. 탑승구에서 farewell 인사를 하고 하기순서에 따라 승객을 하기시킨다. ④ 기내점검 : 화장실 용품을 회수하고 slide mode, 인수인계품, 승객유실물 등을 확인한다. ⑤ 기내 Sky Shop 판매품 인계 최종 점검, ⑥ 승무원이 하기한다.

다) 도착 후 업무

항공기가 목적지에 도착하면 승무원은 다음과 같은 업무를 수행한다. ① 서비스품목 인계 업무로 항공기용품은 탑재된 위치에 보관한다. Hard Drink로서 Liquor 등은 Liquor cart 또는 carrier box에 넣어 봉인을 하고 Liquor seal number 인수인계서를 작성하여 탑재원에게 인계한다. 기물은 출발 시 cart 또는 carrier box에 보관하고 기내 비치용 기물을 제외한 기타 모든 서비스 용품은 galley 선반 등 하기가 용이한 위치에 보관한다. ② Flight Coupon을 인계하고 항공기 내 판매대금을 반납하고 공지사항 및 메일박스를 확인함으로써 비로소 해당 항공 서비스 업무를 마무리한다(김경숙, 2003).

나. 승무원의 길

1) 국내외항공사의 객실승무원 채용현황

항공사별 객실승무원 채용 현황을 각 항공사의 홈페이지 등의 자료를 통해 살펴보면 다음과 같다(홍미진, 2012).

국내항공사는 대형항공사와 저가 항공사로 구별되며 대형항공사에는 대한항공, 아시아나항공이 있으며 국내 저가항공사에는 제주항공, 진에어, 에어부산, 이스타항공, 티웨이 항공 등이 있다. 이들 항공사들은 각항공사 홈페이지에서 직접 채용방식을 하고 있으며 서류전형을 거쳐 1차 실무면접과 영어구술시험 및 임원면접과 신체, 체력검사를 진행하고 있다.

국내항공사 객실승무원 면접 시 기업의 이미지를 중시하는 영향으로 지원자의 자질 및 태도와 더불어 외모에 많이 치중하고 있다. 최근까지 한국인 객실승무원을 빈번히 채용하고 있는 외국항공사를 크게 동남아, 중국, 중동, 유럽 항공사 등 지역별로 나누어 채용현황과 특징을 살펴보면 다음과 같다.

동남아지역에서는 싱가포르항공, 말레이시아항공, 타이항공, 에어아시아, 베트남항공, 필리핀항공 등에서 한국인 객실승무원을 채용 중이며 중국지역으로는 캐세이퍼시픽, 마카오항공, 드래곤에어, 동방항공, 상해항공, 남방항공, 에어차이나항공 등에서 한국인 객실승무원의 채용이 빈번히 이루어지고 있다.

근면하고 성실한 한국인의 특성을 선호하는 중동지역에서는 에미레이트항공, 카타르항공, 에티하드항공, 오만항공, 걸프항공 등에서 한국인 객실승무원을 채용하고 있으며, 영어실력을 중요시하는 유럽지역에서 또한 한국인 객실승무원을 채용하고 있고 유럽지역 항공사에는 루프트한자, 네덜란드항공, 핀란드항공 등이 있다.

항공사마다 다양한 면접방식과 특징이 있다. 항공사에서 직접 채용진행을 하는 국내항공사와 달리 외국항공사는 승무원양성학원이나 한국산업인력공단(http://www.worldjob.or.kr)에서 주최하거나 헤드헌터업체가 위탁받아 최종면접에서만 현지 외국인 면접관들이 참여해 직접 채용하는 경우가 많다.

동남아지역의 항공사는 기존 국내항공사 면접방식과 유사한 단체면접방식으로 진행되며, 한국에 있는 승무원학원에서 학원재학생을 대상으로 특채로 채용하거나 공채로 채용하기도 한다.

중국지역의 항공사는 국내와 같이 각 항공사 홈페이지에서 직접채용을 하고 국내면접방식과 유사하며, 한국어 기내방송 읽기가 포함된다.

중국지역항공사는 면접 시 걸음걸이 및 외모를 중시하며, 중국어 가능자 또한 우대하고 있다.

중동지역항공사는 영어실력을 중상 이상 요구하며, 피부와 고른 치아가 면접에서 중요시되고 있다.

중동지역항공사의 면접방식에는 크게 두 가지로 나누는데 첫째, open day방식(http://www.qatarairways.com)이다. 매달 각 항공사 홈페이지에 면접일정(면접장소, 시간 언급)이 공지되어 있다. 일정을 보고 지원하고자 하는 면접장소로 영어이력서를 지참하고 참가하는 면접방식이다. 초대장(invitation)이 필요없는 면접 방식이다. 둘째, 일종의 서류전형을 거치는 면접방식인 Assessment day방식(http://www.etihadairways.com)이다. 항공사 홈페이지에 일정과 장소를 보고 면접을 보고자 원하는 나라를 클릭하여 직접 홈페이지를 통해 이력서를 제출하고 서류가 통과되어야 면접을 치르는 방식이다. 서류합격의 이메일 초대장(invitation)이 이메일로 오면 면접장소로 가서 면접에 참가하는 방식이다. 그 외 한국산업인력공단에서 주최하여 공채로 진행되는 방식이 있으며 한국산업인력공단 홈페이지에 채용공지가 뜨면 직접 이력서와 자기소개서를 첨부하며 서류가 합격된 뒤 면접전형을 치른다. 그 외 항공사의 위탁을 받은 승무원관련 학원에서 공채로 채용공지를 띄워 면접을 진행하기도 한다.

유럽지역의 항공사는 한국산업인력공단에서 주최하거나 헤드헌터업체와 함께 진행하며 영어실력을 우선시하며 서비스경력자를 우대하고 있다.

외국항공사 채용은 비정기적이며, 한 번에 많은 인원을 채용하지는 않지만 전 세계에 한국인 객실승무원의 근면, 성실함을 인정받아 앞으로 채용전망은 밝을 예정이다.

〈표 11-2〉 **객실승무원 채용항공사 현황 및 특징**

지역	채용항공사(채용종류)	채용 방식 및 특징
한국	대한항공(국내선/국제선/경력) 아시아나항공(국내/국제/경력) 진에어(신입/경력) 에어부산(신입/경력) 제주항공(신입/경력) 이스타항공(신입/경력) 티웨이항공(신입/경력)	• 항공사 채용 사이트에서 직접 채용 • 서류-실무면접-임원면접-체력테스트
중동	중동에미레이트항공 카타르항공 오만항공 걸프항공	• 영어실력 중상 이상 • 피부, 고른 치아가 중요함. • Open day, Assessment day • 한국산업인력공단 주최 공개 채용 • 승무원양성학원 대행

지역	채용항공사(채용종류)	채용 방식 및 특징
유럽	핀란드항공 루프트한자 KLM(네덜란드항공) 에어프랑스	• 한국산업인력공단 주최 공개 채용 • 국내헤드헌터업체와 함께 진행 • 영어실력이 우선 • 서비스경력자를 우대함.
중국	케세이퍼시픽항공 드레곤에어 동방항공 해남항공 상해항공 남방항공	• 단체 면접방식 • 한국어 기내방송 읽기 • 워킹 및 외모중요 • 미인대회출신 우대 • 중국어가능자 우대 • 항공사 채용사이트에서 직접 채용
동남아	타이항공 싱가폴항공 필리핀항공 베트남항공 말레이시아항공 에어아시아 타이거항공	• 국내항공사와 유사한 면접방식 • 승무원학원의 특채 및 대행

자료 : 홍미진(2012).

2) 국내 항공사 채용 절차

국내항공사의 객실승무원 채용절차를 살펴보면 다음과 같다.

〈그림 11-1〉 국내 항공사의 승무원 채용 절차

– 대한항공

서류 전형 〉 1차 면접 〉 2차 면접 〉 최종 면접 〉 KALSAT 〉 건강검진 체력/수영 TEST 〉 최종 합격

– 아시아나 항공

온라인 입사 지원 〉 서류 전형 〉 1차 실무자 면접 〉 2차 임원면접 /영어구술 /인성검사 〉 건강검진 체력측정 〉 최종(종합) 합격자 발표 〉 입사

– 에어부산

입사 지원 〉 서류 전형 〉 1차 면접 〉 인적성 검사 및 체력검사 〉 2차 면접 〉 건강 검진 〉 최종 합격자 발표

일반적으로 항공사 객실승무원의 면접 유형은 ① 집단면접, ② 그룹토의면접, ③ 위원회면접, ④ 영어 면접 등이 있다. 이때 면접에서 가장 중요한 점은 첫인상이다.

다. 객실승무원의 직업존중감과 감정노동

관광산업에서는 타 산업과 달리 인적 서비스 의존도가 높은 특성으로 인해 감정노동(emotional labor) 개념이 새로운 이슈로 부각되고 있다. 이러한 감정노동은 표면행위(surface acting) 또는 진심행위(deep acting)를 통해서 수행된다고 보았다(Hochschild, 1979, 1983). 특히 표면행위의 감정노동은 종사원이 실제 느끼는 감정과는 다른 감정적 표현을 하기 위한 시도로서 얼굴 표정, 제스처, 목소리 톤과 같은 언어적 또는 비언어적 표현에 의해 이루어진다. 특히 감정노동은 언어적, 비언어적 수단들을 통하여 실제와 다른 감정을 위장하여 표현하고 실제 감정표현을 의도적으로 자제하는 표면행위와 자신이 보이고 싶어 하는 감정을 실제로 경험하려고 노력하는 진심행위로의 대응은 감정노동에 따른 정서적 부조화를 야기할 수 있다고 보고 있다(김민주, 1998). 한편 감정노동과 대비되는 개념으로서 직업존중감(job esteem) 개념은 직무 태도(job attitudes)의 개념이며, Miller(1999)는 직업존중감을 구성하고 있는 요소로 직업 관여도(job involvement), 직업관련 아노미(anomie), 직업 만족도, 직업관련 존중감, 자아 존중감, 직업에 대한 윤리로 보고 있다.

이들 개념에 대한 최근의 연구(박중환, 2014)로 직업존중감과 감정노동 간의 상쇄효과를 분석하기 위해 AHP(analytic hierarchy process) 분석[20]을 실시하였는데, 그 결과 항공사 여 승무원들의 경우 직업존중감이 감정노동에 비해 상대적으로 큰 것으로 나타났다. 한편 여 승무원들의 경우 나이가 들수록 그리고 근무연수가 많을수록 직업존중감이 떨어지는 것으로 나타났으며, 이들의 감정노동의 경우 상대적으로 커지는 것으로 나타났다. 따라서 항공사에서는 항공기 탑승객과 직접 대면하고 있는 승무원들은 그 항공사를 대표할 뿐만 아니라 승무원의 고객에 대한 언어적 및 비언어적 감정표현은 서비스 생산 및 배달의 성공과 실패를 결정하는 중요한 요인이라는 점을 인식하고, 직업존중감이 고양될 수 있도록 정신적 인센티브와 물질적 인센티브 프로그램, 즉 사회적 평판 및 경제적 요인을 강화함으로써 직업존중감을 강화할 수 있다는 점이다. 조직 및 직

20) AHP(analytic hierarchy process) 분석은 다수 대안에 대한 다면적 평가기준을 통한 의사결정지원 방법의 하나로 각 요인들의 상대적 중요도를 각각 쌍대 비교(pairwise comparison)하는 기법임.

무요인으로 교육 및 훈련프로그램, 그리고 동료와의 관계를 강화하기 위한 다양한 프로그램을 도입해야 할 것이다.

3 항공 예약업무

항공사의 주된 상품은 항공기의 좌석이므로 좌석예약이 주종을 이룬다. 그러나 항공사는 좌석예약 이외에 승객이 항공여행을 하는데 필요한 거의 모든 서비스 및 정보를 제공하고 있다. 항공사의 예약서비스의 종류는 다음과 같이 분류할 수 있다(김경숙, 2003).

첫째, 항공여정 작성 및 좌석 예약 업무로 이는 세계 어느 곳이든지 최종 목적지 까지 승객의 원하는 행선지를 여행할 수 있도록 전 세계 항공사의 시간표(O.A.G.) 등을 참조하여 항공여정(flight itinerary)과 관광루트의 시간을 작성해 주며, 항공좌석의 확보를 위하여 컴퓨터를 이용해 신속하게 처리해 준다.

둘째, 부대 서비스(auxiliary services) 업무로 이는 항공 여행자가 항공일정 이외의 여행을 위해 필요한 서비스를 예약해 주거나 편리한 여행이 될 수 있도록 해 준다. 부대 서비스는 다음과 같은 사항들이 포함된다. ① 호텔예약(hotel reservation) 및 관광예약(tour reservation) 서비스로서 호텔 및 세계 주요도시별로 관광명소, 가볼만한 곳의 정보 등을 제공하고 예약을 한다. ② 렌터카 서비스업무로 여행자에게 승용차를 대여해 줌으로써 여행의 편의성을 제공한다. ③ 기타 교통편 예약(surface transportation) 서비스 업무로 여행과 연결되는 Air Taxi, 선박, 철도, 공항과 공항간의 지상교통의 예약을 가능하게 한다.

셋째, 특별 기내식 요청(special meal) 서비스로 이는 승객이 건강 또는 종교상의 이유로 특별기내식을 좌석예약 시에 요구하면 추가요금의 부담없이 출발 2일 전까지의 예약을 받아 제공하고 있다. 기내에서 제공되는 특별식의 종류에는 ① 종교상의 특별식, ② 건강 및 신체상의 특별식 그리고 ③ 축하를 위한 특별식 등이 있다.

넷째, 도착 Information 서비스로 이는 도착 목적지에 있는 친지나 필요한 사람에게 여행자의 도착연락(arrival notice)서비스를 제공한다.

다섯째, 특별한 보호나 주의가 필요한 승객 서비스로 이는 환자, 비동반소아, 임산부, 노인 등과 같이 항공여행 중에 특별한 주의가 필요한 승객의 정보를 제공한다. 여섯째, 기타 여행정보서비스로서 이는 환율, 출입국 관련 절차 등 여행목적지에 대한 각종 정보를 제공한다. 한편 온라인상에서의 항공권 판매의 경우 항공업계의 전자상거래의 비중은 장차 더욱 확대되고 있다. 항공업계는 운영비용 절감 및 기존의 시장점유율을 지속적으로 유지한다는 입장에서 이에 대한 관심이 집중되고 있다. 온라인상에서의 항공권 판매의 형태를 살펴보면 다음과 같다. 첫째, 항공사 웹사이트를 통해 항공권을 판매하는 방법이다. 대부분의 항공사들이 운영하고 있으며 항공권예약, 항적추적, 마일리지 프로그램 등의 혜택을 고루 받을 수 있다.

둘째, 온라인 대리점(GDS : global distribution system)을 통한 판매로서 항공사들이 다자 간 협력을 통한 지역연합 컴퓨터 예약시스템으로 온라인 여행 대리점들이 만든 사이트이다. 대표적으로는 Travelocity.com, Expedia.com, Trip.com과 같은 사이트이다. 항공권예약, 항공권가격비교 및 스케줄 조회, 호텔 및 렌터카 예약 등이 가능하지만 마일리지 혜택과 저렴한 항공권가격의 혜택이 없다는 것이 단점이다.

셋째, 연합항공사 웹사이트(multi-airline site)를 통한 판매로 온라인 대리점을 통한 항공권판매가 대표적인 온라인 대리점에 의해 거의 선점되었다. 이에 항공사들이 소비자에게 더 많은 선택의 기회를 제공하고자 연합항공사 사이트를 개설하였다. 대표적인 예로서 델타, 콘티넨탈, 노스웨스트, 아메리칸 항공사가 연합하여 만든 오비츠(Orbitz) 사이트를 들 수 있다. 또한 브리티시 항공과 같은 유럽항공사들이 연합한 T3 사이트도 계획 중에 있다. 이에 대응하여 국적기인 대한항공과 아시아나가 자본제휴를 통한 종합여행 포털사이트인 에어라인 포털 서비스를 계획하고 있다. 이는 미국의 프라이스라인닷컴(priceline.com) 등 해외 온라인 항공사들이 자금력을 앞세워 한국 내 영업을 시도함에 따른 조치이기도 하다. 항공사 웹사이트와 온라인 대리점을 통한 모든 혜택을 받을 수는 있지만 덤핑으로 항공권을 팔지 못하는 단점이 있다.

넷째, 경매사이트를 통한 항공권 판매이다. 대표적으로는 Priceline.com, Hotwire.com, Auctionfares.com을 들 수 있다. Priceline.com은 Name-your-own- price라는 역경매방식의 새로운 항공권 매매방법을 선보이고 있다. 항공권을 싸게 구입하는 장점도 있지만 다른 서비스는 받을 수 없다. 이 방식은 항공권을 구매하고자 하는 사람이 대략적으로 정해진 여행일정에 구매가격을 Priceline에 알려준다. Priceline은 소비자가 제시한 가격의 수용 여부를 결정한다. 제시한 가격이 수용되면 소비자는 반드시 항공권을 구매하여야 한다. 고객은 제시한 가격이 수락된 다음에야 비로소 항공사, 경유지 등의 정보를 알 수 있다. 항공사의 수수료가 아닌 항공권이 매매되는 과정에서 발생되는 차액에서 수익을 얻고자 한다.

다섯째, 기존의 여행사가 온라인 판매를 제공하기 위하여 만든 사이트이다. 항공권 예약을 비롯하여 여행객에게 제공되는 혜택은 많다.

제2절 | 카지노업과 경영가치모델

1 카지노산업의 이해

카지노의 어원은 갬블링, 음악, 쇼, 댄스 등 여러 가지의 오락 시설을 갖춘 집회장(작은 집)이라는 의미의 이탈리아어 카자(casa)에서 유래하였다.

국어사전에서는 카지노는 음악, 댄스, 쇼 등 여러 가지 오락시설을 갖춘 실내 도박장으로 정의하고 있으며, Webster' s College Dictionary에 의하면 카지노란 모임, 춤 그리고 특히 전문 갬블링(professional gambling)을 위해 사용되는 건물이나 넓은 장소라고 정의되어 있다. 또한 우리나라 관광진흥법에는 관광사업의 종류의 하나로서 카지노를 전문영업장을 갖추고 주사위, 트럼프 등 특정한 기구 등을 이용하여 우연의 결과에 따라 특정인에게 재산상의 이익을 주고 다른 참가자에게 손실을 주는 행위 등을 하는 업이라고 규정하고 있다.

최근에는 범국가적 차원에서 카지노산업이 관광산업 중 비교적 규모가 큰 외화획득산업이라는 점과 관광승수효과, 즉 연관산업효과가 큰 산업으로 인식전환이 되가고 있다.

이처럼 카지노산업의 확산은 카지노가 단순히 도박이라는 차원에서 벗어나 삶의 활력소를 얻기 위한 여가활용의 측면이 강조되고 있음을 보여주고 있다. 또한, 최근 전세계적으로 카지노를 레크리에이션의 한 형태로 또는 소득증대 및 경제부흥정책의 하나로 인식하는 추세가 확산되고 있다.

따라서 카지노는 관광산업의 한 영역을 차지하는 관광산업으로서 인바운드 관광객이 관광 과정에서 즐기는 관광활동의 하나로 여가 선용을 위한 건전한 위락형 게이밍산업(gaming industry)으로 인식할 필요가 있다.

1980년대 이후 카지노산업은 세계적인 확산 추세로 가속화되어 도박을 금기시하는 사회주의 국가인 중국에서도 외국인 전용의 카지노 개설을 서두르고 있으며, 독립국가연합이나 동구권 여러 나라에서도 이미 활성화되어 있다. 호주, 사이판, 싱가포르, 태국 등에서도 신규 개설 또는 증설하고 있는 실정으로 카지노는 전 세계적으로 130개국 2,400개 업체가 운영되고 있으며 카지노산업이 활성화되고 있다.

2 세계 10대 카지노 대국 및 추세

관광수입이 세계 10위권에 속하는 미국, 스페인, 프랑스, 영국, 독일, 중국(마카오) 등은 카지노산업에서도 세계 10대 카지노 대국인 것으로 나타났다. 이와 같이 관광대국이 카지노산업을 육성한다는 사실은 카지노가 관광상품의 중요한 부분을 차지함을 시사해 준다. 이는 카지노가 단순한 도박의 개념에서 벗어나 관광객의 욕구를 충족시켜 주는 합법화된 여가활동, 즉 게임으로 간주되고 있음을 의미한다.

〈표 11-3〉 세계 10대 카지노 대국

국가	외래관광수입(2012년)		국가	카지노	
	(10억달러)	순위		개소	순위
미국	126.2	1	미국(카드룸 포함)	829	1
스페인	55.9	2	프랑스	170	2
프랑스	53.7	3	영국	130	3
중국	50.0	4	캐나다	51	4
마카오	43.7	5	독일	51	5
아탈리아	41.2	6	남아프리카공화국	40	6
독일	38.9	7	중국(마카오)	28	7
영국	36.4	8	스위스	26	8
홍콩	32.1	9	스페인	25	9
호주	31.5	10	아르헨티나	23	10
한국	14.2		한국	17	15

자료 : 김지영(2013) 및 문화체육관광부(2013)의 내용을 조합함.

21세기에 들어 카지노산업은 크게 변하고 있다. 우선 국제적으로 볼 때, 리조트 형태의 카지노가 두드러지고 있는데, 이는 카지노의 대중화를 의미한다. 이러한 카지노 리조트를 성공적으로 발전시킨 곳은 라스베이거스(Lasvegas)이다. Treasure Island Hotel Casino의 보물섬, Mirage Hotel Casino의 화산폭발장면 등은 대중관광객을 끌어들이기에 충분한 대규모 테마파크들이다. 연간 라스베이거스를 방문한 관광객 수는 3,900만 명 이상으로 이제 라스베이거스는 미국인들이 선호하는 두 번째 여름휴가장소로 손꼽히고 있다. 또한 라스베이거스를 방문한 외국인들은 약 360만 명을 넘고 있어 국제관광지로서도 인기를 끌고 있다.

아시아에서는 말레이시아 겐팅하이랜드가 카지노 리조트를 선도하고 있다. 해발 1,800m 고지에 위치한 겐팅하이랜드 리조트는 실내외 테마파크, 골프장, 6개 호텔, 고객수송용 케이블카 등을 갖추고 있다. 최근에는 세계에서 가장 큰 호텔을 건설한다는 야심찬 목표 아래 6,200실 규모의 호텔을 건설했다.

마카오는 라스베이거스에 기반을 둔 대형 카지노업체에게 허가권을 부여한 결과, 2007년 최초로 라스베이거스 매출을 추월하여 가장 큰 카지노시장으로 등극했다. 대규모 카지노는 2004년 'Sands' 카지노가 처음 개장했으며, 이어서 Venetian, MGM Grand, Wynn 등이 잇달아 개장했다. 한편 싱가포르에서는 카지노의 사회적 부작용에 대한 우려에도 불구하고 관광객 유치를 위하여 2개의 카지노를 허가했으며, 하나는 2010년 말레이시아 겐팅하이랜드(Genting Highland)사가 센토사섬(Sentosa Island) 사가 마리나 베이(Marina Bay)에 각각 카지노를 운영할 예정이다(김지영, 2013).

이러한 리조트형 카지노의 특징은 가족동반객을 포함한 대중관광객들을 유치함으로서 테이블게임 위주의 한정된 시장을 극복하고, 관광인프라 구축을 통한 새로운 대중관광시장을 개척하기 위한 시도라고 볼 수 있다. 이러한 측면에서 리조트 카지노에 대한 국제적인 추세는 가속화될 것으로 전망된다. 결국 아시아 국가들은 관광객 유치와 지역경제 활성화를 목적으로 카지노를 합법화하거나 확대하고 있으며, 대규모 리조트 카지노를 계획하고 있다(김지영, 2013).

우리나라의 경우 중국인 관광객이 급증하면서 국내 카지노 업계에도 '중국 열풍'이 불고 있다. 외국인 전용 카지노의 입장객 수는 2012년 기준으로 국적별로 보면 중국인이 40.7%로 가장 많았으며, 그 다음이 일본인으로 33.0%를 점유했으며, 3위인 대만인은 3.3% 수준이었다. 카지노 시장점유율은 다음 그림과 같다.

〈그림 11-2〉 카지노시장 점유율

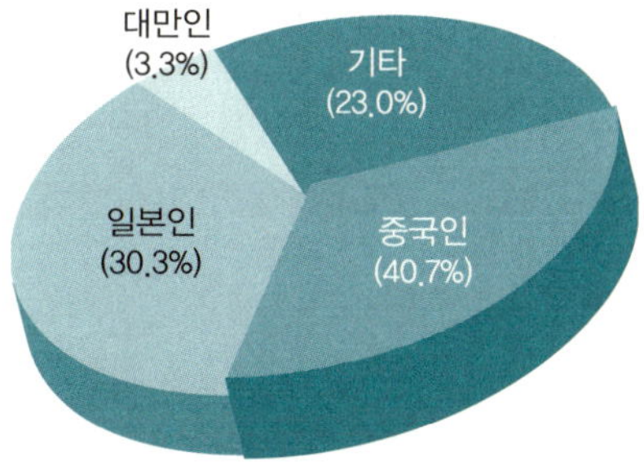

우리나라는 현재 총 17개의 카지노가 운영되고 있으며, 그 중 외국인 전용 카지노가 16개, 내국인도 출입할 수 있는 카지노는 강원랜드 1개다. 외국인 전용 카지노 16개 중 절반인 8개가 제주도에 있으며, 나머지는 서울 3곳, 부산 2곳, 대구 1곳, 인천 1곳, 속초 1곳에 있다. 외국인 전용 카지노 16개 업체의 2012년 매출액은 1조2510억 원, 입장객은 238만여 명이었다. 그리고 우리나라 카지노 매출액 추이를 살펴보면, 다음과 같다.

〈그림 11-3〉 우리나라 카지노 매출액 추이

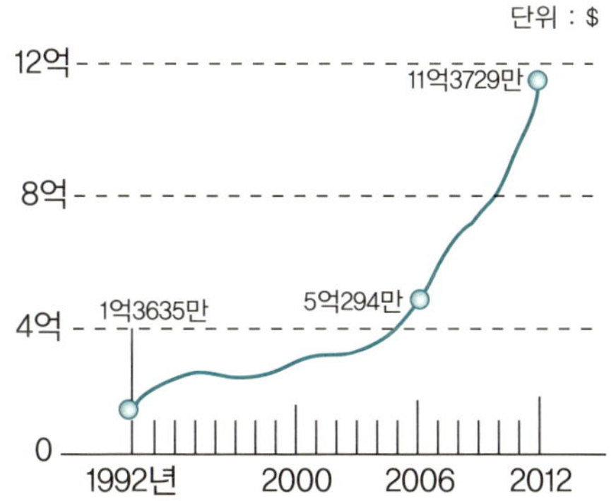

자료 : http://joongang.joins.com(2014.1.28.).

한편 2013년 12월에는 'LOCZ 코리아인베스트먼트(리포&시저스)' 가 문화체육관광부에 카지노 허가를 위한 사전 심사를 신청했다. 'LOCZ 코리아인베스트먼트' 는 인천 영종도 미단시티에 외국인 전용 카지노가 포함된 복합리조트 개발을 추진하고 있다. 5억 달러 이상의 투자 계획을 밝혔으며, 카지노 심사 신청 요건에 따라 5000만 달러 이상을 사전 납입한 상태다. 문화체육관광부는 심사 신청 후 60일째에 해당하는 3월 3일까지 카지노 사전심사에 대한 적합 여부를 통보할 예정이다. 또한 파라다이스 그룹은 기존 영업장을 영종도로 확장, 이전할 계획이다. 2017년 개장을 목표로 약 1조9000억 원 규모의 '파라다이스 시티'를 영종도에 건립예정이다. 4월 착공하는 이 리조트의 면적은 축구장 47개 규모다. 700실이 넘는 특1급 호텔, 다목적 공연장과 쇼핑시설 등이 함께 들어설 예정이다(http://joongang.joins.com, 2014.1.28.).

이러한 주변 국가의 움직임들은 우리나라 카지노산업을 계속 위협할 것으로 예상되므로 우리나라 정부에서도 카지노산업에 대한 정책 변화가 필요한 시점이다. 또한 외국인 전용 카지노의 확대와 크루즈를 이용한 선상카지노 허가를 모색할 필요가 있다.

3 카지노의 주요 부서 인적구성 및 업무

1) 주요 부서 인적구성 및 업무

여기서는 카지노 업무와 관련하여 주요 부서 인적구성 및 업무를 살펴보기로 한다(오수철·김병국·김영표·허광무, 2012).

가) Dealer

게임테이블에 배치되어 고객과 직접 게임을 진행하며, 카드와 칩을 다룰 수 있도록 고도의 숙련된 기술이 필요하다. 게임테이블의 청결 유지, 칩 및 카드 숙달된 기술과 관리, 게임고객 행동을 주의 깊게 감시할 능력이 필요하다.

카지노영업장 내에서 이루어지는 각종 게임을 진행(conduct)하는 직원으로 게임의 종류 및 행위에 따라 호칭을 달리한다. 즉 Rolette의 경우 Croupier, Mucker라 칭하며, Blackjack의 경우 Twenty-one Dealer라 칭한다. Baccarat의 경우 Callman, Payman, Scooper라 칭하며, Craps의 경우 Stickman, Boxman, Payman, Laddor-man이라 칭하며, Keno의 경우 Rummer, Writer라 칭한다.

나) Floorman(Pit Boss)

주임급부터 계장, 대리, 과장급까지 게임테이블을 운영할 책임이 있는 간부로, Dealer의 관리, 근무배치, 딜러 근무평가, Pit 지역 청결유지, 교육 등을 담당하고, 고객접대, 담당 테이블의 상황을 위 상사에게 보고한다.

다) Shift Boss(shift manager)

과장급부터 차장, 부장급까지로 Shift의 책임자로, 해당 Shift에 대한 전반적인 운영책임, 인력관리, 영업장 내의 재물 및 시설을 관리·유지, 고객 불평불만 처리, 각종 보고서 및 영업분석, VIP고객 접대 및 관리, 영업정책 수립, 영업장 지휘 및 감독한다.

라) General Manager & Assist Manager

차장, 부장급에서 이사급까지로서 카지노운영에 있어 전반에 걸쳐 최고의 책임자이다. 각종 보고서 확인, 영업분석, 영업에 관한 정책수립, 고객 불평불만 처리, VIP고객 접대 및 관리, 해당 부서의 인력관리, 카지노시설관리, 일일운영에 대한 책임을 진다.

마) Cage

영업장 내의 현금출납을 관장하는 곳으로 Accounting 부서 또는 관리부서에 속한다. 카지노 Cage는 종종 '카지노의 심장'으로서 필수적 신경 조직의 중심이라 불린다. 카지노 Cage의 인적구성은 ① Credit Manager, ② Shift Manager, ③ Cashier, ④ 환전 비서, ⑤ 고객의 은행정보나 신용상태를 확인하고 서류를 작성하는 환전 서기, ⑥ 카지노 지배인을 보좌하고 수금을 하는 Collection Manager 등이 있다.

바) Bank

영업장 내의 Chips, Card 출납을 관장하는 곳으로, 게임테이블에 Chips를 Fill 또는 Credit하는 업무를 담당한다. Bank는 영업부에 속하며, Bank가 없는 부서는 Cage에서 업무를 수행한다.

사) Security

보안 또는 섭외라는 명칭으로 불리며, 영업장 내의 안전유지 및 외부인(영업장 출입을 할 수 없는 자)의 통제 및 카지노 재산보호에 그 임무가 있다.

아) Surveillance Room

Monitor Room이라고 불리며, 전 영업장을 감시·보호·녹화하여 어떤 분쟁이 발생하였을 때 자료를 제공하고, 종사원(employee), 고객(customer), 게임테이블(game table) 등의 상황을 심사·분석할 수 있는 기능의 역할을 한다.

자) Greeter

판촉부 소속으로, 고객의 접대 일체를 담당하는 직원으로 신용대출(C. R), 무료접대 권한은 없다.

차) Host

판촉부 소속으로 VIP고객(high roller)을 초청하여 게임을 즐길 수 있도록 접대 일체를 담당하는 직원으로 신용대출(C. R), 무료접대 권한도 갖고 있다.

카) Casino Bar

카지노에 입장한 고객에게는 주류, 음료, 식사 등을 무료로 제공하며, 이곳에 종사하는 직원도 Casino Employee로 Bartender, Cook, Waitress 등이 있다.

타) Information Desk(Check Room)

카지노에 입장하는 고객에게 입장권 발권 및 카지노 안내, 게임 설명 및 귀중품 보관 등의 업무를 대행한다. 그 밖의 명칭으로 해외 카지노에는 Lugger, Pugger, Collector로 불리는 직원들도 있다. 이외에 직원으로는 일반사무직과 같은 관리부 직원으로 총무, 경리, 인사, 자재, 기획, 비서, 전산, 서무직 등이 있으며, 영선, 기사, 미화 등의 직원도 있다. 위의 직원은 소속된 부서 및 조직 속에서 근무수칙에 의거 업무가 대행된다.

2) 카지노 딜러의 매력

카지노 딜러를 희망하는 전공자들이 늘고 있다. 왜냐하면 여학생의 경우 연봉이 대기업 수준이기 때문이다. 카지노업계 신입사원 초임은 통상 3000만 원 후반에서 4000만 원 초반이며, 여기에 성과급이 따로 있다. 최근 파라다이스의 직원 1인 평균급여액은 남자직원이 약 8000만 원, 여직원이 6000만 원 정도이다. 국내 카지노업체는 총 17곳으로 파라다이스그룹과 GKL(Grand Korea Leisure)과 같은 외국인 전용 카지노업체가 16곳, 강원랜드와 같은 내국인 전용 카지노업체 1곳이 있다. 카지노의 경우 딜러의 성별은 통상 남자 대 여자가 4대 6 비율로 여성 딜러가 더 많은 실정이며, 여성 직원의 복지에 신경을 더 많이 쓰는 여성 친화적 직장이다. 따라서 관광을 전공한 여학생이 매우 유리하다. 그렇다면 카지노 딜러는 어떻게 뽑을까? 전형 과정은 서류접수, 인·적성검사, 면접으로 보통 대기업 채용 절차와 비슷하다. 카지노 딜러의 경우 업무특성 상 서비스 마인드와 용모 그리고 외국어 커뮤니케이션 능력이 중요하다.

4 카지노 시장의 유형

일반적으로 카지노 시장은 베팅액수를 기준으로 시장세분화를 하고 있으며, ① 고액을 베팅하는 VIP(high roller) 시장, ② 소액베팅자(grind player), ③ 당일고객(day visiter), 그리고 ④ 오로지 게임을 목적으로 카지노를 찾는 정킷(junket) 시장이 있다(한국관광학회편, 2009).

또한 Lee, Lee, Bernhard, & Yoon(2006)에 의하면, 카지노 방문동기를 중심으로 시장세분화를 하기도 한다(한국관광학회편, 2009). ① 도전·승부 추구자(challenge·winning seeker) 시장으로 이들은 카지노 방문동기가 주로 도전이나 승부를 목적이다. 이들은 혼자 방문하여 비교적 오랫동안 체류하며, 테이블게임을 선호하며, 소득수준은 비교적 높은 편인 것으로 나타났다. ② 다목적 갬블링 추구자(multi-purpose gambling seeker) 시장으로 이들은 다목적으로 카지노를 방문하는 집단으로 중간 정도의 베팅을 하며, 카지노를 가족이나 친구와 함께 즐거움이나 사교수단으로 즐기는 경향이 있는 것으로 나타났다. ③ 단순 갬블링 추구자(light gambling seeker) 시장으로 이들은 카지노 방문 동기가 비교적 단순하며, 단순한 슬롯머신을 선호하며, 가족, 친구와 함께 방문하는 경향이 있는 것으로 나타났다.

제3절 | 크루즈산업과 경영가치모델

1 크루즈산업의 이해

21세기 여가사회의 도래와 함께 세계 크루즈산업은 경제성장과 더불어 지난 30년간 가장 많이 성장한 관광분야 중의 하나로 해운산업 중에서 가장 부가가치가 높은 미래산업으로 인식되어 해운강국을 중심으로 크루즈사업 활성화 움직임이 일고 있다. 승객의 꾸준한 증가, 선사들의 지속적인 영업전략, 크루즈상품의 다양화에 따른 수요유발, 그리고 특히 최근 유럽 및 아시아지역의 급속한 경제성장 등으로 1985년 이후 크루즈산업의 연평균 성장률은 8% 포인트를 기록하며, 수요 측면에서의 성장잠재력이 확대되고 있다.

세계 지역별 크루즈의 수요는 북미, 유럽, 기타지역으로 대별할 수 있으며, 북미시장이 68%, 유럽 19%, 아시아 7%의 비중을 차지하고 있는 것으로 나타났다(하명신·박경희, 2007). 국제적으로 크루즈에 대한 인기가 증가하게 되어 1970년대 이전의 모든 선박들은 미국 항내에서 출발하여 고정적인 항구를 오가는 여객운송의 형태로 운항되어 왔으나, 오늘날은 미국의 Miami 등이 주요 크루즈 항구로서 그 명성을 더해가고 있다. 현재 크루즈 여행이 활발하게 펼쳐지고 있는 지역은 카리브해역이 가장 으뜸이며, 지중해, 남태평양, 하와이, 멕시코, 북유럽의 피요르드 해안, 알래스카 등을 들 수 있는데, 크루즈는 이제 관광산업의 중요한 부분이 되고 있다.

일반적으로 크루즈는 크루즈 투어를 포함하는 관점으로 널리 통용되고 있는데, 이에 대해서 서태양은 "크루즈를 이용한 독특한 관광여행으로 정기노선의 객선이 아닌 여행업자 또는 선박회사가 포괄하는 요금으로 관광객을 모집하여 운항하는 것으로 위락추구 여행자에게 다수의 매력적은 항구를 방문하게 하는 해안 항해여행"이라고 정의하였다. 한편 사전적으로는 'voyage for pleasure rather than for transport, usually departing and returning to the same port'로 정의하고 있다. 이는 단순한 운송목적보다는 위락을 목적으로 하는 여행객을 승선시켜 주유하고 출발한 항구로 기항하는 여행의 형태이다. 따라서 한국관광공사(1987)에서는 크루즈선에 대해 정의하기를 "숙박시설, 식음시설, 위락시설을 갖추고 수준 높은 서비스를 제공하면서 순수 관광유람을 목적으로 빼어난 관광지를 안전하게 순항하는 선박"으로 정의하고 있다.

2 크루즈의 유형과 발전과정

1) 크루즈의 유형

운항하는 장소에 따라 내륙의 호수, 하천을 이용하는 내륙크루즈와 바다를 이용하여 관광지 해안을 순항하는 해양크루즈로 나누고 활동범위에 따라 국내 영해만을 운항하는 국내크루즈와 국내와 국외를 순회 유람하는 국제크루즈로 구분하며, 대양관광 크루즈(ocean cruise), 여가관광 크루즈(leisure cruise), 하천관광 크루즈(river cruise), 전세관광 크루즈(charter cruise)로 구분할 수 있다.

크루즈의 운항유형에 따라 항만크루즈, 도서순항크루즈, 파티 크루즈, 레스토랑 크루즈, 장거리 크루즈, 외항 크루즈로 구분할 수 있다.

〈표 11-4〉 크루즈의 유형

지역		채용 방식 및 특징
장소	내륙 크루즈	내륙의 호수와 대규모 하천을 운항하는 유람선
	해양 크루즈	바다를 중심으로 운항하면서 관광목적지를 순항하는 유람선
범위	국내 크루즈	해양법상 국내 영해만을 운항하는 유람선
	국제 크루즈	자국 내 또는 외국의 항구를 순회하는 유람선
형태	항만 크루즈	• 주요 항구를 중심으로 그 주변에서 행해지는 유람선으로 미국 및 영국, 프랑스, 독일 등에서 가장 성행하는 형태 • 좌석수가 50~100개 정도에 해당하는 소형선박으로 두 시간 내외 항해
	도서순항 크루즈	정기적인 일정에 의해 운행되므로 이용되는 당일 또는 1박 2일 그 이상의 일정을 자유로이 선택하여 경관이 아름다운 섬들을 순회하며, 주요 활동으로는 해변일주, 수상스키, 낚시 등을 즐김
	파티 크루즈	일종의 전세선박으로 각 단체의 요구사항에 따라 다양하게 운영하며, 운항코스 및 서비스 내용에 따라 가격이 다름
	레스토랑 크루즈	점심 또는 저녁식사를 주로 하는 가족, 친구 등 만남의 시간을 갖는 것으로 음악, 영화 등이 곁들여짐. 전세형식이 아니라 유람선이 계획한 항로, 서비스 등 프로그램에 따라 개인적으로 표를 사서 타게 됨.
	여가관광 크루즈	대형선박을 보유한 유람관광회사에서 운영하고 있으며, 선상쇼핑, 각종 파티의 매력 등으로 이용객 증가추세
	대양관광 크루즈	대서양과 같은 대양을 건너는 외항 여객선이 오랜 항해기간의 무료함을 달래기 위해 마련한 오락시설과 행사, 이벤트 등이 발전하여 선상활동과 중간 기착지의 풍물관광을 주목적으로 운항하는 관광유람선

자료 : 이재곤(2003).

2) 크루즈의 주요 부서 및 업무

크루즈의 주요 업무는 다음과 같이 갑판부, 기술부, 호텔부(고객서비스부), 그리고 엔터테인먼트부가 있다.

〈그림 11-4〉 크루즈 주요 부서 및 업무

갑판부 deck department	기술부 technical department	호텔부 hotel department	엔터테인먼트부 entertainment department
승선 및 안전, 항해, 환경, 공중위생, 유지보수 등	기술적인 업무	모든 호텔서비스, 회계업무 등	모든 오락담당 등

3) 크루즈의 발전과정

가) 크루즈의 여명기(1830~1910년대)

1835년 Scotland Journal의 창간호에 크루즈에 관한 광고가 게재되었는데, "여행객에게"라는 제목으로 스코틀랜드의 스트롬니스를 출발하여 아일랜드와 Faore섬을 경유하여 겨울에는 스페인의 태양을 즐기러 떠날 수 있다는 꿈 같은 크루즈에 관한 내용을 소개하고 있었다. 그 이후 대서양을 횡단하는 크루즈와 카이로로 향하는 크루즈 등이 운행되었다. 또한 1889년에는 Orient Liner의 Chimborazo호와 Garrone호 등 크루즈형의 다양한 노선이 유럽지역에서 시도되었으며, 1891년 독일의 함부르크-아메리카 라인은 자사의 대서양 횡단 선박인 Augusta호의 승객수송이 겨울철에는 비수기인 점을 감안, 이에 대한 해결책으로 크루즈 상품을 출시하여 성공적인 크루즈 항해를 하게 된다.

나) 크루즈의 도약기(1920~1940년대)

미국에서는 1920년대 이후부터 증기선을 이용한 크루즈선이 등장하게 되었는데, 이때 미국에서는 주류제조·판매금지가 1920~1933까지 실시되었다. 하지만 해상에서 알코올 판매가 허용되면서 크루즈 선박을 보유하고 있는 선사(船社)들은 3~4일의 일정으로 연안에서 멀지 않은 해상에서 알코올을 마시면서 연회행사를 즐기는 이른바 파티크루즈가 운행되었다. 이 시기에는 세계 일주형 크루즈가 최초로 운행된 시기로 1922년 American Express사의 여행사업부에 의해서 용선된 쿠나드라인의 Laconia호가 있었는데, 이 크루즈는 약 2,200명의 승객을 수용할 수 있는 규모였다. 그리고 이때 크루즈를 승선하는 것은 부유층의 필수적인 여행상품으로서 상류계층의 즐거움과 여가를 즐기는 수단이 되었다.

다) 크루즈의 변화기(1950~1960년대)

제2차 세계대전 이후 미국 Furness Withy & Company Ltd.에서 Ocean Monarch가 건조되었는데, 1951년 5월 3일 뉴욕을 떠나 버뮤다로 그 처녀항해를 시작했다. 1948년에 건조된 쿠나드라인의 Caronia호는 여름철에 몇 개월 동안 대서양을 횡단하게 되었는데, '녹색의 여신' 또는 '백만장자의 배'라 일컬어졌다.

제2차 세계대전 후 레이더 장비의 등장은 항해선박의 도착시간을 좀 더 정확하게 예측하도록 하였으며, 운항 선사들로 하여금 보다 신뢰할 수 있는 운항계획을 세울 수 있도록 하였다. 1950년대 중반에는 거의 모든 선박에 안전장치가 구비되어 있어서 운항에 편리함을 안겨주게 된다. 1958년 6월에 최초로 상업목적의 제트 항공기가 대서양을 비행하면서 항공기 이용자들과 선박 이용이 증가하게 되었다. 1960년대 초 100여 개가 넘는 선사 중 30여 척 이상의 선박이 대서양 횡단을 목적으로 하였으며, 1970년대 초에는 크루즈를 이용하는 대서양 횡단요금이 항공기보다 저렴하였으나 항공산업과 관련한 기술혁신으로 이러한 요금체계가 무너지면서 많은 선사들은 항로를 바꾸거나 다른 사업으로 전환하는 국면을 맞이하게 된다.

라) 크루즈의 관광상품화기(1970년대 이후)

1970년대를 접어들면서 크루즈는 과거에 얽매이지 않고 눈부신 변화를 겪으면서 형식적인 것을 탈피하여 전혀 새로운 승선 분위기를 창출하고 있었다. 그동안 선실을 엄격하게 구분해 오던 것을 다소 탈피하여 선실의 구분을 완화함으로써 생긴 공간을 활용하여 스포츠나 오락 등을 위한 공간으로 확충, 보완, 개선하게 되면서 기존에 내려오던 크루즈선 공간배치에 변화를 초래하게 된다. 오늘날 아시아권에서는 일찍이 일본, 싱가포르, 홍콩 등에 크루즈 선박을 보유하고 있는 선사들이 있는데, 1970년대 후반으로 접어들면서 크루즈 산업은 괄목할 만한 성장을 거두게 된다. 특히 1970년대는 종전의 여객선 사업을 쇠퇴시킨 원인이 되었지만 항공산업과 연계하여 플라이-크루즈(fly-cruise)를 패키지로 엮어서 판매하는 새로운 상품이 탄생하게 된다. 그리고 세계 최대 규모를 자랑하는 로열 캐리비언 크루즈라인 'Sovereign of the Seas' 호는 전례 없이 세계의 이목을 집중시킨 바 있다.

오늘날 세계적인 환경보호 추세에 부응하여 크루즈에 대한 관심이 전 세계적으로 확산되면서 크루즈는 더 이상 일부 지역에 국한되지 않고 전 세계적으로 다양한 연령층이 선호하는 상품으로 성장하고 있다.

3 크루즈 수요변화와 전망

1) 세계 크루즈 산업 동향

세계 크루즈 이용자 수는 북미와 유럽을 중심으로 성장하여 2007년에는 1,600만 명에 이르는 등 1990년부터 2007년 기간 동안 연평균 8.1% 포인트씩 성장을 거듭하게 된다. 전체 시장에서 북미는 68.1%, 유럽 20.9%, 아시아 4.8%, 기타 6.2%를 차지하고 있다.

세계 크루즈 시장은 관광산업 중에서 가장 빠르게 성장하였으며, 선사 간의 경쟁이 심화되는 등, 단기 크루즈가 증가하고, 선박이 대형화(1만 톤급 이상)되고 있으며, 아시아 시장에서 크루즈는 스타 크루즈가 싱가포르와 홍콩을 거점으로 운영하여 성공을 거두고 있다.

세계 관광산업의 연평균 성장률이 연평균 4.8% 포인트(1980~2005)로 성장한 것과 비교하여 크루즈산업 성장률은 연평균 7.4% 포인트(1990~2007) 성장한 것으로 나타나고 있다. 크루즈 산업이 대중화·단기화로 변화하고 있는데 크루즈 수요의 대중화 현상은 30~39세 연령층으로 확대되고 있다.

크루즈 시장의 크기는 40~49세가 27%, 50~59세가 24%, 30~39세가 21%, 60~74세가 19%, 25~29세가 6%, 75세 이상이 4%(한국관광학회편, 2009에서 재인용함)로 나타났다.

다음으로 크루즈 기항지의 매력도로는 카리브해가 47%로 가정 높았으며, 중남미 13%, 유럽 11%, 지중해 10% 등으로 나타나고 있다.

2) 세계 크루즈 시장 수요

크루즈 시장의 매력도 평가는 상업 측면, 표적시장 선호도 등을 고려하게 된다. 상업 측면에서는 시장수요와 수익성, 항구이용 시 경제적 효용성, 해당지역 판매 네트워크 가용성 등이 해당되며, 물류 운송 측면은 항만 기반시설 조건과 항만 서비스, 기항지 인근의 관광 및 레저시설, 다른 교통과의 접근성 등이 해당된다.

한편 표적시장 선호도는 탑승객의 크루즈 선호도 및 인지도, 관광 매력물에 대한 육상관광 선호도 등으로 구성된다. 다음으로 세계 크루즈 공급과 수요에 대한 변화추이를 10년(2006~2015)까지 비교해 보면, 2006년부터 2015년까지 공급은 6% 포인트 정도 성장할 예정이며, 수요는 연평균 6% 포인트씩 성장하고 있는 것으로 예측되고 있다. 따라서 크루즈관광의 지속적인 성장과 함께 세계 권역별 크루즈 수요 전망을 살펴보면 다음 그림과 같다.

〈그림 11-5〉 세계 권역별 크루즈 수요 전망

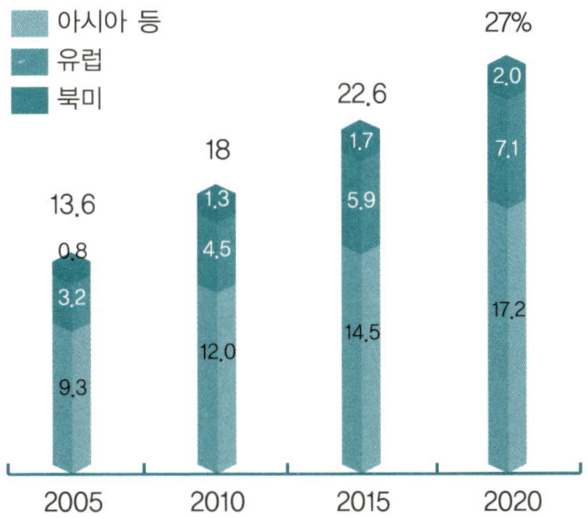

자료 : 하명신 · 박경희(2007) 논문에서 재인용함.

3) 크루즈 운영 현황

2009년도 기준으로 세계 크루즈 시장의 선사별 공급 현황을 살펴보면 카니발과 로열 캐리비언 크루즈 선사 북미 지역에서는 약 82.7%의 공급능력을 보유하고 있으며, 기타 지역에서는 약 97.3%의 공급 능력을 지니고 있는 것으로 확인되고 있다. 이를 보아 양대 선사들이 전 세계 크루즈 시장에서 차지하고 있는 공급비중이 매우 높음을 알 수 있다.

가) 로열 캐리비언 인터내셔널(Royal Caribbean International)

로열 캐리비언 인터내셔널의 주요 크루즈를 살펴보면, 다음과 같다. 등급은 오아시스 클래스, 프리덤 클래스, 레디앙스 클래스, 보이저 클래스, 비전 클래스, 서버린 클래스 등이 해당된다.

〈표 11-5〉 로열 캐리비언 인터내셔널의 크루즈 현황

지역	규모(톤)	총탑승객(명)	총승무원(명)	비고
오아시스 클래스	220,000	5,400	2,115	세계최대
프리덤 클래스	160,000	3,634	1,360	프리덤호, 리버티호, 인디펜던스호
보이저 클래스	140,000	3,114	1,181	어드벤처호, 익스플로호, 보이저호
레디앙스 클래스	90,000	2,501	859	레디앙스호, 세레나데호, 브릴리앙스호, 주웰호
비전 클래스	78,491	2,435	765	레전드호-아시아크루즈
서버린 클래스	73,192	2,852	825	바하마 운항

자료 : 한국관광학회(2009).

나) 프린세스 크루즈(Princess Cruise)

대표적인 선박으로는 퀸메리호를 들 수 있는데, 총 90,400톤, 총 탑승객 수는 2,092명, 크루즈선의 층수는 12층이다.

다) 설레브러티 크루즈(Celebrity cruise)

설레브러티 크루즈 승객대 승무원의 비율을 2:1 미만으로 유지하여 최고급의 서비스를 실천하는 것이 특징이다. 이 크루즈는 세계 최고의 일류 요리사들이 고품격의 식사를 제공하며, 서구식의 공연, 세계적인 서커스, 세련된 시설과 다양한 프로그램을 갖추고 있고, 숙련된 승무원들이 정중한 서비스를 제공하고 있다,

4) 미래의 크루즈

최근의 보도된 자료에 의하면, 길이 1.3킬로미터에 높이 107미터 폭 230미터 규모의 초대형 선박이 건조될 예정이다. 선박이 아닌 바다를 떠다니는 '초대형 해상 도시'로 불리는 이 프로젝트는 미국 플로리다의 프리덤십 인터내셔널이 추진하고 있다. 25층에 270만 톤 규모인 이 해상 도시의 갑판은 활주로다. 항공모함과 비슷하다. 너무 거대하기 때문에 이 선박은 세계 그 어떤 항구에 정박할 수 없다. 40인이 탑승할 수 있는 소형 비행기를 이용해 승객은 육지를 오갈 수 있다. 물론 소형 선박을 이용하는 것도 가능하다.

이 해상도시에는 승무원을 포함해 약 5만 명이 거주할 수 있다. 병원, 카지노, 학교 등은 물론 산책로, 수영장 등을 갖췄다는 것이 회사 측의 설명이다. 해상도시 거주민들

은 전 세계를 돌아다닐 수 있다. 항로도 공개되었는데, 2년 동안 지구 한 바퀴를 돈다. 아메리카 유럽 아시아 호주 등 세계 곳곳을 살필 수 있다. 동력은 파도 및 태양열을 이용하고 자체 발전기를 사용한다는 계획이다.

〈표 11-6〉 거대해상도시 프리덤십 상상도

4 우리나라 크루즈관광 활성화 정책 및 발전방안

크루즈로 우리나라를 찾는 관광객은 지속적인 증가추세에 있다. 2015년도에는 주요 기항지별 우수기항지 관광상품 개발을 통해 크루즈 614회 입항, 113만 명 유치를 목표로 하고 있다.

크루즈 관광객의 증가와 함께 항만기반시설의 확충도 활기를 띄고 있다. 부산에는 동삼동에 크루즈 전용부두와 전용터미널이 건립(2006.12, 8만 톤급)되어 운영 중이며, 향후 부산 북항 재개발을 통해 15만 톤급 크루즈 전용부두가 건설될 계획이다. 제주도에는 크루즈 전용부두 1선석(8만 톤급)이 2011년 10월 완공되었다. 현재 갑문을 통해 입항하는 구조로 되어 있는 인천에는 2014년부터 2016년까지 크루즈 전용부두와 터미널이 단계적으로 건립될 예정이다. 이 외 크루즈 입항항구로는 평택, 울산, 동해, 속초, 목포, 통영항 등이 있다.

크루즈 관광산업은 각 항구를 중심으로 소비가 일어난다는 점에서 지역경제에 미치는 효과가 상당하다. 기항지에서의 쇼핑, 관광지 방문 등의 관광소비와 선박 입출항료,

접안료 등의 항비 수입, 선박 운영관련 서비스, 연료, 물품, 식자재 구매 등을 통한 국내 경제효과가 발생한다.

크루즈 관광객 1인당 국내 소비액은 2009년 U$125에서 2013년 U$662, 2014년 U$1,068로 매년 대폭 증가하고 있다.증가하고 있다.

한국관광공사는 우리나라 크루즈관광 활성화를 위해 매년 2회 '크루즈관광 협의회'를 운영하고 있다. 정부 부처, 지자체, 지역별 항만공사, 관광공사, 크루즈 선사, 크루즈 전문여행사, 해운사 등 크루즈 관계기관이 참가하는 동 협의회를 통해 마케팅 사업 외에도 인프라 구축, 수용태세 개선 등 크루즈관광 활성화를 위한 전반적인 협력이 진행된다. 한국관광공사가 추진하는 크루즈관광 활성화 마케팅 사업으로는 크루즈 전문 박람회 및 컨퍼런스 참가(Cruise Shipping Miami, All Asia Cruise Convention 등), 주요 크루즈 선사 관계자 및 언론 초청 팸투어, 한국 크루즈관광 해외 설명회, 신규 기항지 프로그램 개발 홍보를 대표적으로 꼽을 수 있다. 이러한 마케팅 활동과 선사와의 네트워크 강화 그리고 지속적인 크루즈 관광 수용태세 개선을 통해 중국 한류 유커를 포함한 대규모의 크루즈 관광객을 100만 명 이상 유치할 것으로 기대된다.

한편 우리나라 크루즈산업을 발전시키기 위해서는 다음과 같은 노력이 필요하다(하명신·박경희, 2007). 첫째, 크루즈 기반시설의 확충이 필요하다. 크루즈관광에 있어 가장 기본적인 필수시설은 관광객의 출입국 편의시설과 전용선석을 갖춘 크루즈 전용터미널로써 이는 장기간에 걸쳐 단계적 준비가 요구되는 사항이다.

둘째, 동북아 크루즈협의체 구성(민·관) 구성이 요청된다. 크루즈사업은 국제협력사업의 성격을 강하게 띠고 있으므로 사업의 성공적 추진을 위해서는 민간협력체와의 긴밀한 협조뿐만 아니라 정부 간의 협조체제도 필요하다.

셋째, 크루즈 관련법 및 제도개선이 필요하다. 크루즈산업을 추진하기 위해서는 크루즈사업에 대한 효율적 관리와 제도적 지원을 위한 법적 체계가 확보되어야 하며, 크루즈사업은 대규모의 자금투입을 필요로 하는 사업이므로 참여하는 민간기업에 대한 정부의 재정적 지원이 필요하다.

넷째, 크루즈관광객 입국절차 간소화가 필요하다. 크루즈관광은 여러 나라를 여행하게 되므로 그 특성상 관광객이 수차례의 출입국절차를 거쳐야 한다. 따라서 출입국절차는 크루즈관광객의 이용편의에 있어서 중요한 의미를 지니며 방문지의 이미지에도 큰 영향을 주게 되므로 크루즈관광객의 편의증진을 위해 출입국절차를 최소화하여야 한다.

다섯째, 관광상품개발 및 홍보가 필요하다. 동북아의 크루즈관광 연계프로그램으로 한일, 한중, 한중일 연계코스의 개발과 이어 한국, 중국, 일본, 북한과 연결하는 동북아 4개국, 러시아와 연결한 동북아 5개국의 프로그램을 개발할 수 있을 것이다. 이에 대한 홍보로서 각종 심포지엄, 세미나, 홍보물제작, 각국의 항공사, 선박대리점, 기타 유관기관 등 관련 민간기업과의 필요에 따른 공동협의체를 구축하여 Co-마케팅전략이 필요하다.

제12장

MICE·의료관광·외식산업과 경영가치모델

제1절 | MICE산업과 경영가치모델

1 MICE산업의 이해

MICE(meeting, incentive tour, convention, exhibition, and events)산업은 미래 한국을 이끌어 나갈 신성장동력의 고부가 서비스산업 중 하나이며, 향후 우리 정부의 창조경제를 견인할 주요한 서비스산업이 될 것으로 판단된다. 그동안 국제회의와 전시회를 중심으로 육성되어 오던 MICE산업이 외국인이 대규모로 참석하는 융복합 MICE 산업이란 콘셉트로 국가적 차원에서 새롭게 주목받고 있다. MICE산업이 기존의 정부 행사와 전문가집단(학회, 협회 등) 회의 개념에서 기업회의 및 인센티브 투어(incentive tour), 전시 및 이벤트 개념으로 확대되면서 하나의 고부가가치 외화획득산업으로 인식되고 있다.

국제협회연합(UIA : Union of International Associations) 조사에 따르면, 2014년에 총 12,212건의 컨벤션이 개최되었으며, 이 중 한국은 총 636건의 컨벤션을 개최하여 세계 4위를 차지했다. 이는 전년 대비 세계 순위가 1단계 상승함으로써 세계 컨벤션 주요 개최지로써 높아진 한국의 위상을 보여주었다. 또한 MICE산업의 하나인 컨벤션의 세계 주요 국가별 개최순위는 다음 표와 같다.

〈표 12-1〉 주요 국가별 컨벤션 개최 현황

순위	국가명	개최건수	
		2013년	2014년
1	미국	799	858
2	벨기에	505	851
3	싱가포르	994	850
4	대한민국	635	636
5	일본	588	624
6	프랑스	408	561
7	오스트리아	398	539
8	스페인	505	513
9	독일	428	439
10	호주	349	354

자료 : 문화체육관광부(2015).

또한 세계 주요 도시별 개최 순위를 보면, 싱가포르가 850건을 개최해 부동의 1위 자리를 지켰으며, 서울은 249건을 기록해 세계 5위, 아시아 2위 자리를 굳건히 지켰으며, 이어서 부산이 132건으로 세계 13위, 제주도는 85건으로 세계 21위를 차지하였다.

오늘날 해외 MICE산업 선두국가의 모습을 살펴보면, 우선 싱가포르는 MICE에 BT(business travel)를 합쳐서 BT MICE산업을 전략적으로 육성하고 있다. 싱가포르는 2015년 외래 방문객 1억 7천명 유치, 관광수입 300억 싱가포르달러(약 20조 원) 달성이란 구체적이고 공격적인 목표를 설정하고 정부와 MICE산업 관련 기업들이 파트너십을 구축해서 추진하고 있다. 그 대표적인 MICE 업계가 대형 기업회의나 컨벤션을 유치할 수 있는 경쟁력 있는 환경을 제공하기 위한 인센티브 프로그램인 BE(business events) in Singapore를 비롯하여 다양한 프로그램으로 BTMICE 관계자, 산업별 협회 및 기업, 정부가 네트워크를 형성하여 컨벤션 생태계를 구축하고 있다. 또한 거대시장 중국의 효과와 더불어 개방정책과 인재 양성에 주력하는 홍콩은 여행·호텔·항공업계 등이 주축이 되어 민관 합동으로 MEHK(Meeting and Exhibitions Hong Kong)

〈그림 12-1〉 우리나라 주요 MICE 도시 컨벤션 개최 건수

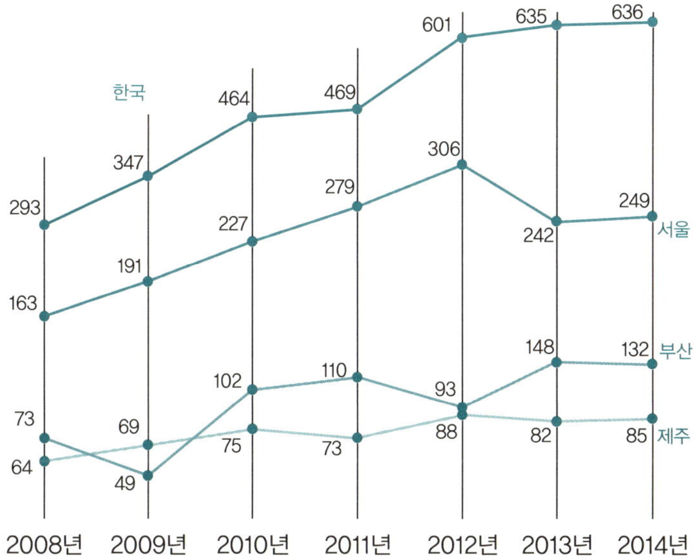

를 출범시켜 홍콩을 단순한 쇼핑과 관광지가 아닌 인센티브여행과 기업연수, 전시·박람회 등 고부가가치 관광산업으로 육성하기 위한 발판을 마련했다.

도박의 도시에서 아시아 라스베이거스로 발전을 꿈꾸는 마카오는 2002년 카지노 독점체제를 허물고 해외 자본을 유치하며, 2007년 종합카지노리조트 '베네시안 마카오'(Venetian Macau)를 오픈하는 등 전시·컨벤션의 메카로 급수상하고 있다. 호주의 경우는 MICE산업의 집중공략 대상을 아시아로 선정한 후, 아시아 여러 곳에 사무실을 마련하여 공격적인 마케팅 활공을 펼치고 있다. 한편, 2008년 베이징올림픽으로 해외 관광객 유치에 본격적인 시동을 건 중국은 총공사비용 180억 중국위안(RMB)을 들여서 준비하고 있는 2010년 상해엑스포를 통해 아시아를 넘어 세계적인 전시컨벤션의 메카로 부상하기 위한 날갯짓을 하고 있다.

해외 각 국가들이 경쟁적으로 MICE산업에 대한 인프라 투자와 정책적 지원을 강화하고 있는 것은 MICE산업이 경제적 부가가치가 높다는 '객관적 통계자료'에 근거한 확신 때문이다. 국가별로 조사방법의 차이가 있긴 하나 미국, 싱가포르, 홍콩, 호주 등의 국가들은 MICE산업의 경제적 효과를 꾸준히 측정하거나 평가하고 있으며, 이를 MICE산업 정책의 기초자료로 활용하고 있다. 미국과 같은 경우 MICE산업은 직접 소

비액 약 1,223억$와 100만 명의 직접고용 창출효과를 유발한다고 평가했다. 우리나라도 MICE산업을 신성장동력으로 선정하여 국제회의 개최건수 및 참가자 수가 연 30% 포인트 급성장하는 시장성을 갖춘 것으로 평가하였다.

2 MICE산업 시장 및 수용태세

MICE산업의 하나로 컨벤션(convention)이란 정보교환을 목적으로 사람들이 모여 안건을 다루고 결과를 이끌어 내는 일련의 행위를 말한다. 이러한 컨벤션의 종류는 포괄적 의미로는 회의로서 다음 표와 같다.

〈표 12-2〉 **컨벤션의 종류**

종류	기본 개념
회의(meeting)	모든 종류의 모임의 총칭
컨벤션(convention)	국제회의로서 1) 국제협회연합(Union of International Association: UIA)의 정의 ① 국제기구가 주최 혹은 후원하는 회의 ② 국제기구의 국내회의 가운데 참가자 300명 이상, 참가자 중 외국인이 40% 이상, 참가국 5개국 이상, 회의기간 3일 이상인 회의 2) 우리나라 국제회의 육성법 상의 정의 ① 국제기구 가입기관 회의 ② 비가입기관(150명 이상, 2일 이상)의 회의
컨퍼런스(conference)	컨벤션과 유사함. 이는 과학, 기술, 학문분야의 회의
컨그레스(congress)	컨벤션과 같은 의미로 유럽지역에서 주로 사용되는 국제회의
포럼(forum)	한 가지 주제에 대해 상반된 견해를 가진 전문가들이 사회의 주도하에 벌이는 공개토론
심포지움(symposium)	제시된 주제에 대한 공개토론회로서 포럼에 비해 다소 형식을 갖춤
패널 토의 (panel discussion)	청중이 모인 가운데 2~8명의 연사가 사회자의 주도하에 전문가적 견해를 밝히는 공개토론회
강연(lecture)	한 사람의 전문가가 일정한 형식 따라 강연함
세미나(seminar)	주로 교육목적의 회의로 1인의 주도하에 특정 분야의 지식과 경험을 발표·토의함
워크샵(workshop)	짧은 교육프로그램으로 특정 문제와 과제에 대한 새로운 지식, 기술, 아이디어 교환

종류	기본 개념
클리닉(clinic)	소그룹을 위해 특별한 기술을 교육하고 훈련하는 모임
강좌(institute)	전문분야의 광범위한 강습회
전시회(exhibition)	전시회, 박람회

※ 컨벤션에는 인센티브 투어(incentive tour) 포함

MICE 시장에는 ① 협회·단체 시장, ② 인센티브 투어 시장으로서 기업시장, ③ 컨벤션 관련산업시장, ④ 대표자 및 기획자 시장이 있다.

이를 그림으로 제시하면, 다음과 같다.

〈그림 12-2〉 **컨벤션 시장**

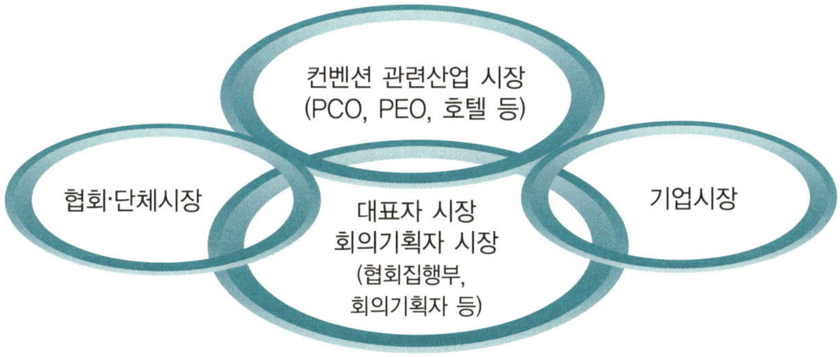

이러한 협회 및 단체의 유형에는 ① 산업협회(trade association), ② 전문협회(professional association), ③ 과학기술협회(scientific and technical association), ④ 교육단체(educational association), ⑤ 예비군 및 군인회(veterans and military association), ⑥ 친목단체조합(fraternal association), ⑦ 종교단체(religious association), ⑧ 자선단체(charitable association), ⑨ 정치단체와 노동조합(political association and labor unions) 등이 있다. 한편 이들 협회 및 단체의 컨벤션 기획자들의 컨벤션시설 선택요인을 살펴보면 다음과 같다.

〈표 12-3〉 컨벤션시설 선택요인 및 순위

순위	Var, Cesario and Mauser의 연구	Market Probe사의 연구	Renaghan & Kay의 연구
1	회의에 필요한 호텔 및 시설	음식의 질	회의실 수/규모
2	지리적 접근성	회의실 수/크기	음식서비스 질
3	거리	객실 수/크기	객실 수와 규모
4	교통비	회의지원 및 장비	체크인/아웃의 편리성
5	기후	객실 및 식음료 비용	계산절차의 편리성
6	레저활동 가능성	청구지불방법의 편리성	대면접촉 종사자의 이용가능성
7	관광/문화 활동	체인/아웃의 편리성	회의후원 서비스 이용가능성
8	상관의 결정	미팅담당 직원 배치 유무	시설과 종사자의 경험
9	도시 이미지		특별회의 서비스 제공
10			공항과의 근접성
11			레크리에이션 시설
12			전시실 이용가능성
13			주변관광지의 근접성
14			새로운 시설

우리나라의 경우 가격 경쟁력과 항공접근성, 숙박시설, 그리고 쇼핑시설에서 상대적으로 낮은 평가를 받고 있는 것으로 나타나고 있다.

3 MICE 관련 산업 및 파급효과

오늘날 MICE산업은 국가전략산업의 하나로서 새롭게 주목받고 있는 산업이다. 이러한 MICE산업은 MICE 참가자의 수요가 다변화되고, 참여에서의 관광활동이 수반되는 특성으로 인해 연관산업과 융복합화된 특성을 가지고 있다. 이러한 관점에서 MICE 관련 산업을 살펴보면, 다음 MICE WHEEL에서 찾아볼 수 있다.

〈그림 12-3〉 MICE WHEEL

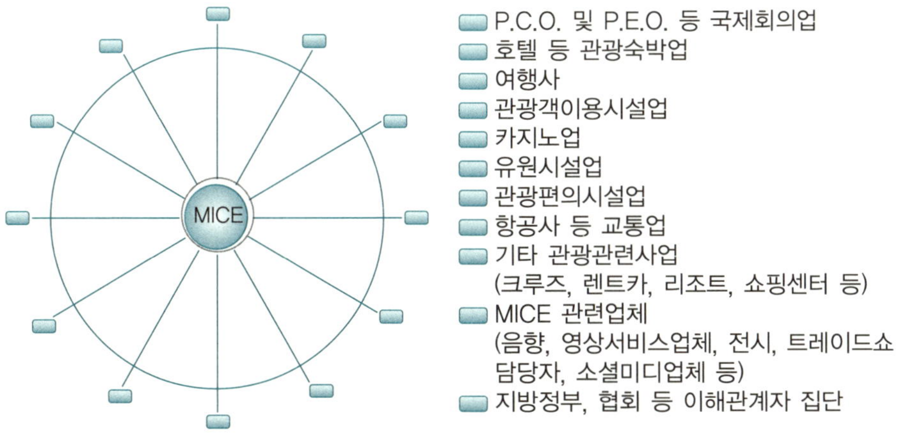

MICE산업의 파급효과는 첫째, 정치적 효과로 국제친선 효과와 국가 간 갈등 해소 효과 등이 있다. 둘째, 경제적 효과로 무역 외 수지 증대효과가 있으며, MICE 참가자들의 대규모 소비로 인한 국가경제 발전은 물론이고 지역경제 발전에도 큰 기여를 한다는 점이다. 셋째, 사회문화적 효과로 국가 간 또는 지역 간 문화교류 효과가 크며, 지역문화 르네상스를 이룰 수 있으며, 나아가 지역주민으로 하여금 자긍심을 고취하는 등 사회변화 효과가 매우 크다. 넷째, 도시마케팅 효과로 MICE 유치지역의 경우 도시 이미지 제고는 물론 MICE 참가자들이 사회의 Opinion leader라는 특성상 도시 인지도를 증대시킬 수 있는 좋은 기회가 되며, 도시 리포지셔닝 효과도 크다고 할 수 있다. 이를 구체적으로 도식화해 보면 다음 그림과 같다.

〈그림 12-4〉 MICE산업의 파급효과

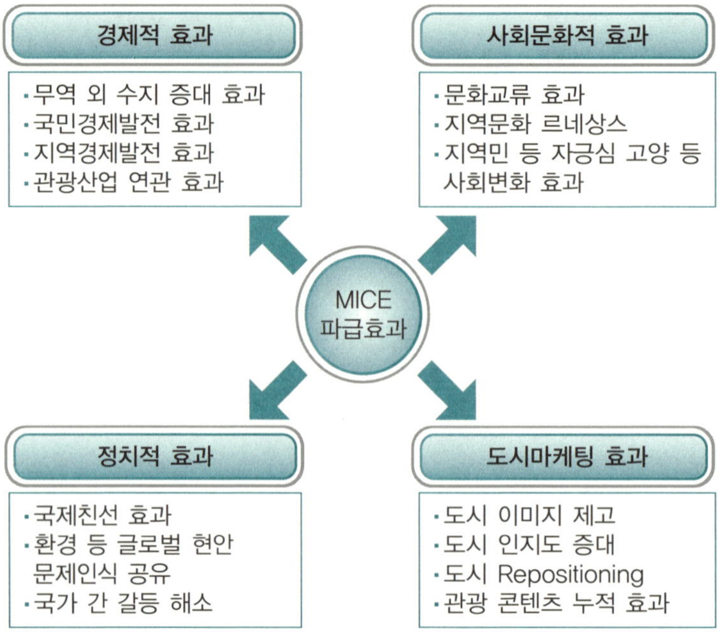

4 우리나라 MICE 유치 활동 및 지원정책

MICE의 참가자들은 장기간 체류하면서 회의기간 중 또는 그 전후에 국내관광과 쇼핑 등을 함으로써 일반관광객에 비해 많은 소비를 하므로 교통·항공·숙박·유흥업 등 관광관련 사업(〈그림 12-3〉 MICE WHEEL 참조)의 발전에도 크게 기여한다.

세계적으로 MICE 개최는 매년 증가 추세에 있으며, 종전 구미지역 중심에서 벗어나 점차 아시아지역에서의 개최지 선정이 활발해지고 있다. 문화체육관광부 자료에 의하면, 2000년에는 제3차 아시아·유럽 정상회의(ASEM), 2000년 제1회 APEC관광장관회의, 2001년 세계관광기구(UNWTO)총회, 2002년에는 월드컵축구대회' 등을 성공적으로 개최하였고, 2003년 대구 유니버시아드대회, 2004년 PATA 제주총회, 2005년 APEC 정상회의, 2006년 국가올림픽위원회연합회(ANOC) 총회, 2007년 세계폐암학회학술대회, 제46차 동양 및 동남아라이온스대회, 2008년 2008 제17회 국제자동제어연맹세계대회 및 제22차 세계철학자대회, 2009년 허벌라이프 아시아태평양 Extravaganza(외국인 참가자 2만 명), 2010년 G20 정상회의, 2011년 제19차

UNWTO 총회, 2012년 핵안보 정상회의, 2014년 중국 암웨이 인센티브단체 유치(총 25,000명) 등 대규모 국제행사 역시 성황리에 개최되어 우리나라의 국제적 위상 제고 및 아시아지역 주요 국제회의 개최국으로의 부상이 기대된다.

한편 문화체육관광부는 지난 2005년 서울특별시, 부산광역시, 대구광역시, 제주특별자치도를 국제회의도시로 지정한데 이어 2007년 광주광역시, 2009년 대전광역시와 경남 창원시, 2011년 인천광역시를 추가로 지정하여 신성장동력 중 고부가 서비스산업으로 선정된 MICE산업의 전략적 육성을 꾀하고 있다.

국제회의를 개최하기 위해서는 전문회의장과 부대시설, 숙박시설, 전문진행요원, 참가자들을 위한 각종 관광시설 등이 확보되어야 하지만, 현재 우리나라의 국제회의 수용 인프라는 충분하지 못한 실정이다. 그러나 국제회의산업육성에 관한 법률 제정, 2000년 KASEM, 2001년 세계관광기구(UNWTO)총회 및 2002년 월드컵축구대회 개최와 더불어 2000년 5월 K코엑스, 2001년4월 대구전시컨벤션센터, 2001년 9월 부산전시컨벤션센터, 2003년 3월 제주국제컨벤션센터, 2005년 킨텍스, 김대중컨벤션센터, 창원컨벤션센터, 2008년 4월 대전컨벤션센터, 2008년 10월 인천 송도컨벤시아가 개관되었고, 고양 KINTEX(2011. 9월), 대구 EXCO(2011. 5월), 부산 BEXCO(2012. 6월)가 확장을 위한 신축공사를 완료하였다. 이외에도 2012년 11월 착공하여 2014년 9월 완공 예정인 경주화백컨벤션센터를 비롯해 기타 호텔 신축이 추진되는 등 시설관련 수용태세는 점차 개선되고 있다.

〈표 12-4〉 우리나라 국제회의 도시 지정 현황

연도	지정도시	지정일	지정도시수
2005	서울특별시, 부산광역시, 대구광역시, 제주특별자치도	2005.10.12	4개
2007	광주광역시	2007.9.5	2개
2009	대전광역시, 경남 창원시	2009.3.12	1개
2011	인천광역시	2011.5.25	1개
2014	강원도 평창군, 경기도 고양시, 경상북도 경주시	2014.12.23	3개
계	-		11개

자료 : 문화체육관광부(2015).

우리나라 정부에서는 MICE 유치 지원을 위해 「국제회의산업 육성에 관한 법률」에 의거 한국관광공사(코리아MICE뷰로)를 국제회의 전담기구로 지정하여 국제회의 유치·홍보 활동 등 우리나라 MICE산업의 진흥을 위한 각종사업을 수행케 하고 있다. 또한 MICE 유치를 위해서 지자체, 업계와 공동으로 MICE 유치 마케팅을 강화하면서, 개별 유치 추진단체를 대상으로 유치 절차에 대한 자문을 실시하거나 국제기구 인사의 방한 답사를 지원하고, 개최예정인 국제회의의 운영에 대해 자문을 실시하는 등 지원활동을 펼치고 있다. 기업회의나 인센티브 단체의 경우 유치대상단체를 발굴하고 관광공사 및 지자체의 주요 지원정책을 종합적으로 제공하여 행사 목적지로 선택될 수 있도록 마케팅하고 있다. 또한 광고 및 기사화, 인터넷 홍보나 컨벤션 관련 국제회의 및 전시박람회 참가 등을 통해 해외 홍보를 강화하고 있다. 이외에도 국제회의 관련 각종 자료를 조사·수집하여 컨벤션 캘린더, 한국 국제회의 개최현황, 컨벤션 시설 가이드 등을 발간하고 있으며 이러한 정보들을 데이터베이스화하여 공중정보통신망이나 인터넷을 통해 일반인에게 제공하고 있다.

제2절 | 의료관광과 경영가치모델

1 의료관광의 유형 및 세분시장

1) 의료관광의 유형

의료관광은 크게 의료클러스터, 의료관광상품, 의료관광산업 측면의 3가지 유형으로 분류할 수 있다. 의료관광의 유형은 〈표 12-5〉와 같다. 표에서와 같이 특히 의료관광상품에는 질병치료관광상품, 미용성형의료관광상품, 휴양의료관광상품, 전문의료관광상품이 있다.

〈표 12-5〉 의료관광의 유형

구분	분류	내용
의료 클러스터형	바이오클러스터	치료목적의 기초연구 수행
	신약·의료기기 개발 클러스터	응용기술과 제품개발
	메디클러스터 또는 혁신형 연구병원	병원 중심의 클러스터
	의료관광복합단지	연관산업의 융,복합과 지역경제의 활성화
	건강문화 클러스터	치료보다는 시설과 쾌적한 환경 제공
	허브형 의료복합단지	다양한 유형의 클러스터를 단계적 가치사슬 전체로 통합
의료 관광상품형	질병치료관광상품	특정 질병이 있는 환자들이 치료를 받고 치료 후 관광행위를 할 수 있도록 구성
	미용성형의료관광상품	미용관련 서비스나 성형미용을 받고 관광을 겸하는 상품으로 주로 여성들이 애용
	휴양의료관광상품	의료서비스 인프라가 갖추어진 곳에 방문하여 체류
	전통의료관광상품	전통의학으로 치료와 관광을 목적으로 하는 상품
의료 관광산업형	교육연구개발유형	신치료, 신약 등 연구 개발하여 적용
	중증치료형	난치병 또는 프리미엄급 치료를 원하는 대상에세 의료서비스를 제공
	선택치료형	저렴한 의료비용과 휴양과 연계된 프로그램 제공
	복합형	의료관련시설, 상업 및 주거시설까지 개발

자료 : 유명희(2011).

2) 의료관광객 추이 및 의료관광 만족도

의료관광의 새로운 시장으로서 의료관광객 추이를 보건복지부 통계자료를 중심으로 살펴보면, 그림에서와 같이 2009년 6만여 명에서 2015년 30만 명으로 추정하고 있다.

〈그림 12-5〉 의료관광객 추이

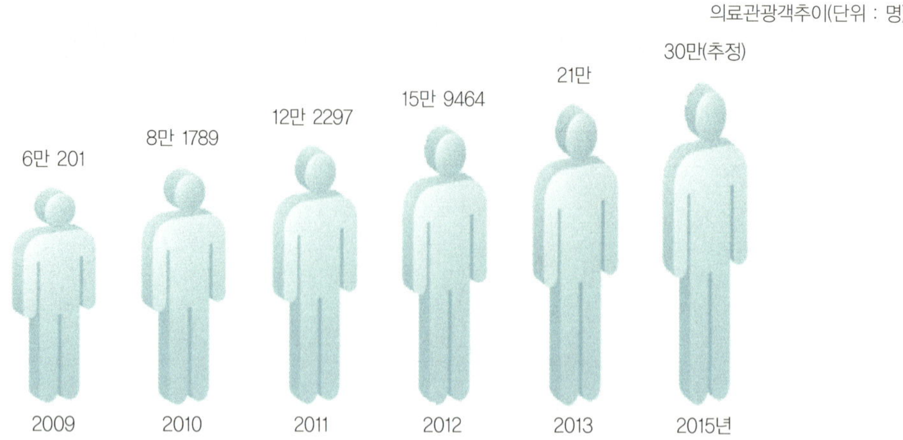

자료 : 보건복지부(2014) 자료를 보완함.

한편 한국보건산업연구원 자료에 의하면, 의료관광객을 대상으로 한 의료관광 품질 요인별 만족도(4점 만점)를 분석한 결과, 병원 직원서비스 만족도가 3.65점, 간호사의 서비스 만족도가 3.64점, 의사의 서비스 만족도가 3.62점, 의료의 질 만족도가 3.61점, 병원 시설 만족도가 3.60점 등으로 나타나 매우 만족하는 것으로 나타났다. 한편 그림에서와 같이 의료관광 숙박시설 만족도는 3.36점, 관광 연계성 만족도가 3.22점으로 나타나 전반적으로 의료서비스 품질 만족도보다 상대적으로 낮은 것으로 나타나고 있다.

〈그림 12-6〉 의료관광 만족도(2012년, 2013년 종합)(4점 만점)

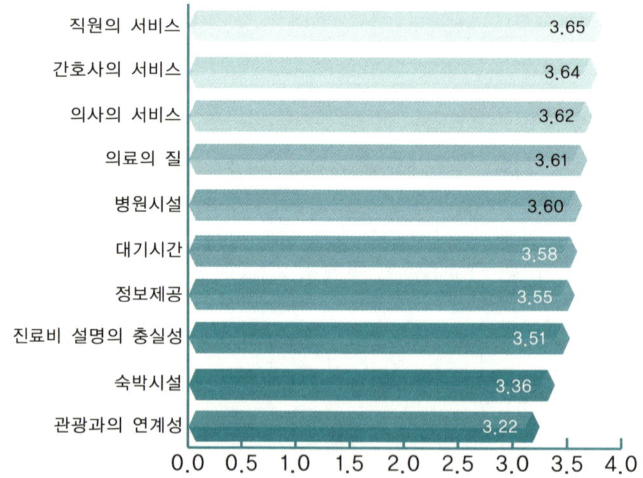

자료 : 한국보건산업연구원(2014).

이는 향후 의료관광의 활성화 차원에서 우리나라 정부에서 추진하고 있는 메디텔(의료기관과 연관된 숙박시설)을 병원으로부터 1km 이내에만 세워야 한다는 규제를 없애기로 했다는 점은 시사하는 바가 크다. 이를 통해 의료기관들이 거리 제약 없이 우리나라 전역에 메디텔을 세울 수 있게 됨으로써 의료관광 활성화는 물론이며, 나아가 의료관광 관련 새로운 일자리가 크게 늘어날 것으로 기대된다.

3) 의료관광 세분시장 및 목표시장전략

의료관광상품은 질병치료 관광상품, 미용성형의료 관광상품, 휴양의료 관광상품, 전통의료 관광상품 등의 다양성을 내포하고 있는데, 싱가포르 관광공사의 Yap박사는 의료관광을 목적과 서비스 유형에 따라 5가지 유형으로 나누었다(유명희, 2011).

〈그림 12-7〉 **의료관광 세분시장(market segments)**

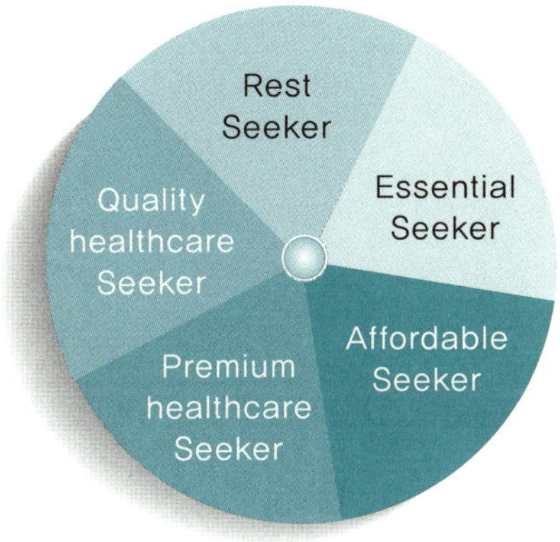

첫째, 휴양을 겸한 의료서비스를 원하는 계층(rest seeker)이고, 둘째, 기본적인 의료서비스를 얻고자 여행을 하는 계층(essential seeker)이다. 이들은 자국에서 즉시 얻을 수 없는 의료서비스(예 : 장기이식)를 불가피하게 해외에서 받는 것이다. 그리고 셋째, 본국에서 이용이 가능하지만 고액의 비용 때문에 해외에서 의료서비스를 구하는 계층(affordable healthcare seeker)이며, 넷째, 자국의 의료서비스가 낙후되어 안전하고 확실한 치료를 위해 국제적인 명성 혹은 인증을 가진 해외병원에 가는 계층(quality healthcare seeker)이다. 마지막은 의료비용 및 부대비용이 매우 비싼 고급 의료서비스를 원하여 해외에 가는 부유계층(premium healthcare seeker)이다.

한편 아래 표에서와 같이 KTO(한국관광공사)에서는 의료관광 활성화를 위하여 1단계 전략으로 의료관광상품 컨셉으로 건강검진 및 미용성형에 초점을 두고 마케팅 활동을 펼치고 있으며, 2단계 전략으로 시술치료(치과 포함)상품 콘셉트로 마케팅활동을 펼치고 있는 실정이다.

〈표 12-6〉 의료관광의 목표시장전략

1단계		2단계
건강검진	미용성형	시술치료(치과포함)
• 방한 인센티브단 대상 • 건강검진 프로그램 삽입(블라디보스톡, 중동지역, 태국 등 동남아시아) • 미주, 일본 내 동포대상 홍보강화(민단과 공동추천)	• 싱가포르, 홍콩, 중국 등 대상 • 미용, 성형투어 • 일본의 경우-미용부터 추진	• 블라디보스톡, 몽골 등 근접지역(싱가포르와 경쟁) • 초부유층 중국인대상 시술치료(요양연계)

자료 : 유명희(2011).

그리고 의료관광마케팅믹스 수단에는 다음 표와 같다.

〈표 12-7〉 의료관광마케팅믹스 수단

마케팅믹스 수단	하위 요인
의료관광상품(product)	의료관광프로그램, 의료기술수준, 병원의 최신설비, 의료진, 의료서비스 질(진단/처방, 정확/이해성, 편리성, 반응성, 신뢰성, 접근성, 유형성)
가격(price)	의료비, 관광비용, 숙박·항공료 등
촉진(promotion)	광고, 홍보, 판매촉진, 인적판매
유통(place)	의료관광알선회사, 의료관광보험사, 여행사, 협력기관(중앙정부, 지방정부, NTO, RNTO)

2 의료관광의 구조

의료관광을 위해 국경을 넘어 이동을 하기 때문에 의료고객 및 환자가 거주하는 국가의 의료 환경 실태와 시장주체와 우리나라 병원 간의 역할을 살펴볼 필요가 있다.

〈그림 12-8〉 의료관광의 구조

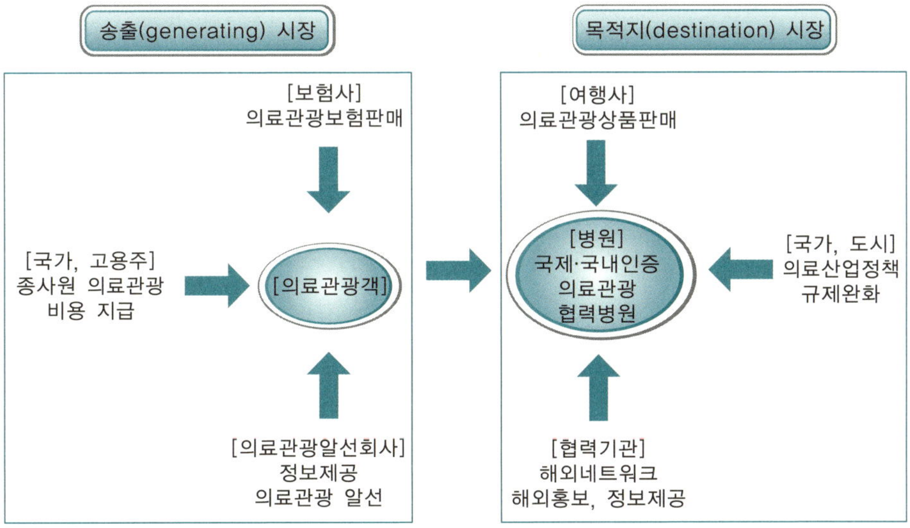

자료 : 유명희(2011)의 내용을 일부 수정함.

첫째는 경제적 주체들로 구성된 송출(generating)시장의 구조로, 이는 높은 가격으로 인해 혹은 적기치료가 불가능하기 때문에 자국병원에서 서비스를 받을 수 없는 의료고객에게 외국에서의 적절한 치료를 받을 수 있도록 지원을 하고 있다. 둘째는 목적지(destination)시장의 구조로, 이는 국가 및 도시, 민간과 정부의 협의체와 같은 조직들로 구성되는데, 의료기관은 외국의료고객을 유치하고 의료서비스를 제공하고, 민간기관은 숙박, 교통, 관광을 지원하며, 국가 및 도시는 의료관광을 수출산업으로 육성하기 위해 제도 및 기반시설을 구축한다.

주요국의 의료관광상품 기본 콘셉트와 상품화 사례를 살펴보면 다음 표와 같다.

〈표 12-8〉 주요국의 의료관광 콘셉트 및 상품화전략

국가	의료관광상품 콘셉트	사례
일본	온천, 건강마사지요법	-도야마 국제건강센터프로그램 등
중국	중의학 중심으로 한방과 관광 연계	-동인당 -북경대학침술 등
태국	저렴한 의료비, 최고급호텔시설	-세인트루이스종합병원프로그램 -1일스파프로그램(비만관리, 체형교정 등)
싱가포르	최고수준의 의료서비스	-Singapore Medicine 의료허브 건설 -Parkway Holdings병원 전담클리닉 운영
인도	저렴한 의료서비스, IT를 활용한 의료홍보	-아유로베다여행상품 -요가여행상품 등

자료 : 최승국 · 오수경(2004), 한국관광공사(2005), 그리고 문보영(2007)의 내용을 통합 · 정리함.

또한 의료관광단지 등을 개발하여 의료관광객을 유치하기 위해 노력하고 있다. 무주의 메디컬센터(2015년 예정)를 비롯하여 제주 국제자유도시 '휴양형 주거단지', '웰빙테마타운', '부산원자력의학원' 등이 있다. 이러한 의료관광단지들은 표와 같다.

〈표 12-9〉 의료관광단지 개발 사례

의료관광단지	내용
무주 메디컬센터 '웰빙센터'	- 의료요양, 생태체험, 관광레저 결합된 선진국형 휴양지 - 메디컬웰빙센터, 피트니스&스파, 리타이어먼트 빌리지 조성
제주 국제자유도시 '휴양형 주거단지'	- 주거, 레저, 의료기능이 통합된 세계적 수준의 휴양형 주거시설
부산 암센터 '동남권 원자력의학원'	- 치료, 휴양, 관광기능 겸비한 환경친화, 환자중심병원 - 동북아 의료, 관광 허브로 육성
원주 '양,한방 의료관광단지'	- 첨단의료건강 특구 조성을 목표로 자립적인 의료건강 도시건설
제주 '우리들웰니스리조트'	- 메디컬센터와 리조트(골프장, 콘도, 공연장)건설
제주 '웰빙테마타운'	-제주건강검진센터, 재활센터, 스파, 워터파크 등
제주 '한방관광파크'	-약초재배단지, 약초가공시설, 한방체험수련원, 한방메디컬센터

자료 : 유명희(2011).

또한 우리나라 의료관광산업의 경쟁력을 갖기 위해서는 의료관광 목적지의 경쟁력을 구성하고 있는 의료서비스 분야, 관광 목적지 분야, 법 제도 지원이라는 세 분야의 균형 있고 조화로운 육성책을 펴야 할 것이다.

3 의료관광마케팅전략

일반적으로 의료관광은 건강관리관광(healthcare tourism), 웰니스관광(wellness tourism) 혹은 웰빙관광(well-being tourism) 등을 포괄할 수 있는 개념을 가진 관광의 한 영역으로서, 그 정의는 매우 다양하다는 것이다. 여기에서 의료관광의 의미를 종합해 보면, 의료관광은 자기의 상시적 거주지가 아닌 다른 장소로 이동해 가서 가벼운 온천욕이나 마사지에서부터 중증의 질병을 치료하는 것까지에 이르는 다양한 욕구를 그곳에서 충족시키기 위한 활동을 말한다(김이향, 2010).

여기에서 주목해야 할 것은, 의료관광을 구성하는 요소는 의료서비스 외에 다양한 서비스와 지원 시스템을 포함하고 있다. 이는 F&B, 숙박, 교통, 관광지 등의 관광산업의 영역에 포함되며, 법률이나 제도 등과 같이 의료서비스와 관광활동을 융합해서 하나의 비즈니스 체계로 작동하게 하는 사회적 지원 체계도 의료관광의 중요한 요소이다.

특히 의료관광 목적지의 경쟁력은 관광목적지의 경쟁력 결정요인의 기반 위에서 작용하고 있다. 의료서비스의 수준을 결정하는 병원의 장비와 시설, 의사 및 간호사 등 의료 인력들의 수와 수준 등은 빼놓을 수 없는 의료서비스 경쟁력 평가 시의 고려의 대상이다. 또한 관광활동의 경쟁력도 마찬가지이다. 그리고 양질의 의료 서비스를 가능하게 하는 법적 제도적 장치가 구비되어 있어야 하며, 외국인에게 저렴한 비용으로 충분한 진료행위를 할 수 있는 조건이 구비되어 있어야 한다. 이런 맥락에서 의료관광 목적지의 경쟁력 평가 영역은 의료서비스 분야, 관광 수용태세 분야, 법제도 분야로 구성되어 있는 것으로 본다(김이향, 2010). 따라서 의료관광목적지로서 대한민국 내지 특정 지역의 경우 의료서비스 요인, 관광 요인, 그리고 법·제도 요인의 콘텐츠를 중심으로 중국, 러시아, 일본, 중동, 동남아 등을 목표시장(marget market)으로 의료관광 마케팅믹스전략을 개발해야 할 것이다.

4 우리나라의 의료관광정책

세계적인 고령화 추세 및 기대수명 연장, 의료산업의 경쟁과 개방으로 인하여 의료서비스를 받고자 하는 소비자의 국제적 이동량 증가와 세계의료관광 시장이 지속 성장할 것으로 예측되고 있다. 이에 우리나라도 세계적인 수준의 의료기술과 인프라를 활용하여 의료관광을 육성하기 위해 지난 2009년 5월 의료법을 개정하고 의료관광객 유치를 적극 추진하고 있다. 의료법 개정을 통해 보건복지부에 등록한 의료기관 및 유치업자에게 외국인 환자에 대한 유치활동을 허용하여 합법적인 의료관광객 유치가 가능하게 되었다. 또한 문화체육관광부에서도 의료관광 추진을 위해 「관광진흥법」을 개정(2009. 9.)함으로써 의료관광 유치·지원기관에 대한 관광진흥개발기금 지원 및 의료관광 홍보마케팅 활성화의 계기를 마련하였다. 이에 따라 우리나라의 의료관광 활성화를 위해서 관련 중앙부처, 지자체, 의료기관 등이 의료관광 기반 구축과 해외홍보를 위해 적극 노력하고 있다.

한국의료관광 시장은 지난 몇 년간 큰 폭으로 성장해왔으며, 2014년에는 전년대비 32.5% 포인트 성장한 266,501명의 의료관광객을 유치하였다. 이를 통해 전년대비 41.6% 포인트 증가한 5,569억 원의 진료수입을 올렸다. 의료관광객 중 중국인의 비중이 29.8%로 가장 높았고 미국인(13.3%)과 러시아인(11.9%)이 그 뒤를 이었다.

의료관광 해외 홍보마케팅을 위해 한국관광공사에서는 해외지사와 연계하여 국내 의료기관 및 업계와 공동으로 다양한 사업을 추진하고 있는바 일본, 중국, 미국, 극동 러시아 등 주요 목표시장을 중심으로 의료관광 해외홍보설명회를 개최하였고, 해외 의료관광 전문전시회 및 컨퍼런스에 참가하여 한국 의료관광을 홍보하였다. 2012년에는 7개 의료기관과 함께 국내 최초로 미얀마 시장을 개척하기도 했다. 2014년 러시아 모스크바와 UAE 아부다비에서 대규모 홍보 이벤트를 하였다.

또한 의료관광 목적지로서의 한국의 인지도를 제고하기 위해 2014년에는 글로벌 한류스타인 JYJ를 의료관광 홍보대사로 임명하였다.

해외 의료관광 상품개발 및 판촉활동을 위해 해외 의료관광 전문가를 초청하여 팸투어를 실시하고, 러시아 및 중동 시장을 대상으로는 해외 정부기관 연계 의료관광객 유치를 적극 추진하였다.

의료관광 국내수용태세 개선을 위해서 2010년 서울 의료관광안내홍보센터(1개소),

인천 의료관광안내홍보센터(1개소), 2011년 부산 의료관광안내홍보센터(1개소)를 개소한 이래 2012년에는 대구 의료관광안내홍보센터(1개소)를 개소하여 총 4개소 의료관광 홍보안내센터를 운영 중이다.

의료관광 홍보안내센터에서는 의료관광 안내(의료기관, 주변관광지, 여행사안내), 코디네이터와 핫라인 연결, 의료기관 홍보물 비치 및 상담을 실시하고 있으며 지방의료관광 활성화를 위한 창구로 활용되고 있다.

의료관광 전문 인력 양성을 위해 의료기관 및 여행사 종사자를 대상으로 하는 전문 코디네이터 교육과 다문화가정 국제간병사 교육을 운영하기도 하였고, 국내 최초로 한방의료관광 코디네이터 과정을 운영하기도 하였다(문화체육관광부, 2014).

제3절 | 외식업 및 창업과 경영가치모델

1 우리나라 외식산업의 유형 및 특징

1) 한국표준산업 분류

우리나라 외식산업은 한국표준산업분류에 의하면, 대분류에는 '도소매 및 음식숙박업', 중분류에는 '음식 및 숙박업', 소분류에는 '음식점업'에 속한다. 음식점업은 다시 식당업, 주점업, 다과점업으로 세부적으로 구분된다. 식당업은 한국음식점, 중국음식점, 일본음식점, 서양음식점, 음식출장조달업, 자급식 음식조달업, 간이체인음식점, 달리 분류되지 않는 식당업으로 세분류하고 있다.

주점업은 일반유흥주점업, 무도유흥주점, 한국식 유흥주점업, 극장식주점업, 외국인전용유흥주점업, 달리 분류되지 않는 주점업으로 세분류하고 있으며, 다과점업은 제과점업, 다방업, 달리 분류되지 않는 다과점업으로 세분류하고 있다.

〈그림 12-9〉 한국표준산업분류의 음식점업

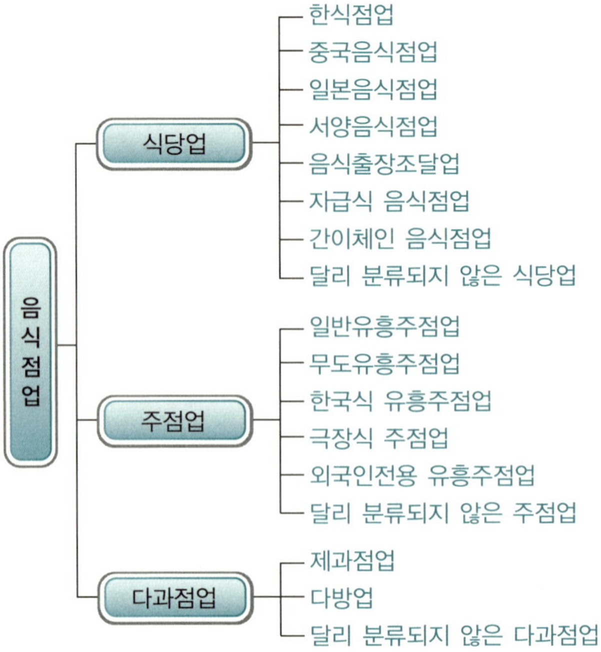

2) 식품위생법상 분류

우리나라 식품위생법상 음식점업은 크게 휴게음식점업, 일반음식점업, 주점영업 등으로 세 종류로 분류하고 있다. 주점영업은 다시 단란주점업과 유흥주점영업으로 두 종류로 분류하여 〈그림 12-10〉과 같이 모두 네 종류의 음식점업으로 분류하고 있다. 휴게음식점업은 음식류를 조리·판매하는 영업으로 음주행위가 허용되지 아니하는 영업을 말한다. 주로 다류를 조리·판매하는 다방, 주로 빵·떡·과자·아이스크림류를 조리·판매하는 과자점형태의 영업을 포함한다. 일반음식점업은 음식류를 조리·판매하는 영업으로 식사와 함께 부수적으로 음주행위가 허용되는 영업을 말한다. 단란주점업은 주로 주류를 조리·판매하는 영업으로 손님이 노래를 부르는 행위가 허용되는 영업을 말한다. 유흥주점업은 주로 주류를 조리·판매하는 영업으로 유흥종사자를 두거나 유흥시설을 설치할 수 있고, 손님이 노래를 부르거나 춤을 추는 행위가 허용되는 영업을 말한다.

〈그림 12-10〉 식품위생법상 분류

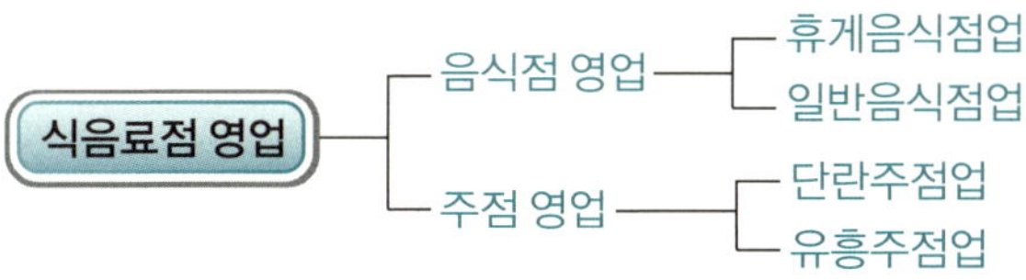

한편 현재 외식산업의 현주소로서 일반적 특징은 ① 국제화, ② 체인화, ③ 센트럴 키친화, ④ 매뉴얼화 등이다(임봉영·이지호, 2000).

첫째, 외식산업의 국제화 추세는 해외 브랜드의 국내도입과 국내 전통 음식업의 해외시장진출현상으로 해외기업체의 국내진출은 선진경영 노하우 도입, 식자재 수입, 식생활 패턴의 서구화 현상을 보이게 되고, 우리나라의 전통음식점은 대외 경쟁력의 차원에서 경영기술의 개선에 큰 변화를 보일 것이다.

특히 해외 유명브랜드들이 국내에 대거 들어와 있는데, 국내에 진출한 외식업종업태를 살펴보면 패스트푸드, 패밀리레스토랑, 피자, 도넛, 타코, 아이스크림, 프로즌 요구르트점뿐만 아니라 커피, 샌드위치, 덮밥, 우동, 제과, 심지어 뉴욕곰탕까지 국내에 진출하였다.

국내 토종브랜드도 해외진출이 잇따르고 있다. 한식업체인 놀부는 미국과 말레이시아에 진출하였으며, 김밥업체인 라미하우스와 종로김밥은 각각 중구·캐나다와 미국에 진출하였다. 피자점의 경우에도 피자맥과 뉴욕피자가 각각 중국에 진출하였으며, 돌솥밥업체인 가마고을은 캐나다에, 꼬치구이 전문점은 투다리는 중국에, 닭고기 전문점인 BHC는 중국, 대만, 일본 등에 각각 진출하고 있다.

둘째, 체인화로서 체인화를 시도하는 가장 큰 이유 중의 하나는 규모의 경제(economy of scale)를 추구하는 것이다. 한 단위의 업소를 대형화하는 것도 규모의 경제를 이룰 수 있는 방법이 되기도 하지만, 외식기업의 상품 특성인 상품이동과 저장의 한계로 확보할 수 있는 시장권의 제한되기 때문에 단일외식업소의 확대로는 규모의 경제를 이루는데 한계가 있다(신재영·박기용, 2000). 이러한 단점을 보완하며 본부의 이익확대와 가맹점의 진입장벽 축소 등의 이점으로 인하여 체인화가 가속될 것이다.

프랜차이즈 시스템이 처음 생겨난 미국의 경우 소매업의 총 매출액 중 절반 이상을 프랜차이즈 소매점에서 기록하였으며 일본에서도 프랜차이즈 시스템이 미국에 못지 않게 보급되어 있다. 이러한 상황을 고려할 때 우리나라에서도 프랜차이즈 시스템은 여러 업종에 더욱 확산되고 소매업에서 큰 비중을 차지할 것으로 전망된다.

셋째, 외식업체가 점차 대형화되고 매뉴얼화되면서 식자재를 한 곳을 모아 가공·처리하는 센트럴 키친 시스템(central kitchen system)의 도입이 증가되고 있다. 센트럴 키친은 점포의 주방 일대를 집중화하여 조리·반조리 식품을 공장생산방식을 통해 대량으로 또 효율적으로 생산하는 집중가공 공장으로써 이는 조리가공기능 이외에도 물자의 구매 및 배급기능이 부여된 일종의 카미서리(commissary)역할을 하고 있다(김장익, 1998). 센트럴 키친 시스템이 도입될 경우 식자재의 대량구매, 대량조리가 가능해짐에 따라 규모의 경제화(economy of scale)에 의해 원가절감이 가능해질 뿐만 아니라 식자재의 생산, 유통, 판매가 일괄적으로 처리됨으로써 체인화(chain)가 가속되는 등 상호보완적 역할을 하게 된다.

넷째, 외식경영의 핵심은 매뉴얼(manual)화에 있다. 매뉴얼은 수첩·안내·교본·입문서라는 뜻으로 경영에 있어서 방침·계획 혹은 일상 직무·작업 등의 실제를 명문화한 것이다. 즉 이러한 매뉴얼화는 레시피(recipe) 등의 표준화로서 서비스품질 보증 및 품질의 일관성 유지 그리고 품질 제고의 첫걸음이자 대량생산을 통한 경영의 효율성을 높이는데 큰 도움이 된다. 이러한 매뉴얼화는 판매대량생산, 대량판매를 가능하게 하고, 인력절감에 기여할 수 있으며, 원가절감, 품질의 균등화, 프랜차이징을 추진하는데 필요하다.

다섯째, 민족음식의 상품화 특징이다. 한식의 세계화는 물론 할랄(halal) 푸드의 새로운 수요이다. 이러한 할랄 푸드는 과일·야채·곡류 등 모든 식물성 음식과 어류·어패류 등의 모든 해산물과 같이 이슬람 율법하에서 무슬림이 먹고 쓸 수 있도록 허용된 제품을 총칭하는 용어다. 육류 중에서는 이슬람식 알라의 이름으로 도살된 고기(주로 양고기·닭고기·쇠고기 등), 이를 원료로 한 화장품 등이 할랄 제품에 해당한다. 반면 술과 마약류처럼 정신을 흐리게 하는 것, 돼지고기·개·고양이 등의 동물, 자연사했거나 잔인하게 도살된 짐승의 고기 등과 같이 무슬림에게 금지된 음식을 하람(haram) 푸드라고 한다. 할랄 제품의 대부분은 음식류가 차지하고 있는데, 할랄 푸드가 전 세계 식품시장의 16%를 차지하고 있으며, 시장의 크기는 대략 16억 명이다.

2 외식업 상권분석

미국마케팅학회(A.M.A.: American Marketing Association))에 의하면, 상권이란 특정 마케팅단위 또는 집단이 재화나 서비스를 판매, 인도함에 있어 비용과 취급 규모 면에서 경제적이며 그 규모가 어떤 한계에 의해 결정되는 지역범위로 정의되고 있다(이수동, 1987).

일반적으로 상권의 개념은 상권지리적 차원(TAG)에서는 ① 총상권(GTA : general trading area), ② 지구상권(DTA : district trading area), 그리고 ③ 점포상권(ITA : individual trading area)이 있다. 또한 상권수요차원(TAD)에서는 상권의 수준(levels)으로서 크게 세 가지로 나누어진다. ① 1차 상권(primary trading area)이다. 이는 점포고객의 55~70% 또는 60~70%를 포괄하는 상권범위를 말하는데, 점포에 가장 근접해 있고 또한 고객 수나 고객 1인당 판매액상 밀도가 가장 높은 지역이다. 상권의 중복도는 가장 낮다. ② 2차 상권(secondary trading area)이다. 이는 점포 고객의 나머지 15~25% 또는 20~25%를 포괄하는 상권범위로서 1차 상권의 외곽에 위치하여 고객의 분산도가 아주 높다. ③ 주변상권(fringe trading area)이다. 1·2차 상권에 포괄되는 고객 이외의 나머지 고객을 포괄하는 상권범위로서 고객은 아주 분산적이며 5~10%의 고객을 포괄하는 것으로 본다.

〈표 12-10〉 **업태별 상권규모**

구분	1차 상권	2차 상권	3차 상권
커피숍	반경 100m	반경 500m	반경 1km
패스트푸드	반경 500m	반경 1km	반경 2.5km
패밀리 레스토랑 및 고급한식	반경 1km	반경 2.5km	소도시-전 지역 대도시-5km
디너하우스 및 고급 레스토랑	반경 2.5km	반경 5km	반경 15km

자료 : 홍기운(1999).

이러한 상권의 크기와 모양은 업태, 업종, 점포규모, 경합점의 입지, 이동시간, 교통장애물 및 매체의 이용가능성과 같은 여러 요인에 의해 영향을 받는다. 그러나 쇼핑센터

내의 스낵 바(snack bar)와 같은 기생점포(parasite)는 독자적인 고객흡인력이 없으므로 독자적인 상권을 갖지 못한다. 업종이나 업태에 따라서는 동일한 입지에 있어도 고객흡인력이 달라진다. 예를 들어, 음식의 맛이나 서비스 품질을 중시하는 패밀리 레스토랑이나 스페셜 레스토랑 상권은 가장 넓고 커피숍이나 패스트푸드점은 비교적 좁다.

이는 특히 확정된 상권 내의 주민의 속성이 외식기업이 정한 목표시장(target market)의 조건과 합치하는가 그 여부를 분석·평가하는 것인데, 그 주요 평가요인은 표와 같다.

〈표 12-11〉 주요 상권분석요인

요인	세부요인	
인구규모나 특징	① 총규모 ③ 평균교육수준 ⑤ 총가처분소득 ⑦ 직업별 분포	② 연령별 분포 ④ 주택보유비율 ⑥ 1인당 가처분소득 ⑧ 앞으로의 추세
노동공급가능성	① 고·대졸자 수 및 이들의 유출비율과 평균급여 기준 관리자, 관리자후보 및 판매요원 등의 충원가능성	
구매처와의 근접성	① 식자재 코스트	② 식자재 구매가능성과 신뢰성
촉진	① 매체의 이용가능성과 빈도	② 코스트
경제적 기반	① 지배적인 산업 ③ 성장전망 ⑤ 경제적 내지 계절적 변동으로부터의 자유도	② 다각화의 정도 ④ 상용 및 금융기관의 이용가능성
경쟁상황	① 기존의 경쟁점포의 수와 규모 ③ 단기적 및 장기적 전망	② 경쟁점포의 강약점의 평가 ④ 포화수준
점포입지의 이용가능성	① 입지의 수와 유형 ③ 소유 대 임차의 기회 ⑤ 코스트	② 교통수단의 근접성 ④ 도시계획상의 제약
규제	① 세금 ③ 영업 ⑤ 상업지역 조정	② 면허 ④ 최저임금

자료 : Berman and Evans(1979).

이 모든 요인은 반드시 중요한 것이 아니며 업종이나 업태에 따라 다르다. 그러나 최소한 다음과 같은 주요 요인을 검토하여야 한다.

3 외식업 점포관리

점포란 판매활동을 하는 영업장으로서 소매업의 최소단위인 매장(establishment)과 같은 개념으로 건물 내·외의 일정한 공간을 점유하며, 내외에 장식을 하고 상품을 생산·진열하여 판매활동이 수행되는 곳이다. 외식업의 점포관리는 점포입지, 점포외관, 설비와 시설, 매장배치, 점포내장, 점포분위기 등과 같은 점포를 구성하는 요소가 제대로 갖추어져 있어야만 한다. 이 구성요소가 전략적으로 점포 내에 믹스(mix)됨으로써 점포환경 즉 점포 콘셉트(store concept)가 형성된다. 따라서 특정한 점포가 매력성을 높이기 위해서는 점포환경, 즉 점포가 갖추고 있는 속성의 믹스를 명확하게 하여야 한다. 이에는 점포규모나 시설 등과 같은 하드(hard)적인 속성차원과 반면에 어메니티(amenity)나 분위기와 같은 소프트(soft)적인 속성자원의 두 가지가 있다(이정실, 2002). 또한 점포관리와 관련하여 서비스스케이프(servicescapes) 개념은 서비스 환경을 디자인하기 위한 물리적 환경을 의미한다. 고객들에게 영향을 미치는 서비스스케이프의 요소들은 크게 외부속성(간판, 주차장, 건물, 토지 등)과 내부속성(디자인, 배치, 설비, 실내장식 등)으로 구분할 수 있다. 여기에다 유형적 커뮤니케이션의 다른 형태가 추가되는 것이 물리적 증거(physical evidence)라 할 수 있다.

〈표 12-12〉 **서비스스케이프(servicescapes) 요소**

서비스스케이프	다른 유형물
• 외부설비 – 건물외관 – 간판 – 주차장 – 건물/조경 • 내부설비 – 내부디자인 – 설비 – 내부사인 – 배치 – 실내조명, 음악서비스 등 분위기	어메니티(amenity) 문구류(stationery) 브로슈어 팸플릿 유니폼

자료 : 이명식(1999)의 내용을 일부 수정함.

또한 서비스스케이프로서 점포 디자인 개념에는 점포 외부 디자인과 내부 디자인이 있다. 첫째, 점포 외부 디자인은 점포의 외관(outlook)으로 상점의 입구이며, 정면(store-front)과 진열장, 표지, 주차장 그리고 주위환경을 포함하는데, 이는 통행인이나 자동차 승객의 눈에 띌 수 있는 시각성(visibility)이 있어야 한다. 특히 넓은 통로, 적당한 조명, 상상적이고 잘 기획된 배치는 대체로 혼잡한 통로, 밋밋한 형광등 조명 및 비효율적인 배치보다는 좋은 점포 이미지를 심어 주며, 고객흡인력도 높여 준다. 내장처리가 잘된 바닥, 벽면 및 천장은 물론 적정한 장소에 배치된 서비스 스테이션(service station), 점포 내의 설비나 집기의 적정배치는 점포 내 분위기를 보다 즐겁게 해주고 매력적으로 느끼게 만든다.

점포의 내부 디자인과 관련된 의사결정을 할 때에는 다음과 같은 요인을 고려하여야 한다. ① 점포면적, ② 점포의 성격(셀프서비스, 완전서비스 등), ③ 취급상품의 유형, 종류 및 취급량, ④ 경영자의 개인적인 선호(창조적이고 혁신적, 보수적이고 안정적) 등이 있다.

덧붙여 점포 분위기 또한 점포이미지를 결정하는 중요한 요소이다. 특히 고객이 점포를 선택하는데 태도 요소의 하나로 정감적 요소(affective component)도 많은 영향을 미치게 된다. 점포 내의 조건인 점포 분위기(store ambience)는 호텔레스토랑의 경우 고객정서(경로계수 : .91) 및 점포이미지(경로계수 : .53)에 영향을 미치는 것으로 나타났다(서승윤, 2009).

구매환경으로서의 점포 분위기는 일반적으로 점포의 건물, 내장, 조명, 설비 등과 같은 상품제공활동과 관련되는 모든 요소에 의해 전달되는 점포의 포괄적인 환경(overall setting)을 말한다. 그러나 전략적인 입장에서는 분위기형성(atmospherics)이라는 용어가 사용되어 외식기업이 소비자에게 어떠한 무드(mood)나 느낌을 전달하기 위한 의식적인 시도로 이해되고 있다(Kotker, 1973-1974).

이러한 점포분위기를 Kotler는 표와 같이 네 가지의 차원(dimensions)으로 나누고 있다.

〈표 12-13〉 점포 분위기의 차원

시각적	청각적	후각적	촉각적 또는 감각적
색채 밝음 규모 모양 대조	음량 핏치(pitch)	냄새 신선함	부드러움(softness) (smoothness) 온도 습도

자료 : Kotler(1973~1974).

4 메뉴엔지어링

체인 레스토랑의 신제품 개발방안으로 Technomic Consultants는 〈그림 12-12〉와 같이 깔때기 모형을 제시하였다. 먼저 고객들이 환대환경에서 겪은 경험과 문제점을 알아보기 위하여 시장조사가 선행된다. 조사의 결과 문제점이 들어 나면 고객의 불만을 해결해줄 수 있는 몇 가지의 아이디어가 구체적으로 제시된다. 경영자는 여러 아이디어 원천들로부터 제안된 신메뉴 아이디어들 중 소수의 아이디어만을 선별한다. 그런 뒤에 선별된 아이디어에 대한 메뉴개념을 개발하고 그것이 고객에게 어느 정도 소구력이 있는지를 판단한다. 메뉴개념이 긍정적인 평가를 받게 되면 다음 단계로 그 매력도를 평가하고 그것이 유망한 것으로 판단되면 실제의 메뉴를 개발하는 단계로 넘어간다. 개발된 새로운 메뉴를 표적시장에 출시하기에 앞서 시장시험의 목적으로 소규모의 실제시장에다 그것을 도입해서 고객의 반응과 매출가능성을 조사해야 한다. 시험마케팅의 결과 성공가능성이 높은 1~2가지 신메뉴로 선택하여 론칭(launching)한다.

테크노믹 컨설팅사는 일단 새로운 메뉴가 고객의 욕구를 충족시켰다고 해도 이 과정은 오직 시작일 뿐이고 시장에 적합한 신메뉴를 제품화 단계까지 나갈 것인가의 문제는 ① 기존의 설비, ② 회사 이미지, ③ 장기적인 목표, ④ 기대 판매량, ⑤ 수익 기여도, ⑥ 필요 투자액 등을 모니터한 뒤에 결정해야 한다.

〈그림 12-11〉 신메뉴개발 깔때기 모델

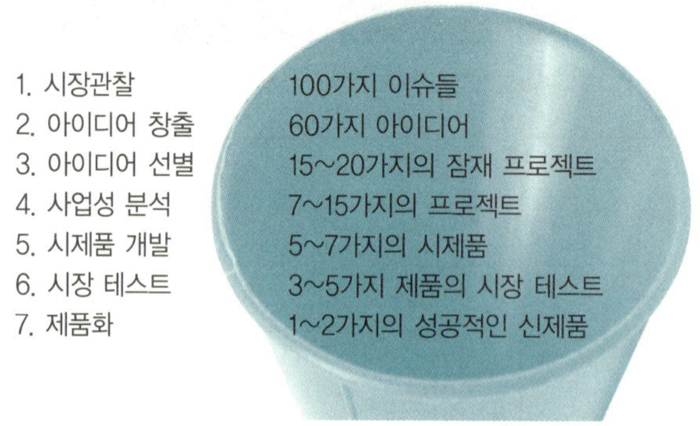

자료 : Paul(1982).

한편 메뉴분석의 예로서 카사바나·스미스(Kasavana & Smith) 모델이 있다. 이는 카사바나·스미스에 의해 체계화된 메뉴분석 매트릭스(menu engineering)로서 고객 선호도(popularity)와 공헌이익(contribution margin)을 두 축으로 하여 그림과 같이 4가지 메뉴로 분류하는 것이다(Kasavana, 1984). 고객 선호도는 메뉴믹스(menu mix)비율로 측정하는데, 특정 메뉴 아이템(item)의 메뉴믹스비율은 판매된 메뉴 아이템 수량을 판매된 총 메뉴 아이템 수량으로 나눈 것이다.

공헌이익은 메뉴 판매가격에서 인건비 및 변동비 등을 고려하지 않고 직접비만을 고려하여 계산한다. 특정 메뉴 아이템에 대한 공헌이익의 높고 낮음은 판매된 총 메뉴 아이템의 평균공헌이익과 비교하여 이 수준을 초과하는 경우에는 높은 공헌이익으로 분류되고 낮은 경우 낮은 공헌이익으로 분류된다.

〈그림 12-12〉 카사바나 · 스미스 모델 매트릭스

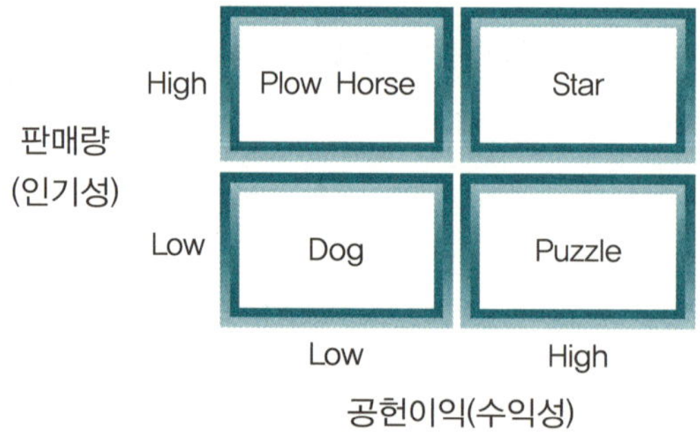

이 방식은 전략적 사업단위(SBU : strategic business unit)의 포트폴리오 기법으로서 널리 이용되는 것이 보스턴 컨설팅 그룹(Boston Consulting Group : BCG)이 개발한 전략적 성장성-점유율 매트릭스 모델의 응용모델이라 할 수 있다. BCG 모델은 전략적 사업단위를 시장성장률과 비교시장점유율의 두 변수로써 표시하고 있는데, 카사바나·스미스 모델 역시 판매량(인기성 기준)과 공헌이익(수익성 기준)의 두 변수를 중심으로 포트폴리오를 구성하고 있다.

먼저 스타(star) 메뉴와 Puzzles 메뉴의 경우에는 유지(hold)전략, Plow Horse 메뉴는 메뉴 혁신이나 새로운 투자를 통한 구축(build)전략 혹은 투자를 유보한 수확(harvest) 또는 철수(divest)전략을 고려할 수 있으며, Dog 메뉴의 경우는 수확(harvest) 또는 철수(divest)전략을 신중히 고려해야 한다.

이 모델의 카사바나·스미스 모델의 장점은 메뉴당 매출량과 메뉴당 판매가격 그리고 메뉴당 원가 자료만 있으면 분석이 가능한 아주 간편한 모델이라는 점이 최대의 장점이다. 그러나 이 모델은 BCG 모델에서의 한계처럼 두 변수(공헌이익, 판매량)만을 반영하고 있기 때문에 ① 비용 대비 수익성을 지나치게 강조하고 있다는 점, ② 판매량을 지나치게 강조한다는 점, ③ 메뉴들 간의 시너지, 즉 구색(assortment) 효과를 반영하지 못하는 점 등이 있다. 또한 김우곤(2000)은 이 모델의 경우 메뉴 아이템의 판매가를 높게 설정하여 공헌이익을 높이는 방법을 사용할 수 있다면서 이에 따라 수요와 수익성이 줄어들 수도 있다고 지적하였다.

5 창업과 프랜차이징

2013년도 신규사업자의 업종은 소매업이 18.8%로 가장 많았고, 음식점업(17.0%), 부동산업(14.1%), 운송 및 건설업(11.2%), 도매 및 상품중개업(10.2%), 제조업(6.3%), 기타 순으로 나타났다. 최근 통계에 의하면, 매년 100만 개의 신규창업이 이루어지고, 약 80만 개의 폐업이 반복되고 있는 것으로 나타났다.

외식업에서 창업할 수 있는 방법은 〈그림 12-14〉와 같이 두 가지가 있다. 즉 기존의 기업을 인수하는 방법과 완전히 새로운 기업을 설립하는 방법이 있다. 기존사업이나 점포를 인수하는 것도 인수할 기업이나 점포가 프랜차이징일 경우와 개별기업 혹은 점포일 경우가 있다. 창업을 할 경우에는 먼저 기존사업을 인수하여 창업할 것인지 아니면 새로이 기업을 창설할 것인지를 먼저 결정을 한 후 프랜차이징과 개별사업으로 할 것인지를 결정해야 한다.

〈그림 12-13〉 **창업의 길**

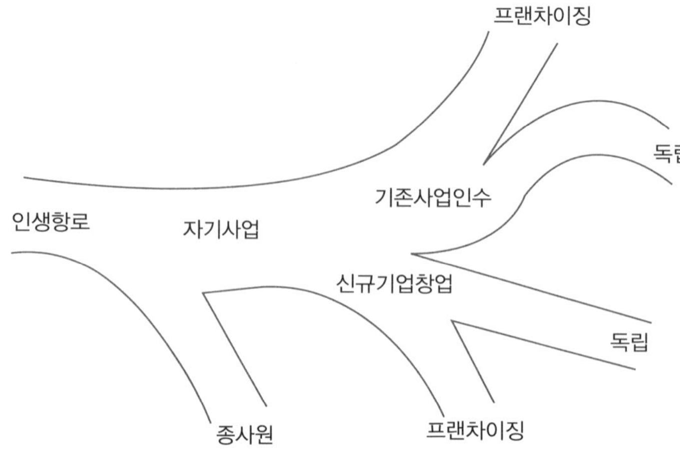

자료 : Tate, Megginson, Scott, and Truelood(1982).

프랜차이징의 구조는 프랜차이저가 프랜차이지와의 사이에 계약을 체결하고 자기의 상호, 상표, 기타 상징이 되는 것 그리고 경영노하우를 사용하여 동일한 것으로 식별되는 이미지하에 제품의 판매, 기타 사업을 행하는 권리를 주고, 한편 프랜차이지는 그 대가로 일정한 금액을 지급하고 사업에 필요한 자금을 투하하여 프랜차이저의 지도 및 원조하에 사업을 행하는 양자 간의 계속적 관계이다.

외식업의 프랜차이즈 신규 창업은 매우 신중하고 과학적으로 이루어져야 한다. 이러한 신규 창업은 젊은이에게는 인생의 시작점이며, 특히 은퇴자들에게는 노년의 삶의 질을 결정하는 중요한 제2 인생의 전환점(turning point)이기 때문이다.

외식업의 프랜차이즈 신규 창업 과정에는 ① 입지가 결정된 경우와 ② 입지가 결정되지 않은 경우가 있다(김의근, 2011).

프랜차이즈 창업 시 입지가 결정되지 않은 경우 창업자가 선택할 수 있는 사업 콘셉트 또는 아이템은 매우 다양할 수 있다. 창업 전 프랜차이즈 창업 콘셉트를 정하는 것이 매우 중요하며, 이때 고려해야 할 사항으로는 첫째, 창업자 자신의 사업조건, 즉 자본력, 자신의 건강과 체력, 기존의 축적된 경험 등을 고려해야 한다. 둘째, 사업 성장가능성이 있는 사업 콘셉트를 설정해야 한다. 예를 들면, 가격경쟁력과 상품경쟁력, 미래 수요의 크기, 경쟁 강도, 사업의 유행 수명주기(fashion lifecycle) 등을 파악하여야 한다. 특히 프랜차이즈 사업의 유행 수명주기는 타 업종에 비해 상대적으로 짧다는 것을 유념해야 한다. 셋째, 자신의 적성에 맞는 사업 콘셉트인가를 고려해야 한다. 자신의 외식업에 대한 흥미도와 고객 접객서비스에 대한 선호도 등이 고려되어야 한다. 이는 프랜차이즈 사업의 지속가능성(sustainability)을 높일 수 있기 때문이다.

또한 프랜차이즈 신규 창업에서 가맹 희망자가 추가적으로 고려해야 할 것은 프랜차이즈 본부(franchiser)의 역량과 상품경쟁력, 브랜드 가치, 프랜차이즈 가맹비용 그리고 기존 가맹점에 대한 현장방문 조사와 프랜차이지(franchisee)의 의견을 수집하는 것이 중요하다. 이를 구체적으로 제시하면, 다음 〈그림 12-14〉와 같다.

〈그림 12-14〉 창업 절차

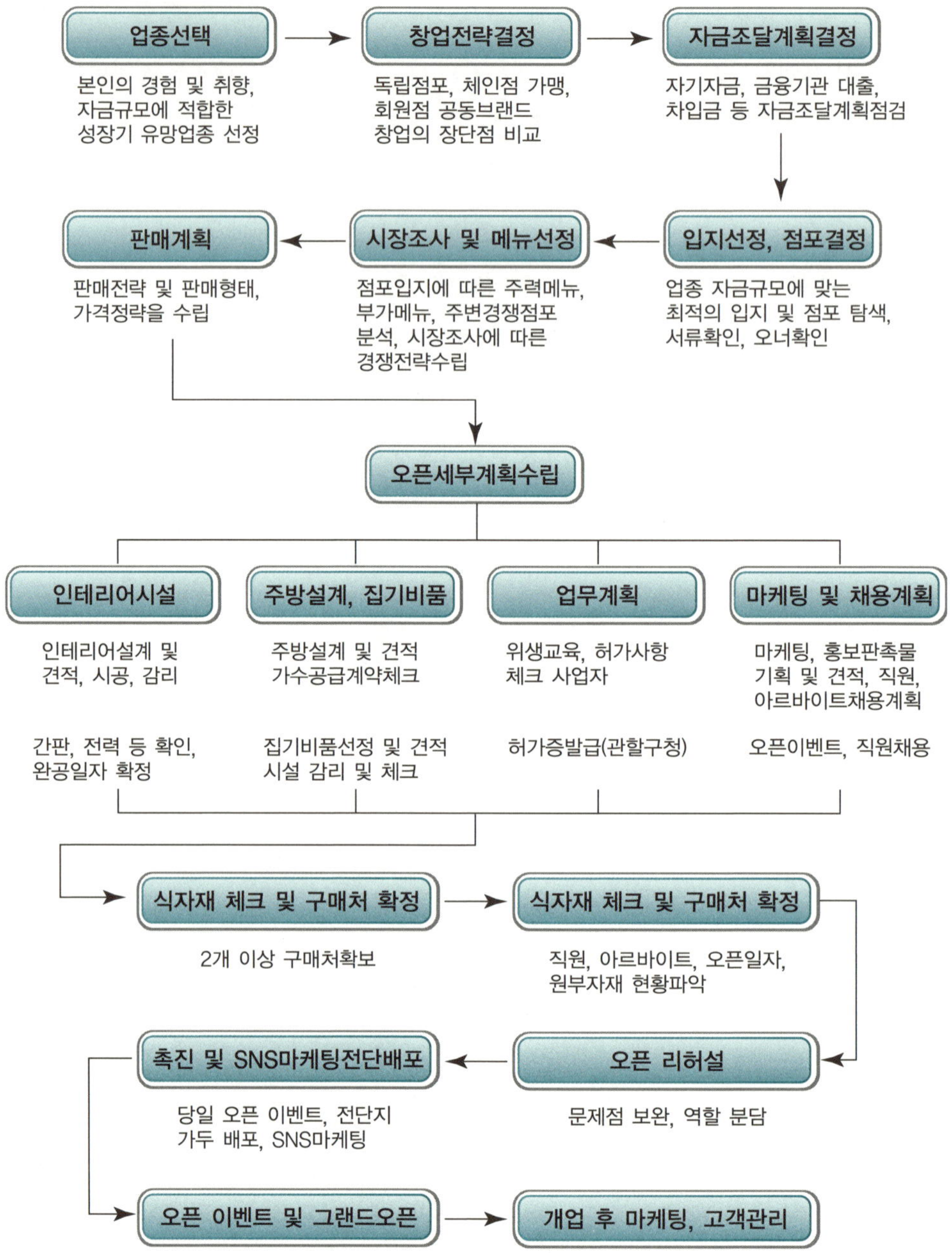

자료 : 이상화 · 김철호(2001), 24-25에서 내용을 일부 수정함.

〈표 12-14〉 프랜차이즈 신규 창업 시 평가요인

평가요인	측정항목
1. 프랜차이즈 본부의 역량	① 최고경영자의 사업비전과 경영마인드 ② 경영실적과 재무건전성 ③ 프랜차이즈 사업 운영기간 ④ 직영점 및 가맹점 수와 증가속도 ⑤ 가맹점 상권 보장 ⑥ 가맹점 평균 매출액 및 이윤 ⑦ 가맹점 지원 시스템
2. 메뉴경쟁력	① 가격경쟁력 ② 메뉴경쟁력(메뉴 다양성, 품질 등) ③ 수요탄력성(계절성 등) ④ 사업 또는 상품의 유행 수명주기 ⑤ 시장의 크기 ⑥ 경쟁 강도
3. 브랜드 가치	① 브랜드 인지도 ② 브랜드 애호도 ③ 브랜드 이미지 ④ 브랜드 보호 및 관리
4. 프랜차이즈 가맹비용	① 가맹비(initial fee) ② 로열티 ③ 광고비 ④ 보증금
5. 기존 가맹점 방문조사	① 실내·외 인테리어 점검 및 의견 청취 ② 매출액 및 이윤 확인 ③ 프랜차이즈 본부가 약속한 각종 지원 이행 여부 확인 ④ 계약 종료 후 재계약 또는 가맹 추천 여부 ⑤ 프랜차이즈 본부와의 신뢰도 ⑥ 프랜차이즈 본부와의 관계결속 및 몰입 정도 ⑦ 가맹점의 자율성 정도

표에서와 같이 프랜차이즈 본부 역량 평가에서는 최고경영자의 사업비전과 경영마인드를 체크해야 하며, 또한 가맹점의 상권 보장 여부, 가맹점에 대한 지원 시스템에 대한 체크도 필요하다. 가맹점의 상권 보장은 특정 시장점유율을 유지시키는데 중요한 역할을 한다. 한편 가맹점에 대한 지원 시스템으로는 물적 지원과 영업적 지원(이선익, 2007)이 있다. 프랜차이즈 본부의 물적 지원에는 주문처리 정확성, 상품 공급의 신속성, 상품 구색, 불량품·반품 처리 용이, A/S, 불평·불만처리 등(LaLonde & Zinszer,

1976 ; 이선익, 2007 등)이 있다. 영업적 지원에는 효과적인 운영 및 관리, 유용한 정보 제공, 프랜차이즈 본부의 교육, 신메뉴개발 등(LaLonde & Zinszer, 1976; 이선익, 2007 등)이 있다. 이러한 프랜차이즈 본사의 가맹점 지원 시스템은 본사와 가맹점간의 신뢰를 구축할 뿐만 아니라 관계결속과 몰입 그리고 성과로 이어지는 영향력 있는 주요 변수이다.

참고문헌

공진성 · 김동수(역)(1995), 「일본의 스포츠 마케팅」, 서울: LG에드.

김경숙(2003), 「항공서비스론」, 서울: 백산출판사.

김경환(2014), 「글로벌 호텔경영」, 서울: 백산출판사

김경환 · 차길수(2002), 「호텔경영학」, 서울: 현학사.

김경희(1998), "의료서비스 포지셔닝전략에 관한 연구," 동아대학교 대학원 박사학위논문.

김광근 · 김형섭 · 장경수 · 여창원 · 김용철(2011), 「관광학의 이해」, 서울: 백산출판사.

김도희(2008), "결혼이민여성의 양육효능감에 관한영향 연구: 문화적응의 매개효과 중심으로," 이화여자대학교 대학원 박사학위논문.

김도희 · 이경은(2009), "다문화 가정 결혼이민자의 양육효능감에 관한 경로분석," 「한국가족관계학회지」, 14(2), 77-98.

김민주(1998), "호텔 종사원의 감정노동이 직무관련 태도에 미치는 영향," 「관광학연구」, 21, 2, 129-141.

김병국 · 박석희(2001), "관광지 이미지의 형성에 관한 연구: 인지적 · 정서적 이미지를 중심으로," 「관광학연구」, 25(1), 271-290.

김사헌(2008), "관광학의 새로운 정체성을 찾아서: 회고와 과제," 「관광학연구」, 32(4), 11-33.

김상률(2001), "전략적 브랜드 네이밍 개발에 관한 연구," 경희대학교 경영대학원 석사학위논문.

김성혁 · 조인환(1999), "항공사의 전략적 제휴에 의한 영업성과 차이분석," 「관광연구」, 3(12), 269-271.

김영우(2008), "메디컬 에스테틱 관광 서비스품질이 고객신뢰, 만족, 몰입 및 재이용의도와의 영향관계," 경주대학교 대학원 박사학위논문.

김우곤(2000), 「사례로 배우는 외식경영」, 서울: 학현사, 2000, 248.

김우석(2010), "다문화사회 소통 통로로서의 스포츠: 문화적응 과정에서의 스포츠의 역할," 경희대학교 대학원 박사학위논문.

김원수(1985), 「경영학원론」, 서울: 경문사.

______(1986), 「소매기업경영론」, 서울: 경문사.

______(1989), 「마케팅관리론」, 서울: 경문사.

김은정(2001), "준거가격광고가 소비자의 내적 준거가격에 미치는 영향에 관한 연구," 성균관대학교 대학원 박사학위논문.

김의근(1987), "국내진출 다국적 호텔기업에 관한 대응전략," 「동아대학교 경영연구」, 창간호.

______(2011), 「프랜차이즈 경영론」, 서울: 법문사.

김이향(2010), "의료관광 목적지 경쟁력 지표 개발에 관한 연구," 동아대학교 대학원 박사학위논문.

김장익(1998), "한국외식산업의 개선방안에 관한 연구," 「Tourism Research」, 12.

김정옥 · 박승훈(2000), 「외식산업관리론」, 서울: 대왕사.
김지영(2013), 「카지노경영론」, 서울: 경문사.
김창남(1998), 「대중문화의 이해」, 서울: 한울 아카데미.
김천서(2003), "패밀리레스토랑 고객의 서비스회복 공정성 지각과 신뢰 및 행동의도간의 인과관계 연구," 동아대학교 대학원 박사학위논문.
김천중(2012), 「해양관광과 크루즈산업」, 서울: 백산출판사.
김철원 · 윤혜진(2009), "관광현상 규명을 위한 질적 연구방법의 고찰과 적용," 「관광학연구」, 33(1), 11-30.
김태영(1996), 「현대관광학개론」, 서울: 백산출판사.
김현지 · 최혜정(2010), 「2009 전국 다문화가족 실태조사 -부산지역 다문화가족 생활 실태 분석-」, 부산여성가족개발원.
김형곤(2002), "스포츠 팬덤의 특성에 관한 연구", 「언론학연구」, 6, 66-80.
동남레저산업연구소(편)(2008), 「관광학의 이해」, 서울: 기문사.
＿＿＿＿＿＿＿＿(편)(2009), 「해설 · 사례있는 관광관련법규」, 서울: 기문사.
鈴木忠義(1984), 「현대관광론」, 일본: 有斐閣雙書.
류기환(2010), 「크루즈여행실무론」, 서울: 백산출판사.
문보영(2007), "의료관광상품 개발방안에 관한 연구," 「호텔관광연구」, 9(3), 30-45.
문화체육관광부(2007), 「2006년기준 관광동향에 관한 연차보고서」.
＿＿＿＿＿＿(2012), 「2011년기준 관광동향에 관한 연차보고서」.
＿＿＿＿＿＿(2013), 「2012년기준 관광동향에 관한 연차보고서」
＿＿＿＿＿＿(2014), 「2013년기준 관광동향에 관한 연차보고서」
＿＿＿＿＿＿(2015), 「2014년기준 관광동향에 관한 연차보고서」
박봉규 외(2004), 「관광조사통계분석론」, 대구: 도서출판 대명.
＿＿＿＿(2011), 「중국인 관광객 유치 증대를 위한 마케팅 방안」, 부산광역시.
박성부(2009), 「호텔경영의 입문」, 서울: 백산출판사.
박의서(2010), "섹스관광과 매춘에 관한 관광학적 이슈," 「관광연구저널」 24(1), 175-190.
박재기(2001), 「인터넷 마케팅」, 서울: 형설출판사.
박주희(1994), "의료서비스의 구매평가에 관한 연구," 동아대학교 대학원 박사학위논문.
박중환(1998), 「현대호텔마케팅론」, 서울: 형설출판사.
＿＿＿(1999), "호텔서비스에 대한 고객의 지각된 위험(perceived risk)에 관한 실증적 연구," 「관광레저연구」, 11(1), 27-41.
＿＿＿(1999), "호텔서비스에 대한 고객태도 변수들간의 관계연구," 「관광학연구」, 22(3), 54-72.
＿＿＿(2002), 「호텔마케팅관리론」, 서울: 형설출판사.
＿＿＿(2003), "부산지역 주요 영화 촬영지에 대한 관광자원학적 이미지 분석과 PPL(product placement) 전략," 「관광레저연구」, 14(3), 157-173.

_____(2007), "우리나라 주요 영화 · 드라마 촬영지의 한류(韓流) 시장별 관광자원 이미지 분석 및 관광자원화 전략 연구,"「관광학연구」, 31(2), 145-164.
_____(2009), "해외여행상품 구매 시 여행사 브랜드 가치와 지각위험이 구매 후 의심에 미치는 영향 연구,"「관광레저연구」, 21(3), 371-388.
_____(2010), "여행사 애호도, 해외여행상품 지각위험, 준거가격, 구매 후 의심, 그리고 재이용의도간의 관계,"「관광레저연구」, 22(1), 343-360.
박중환 · 여호근(1998), "부산항 크루즈 관광의 활성화 방안에 관한 실증적 연구,"「관광레저연구」, 10(2), 31-48.
박진영(2008), "고객충성도의 요인 구조 및 상대적 중요도에 관한 연구: 패스트푸드, 피자, 패밀리 레스토랑을 중심으로,"「관광연구」, 23(1), 381-398.
배용수 외(1992),「민관공동출자 사업의 민자유치 촉진 방안」, 지방자치 경영협회.
변우희 · 조광익 · 김기태 · 한상현(2008), "관광학 연구동향 및 교육과정 분석과「관광학총론」의 구성체계,"「관광학연구」, 32(4), 35-53.
부산광역시(http://www.busan.go.kr).
부산영상위원회(2000),「2000 부산필름커미션 디렉토리」.
부산영상위원회(http://www.bfc.or.kr).
부산일보(2006. 12.20일자)
삼성경제연구소(2010), "소셜미디어와 기업의 신소통 전략,"「CEO Information」, 제764호.
서승윤(2009), "호텔레스토랑의 분위기가 고객정서, 레스토랑이미지, 고객행동에 미치는 영향관계," 경주대학교 대학원 박사학위논문.
신동주 · 손재영(2007), "해양관광산업발전을 위한 여건분석과 정책과제," 한국해양수산개발원.
신상준(2004), "관광객의 여행상품 인지부조화와 반응에 관한 연구," 경기대학교 대학원 박사학위논문.
신용경(2000), "호텔기업의 현금관리와 레버리지 효과에 관한 연구,"「관광레저연구」, 12(1), 101-110.
신재영 · 박기영(2000),「외식산업개론」, 서울: 대왕사.
신홍철(역)(2009),「여가 · 관광 연구방법론」, 서울: 한올출판사.
鹽田正志(1974),「觀光學研究」, 日本學術叢書.
鹽田正志(1987),「觀光學研究」, 日本: 學術選書.
오수철 · 김병국 · 김영표 · 허광무(2012),「카지노경영론」, 서울: 백산출판사.
오희환(1993),「제3섹터의 활성화방안」, 서울: 한국지방행정연구원, 6.
원융희(1999),「관광과 문화」, 서울: 학문사.
유명희(2011),「Medical Tourism Marketing」, 서울: 한올출판사.
윤장렬 · 조효연 · 최종률(2009), "브랜드 이미지에 따른 여행사 선택 시 고객의 선택속성에 관한 연구,"「관광레저연구」, 21(3), 25-43.
이경환(2000), "여행상품 소비행동단계별 위험지각과 만족도," 경기대학교 대학원 박사학위논문.
이광원(2004),「관광자원론」, 서울: 기문사.

이기우 · 김상미(1991), "지방행정에 있어서 공사 혼합기업에 관한 연구," 서울: 한국지방행정연구원, 61.
이명식(1999), 「서비스마케팅」, 서울: 형설출판사, 197.
이명희(역)(2008), 「행동경제학」, 서울: 지형.
이상춘 · 여호근 · 최나리(2004), 「해양관광의 이해」, 서울: 백산출판사.
이상희(1992), 「지방재정론」, 서울: 계명사.
이선익(2007), "외식 프랜차이즈의 본부 지원이 가맹점의 신뢰, 관계결속, 몰입, 성과에 미치는 영향," 동아대학교 대학원 박사학위논문.
이선희 · 양정영 · 박철호 · 손병모 · 송경숙(2002), 「항공여객 예약실무」, 서울: 대왕사.
이수동(1987), "한국 소매기구의 상권분석 및 입지선정에 관한 연구," 고려대학교 대학원 박사학위논문, 19.
이연택(2003), 「관광정책론」, 서울: 일신사.
이용재(2006), "TV 드라마 PPL에 대한 수용자의 태도유형 및 활용에 관한 연구: Q 방법론과 심층인터뷰를 중심으로," 연세대학교 영상대학원 박사학위논문.
이원일(1998), "민관공동출자법인의 형태별 특성에 관한 연구," 부산대학교 대학원 박사학위논문.
이원희(2011), "볼런투어리즘 참여 특성과 선호도에 관한 연구," 「관광학연구」, 35(7).
이은아(2004), "여행상품광고에서 사용된 외적 준거가격이 가치지각, 구매의도, 탐색의도에 미치는 영향," 계명대학교 대학원 박사학위논문.
이재곤(2003), "국내 크루즈 관광상품 개발방향에 관한 연구," 「관광경영학연구」, 18, 113-133.
이정실(2002), 「외식기업경영론」, 서울: 기문사.
이정자(1989), "호텔 프랜차이즈의 경영통제 잠재력과 실제에 관한 연구," 「관광학연구」, 13.
이후석(2005), 「관광지조사방법」, 서울: 백산출판사.
임붕영 · 이지호(2000), 「외식산업경영론」, 서울: 형설출판사.
장영(2003), "중국에서 '한류' 현상과 한국드라마 수용에 관한 연구: 중국 대학생을 중심으로," 연세대학교 대학원 석사학위논문.
전경수 편역(1994), 「관광과 문화」, 서울: 일신사.
전국경제인연합회(2006), 「아시아 의료관광산업의 성공사례 및 시사점-인도, 태국, 싱가포르 사례를 중심으로」.
전국경제인연합회(2006), 「아시아 의료관광산업의 성공사례 및 시사점-인도, 태국, 싱가포르 사례를 중심으로」.
정준영(1994), "매니아: 민주주의의 확산인가, 새로운 귀족주의인가?" 「리뷰」, 창간호, 222-233.
제일기획(1999), 「2000 소비자 의식조사」.
조윤식(1994), "관광경영학에서 과학철학에 대한 논쟁의 의미," 「관광레저연구」, 6, 113-129.
조형준 · 홍성태(역)(1987), 「우리 공동의 미래」, 서울: 새물결.
㈜에이치알(2011.6.), 「월간 호텔&레스토랑」.

주현식(2008), “호텔레스토랑의 LOHAS이미지, 지각된 서비스품질 및 가치, 고객만족, 충성도와의 영향관계,” 경희대학교 대학원 박사학위논문.

진양호(1997), “호텔 · 레스토랑의 메뉴엔지니어링에 관한 연구,” 경기대학교 대학원 박사학위논문.

최나리(2005), “부산지역 해수욕장의 가상적 방문가치 추정에 관한 연구,” 동아대학교 대학원 박사학위논문, 10-15.

최승국 · 오수경(2004), “여행상품 개발에 관한 연구,” 「관광정책학연구」, 10(1), 373-374.

하명신 · 박경희(2007), “동북아 크루즈산업의 현황과 발전방안,” 「한국항만경제학회지」, 23(3), 127-148.

하종근(1993), 「지방자치단체의 경영-제3섹터의 이론과 실제-」, 서울: 형설출판사.

하진희(2001), “호텔의 PPL활동에 관한 연구,” 경기대학교 대학원 석사학위논문.

한국관광공사(2002), 「중국관광객 유치 전략」.

한국관광공사(2003), 「신한류 관광마케팅」.

한국관광공사(2005), 「외국의 의료관광 추진 현황 및 시사점」.

한국관광공사(2011.10.), 「Blue Belt 공정관광상품 개발」.

한국관광공사(2011.10.), 「부울경 Blue Belt 공정관광상품 개발」.

한국관광학회(편)(2009), 「관광학총론」, 서울: 백산출판사.

한국문화관광연구원(2013), 「2012년 국민여행실태조사」.

한국외식산업연구소(1995), 「외식사업경영론」, 서울: 백산출판사.

한국인터넷진흥원(2009), 「인터넷 & 시큐리티 이슈」, 93.

한국인터넷진흥원(2010), 「인터넷 & 시큐리티 이슈」.

한국인터넷진흥원(2012.2.), “소셜미디어의 발전 전망 및 사회적 영향,” 「인터넷 & 시큐리티 이슈」, 2-27.

한국정보화진흥원(2010), “소셜커머스의 부상과 향후 전망,” 「IT & Future Strategy」, 제15호.

한국정보화진흥원(2011), 「소셜미디어 부작용 보고서」.

한국정보화진흥원(2012), 「2012인터넷백서」.

한국해양수산개발원(1998), 「국내해양관광의 실태분석 및 발전방안 연구」.

한희영(1987), 「경영학총론」, 서울: 다산출판사

해양수산부 외(2001), 「해양개발기본계획」(Ocean Korea): 2000-2010.

헤스켓, 제임스 외(2000). 「서비스수익모델」, 서울: 삼성경제연구소.

현대경제연구원(2010), “소셜커머스의 진화와 기업에 대한 시사점,” 「VIP report」.

홍미진(2012), “항공사 객실승무원 취업준비생의 직업존중감이 진로결정수준에 미치는 영향 연구,” 동명대학교 대학원 석사학위논문.

황현철 · 김규헌 · 윤정헌(2003), 「21세기 여행업경영론」, 서울: 기문사.

高寄昇三(1991), “활력 있는 도시의 경영전략,” 「행정조직의 개편과 제3섹터」, 동경: 자치체연구소, 95-96.

公共投資ジャーナル社(編)(1989), 「第3セクタ: 設立 · 運營의 指針」, 東京: 公共投資ジャーナル사, 64.

宮本憲一(1991), 제3섹터의 공공성과 그 장래, 자치체문제연구소(편), 「행정조직의 개편과 제3섹터」, 동경: 자치체연구사.

Assael, Henry(1987), *Consumer Behavior and Marketing Action*, 3rd ed., Massachusetts: PWS-KENT Publising Company.

Balasubramanian, S. K.(1994), "Beyond Advertising and Publicity: Hybrid Messages and Public Policy Issues," *Journal of Advertising*, 23(December), 29-46.

Bammel, Gene & Lei Lane Burrus-Bammel(1996), *Leisure & Human Behavior*, 3rd ed., New York: McGraw-Hill Companies, Inc.

Bauer, R. A.(1960), "Consumer Behavior as Risk Taking," in R. S. Hancock(ed.), *Dynamic Marketing for a Changing World*, Chicago: American Marketing Association, 389-398.

Bearden, William O. and Jesse E. Teel(1983), "Selected Determinants of Consumer Satisfaction and Complaint Reports," *Journal of Marketing Research*, 20(February), 21-28.

Berman, B. and J. R. Evans(1979), *Retail Management: A Strategic Approach*, 202.

Berry, L. D.(2000), "Cultivating Service Brand Equity," *Journal of the Academy Marketing Science*, 28(1), 128-137.

Bitner, Mary Jo(1990), "Evaluating Service Encounters: The Effects of Physical Surrounding on Employee Responses," *Journal of Marketing*, 54 (2), 69-81.

____________(1992), "Servicescape: The Impact of Physical Surroundings on Customers and Employee," *Journal of Marketing*, 56(April).

Bolton, Ruth and James H. Drew(1991a), "A Multistage Model of Customers' Assessments of Service Quality and Value," *Journal of Consumer Research*, 17(March), 375-384.

____________(1991b), "A Longitudinal Analysis of the Impact of Service Changes on Customer Attitudes," *Journal of Marketing*, 55(January), 1-9.

Boorstin, D. J.(1964), *The Image: A Guide to Pseudo-Events in America*, New York: Harper & Row.

Bowen, David A., Robert Johnston(1999), "Internal service recovery: developing a new construct," *International Journal of Service Industry Management*, 10, 2. 118-127.

Brown, George H.(1952-1953), "Brand loyalty-Fact or Fiction?" *Advertising Age*(June-January).

Burch, William R. Jr.(1965), "The Play World of Camping: Research into the Social Meaning of Outdoor Recreation," *American Journal of Sociology*, 70.

Burkart, A. J. & S. Medlik(1976), *Tourism*, London: Heineman, 43.

Callois, R.(1961), *Man, Play, and Games*, New York: Free Press.

Chung, L. A.(2005), "New Greeting ofs of Hybrid Fans: Aloha LOHAS," *Mercury News*, April 29.

Cleaver, M., T. E. Muller, H. Ruys, and S. Wei,(1999), "Tourism product development for the senior market, based on travel motive research," *Tourism Recreation Research*, 24, 5-11.

Cohen, Erik(1979), "A Phenomenology of Tourist Experiences, Sociology," *Tourism Reseach*, 6(1), 179-201.

______(1979), "Rethinking the Sociology of Tourism," *Annals of Tourism Research*, 6(1), 18-35.

Connell, J(2006), "Medical Tourism: Sea, Sun, Sand, and Surgery," *Tourism Management*, 27(6), 1093-1100.

Cox, Donald F.(1967), *Risk Taking and Information Handling in Consumer Behavior*, Boston: Harvard University Press, 36.

Cronin, J. Joseph Jr. and Steven A. Taylor(1992), "Measuring Service Quality: A Reexamination and Extension," *Journal of Marketing*, 56(July), 55-68.

Cuperfain, R., & Clarke(1985), "A new perspective of subliminal perception," *Journal of Advertising*, 14(1), 36-41.

Dommermuth, William P.(1984), *Promotion: Analysis, Creativity, and Strategy*, Boston, Massachusetts: Kent Publishing Company.

Elkin, Tobi(2003), "Gen Y Quizzed about On-Demand," *Advertising Age*, (February), 14.

Engel, James F. and Roger D. Blackwell(1982), *Consumer Behavior*, 4th ed., Chicago: The Dryden Press.

Enis, Ben M. and Kenneth J. Roering(1981), "Service Marketing: Different Products, Similar Strategy," In James H. Donnelly, and William R. George, ed., *The Marketing of Services*, Chicago: AMA.

Etizioni, A.(1973), "The Third Sector and Domestic Missions," *Public Administration Review*, July/Aug., 314-321.

Fakeye, P. C., & J. L. Crompton(1991), "Image Differences between Prospective First time, and Repeat Visitors to the Rio Grande Valley," *Journal of Travel Research*, 10-16.

Frederick F. Reichheld and W. Earl Sasser, Jr.(1990), "Zero Defections: Quality Comes to Service," *Harvard Business Review*, 9-10, 108.

Goeldner, C. R., J. R. Ritchie, and R. W. McIntosh(2000), Tourism: *Principles, Practices, Philosophies*, New York: John Wiley & Sons, Inc.

Goeldner, Charles R. and J. R. Brent Ritchie(2009), *Tourism: Principles, Practices, Philosophies*, 11th., New York: John Wiley & Sons Inc.

Goffman, E.(1967), *Interaction Ritual*, New York: Doubleday.

Greenberg, Paul(2006), "Move Over, Baby Boomer: Gen Xers Want Far More Collaboration with Companies, Both As Consumers and Employees," *CIO*, (March), 1.

Gremler, D. D., & W. S. Brown(1998), "Service Loyalty: Antecedents, Components, and Outcomes," *AMA Winter Educations Conference*, 9: 165-166.

Gupta, P. B., & K. R. Lord(1998), "Product Placement in Movies: The Effect of Prominence and Mode on Audience Recall," *Journal of Current Issues and Research in Advertising*, 20(1), 47-59.

Hall, M.(2001), "Trends in ocean and coastal tourism: The end of the last frontier?" *Ocean and Coastal Management*, 44(9-10), 601-648.

Hochschild, A. R.(1979), "Emotion work, feeling rules, and social structure," *American Journal of Sociology*, 85, 551-575.

_____(1983), *The Managed Heart*, Berkeley University of California Press.

Horney, Karen(1945), *Our Inner Conflicts*, New York: W.W. Norton & Company, Inc..

Jenkins, H.(1992), *"Get a Life" in Textual Poachers: Television Fans and Participatory Culture*, New York: Routledge.

Kasavana, Michael L.(1984), *Computer System for Foodservice Operations*, New York: Van Nostrand Reinhold, 158-160.

Kim, S. & Y. Kim(1996), "Overview of coastal and marine tourism in Korea," *Journal of Tourism Studies*, 7(2), 46-53.

Kotler, Philip & D. H. Haider & I. Rein(1993), *Marketing Places*, New York: The Tree Press.

Kotler, Philip & Gary Armstrong(2008), *Principles of Marketing*, 12th ed., New Jersey: Prentice Hall.

Kotler, Philip(1973-1974), "Atmospherics as a Marketing Tool," *Journal of Retail*, 49.

___________(1988), *Marketing Management: Analysis, Planning, Implementation and Control*, 6th ed., New Jersey: Prentice-Hall.

Kotler, Philip, S. J. Levy(1969), "Broadening the Concept of Marketing," *Journal of Marketing*, 33(January).

Kotler, Philip, S. J. Levy, Gary Armstrong(2008), *Principles of Marketing*, New Jersey: Prentice Hall.

LaBarbera, Priscilla A. and David Mazursky(1983), "A Longitudinal Assessment of Consumer Satisfaction/Dissatisfaction: The Dynamic Aspect of the Cognitive Process," *Journal of Marketing Research*, 20(November), 393-404.

LaLonde, C. & P. Zinszer(1976), *Customer service meaning and measurement*, National Council of Physical Distribution.

Lee, C. K., Lee, Y. K. Bernhard, B. J., & Yoon, S. Y.(2006), "Segmenting casino gamblers by motivation: A cluster analysis of Korean gamblers," *Tourism Management*, 27(5), 856-866.

Leiper, Neil(1979), "The Framework of Tourism: Towards a Definition of Tourism, Tourist, and the Tourist Industry," *Annals of Tourism Research*, 6(4), (October/December), 390-405.

__________(1990), *Tourism System: An Interdisciplinary Perspective*, New Zealand: Massey University.

Levitt, Theodore(1973), *The Third Sector: New Tactics for a Responsive Society*, New York: Amacom Press, 49.

Longman(1993), *Dictionary of English Language and Culture*, UK: Longman Group Ltd.

MacCannell, D.(1973), "Staged Authenticity: Arrangements of Social Space in Tourist Settings," *American Journal of Sociology*, 79, 589-603.

Mayo E. J. & L. P. Jarvis(1981), *The Psychology of Leisure Travel*, Boston: CBI Publishing Company, Inc., 79-85.

Mayo, Edward J. and Lance P. Jarvis(1981), *The Psychology of Leisure Travel: Effective Marketing and Selling of Travel Services*, Boston: CBI Publishing Company, Inc.

McIntosh, R. W. and C. R. Goeldner(1984), *Tourism: Principles, Philosopies*, 4th ed., New York: John Wiley & Sons Inc..

McLuhan, M.(1964), *"Game" in Understanding Media*, New York: McGraw-Hill Companies, Inc..

Meeth. L. Richard(1978), "Interdisciplinary Studies: A Matter of Definition," *Change*, 10(august).

Mitchell, V.(1999), "Consumer perceived risk: conceptualizations and model," *European Journal of Marketing*, 33(1), 1-22.

Murray, Keith B. and John L. Schlacter(1990), "The Impact of Services versus Goods on Consumers' Assessment of Perceived Risk and Variability," *Journal of the Academy of Marketing Science*, 18(1)(Winter), 51-65.

Narayama, C. L. and R. J. Markin(1975), "Consumer Behavior and Product Performance: An Alternative Conceptualization," *Journal of Marketing*, 25(October).

Nebenzahl, I. D., & E. Secunda(1993), "Consumers' Attitudes Toward Product Placement in Movies," *International Journal of Advertising*, 12(1), 1-11.

Oliver, Richard L and John E. Swan(1989), "Consumer Perceptions of Inter-personal Equity and Satisfaction in Transactions: A Field Survey Approach," *Journal of Marketing*, 53(April), 21-35.

Oliver, Richard L.(1980), "A Cognitive Model of the Antecedents and Consequences of Satisfaction Decisions," *Journal of Marketing Research*, 17(November), 246-250.

Parasuraman, A., Valarie A. Zeithaml, and Leonard L. Berry(1988), "SERVQUAL: A Multiple Item Scale for Measuring Consumer Perceptions of Service Quality," *Journal of Retailing*, 64(1) (Spring), 12–40.

Park, C. W., Bernard J. Jaworsky & Deborch J. Maclinnis(1986), "Strategic Brand Concept–Image Management," *Journal of Marketing*, 50(October), 135–145.

Patterson, Ian, (2012), *Growing Older Tourism and Leisure Behavior of Older Adults*, 김용욱 · 김진 · 신정영 역.

Paul, Ronald N., "New Product Development Overview," *Proceeding Chain Operations Exchange*, Chicago: International Foodservice Manufactures Association.

Rosenbloom, B.(1976), "The Trade Area Mix and Retailing Mix: A Retail Strategy Mix," *Journal of Marketing*, (October), 58.

Rushton, Angela M. and David J. Carson(1989), "The Marketing of Service: Managing the Intangibles," *European Journal of Marketing*, 23(8), 23–44.

Russell, A. C.(1998), "Toward a Framework of Product Placement: Theoretical Proposition," *Advances in Consumer Research*, 25, 357–362.

Schweikhart, S. B., S. Strasser, M. R. Kennedy(1993), "Service recovery in health service organization," *Hospital Service Administration*, 38, 1, 3–21.

Shoemaker, S.(2000), "Segmenting the mature market: 10 years later," *Journal of Travel Research*, 39, 11–26.

Stanton, William J.(1984), *Fundamentals of Marketing*, New York: McGraw–Hill Book Company.

Tate, Megginson, Scott, and Truelood(1982), *Successful Small Business Management*, Texas: Business Publications Inc., 74.

Taylor, Steven A. and Thomas L. Baker (1994), "An Assessment of the Relationship Between Service Quality and Customer Satisfaction in the Formation of Consumers' Purchase Intentions," *Journal of Retailing*, 70(2), 163–176.

Trice, H. M.(1968), *Rites and Ceremonials in Organizational Culture*, in S. B. Bacharach and S. M. Mitichell, eds.

Tversky, A. and C. R. Fox and D. Kahneman(1991), "Loss Aversion in Riskless Choice: A Reference–Dependent Model," *Quarterly Journal of Economics*, 106(4), 1039–1061.

Tversky, A. and C. R. Fox(1995), "Weighing Risk and Uncertainty," *Psychological Review*, 102(2), 269–283.

U. S Office of Consumer Affairs(1986), *Consumer Complain Handing in America: An Update Study, Part Ⅱ*, Washington. D.C.: Technical Assistance Research Programs Institute, 41, 50.

UNWTO Final Report(2006), Seminar on Tourism Sustainability and Local Agenda 21 in Tourism Destinations and Workship on Sustainability Indicators for Tourism Destinations, 89-90.

Veal, A. J.(2006), *Research Methods for Leisure and Tourism*, London: Pearson Education Limited.

Wells, William D.(1974), *Life-Styles and Psychographics*, Chicago: American Marketing Association.

Woodside, Arch G., Lisa L. Frey and Robert Timothy Daly(1989), "Linking Service Quality, Customer Satisfaction, and Behavioral Intentions," *Journal of Health Care Marketing*, 9, 5-17.

World POPClock, U.S. Census Bureau(2006), accessed online at www.census.gov, (July).

Zeithaml, V.A., A. Parasuraman, & L. Berry(1985), "Problems and Strategies in Service Marketing," *Journal of Marketing* 49(2)(Spring).

Zeppel, H. & C. M. Hall(1992), "Arts and Heritage Tourism," Weiler, B. & C. M. Hall, eds., *Special Interest Tourism*, London: Bellhaven Press.

http://joongang.joins.com

http://www.donga.com

http://www.law.go.kr

http://www.naver.com

www. yankelovich.com/products/list.aspx, (August 2006).

www.ranky.com

인덱스(Index)

ㅇ

ㅈ

ㅊ

ㅋ

저자소개

■박 중 환

- 현) 동명대학교 관광경영학과 교수
- 현) 한국관광레저학회 수석부회장
- 현) 부산관광공사 이사
- 현) CK(creative Korea) MICE인력양성사업팀장

TOURISM & MANAGEMENT VALUE CHAIN(관광과 경영가치모델)

2016년 1월 10일 초 판 인쇄
2016년 1월 20일 초 판 발행

저 자 박 중 환
발행인 한 인 환
발행처 도서출판 **기 문 사**
등 록 1978. 8. 9. NO. 6-0637
주 소 서울시 동대문구 안암로 50-1(용두동) 홍신빌딩 3층
전 화 02) 2265-7214 / 922-8662~8663
팩 스 02) 922-8772

homepage : www.kimoonsa.co.kr
e-mail : book@kimoonsa.co.kr

ISBN : 978-89-7723-702-5 93900

정가 : 23,000원

이 저서는 2011년 정부(교육부)의 재원으로 한국연구재단의 지원을 받아 수행된 연구임(NRF-2011-812-B00121)